Die Letztentscheidungskompetenz des Europäischen Gerichtshofes für Menschenrechte in Europa

Res Publica

ÖFFENTLICHES UND INTERNATIONALES RECHT

Herausgegeben von Udo Fink, Dieter Dörr
und Rolf Schwartmann

Band 8

PETER LANG
Frankfurt am Main · Berlin · Bern · Bruxelles · New York · Oxford · Wien

Christine Heer-Reißmann

Die Letztentscheidungs-kompetenz des Europäischen Gerichtshofes für Menschenrechte in Europa

Eine Untersuchung zum Verhältnis von EGMR und EuGH in Menschenrechtsfragen unter Berücksichtigung des Verhältnisses des BVerfG zum EuGH

PETER LANG
Internationaler Verlag der Wissenschaften

Bibliografische Information der Deutschen Nationalbibliothek
Die Deutsche Nationalbibliothek verzeichnet diese Publikation in der Deutschen Nationalbibliografie; detaillierte bibliografische Daten sind im Internet über <http://www.d-nb.de> abrufbar.

Zugl.: Mainz, Univ., Diss., 2007

D 77
ISSN 1614-838X
ISBN 978-3-631-57506-2

www.peterlang.de

Für Ulrike Heer und Sebastian Even

Vorwort der Autorin

Zuvorderst möchte ich meinem Doktorvater Professor Dr. Dieter Dörr herzlichst für die Betreuung der Arbeit und die Zeit als seine wissenschaftliche Mitarbeiterin danken. Es waren für mich wertvolle und sehr lehrreiche Jahre. Ohne seinen Beistand hätte ich mich nicht zur Promotion entschlossen und die Dissertation nicht zu Ende geführt.

Professor Dr. Udo Fink danke ich für die zügige Erstattung des Zweitgutachtens sowie ihm und meinem Doktorvater für die Aufnahme der Arbeit in diese Schriftenreihe. Besonderer Dank gebührt auch Professor Dr. Karl-E. Hain für seine Bereitschaft kurzfristig den Vorsitz in der mündlichen Prüfung zu übernehmen. Außerdem danke ich dem Team vom Dekanat des Fachbereichs 03 für die organisatorische Hilfe.

Ebenfalls möchte ich mich bei der Sekretärin des Lehrstuhls von Professor Dr. Dörr, Elke Kindgen-Bauer, meinem ehemaligen Kollegen Dr. Mark D. Cole sowie den Kolleginnen und Kollegen anderer Lehrstühle für Öffentliches Recht für die stets sehr gute Zusammenarbeit und die vielen hilfreichen fachlichen und nicht fachlichen Gespräche bedanken. Dankbar bin ich weiter Alexandra Weitzel für ihre wetvolle Hilfe bei der Formatierung der Arbeit und für die vielen aufmunternden Worte im Laufe der Promotionszeit.

Besonders denke ich an meine ehemaligen Kolleginnen Dr. Valérie Schüller-Keber und Caroline Volkmann, denen ich hiermit meinen herzlichen Dank für eine einmalige und unvergessene Zeit als Lehrstuhlteam aussprechen möchte.

Für die Durchsicht des Manuskriptes und dafür, dass er immer für mich da war und ist, bedanke ich mich bei meinem Ehemann Stefan Reißmann.

Schließlich verdienen meine Eltern, Ulrike und Harald Heer, mein Bruder Stefan Heer und Ehefrau Nanine Heer sowie meine Großeltern Elfriede und Reinhold Holfeld besonderen Dank für die persönliche Unterstützung.

Die Arbeit ist zum einen meiner Mutter gewidmet, die mit ihrer selbstlosen Art eine einzigartige Hilfe gewesen ist, das Ende der Promotion jedoch nicht mehr erleben durfte, und zum anderen meinem Sohn Sebastian Even, der vier Wochen nach dem Rigorosum zur Welt kam.

Frankfurt, November 2007 Christine Heer-Reißmann

Inhaltsverzeichnis

Literaturverzeichnis

Alber, Siegbert, Die Selbstbindung der europäischen Organe an die Europäische Charta der Grundrechte, EuGRZ 2001, 349-353

Alber, Siegbert/Widmaier, Ulrich, Die EU-Charta der Grundrechte und ihre Auswirkungen auf die Rechtsprechung, EuGRZ 2000, 497-510

Alber, Siegbert/Widmaier, Ulrich, Mögliche Konfliktbereiche und Divergenzen im europäischen Grundrechtsschutz, EuGRZ 2006, 113-123

Anweiler, Jochen, Die Auslegungsmethoden des Gerichtshofs der Europäischen Gemeinschaften, Frankfurt am Main 1997

Zit.: Anweiler, Die Auslegungsmethoden des EuGH

Bahlmann, Kai, Der Grundrechtsschutz in der Europäischen Gemeinschaft, EuR 1982, 1-20

Bahlmann, Kai, Europäische Grundrechtsperspektiven, in: Börner, Bodo/Jahrreiß, Hermann/Stern, Klaus (Hrsg.), Festschrift für Karl Carstens, Einigkeit und Recht und Freiheit, Band 1, Köln, Berlin, Bonn, München 1984, S. 17-41

Zit.: Bahlmann, in: Börner/Jahrreiß/Stern (Hrsg.), FS Carstens

Baumgartner, Gerhard, EMRK und Gemeinschaftsrecht, ZfV 1996, 319-331

Benoit-Rohmer, Florence, L'adhésion de l'Union à la Convention européenne des droits de l'homme, RUDH 2000, 57-61

Bergmann, Jan, Das Bundesverfassungsgericht in Europa, EuGRZ 2004, 620-627

Bernhardt, Rudolf, Die Auslegung völkerrechtlicher Verträge insbesondere in der neueren Rechtsprechung internationaler Gerichte, Köln, Berlin 1963

Zit.: Bernhardt, Auslegung völkerrechtlicher Verträge

Bernhardt, Rudolf, Die Europäische Gemeinschaft als Rechtsträger im Geflecht der traditionellen zwischenstaatlichen Rechtsbeziehungen, EuR 1983, 199-215

Bernhardt, Rudolf, Einführung zum Internationalen Kolloquium Grundrechtsschutz in Europa, in: Mosler, Hermann/Bernhardt, Rudolf/Hilf, Meinhard (Hrsg.), Grundrechtsschutz in Europa, Europäische Menschenrechtskonvention und Europäische Gemeinschaften, Internationales Kolloquium veranstaltet vom Max-Planck-Institut für ausländisches öffentliches Recht und Völkerrecht, Heidelberg 1976, S. 3-6

Zit.: Bernhardt, in: Mosler/Bernhardt/Hilf (Hrsg.), Grundrechtsschutz in Europa

Bernhardt, Rudolf, Interpretation in International Law, in: ders. (ed.), Encyclopedia of Public International Law, Instalment 7, Amsterdam, New York, Oxford, 1984, S. 318-327

Zit.: Bernhardt, in: ders. (ed.), Encyclopdia of Public International Law, Instalment 7

Bernhardt, Rudolf, Probleme eines Beitritts der Europäischen Gemeinschaft zur Europäischen Menschenrechts-Konvention, in: Due, Ole/Lutter, Marcus/Schwarze, Jürgen (Hrsg.), Festschrift für Ulrich Everling, Band I, Baden-Baden 1995, S. 103-111

Zit.: Bernhardt, in: Due/Lutter/Schwarze (Hrsg.), FS Everling

Bernhardt, Rudolf, Rechtsfortbildung durch internationale Richter, insbesondere im Bereich der Menschenrechte, in: Hochschullehrer der Juristischen Fakultät der Universität Heidelberg (Hrsg.), Richterliche Rechtsfortbildung, Erscheinungsformen, Auftrag und Grenzen, Festschrift der Juristischen Fakultät zur 600-Jahr-Feier der Ruprecht-Karls-Universität Heidelberg, Heidelberg 1986, S. 527-540

Zit.: Bernhardt, in: Hochschullehrer der Juristischen Fakultät der Universität Heidelberg (Hrsg.), FS der juristischen Fakultät der Universität Heidelberg

Bernsdorff, Norbert, Die Charta der Grundrechte der Europäischen Union – Notwendigkeit, Prozess und Auswirkungen, NdsVBl. 2001, 177-184

Bernsdorff, Norbert/Borowsky, Martin, Die Charta der Grundrechte der EU. Handreichungen und Sitzungsprotokolle, 1. Aufl., Baden-Baden 2002

Zit.: Bernsdorff/Borowksy, CGR-Sitzungsprotokolle

Beutler, Bengt, in: Groeben, Hans von der/Thiesing, Jochen/Ehlermann, Claus-Dieter (Hrsg.), Kommentar zum EWG-Vertrag, 4. Aufl., Baden-Baden 1991, Grundrechtsschutz

Zit.: Beutler, in: GTE, Kommentar, Grundrechtsschutz

Bleckmann, Albert, Bundesverfassungsgericht versus Europäischer Gerichtshof für Menschenrechte, Innerstaatliche Rechtskraft der Urteile des EGMR und Gleichheit von Mann und Frau, Anmerkungen zu den Feuerwehrabgabe-Entscheidungen es EGMR vom 18.7.1994 und des BVerfG vom 24.1.1995, EuGRZ 1995, 387-390

Bleckmann, Albert, Die Bindung der Europäischen Gemeinschaft an die Europäische Menschenrechtskonvention, Köln, Berlin, Bonn, München 1986

Zit.: Bleckmann, Die Bindung der EG an die EMRK

Bleckmann, Albert/Pieper, Stefan Ulrich, Rechtsetzung und Vollzug des EG-Rechts. B.I. Rechtsquellen, in: Dauses, Manfred A. (Hrsg.), Handbuch des EU-Wirtschaftsrecht, Band 1, München, Stand März 2002

Zit.: Bleckmann/Pieper, in: Dauses (Hrsg.), Handbuch des EU-Wirtschaftsrechts, Band 1, B.I.

Britz, Gabriele, Bedeutung der EMRK für nationale Verwaltungsgerichte znd Behörden – Erweiterte Bindungswirkung nach EuGH, Slg. 2002, I-6279 – Carpenter?, NVwZ 2004, 173-177

Borowsky, Martin, in: Meyer, Jürgen (Hrsg.), Charta der Grundrechte der Europäischen Union, 2. Aufl., Baden-Baden 2006, Art. 52 und Art. 53

Zit.: Borowksy, in: Meyer (Hrsg.), Kommentar zur CGR

Brandt, Kerstin, Der Europäische Gerichtshof (EuGH) und das Europäische Gericht erster Instanz (EuG) – Aufbau, Funktionen und Befugnisse, JuS 1994, 300-305

Brecht, Holger, Änderungen an der EU-Grundrechtecharta. Korrekturen durch Verfassungskonvent und Regierungskonferenz sowie Konsequenzen für die Auslegung der Charta, ZEuS 2005, 355-396

Breuer, Marten, Offene Fragen im Verhältnis von EGMR und EuGH, EuGRZ 2005, 229-234

Breuer, Marten, Zur Anordnung konkreter Abhilfemaßnahmen durch den EGMR. Der Gerichtshof betritt neue Wege im Fall Asanidse gegen Georgien, EuGRZ 2004, 257-263

Breuer, Martin, Der Europäische Gerichtshof für Menschenrechte als Wächter des europäischen Gemeinschaftsrechts, JZ 2003, 433-443

Brinkmeier, Friederike, Die Entstehungsgeschichte der Europäischen Menschenrechtskonvention – Bedeutung für den europäischen Einigungsprozess, MRM Themenheft 2000, 21-35

Bröhmer, Jürgen, Das Europäische Parlament: Echtes Legislativorgan oder bloßes Hilfsorgan im legislativen Prozess? Zur Matthews-Entscheidung des Europäischen Gerichtshofs für Menschenrechte, ZEuS 1999, 197-217

Bröhmer, Jürgen, Die völkerrechtliche Immunität von der staatlichen Gerichtsbarkeit und die Verfahrensgarantien der EMRK – Einige Anmerkungen zu den Urteilen des Europäischen Gerichtshofs für Menschenrechte in den Fällen Waite & Kennedy und Beer & Regan gegen die Bundesrepublik Deutschland, in: Bröhmer (Hrsg.), Der Grundrechtsschutz in Europa, Wissenschaftliches Kolloquium aus Anlass des 65. Geburtstages von Prof. Dr. Dr. Dr. h.c.mult. Georg Ress 1. Aufl., Baden-Baden 2002, S. 85-94

Zit.: Bröhmer, in: ders. (Hrsg.), Grundrechtsschutz in Europa

Brosius-Gersdorf, Frauke, Bindung der Mitgliedstaaten an die Gemeinschaftsgrundrechte, Berlin 2005

Zit.: Brosius-Gersdorf, Bindung der Mitgliedstaaten

Buck, Carsten, Über die Auslegungsmethoden des Gerichtshofs der Europäischen Gemeinschaft, Frankfurt am Main 1998

Zit.: Buck, Über die Auslegungsmethoden des EuGH

Busch, Andrej Victor, Die Bedeutung der Europäischen Menschenrechtskonvention für den Grundrechtsschutz in der Europäischen Union: Grundrechtskontrolle des EGMR über das Recht der EU, 1. Aufl., Baden-Baden 2003

Zit.: Busch, Bedeutung der EMRK

Buß, Thomas, Grenzen der dynamischen Vertragsauslegung im Rahmen der EMRK, DÖV 1998, 323-330

Busse, Christian, Das Projekt der Europäischen Grundrechtscharta vor dem Hintergrund der EMRK, ThürVBl. 2001, 73-80

Callewaert, Johan, Die EMRK und die EU-Grundrechtecharta, EuGRZ 2003, 198-207

Calliess, Christian, Die Charta der Grundrechte der Europäischen Union – Fragen der Konzeption, Kompetenz und Verbindlichkeit, EuZW 2001, 261-268

Calliess, Christian, Die Grundrechte der Europäischen Union – Die Europäische Grundrechts-Charta, in: Ehlers, Dirk (Hrsg.), Europäische Grundrechte und Grundfreiheiten, 2. Aufl., Berlin 2005, § 20

Zit.: Calliess, in: Ehlers (Hrsg.), Europäische Grundrechte und Grundfreiheiten

Calliess, Christian, Die Grundrechte der Europäischen Union – Die Europäische Grundrechts-Charta, in: Ehlers, Dirk (Hrsg.), Europäische Grundrechte und Grundfreiheiten, 1. Aufl., Berlin 2003, § 19

Zit.: Calliess, in: Ehlers (Hrsg.), Europäische Grundrechte und Grundfreiheiten, 1. Aufl.

Canor, Iris, Primus inter pares. Who ist he ultimate guardian of fundamental human rights in Europe?, E.LRev. 2000, 3-21

Carl, Michael H., EG-Grundrechtsschutz durch Vorlage zur Vorabentscheidung?, in: Schwarze, Jürgen/Vitzthum, Wolfgang Graf (Hrsg.), Grundrechtsschutz im nationalen und internationalen Recht. Werner von Simson zum 75. Geburtstag, 1. Aufl., Baden-Baden 1983, S. 229-234

Zit.: Carl, in: Schwarze/Vitzthum (Hrsg.), FS Simson

Chwolik-Lanfermann, Ellen, Grundrechtsschutz in der Europäischen Union, Frankfurt am Main 1994

Zit.: Chwolik-Lanfermann, Grundrechtsschutz in der EU

Cremer, Wolfram, Der Rechtsschutz des Einzelnen gegen Sekundärrechtsakte der Union gem. Art. III-270 Abs. 4 Konventsentwurf des Vertrages über eine Verfassung für Europa, EuGRZ 2004, 577-583

Cremer, Wolfram, in: Calliess, Christian/Ruffert, Matthias (Hrsg.), Kommentar zu EU-Vertrag und EG-Vertrag, 2. Aufl., Neuwied, Kriftel 2002, Art. 230 EG

Zit.: Cremer, in: Calliess/Ruffert (Hrsg.), Kommentar EUV/EGV

Danwitz, Thomas von/Röder, Sonja, Vorüberlegungen zu einer Schutzbereichslehre der europäischen Charta-Grundrechte, in: Stern, Klaus/Tettinger, Peter J. (Hrsg.), Die Europäische Grundrechte-Charta im wertenden Verfassungsvergleich, Berlin 2005, S. 31-57

Zit.: v. Danwitz/Röder, in: Stern/Tettinger (Hrsg.), Die Europäische Grundrechte-Charta im wertenden Verfassungsvergleich

Dicke, Klaus, Menschenrechte und europäische Integration, Kehl, Straßburg, Arlington 1986

Zit.: Dicke, Menschenrechte und europäische Integration

Dijk, Pieter van/Hoof, Godefridus J.H. van, Theory and Practice of the European Convention on Human Rights, 3. Aufl., The Hague u.a. 1998

Zit.: Dijk/Hoof, Theory and Practice of the European Convention on Human Rights

Dippel, Carsten, Die Kompetenzabgrenzung in der Rechtsprechung von EGMR und EuGH, Berlin 2004

Zit.: Dippel, Kompetenzabgrenzung

Dörr, Dieter, Europäische Medienpolitik vor dem Hintergrund des EU-Verfassungsvertrages, in: Bayrische Landeszentrale für neue Medien (Hrsg.), BLM-Symposium Medienrecht 2003, BLM Schriftenreihe Band 77, München 2004, S. 73-87

Zit.: Dörr, in: Bayrische Landeszentrale für neue Medien (Hrsg.), BLM-Symposium Medienrecht 2003

Dorf, Yvonne, Zur Interpretation der Grundrechtecharta, JZ 2005, 126-132

Drzemczewski, Andrew, The European Human Rights Convention: Protocol No. 11 – Entry into Force and First Year of Application, HRLJ Vol. 21 (2000), 1-17

Drzemczewski, Andrew/Meyer-Ladewig, Jens, Grundzüge des neuen EMRK-Kontrollmechanismus nach dem am 11. Mai 1994 unterzeichneten Reform-Protokoll (Nr. 11), EuGRZ 1994, 317-322

Drzemczewski, Pierre, The Council of Europe's Position with Respect to the EU

Charter of Fundamental Rights, HRLJ Vol. 22 (2001), 14-32

Eaton, Martin/Schokkenbroek, Jeroen, Reforming the Human Rights Protection System Established by the European Convention on Human Rights, HRLJ Vol. 26 (2005), 1-17

Ehlermann, Claus-Dieter/Nöel, Emile, Der Beitritt der EG zur EMRK. Schwierigkeiten – Rechtfertigung, in: Bieber, Roland/Nickel, Dietmar (Hrsg.), Das Europa der zweiten Generation, Gedächtnisschrift für Christoph Sasse, Band II, Kehl am Rhein, Straßburg 1981, S. 685-701

Zit.: Ehlermann/Nöel, in: Bieber/Nickel (Hrsg.), GS Sasse, Band II

Ehlers, Dirk, Die Europäische Menschenrechtskonvention, JURA 2000, 372-383

Ehlers, Dirk, Die Grundrechte der Europäischen Union – Allgemeine Lehren, in: ders. (Hrsg.), Europäische Grundrechte und Grundfreiheiten, 2. Aufl., Berlin 2005, § 14

Zit.: Ehlers, in: ders. (Hrsg.), Europäische Grundrechte und Grundfreiheiten

Eiffler, Sven-R., Der Grundrechtsschutz durch BVerfG, EGMR und EuGH, JuS 1999, 1068-1073

Eisner, Carolin, Die Schrankenregelung der Grundrechtecharta der Europäischen Union. Gefahr oder Fortschritt für den Grundrechtsschutz in Europa, 1. Aufl., Baden-Baden 2005

Zit.: Eisner, Schrankenregelung der Charta

Eissen, Marc-André, Der Europäische Gerichtshof für Menschenrechte, DRiZ Beilage 1986, 1-30

Epiney, Astrid, Neuere Rechtsprechung des EuGH in den Bereichen institutionelles Recht, allgemeines Verwaltungsrecht, Grundfreiheiten, Umwelt- und Gleichstellungsrecht, NVwZ 2004, 555-566

Eppe, Ulrike, Die innerstaatlichen Wirkungen der Entscheidungen des Europäischen Gerichtshofs für Menschenrechte, MRM Themenheft „50 Jahre EMRK" 2000, 76-85

Epping, Volker, Die Verfassung Europas?, JZ 2003, 821-831

Everling, Ulrich, Weiterentwicklung des Grundrechtsschutzes durch den Europäischen Gerichtshof, in: Weidenfeld, Werner (Hrsg.), Der Schutz der Grundrechte in der Europäischen Gemeinschaft, Bonn 1992, S. 73-81

Zit.: Everling, in: Weidenfeld (Hrsg.), Schutz der Grundrechte

Everling, Ulrich, Zur Fortbildung der Gerichtsbarkeit der Europäischen Gemeinschaften durch den Vertrag von Nizza, in: Cremer, Hans-Joachim/Giegerich, Thomas/Richter, Dagmar/Zimmermann, Andreas (Hrsg.), Tradition und Weltoffenheit des Rechts, Festschrift für Helmut Steinberger, Berlin, Heidelberg, New York, Barcelona, Hong Kong, London, Mailand, Paris, Tokio 2002, S. 1103-1127

Zit.: Everling, in: Cremer/Giegerich/Richter/Zimmermann (Hrsg.), FS Steinberger

Feger, Dieter, Die Grundrechte im der Recht der Europäischen Gemeinschaften: Bestand und Entwicklung, Frankfurt am Main u.a. 1984

Zit.: Feger, Grundrechte im Rechte der EG

Fink, Udo, Der Grundrechtsschutz in der Europäischen Union nach dem Amsterdamer Vertrag, in: Kluth, Winfried (Hrsg.), Die Europäische Union nach dem Amsterdamer Vertrag, 1. Aufl., Baden-Baden 2000, S. 57-72

Zit.: Fink, in: Kluth (Hrsg.), Die EU nach dem Amsterdamer Vertrag

Frowein, Jochen Abr., Die Europäisierung des Verfassungsrechts, in: Badura, Peter/Dreier, Horst (Hrsg.), Festschrift 50 Jahre Bundesverfassungsgericht, Erster Band, Verfassungsgerichtsbarkeit, Verfassungsprozess, Tübingen 2001, S. 209-221

Zit.: Frowein, in: Badura/Dreier (Hrsg.), FS 50 Jahre BVerfG, 1. Band

Frowein, Jochen Abr., in: ders./Peukert, Wolfgang (Hrsg.), Europäische Menschenrechtskonvention, EMRK-Kommentar, 2. Aufl., Kehl, Straßburg, Arlington 1996, Einführung, Art. 24 und gemeinsam mit Peukert Art. 53, 60

Zit.: Frowein, in: ders./Peukert (Hrsg.), EMRK Kommentar

Frowein, Jochen Abr., in: Isensee, Josef/Kirchhof, Paul (Hrsg.), Handbuch des Staatsrechts der Bundesrepublik Deutschland, Band VII, § 180, Heidelberg 1992

Zit.: Frowein, in: Isensee/Kirchhof (Hrsg.), Handbuch des Staatsrechts, Band VII

Frowein, Jochen Abr., Zur Fortentwicklung des europäischen Menschen- und Grundrechtsschutz, in: Börner, Bodo/Jahrreiß, Hermann/Stern, Klaus (Hrsg.), Festschrift für Karl Carstens, Einigkeit und Recht und Freiheit:, Bd. 1, Köln, Berlin, Bonn, München 1984, S. 327-337

Zit.: Frowein, in: Börner/Jahrreiß/Stern (Hrsg.), FS Carstens

Frowein, Jochen Abr./Villiger, Mark Eugen, Constitutional Jurisdiction in the Context of State Powers, Modalities, Contents and Effects of the Decision on the Constitutionality of Legal Regulations, Report of the European Commission of Human Rights, HRLJ Vol. 9 (1988), 23-55

Giegerich, Thomas, Luxemburg, Karlsruhe, Straßburg – Dreistufiger Grundrechtsschutz in Europa, ZaöRV Bd. 50 (1990), 836-868

Glaesner, Hans-Joachim, Eine unendliche Geschichte, in: Due, Ole/Lutter, Marcus/Schwarze, Jürgen (Hrsg.), Festschrift für Ulrich Everling, Band I, Baden-Baden 1995, S. 327-337

Zit.: Glaesner, in: Due/Lutter/Schwarze (Hrsg.), FS Everling

Golsong, Heribert, Der Schutz der Grundrechte durch die Europäische Menschenrechtskonvention und seine Mängel, 1. Referat, in: Mosler, Hermann/Bernhardt, Rudolf/Hilf, Meinhard (Hrsg.), Grundrechtsschutz in Europa, Europäische Menschenrechtskonvention und Europäische Gemeinschaften, Internationales Kolloquium veranstaltet vom Max-Planck-Institut für ausländisches öffentliches Recht und Völkerrecht, Heidelberg 1976, S. 7-20

Zit.: Golsong, in: Mosler/Bernhardt/Hilf (Hrsg.), Grundrechtsschutz in Europa

Golsong, Heribert, Nochmals: zur Frage des Beitritts der Europäischen Gemeinschaften zur Europäischen Menschenrechtskonvention, EuGRZ 1979, 70-74

Golsong, Heribert, Statement vor dem Rechtsausschuss der Parlamentarischen Versammlung des Europarates am 12. Juni 1975, EuGRZ 1975, 476-478

Golsong, Heribert, Zur Reform der Kontrollinstanzen der Europäischen Menschenrechtskonvention, EuGRZ 1992, 249-253

Grabenwarter, Christoph, Auf dem Weg in die Grundrechtsgemeinschaft?, EuGRZ 2004, 563-570

Grabenwarter, Christoph, Die Charta der Grundrechte für die Europäische Union, DVBl. 2001, 1-13

Grabenwarter, Christoph, Die Menschenrechtskonvention und Grundrechte-Charta in der europäischen Verfassungsentwicklung, in: Cremer, Hans-Joachim/Giegerich, Thomas/Richter, Dagmar/Zimmermann, Andreas (Hrsg.), Tradition und Weltoffenheit des Rechts, Festschrift für Helmut Steinberger, Berlin, Heidelberg, New York, Barcelona, Hong Kong, London, Mailand, Paris, Tokio 2002, S. 1129-1152

Zit.: Grabenwarter, in: Cremer/Giegerich/Richter/Zimmermann (Hrsg.), FS Steinberger

Grabenwarter, Christoph, Europäische Menschenrechtskonvention, München, Wien 2003

Zit.: Grabenwarter, EMRK, 1. Aufl.

Grabenwarter, Christoph, Europäische Menschenrechtskonvention, 2. Aufl., München, Wien 2005

Zit.: Grabenwarter, EMRK

Grabenwarter, Christoph, Europäisches und nationales Verfassungsrecht, VVDStRL 60 (2001), 290-349

Grabenwarter, Christoph, Grundrechtsschutz in der Union: Verankerung der EU-Grundrechtecharta und Beitritt zur EMRK, in: Busek, Erhard/Hummer, Waldemar (Hrsg.), Der Europäische Konvent und sein Ergebnis – eine Europäische Verfassung, Wien, Köln, Weimar 2004, S. 71-88

Zit.: Grabenwarter, in: Busek/Hummer (Hrsg.), Europäischer Konvent und sein Ergebnis

Grabenwarter, Christoph, Zur Zukunft des Europäischen Gerichtshofs für Menschenrechte, EuGRZ 2003, 174-178

Grabenwarter, Christoph/Pabel, Katharina, Grundrechtsschutz in der Rechtsprechung des EuGH und des EGMR, in: Stern, Klaus/Tettinger, Peter J. (Hrsg.), Die Europäische Grundrechte-Charta im wertenden Verfassungsvergleich, Berlin 2005, S. 81-97

Zit.: Grabenwarter/Pabel, in: Stern/Tettinger (Hrsg.), Die Europäische Grundrechte-Charta im wertenden Verfassungsvergleich

Grill, Gerhard, Die EU-Grundrechtscharta, in: Matscher, Franz (Hrsg.), Erweitertes Grundrechtsverständnis. Internationale Rechtsprechung und nationale Entwicklungen – EGMR, EuGH, Österreich, Deutschland, Schweiz, Kehl, Straßburg, Arlington 2003, S. 29-50

Zit.: Grill, in: Matscher (Hrsg.), Erweitertes Grundrechtsverständnis

Griller, Stefan, Der Anwendungsbereich der Grundrechtscharta und das Verhältnis zu sonstigen Gemeinschaftsrechten, Rechten aus der EMRK und zu verfassungsgesetzlich gewährleisteten Rechten, in: Duschanek, Alfred/Griller, Stefan (Hrsg.), Grundrechte für Europa. Die Europäische Union nach Nizza, Wien, New York 2002, S. 131-182

Zit.: Griller, in: Duschanek/Griller (Hrsg.), Grundrechte für Europa

Hackspiel, Sabine, § 27 Die gerichtlichen Entscheidungen, in: Rengeling, Hans-Werner/Middeke, Andreas/Gellermann, Martin (Hrsg.), Handbuch des Rechtsschutzes in der Europäischen Union, 2. Aufl., München 2003, S. 469-489

Zit.: Hackspiel, in: Rengeling/Middeke/Gellermann (Hrsg.), Handbuch des Rechtsschutzes in der EU

Hailbronner, Kay, Ziele und Methoden völkerrechtlich relevanter Rechtsvergleichung, ZaöRV Bd. 36 (1976), 190-226

Hakenberg, Waltraud, Das Gericht für den öffentlichen Dienst der EU – Eine neue Ära in der Gemeinschaftsgerichtsbarkeit, EuZW 2006, 391-393

Hallstein, Walter, Die Europäische Gemeinschaft, 5. Aufl., Düsseldorf u.a. 1979

Zit.: Hallstein, Die Europäische Gemeinschaft

Haratsch, Andreas, Die *Solange*-Rechtsprechung des Europäischen Gerichtshofs für Menschenrechte, ZaöRV Bd. 66 (2006), 927-947

Haukeland Fredriksen, Halvard, Individualklagemöglichkeiten vor den Gerichten der EU nach dem Vertrag über eine Verfassung für Europa, ZEuS 2005, 99-133

Hilf, Meinhard, Die Auslegung mehrsprachiger Verträge, Eine Untersuchung zum Völkerrecht und zum Staatsrecht der Bundesrepublik Deutschland, Berlin, Heidelberg, New York, 1973

Zit.: Hilf, Auslegung mehrsprachiger Verträge

Hilf, Meinhard, Ein Grundrechtskatalog in der Perspektive einer Europäischen Verfassung, in: Iliopoulos-Strangas, Julia (Hrsg.), Grundrechtsschutz im Europäischen Raum – Der Beitritt der Europäischen Gemeinschaft zur Europäischen Menschenrechtskonvention, 1. Aufl., Baden Baden 1993, S. 320-338

Zit.: Hilf, in: Iliopoulos-Strangas (Hrsg.), Grundrechtsschutz im Europäischen Raum

Hilf, Meinhard, Europäische Union und Europäische Menschenrechtskonvention, in: Beyerlin, Ulrich/Bothe, Michael/Hofmann, Rainer/Petersmann, Ernst-Ulrich (Hrsg.), Recht zwischen Umbruch und Bewahrung. Völkerrecht-Europarecht-Staatsrecht. Festschrift für Rudolf Bernhardt, Berlin, Heidelberg, New York, London, Paris, Tokyo, Hong Kong, Barcelona, Budapest 1995, S. 1193-1210

Zit.: Hilf, in: Beyerlin/Bothe/Hofmann/Petersmann (Hrsg.), FS Bernhardt

Hilf, Meinhard, in: Grabitz, Eberhard/Hilf, Meinhard (Hrsg.), Kommentar zur Europäischen Union, Maastrichter Fassung, Art. F EU, München, Stand Oktober 1999

Zit.: Hilf, in: Grabitz/Hilf (Hrsg.), Kommentar zur EU, Maastrichter Fassung

Hilf, Meinhard/Hörmann, Saskia, Der Grundrechtsschutz von Unternehmen im europäischen Verfassungsverbund, NJW 2003, 1-9s

Hirsch, Günter, Europäischer Gerichtshof und Bundesverfassungsgericht – Kooperation oder Konfrontation?, NJW 1996, 2457-2466

Hobe, Stephan, Stärkung des Menschenrechtsschutzes in Europa: Das 11. Zusatzprotokoll zur Europäischen Menschenrechtskonvention, JA 1998, 909-911

Hoffmann-Riem, Wolfgang, Kohärenz der Anwendung europäischer und nationaler Grundrechte, EuGRZ 2002, 473-483

Holoubek, Michael, Die liberalen Rechte der Grundrechtscharta im Vergleich zur Europäischen Menschenrechtskonvention , in: Duschanek, Alfred/Griller, Stefan (Hrsg.), Grundrechte für Europa. Die Europäische Union nach Nizza, Wien, New York 2002, S. 25-37

Zit.: Holoubek, in: Duschanek/Griller (Hrsg.), Grundrechte für Europa

Huber, Peter, Das Kooperationsverhältnis zwischen BVerfG und EuGH in Grundrechtsfragen, EuZW 1997, 517-521

Hummer, Waldemar, Der Status der EU-Grundrechtecharta. Politische Erklärung oder Kern einer europäischen Verfassung?, Bonn 2002

Zit.: Hummer, Status der EU-Grundrechtecharta

Hummer, Waldemar, Grundrechte und grundrechtsähnliche Verbürgungen in den Europäischen Gemeinschaften – Versuch einer Systematisierung und gegenseitigen Abgleichung, in: Schwind, Fritz (Hrsg.), Aktuelle Fragen zum Europarecht aus der Sicht in- ausländischer Gelehrter, Wien 1986, S. 60-88

Zit.: Hummer, in: Schwind (Hrsg.), Aktuelle Fragen zum Europarecht

Iliopoulos-Strangas, Julia, Der Beitritt der Europäischen Gemeinschaft zur Europäischen Menschenrechtskonvention aus der Sicht der Mitgliedstaaten, in: dies. (Hrsg.), Grundrechtsschutz im Europäischen Raum, 1. Aufl., Baden-Baden 1993, S. 343-368

Zit.: Iliopoulos-Strangas, in: dies. (Hrsg.), Grundrechtsschutz im europäischen Raum

Ipsen, Knut, Völkerrecht, 5. Aufl., München 2004

Zit.: Ipsen, Völkerrecht

Jaeger, Renate, Menschenrechtsschutz im Herzen Europas, EuGRZ 2005, 193-204

Jarass, Hans D., in: ders./Pieroth (Hrsg.), Bodo, Grundgesetz für die Bundesrepublik Deutschland, Kommentar, Art. 23, 8. Aufl., München 2006

Zit.: Jarass, in: ders./Pieroth (Hrsg.), GG Kommentar

Jarass, Hans D., EU Grundrechte, München 2005

Zit.: Jarass, EU-Grundrechte

Jimenez de Parga, Manuel, La adhesión de la Unión Europea al Convenio Europeo de Derechos Humanos, in: Colneric, Ninon/Edward, Advid/Puissochet, Jean-Pierre/Ruiz-Jarabo Colomer, Damaso (Hrsg.), Une communauté de droit. Festschrift für Gil Carlos Rodríguez Iglesias, Berlin 2003, S. 127-136

Zit.: Jimenez de Parga, in: Colneric/Edward/Puissochet/Ruiz-Jarabo Colomer (Hrsg.), FS Ridríguez Iglesias

Karl, Wolfram, Der Beitritt der Europäischen Union zur Europäischen Menschenrechtskonvention, in: Busek, Erhard/Hummer, Waldemar (Hrsg.), Der Europäische Konvent und sein Ergebnis – eine Europäische Verfassung, Wien, Köln, Weimar 2004, S. 89-101

Zit.: Karl, in: Busek/Hummer (Hrsg.), Der Europäische Konvent und sein Ergebnis

Karl, Wolfram, Vertrag und spätere Praxis im Völkerrecht, Berlin, Heidelberg, New York, Tokyo 1983

Zit.: Karl, Vertrag und spätere Praxis im Völkerrecht

Karpenstein, Peter/Karpenstein, Ulrich, in: Grabitz, Eberhard/Hilf, Meinhard (Hrsg.), Kommentar zur Europäischen Union, Art. 226 EG, München, Stand Dezember 2005

Zit.: Karpenstein, P./Karpenstein, U., in: Grabitz/Hilf (Hrsg.), Kommentar zur EU

Karpenstein, Ulrich, in: Grabitz, Eberhard/Hilf, Meinhard (Hrsg.), Kommentar zur Europäischen Union, Art. 236 EG, München, Stand Dezember 2005

Zit.: Karpenstein, U., in: Grabitz/Hilf (Hrsg.), Kommentar zur EU

Kerth, Yvonne/Schmelz, Andrea, Die Geltendmachung der Gemeinschaftsgrundrechte im Wege des Individualrechtsschutzes, JA, 2004, 340-344

Kilian, Dieter, Die Bindungswirkung der Entscheidungen des Europäischen Gerichtshofs für Menschenrechte auf die nationalen Gerichte der Mitgliedstaaten der Konvention zum Schutze der Menschenrechte und Grundfreiheiten vom 4. November 1950, Frankfurt am Main, Berlin, Bern, New York, Paris, Wien 1994

Zit.: Kilian, Die Bindungswirkung der Entscheidungen des EGMR

Kingreen, Thorsten, Die Gemeinschaftsgrundrechte, JuS 2000, 857-865

Kingreen, Thorsten, Theorie und Dogmatik der Grundrechte im europäischen Verfassungsrecht, EuGRZ 2004, 570-576

Kischel, Uwe, Der unabdingbare grundrechtliche Mindeststandard in der Europäischen Union, Der Staat, 39. Bd. (2000), 523-545

Klein, Eckart, Die Erweiterung des Grundrechtsschutzes auf die universelle Ebene – Auswirkungen auf den Grundrechtsschutz in Europa, in: Kreuzer, Karl F./Scheuing, Dieter H./Sieber, Ulrich (Hrsg.), Europäischer Grundrechtsschutz, 1. Aufl., Baden-Baden 1998, S. 39-54

Zit.: Klein, in: Kreuzer/Scheuing/Sieber (Hrsg.), Europäischer Grundrechtsschutz

Klein, Eckart, Die Verantwortung der Vertragsparteien. Überlegungen zu einer effektiven Durchsetzung menschenrechtlicher Verpflichtungen, in: Cremer, Hans-Joachim/Giegerich, Thomas/Richter, Dagmar/Zimmermann, Andreas (Hrsg.), Tradition und Weltoffenheit des Rechts, Festschrift für Helmut Steinberger, Berlin, Heidelberg, New York, Barcelona, Hong Kong, London, Mailand, Paris, Tokio 2002, S. 243-258

Zit.: Klein, in: Cremer/Giegerich/Richter/Zimmermann (Hrsg.), FS Steinberger

Klein, Eckart, Überlegungen de lege ferenda, 2. Referat, in: Mosler, Hermann/Bernhardt, Rudolf/Hilf, Meinhard (Hrsg.), Grundrechtsschutz in Europa, Europäische Menschenrechtskonvention und Europäische Gemeinschaften, Internationales Kolloquium veranstaltet vom Max-Planck-Institut für ausländisches öffentliches Recht und Völkerrecht, Heidelberg 1976, S. 160-180

Zit.: Klein, in: Mosler/Bernhardt/Hilf (Hrsg.), Grundrechtsschutz in Europa

Koenig, Christian/Haratsch, Andreas/Pechstein, Matthias, Europarecht, 5. Aufl., Tübingen 2006

Zit.: Koenig/Haratsch/Pechstein, Europarecht

Koenig, Christian/Pechstein, Matthias/Sander, Claude, EU-/EG-Prozessrecht, 2. Aufl., Tübingen 2002

Zit.: Koenig/Pechstein/Sander, EU-/EG-Prozessrecht

Kokott, Juliane, Der Grundrechtsschutz im europäischen Gemeinschaftsrecht, AöR Bd. 121 (1996), 599-638

Kokott, Juliane, Die Institution des Generalanwalts im Wandel – Auswirkungen der Rechtsprechung des EGMR zu ähnlichen Organen der Rechtspflege in den Mitgliedstaaten, in: Bröhmer, Jürgen/Bieber, Roland/Calliess, Christian/Langenfeld, Christine/Weber, Stefan/Wolf, Joachim (Hrsg.), Internationale Gemeinschaft und Menschenrechte, Festschrift für Georg Ress zum 70. Geburtstag am 21.1.2005, Köln, Berlin, München 2005, S. 577-598

Zit.: Kokott, in: Bröhmer/Bieber/Calliess/Langenfeld/Weber/Wolf (Hrsg.), FS Ress

König, Doris, Die Individualklage nach Art. 230 IV EG, JuS 2003, 257-260

Kotroni, Loukia, Grundrechtliche Verpflichtungen der Mitgliedstaaten der Europäischen Union, Frankfurt am Main u.a. 2004

Zit.: Kotroni, Grundrechtliche Verpflichtungen der Mitgliedstaaten der EU

Krüger, Hans Christian, Der Europarat im 21. Jahrhundert – seine Rolle und Aufgaben, ZEuS 1999, 367-377

Krüger, Hans Christian/Polakiewicz, Jörg, Vorschläge für ein kohärentes System des Menschenrechtschutzes in Europa, EuGRZ 2001, 92-105

Kugelmann, Dieter, Grundrechte in Europa: parallele Geltung aufgrund ihrer Rechtsquellen, Hamburg 1997

Zit.: Kugelmann, Grundrechte in Europa

Kühling, Jürgen, Grundrechtskontrolle durch den EuGH: Kommunikationsfreiheit und Pluralismussicherung im Gemeinschaftsrecht, EuGRZ 1997, 296-303

Kutscher, Hans, Der Schutz von Grundrechte im Recht der Europäischen Gemeinschaft, in: ders./Rogge, Hans/Matscher, Franz (Hrsg.), Der Grundrechtsschutz im Europäischen Gemeinschaftsrecht, Heidelberg 1982, S. 35-55

Zit.: Kutscher, in: ders./Rogge/Matscher (Hrsg.), Grundrechtsschutz im Europäischen Gemeinschaftsrecht

Kutscher, Hans, Über den Gerichtshof der Europäischen Gemeinschaft, EuR

1981, S. 392-413

Lavranos, Nikolaos, Das So-Lange-Prinzip im Verhältnis von EGMR und EuGH – Anmerkungen zu dem Urteil des EGMR v. 30.06.2005, Rs. 450 36/98, EuR 2006, 79-92

Lenaerts, Koen, Grundrechtsschutz in den Europäischen Gemeinschaften und im Rahmen der Europäischen Menschenrechtskonvention, ZfRV 1992, 281-298

Lenz, Carl Otto, Der europäische Grundrechtsstandard in der Rechtsprechung des Europäischen Gerichtshofes, EuGRZ 1993, 585-589

Lenz, Christofer, Anmerkung zur Gibraltar Entscheidung, EuZW 1999, 311-313

Letsas, George, The Truth in Autonomous Concepts: How To Interpret the ECHR, EJIL 2004, 279-305

Leutheusser-Schnarrenberger, Sabine, Die Entwicklung des Schutzes der Grundrechte in der EU, ZRP 2002, 329-332

Limbach, Jutta, Das Bundesverfassungsgericht und der Grundrechtsschutz in Europa, NJW 2001, 2913-2918

Limbach, Jutta, Die Kooperation der Gerichte in der zukünftigen europäischen Grundrechtsarchitektur, EuGRZ 2000, 417-420

Lindner, Bernd, Zur Klagebefugnis natürlicher und juristischer Personen für Nichtigkeitsklagen gem. Art. 230 IV EG gegen EG-Verordnungen, NVwZ 2003, 569-572

Losch, Bernhard/Radau, Wiltrud Christine, Grundrechtskatalog für die Europäische Union, ZRP 2000, 84-87

Lutz, Carsten, Kompetenzkonflikte und Aufgabenverteilung zwischen nationalen und internationalen Gerichten, Erste Bausteine einer Weltgerichtsordnung, Berlin 2003

Zit.: Lutz, Kompetenzkonflikte

Mahlmann, Matthias, Die Grundrechtscharta der Europäischen Union, ZEuS 2000, 419-444

Mahlmann, Matthias, Gleichheitsschutz und Privatautonomie. Probleme und Perspektiven der Umsetzung der Richtlinie 2000/43/EG gegen Diskriminierungen aufgrund von Rasse und ethischer Herkunft, ZEuS 2002, 407-425

Mahoney, Paul, Speculations on the Future of the Reformed European Court of Human Rights, HRLJ 1999 Vol. 20, 1-4

Masuch, Thorsten, Zur fallübergreifenden Bindungswirkung von Urteilen des EGMR, NVwZ 2000, 1266-1268

Matscher, Franz, Die Rechtsstellung des Beschwerdeführers im Verfahren vor den Organen der Europäischen Menschenrechtskonvention (EMRK), in: Deutsche Sektion der Internationalen Juristenkommission (Hrsg.), Der Grundrechtsschutz im Europäischen Gemeinschaftsrecht, Vorträge, Ansprachen und Diskussionsbeiträge auf der Europäischen Juristenkonferenz zum 25jährigen Bestehen der Deutschen Sektion der IJK vom 20.-22. Juni 1980 in der Hansestadt Lübeck, mit Beiträgen von Kutscher, Hans/Rogge, Kersten/Matscher, Franz, Heidelberg 1982, S. 87-106

Zit.: Matscher, in: Deutsche Sektion der Internationalen Juristenkommission (Hrsg.), Der Grundrechtsschutz im Europäischen Gemeinschaftsrecht

Matscher, Franz, Das Verfahren vor den Organen der EMRK, EuGRZ 1982, 517-528

Matscher, Franz, Die Methoden der Auslegung der EMRK in der Rechtsprechung ihrer Organe, in: Schwind, Fritz (Hrsg.), Aktuelle Fragen zum Europarecht aus der Sicht in- und ausländischer Gelehrter, Wien 1986, S. 102-127.

Zit.: Matscher, in: Schwind (Hrsg.), Aktuelle Fragen zum Europarecht

Matscher, Franz, Vertragsauslegung durch Vertragsrechtsvergleichung in der Judikatur internationaler Gerichte, vornehmlich vor den Organen der EMRK, in: Bernhardt, Rudolf/Geck, Wilhelm Karl/Jaenicke, Günther/ Steinberger, Helmut (Hrsg.), Völkerrecht als Rechtsordnung, Internationale Gerichtsbarkeit, Menschenrechte, Festschrift für Hermann Mosler, Berlin, Heidelberg, New York 1983, S. 545-566

Zit.: Matscher, in: Bernhardt/Geck/Jaenicke/Steinberger (Hrsg.), FS Mosler

Matscher, Franz, Die Rechtsprechung des Europäischen Gerichtshofs für Menschenrechte, in: Matscher, Franz (Hrsg.), Erweitertes Grundrechtsverständnis. Internationale Rechtsprechung und nationale Entwicklungen – EGMR,

EuGH, Österreich, Deutschland, Schweiz, Kehl, Straßburg, Arlington 2003, S. 5-27

Zit.: Matscher, in: ders. (Hrsg.), Erweitertes Grundrechtsverständnis

Meyer, Jan de, Brèves réflexions à propos de l'article 60 de la Convention européenne des Droits de l'Homme, in: Matscher, Franz/Petzold, Herbert (eds.), Protecting Human Rights: The European Dimension. Protection des droits de l'homme:la dimension européenne, Studies in honour of/ mélanges en l'honneur de Gérard J. Wiarda, 2. Aufl., Köln, Berlin, Bonn, München 1990, S. 125-129

Zit.: de Meyer, in: Matscher/Petzold (eds.), FS Wiarda

Meyer-Ladewig, Jens, Strukturreform und Erweiterung der materiellen Reichweite des Europäischen Menschenrechtsschutzes, Vortrag vor dem Europa-Institut der Universität des Saarlandes, Saarbrücken, den 12. April 1994, in: Ress, Georg/Stein, Torsten (Hrsg.), Vorträge, Reden und Berichte aus dem Europa-Institut – Sektion Rechtswissenschaft – Nr. 309

Zit.: Meyer-Ladewig, in: Ress/Stein (Hrsg.), Vorträge, Reden und Berichte aus dem Europa-Institut, Nr. 309

Meyer-Ladewig, Jens, Ein neuer ständiger Europäischer Gerichtshof für Menschenrechte. Das 11. Protokoll zur EMRK, NJW 1995, 2813-2817

Meyer-Ladewig, Jens, EMRK, Konvention zum Schutz der Menschenrechte und Grundfreiheiten, Handkommentar, 1. Aufl., Baden-Baden 2003

Zit.: Meyer-Ladewig, EMRK Handkommentar

Middeke, Andreas, § 3 Die Organisationsstruktur der Europäischen Gerichtsbarkeit, in: Rengeling, Hans-Werner/Middeke, Andreas/Gellermann, Martin (Hrsg.), Handbuch des Rechtsschutzes in der Europäischen Union, 2. Aufl., München 2003, S. 16-34

Zit.: Middeke, in: Rengeling/Middeke/Gellermann (Hrsg.), Handbuch des Rechtsschutzes in der EU

Molthagen, Julia, Das Verhältnis der EU-Grundrechte zur EMRK. Eine Untersuchung unter besonderer Berücksichtigung der Charta der Grundrechte der EU, Hamburg 2003, URN: urn:nbn:de:gbv:18-9678; URL: http://www.sub.uni-hamburg.de/opus/volltexte/2003/967/

Zit.: Molthagen, Verhältnis der EU-Grundrechte zur EMRK

Mosler, Hermann, Der Vertrag über die Europäische Gemeinschaft für Kohle und Stahl, Entstehung und Qualifizierung, ZaöRV Bd. 14 (1951/52), S. 1-45

Mosler, Hermann, Die Entstehung des Modells supranationaler und gewaltenteilender Staatenverbindungen in den Verhandlungen über den Schuman-Plan, in: Caemmerer, Ernst von/Schlochauer, Hans-Jürgen/Steindorff, Ernst (Hrsg.), Probleme des europäischen Rechts, Festschrift für Walter Hallstein zu seinem 65. Geburtstag, Frankfurt am Main 1966, S. 355-386

Zit.: Mosler, in: Caemmerer/Schlochauer/Steindorff (Hrsg.), FS Hallstein

Mosler, Hermann, Problems of Interpretation in the Case Law of the European Court of Human Rights, in: Kalshoven, Frits/Kuyper, Pieter Jan/Lammers, Johan G. (eds.), Essays on the Development of the International Legal Order in memory of Haro F. van Panhuys, Alphen aan den Rijn, The Netherlands, Rockville, Maryland, USA 1980, S. 149-167

Zit.: Mosler, in: Kalshoven/Kuyper/Lammers (eds.), GS Panhuys

Müller-Graff, Peter-Christian, Grundfreiheiten und Gemeinschaftsgrundrechte, in: Cremer, Hans-Joachim/Giegerich, Thomas/Richter, Dagmar/Zimmermann, Andreas (Hrsg.), Tradition und Weltoffenheit des Rechts, Festschrift für Helmut Steinberger, Berlin, Heidelberg, New York, Barcelona, Hong Kong, London, Mailand, Paris, Tokio 2002, S. 1281-1301

Zit.: Müller-Graff, in: Cremer/Giegerich/Richter/Zimmermann (Hrsg.), FS Steinberger

Müller-Graff, Peter-Christian, Verfassungsziele der EG/EU, in: Dauses, Manfred A. (Hrsg.), Handbuch des EU-Wirtschaftsrechts, Band 1, München, Stand März 2002, A. I., S. 1- 72

Zit.: Müller-Graff, in: Dauses (Hrsg.), Handbuch des EU-Wirtschaftsrechts, Band 1, Stand März 2002

Murswiek, Dietrich, Die Individualbeschwerde vor den Organen der Europäischen Menschenrechtskonvention – das Verfahren, JuS 1986, 175-179

Neuwahl, Nanette A., The Treaty on European Union: A Step Forward in the Protection of Human Rights?, in: dies./Rosas, Allan (eds.), The European

Union and Human Rights, The Hague, Boston, London, 1995, S. 1-22.

Zit.: Neuwahl, in: dies./Rosas (eds.), The European Union and Human Rights

Nicolaysen, Gert/Nowak, Carsten, Teilrückzug des BVerfG aus der Kontrolle der Rechtmäßigkeit gemeinschaftlicher Rechtsakte: Neuere Entwicklungen und Perspektiven, NJW 2001, 1233-1238

Nowak, Carsten, Zentraler und dezentraler Individualrechtsschutz in der EG im Lichte des gemeinschaftsrechtlichen Rechtsgrundsatzes effektiven Rechtsschutzes, in: ders. /Cremer, Wolfram (Hrsg.), Individualrechtsschutz in der EG und der WTO, 1. Aufl., Baden-Baden 2002, S. 47-79

Zit.: Nowak, in: ders,/Cremer (Hrsg.), Individualrechtsschutz in der EG und WTO

Öhlinger, Theo, Perspektiven des Grundrechtsschutzes in Europa: Das Zusammenspiel von EGMR, EuGH und VfGH im Lichte des Verfassungsentwurfes der Europäischen Union, in: Karl, Wolfram (Hrsg.), Internationale Gerichtshöfe und nationale Rechtsordnung, Kehl, Straßburg, Arlington 2005, S. 123-143

Zit.: Öhlinger, in: Karl (Hrsg.), Internationale Gerichtshöfe und nationale Rechtsordnung

Ohms, Brigitte L., Bewertung des Diskussionsstandes über die Entlastung des Europäischen Gerichtshofes für Menschenrechte, EuGRZ 2003, 141-148

Okresek, Wolf, Die Umsetzung der EGMR-Urteile und ihre Überwachung, EuGRZ 2003, 168-174

Ophüls, Carl Friedrich, Zur ideengeschichtlichen Herkunft der Gemeinschaftsverfassung, in: Caemmerer, Ernst von/Schlochauer, Hans-Jürgen/Steindorff, Ernst (Hrsg.), Probleme des europäischen Rechts, Festschrift für Walter Hallstein zu seinem 65. Geburtstag, Frankfurt am Main 1966, S. 387-413

Zit.: Ophüls, in: Caemmerer/Schlochauer/Steindorff (Hrsg.), FS Hallstein

Oppermann, Thomas, Europarecht, 3. Aufl., München 2005

Zit.: Oppermann, Europarecht

Pache, Eckhard, Die Europäische Grundrechtscharta – ein Rückschritt für den

Grundrechtsschutz in Europa?, EuR 2001, 475-494

Papier, Hans-Jürgen, Koordination des Grundrechtsschutzes in Europa aus der Sicht des Bundesverfassungsgerichts, Vortrag beim 3. Europäischen Juristentag a, 8. September 2005 in Genf

Zit.: Papier, Vortrag beim 3. Europäischen Juristentag 2005 in Genf

Partsch, Karl Josef, Die Rechte und Freiheiten der Europäischen Menschenrechtskonvention, Berlin 1966

Zit.: Partsch, Rechte und Freiheiten der EMRK

Partsch, Karl Josef, Die Entstehung der europäischen Menschenrechtskonvention, ZaöRV Bd. 15 (1953-1954), 631-660

Pastor Palomar, Antonio, Nota sobre el asunto Senator Lines c. los quince estados miembros de la Unión Europea ante el Tribunal Europeo de Derechos Humanos: La personalidad juridica independiente de las Organizaciones Internacionales, Suplemento BEUR, Nr. 11, 2003, 62-68

Pechstein, Matthias/Koenig, Christian, Die Europäische Union, 3. Aufl., Tübingen 2000

Zit.: Pechstein/Koenig, Die Europäische Union

Pelzl, Alexander, Perspektiven der Rechtsprechung des EuGH in Grundrechtsfragen, in: Matscher, Franz (Hrsg.), Erweitertes Grundrechtsverständnis. Internationale Rechtsprechung und nationale Entwicklungen – EGMR, EuGH, Österreich, Deutschland, Schweiz, Kehl, Straßburg, Arlington 2003, S. 51-126

Zit.: Pelzl, in: Matscher (Hrsg.), Erweitertes Grundrechtsverständnis

Pernice, Ingolf, Gemeinschaftsverfassung und Grundrechtsschutz – Grundlagen, Bestand und Perspektiven, NJW 1990, 2409-2420

Pernice, Ingolf, Grundrechtsgehalte im Europäischen Gemeinschaftsrecht, 1. Aufl., Baden-Baden 1979

Zit.: Pernice, Grundrechtsgehalte im Europäischen Gemeinschaftsrecht

Pernice, Ingolf, in: Dreier, Horst (Hrsg.), Grundgesetz-Kommentar, Art. 23 GG, Bd. 2, 2. Aufl., Tübingen 2006

Zit.: Pernice, in: Dreier (Hrsg.), GG Kommentar

Pernice, Ingolf, in: Grabitz, Bernhard/Hilf, Meinhard (Hrsg.) Kommentar zur Europäischen Union, Maastrichter Fassung, Art. 164 EG, München, Stand Oktober 1999

Zit.: Pernice, in: Grabitz/Hilf (Hrsg.), Kommentar zur EU, Maastrichter Fassung

Pernice, Ingolf/Mayer, Franz C., in: Grabitz, Bernhard /Hilf, Meinhard (Hrsg.) Kommentar zur Europäischen Union, nach Art. 6 EU, München, Stand Dezember 2005

Zit.: Pernice/Meyer, in: Grabitz/Hilf (Hrsg.), Kommentar zur EU

Pescatore, Pierre, Der Schutz der Grundrechte in den Europäischen Gemeinschaften und seine Lücken, 2. Referat, in: Mosler, Hermann/Bernhardt, Rudolf/Hilf, Meinhard (Hrsg.), Grundrechtsschutz in Europa. Europäische Menschenrechtskonvention und Europäische Gemeinschaften, Internationales Kolloquium veranstaltet vom Max-Planck-Institut für ausländisches öffentliches Recht und Völkerrecht Heidelberg 1976, Heidelberg, New York 1977, S. 64-75

Zit.: Pescatore, in: Mosler/Bernhardt/Hilf (Hrsg.), Grundrechtsschutz in Europa

Pescatore, Pierre, La Cour de justice des Communautés européennes et la Convention européenne des Droits de l'Homme, in: Matscher, Franz/Petzold, Herbert (eds.), Protecting Human Rights: The European Dimension. Protection des droits de l'homme:la dimension européenne, Studies in honour of/ mélanges en l'honneur de Gérard J. Wiarda, 2. Aufl., Köln, Berlin, Bonn, München 1990, S. 441-454

Zit.: Pescatore, in: Matscher/Petzold (eds.), FS Wiarda

Peters, Anne, Einführung in die Europäischen Menschenrechtskonvention: mit rechtsvergleichenden Bezügen zum deutschen Grundgesetz, München 2003

Zit.: Peters, Einführung in die EMRK

Petersmann, Ernst-Ulrich, in: Groeben, Hans von der/Thiesing, Jochen/Ehlermann, claus-Dieter (Hrsg.), Kommentar zum EU/EG Vertrag, 5. Aufl., Baden-Baden 1997, Art. 234

Zit.: Petersmann, in: GTE (Hrsg.), Kommentar zum EU/EG Vertrag, Art. 234

Petzold, Herbert/Sharpe, Jonathan L., Profile of the future European Court of Human Rights, in: Matscher, Franz/Petzold, Herbert (eds.), Protecting Human Rights: The European Dimension, Studies in honour of Gérard J. Wiarda, 2. Aufl., Köln, Berlin, Bonn, München 1990, S. 471-508

Zit.: Petzold/Sharpe, in: Matscher/Petzold (eds.), FS Wiarda

Peukert, Wolfgang, The importance of the European Convention on Human Rights for the European Union, in: Mahoney, Paul/Matscher, Franz/Petzold, Herbert/Wildhaber, Luzius (eds.), Protection des droits de l'homme: a perspective européenne, Protecting Human Rights: The European Perspektive, Mélanges à la mémoire de/Studies in memory of Rolv Ryssdal, Köln, Berlin, Bonn, München 2000, S. 1107-1122

Zit.: Peukert, in: Mahoney/Matscher/Petzold/Wildhaber (eds.), GS Ryssdal

Peukert, Wolfgang, in: Frowein, Jochen Abr./ ders. (Hrsg.), Europäische Menschenrechtskonvention, EMRK-Kommentar, 2. Aufl., Kehl, Straßburg, Arlington 1996, Art. 25, 26 und gemeinsam mit Frowein Art. 53, 60

Zit.: Peukert, in: Frowein/ ders. (Hrsg.), EMRK Kommentar

Philippi, Nina, Die Charta der Grundrechte der Europäischen Union: Entstehung, Inhalt und Konsequenzen für den Grundrechtsschutz in Europa, Baden-Baden 2002

Zit.: Philippi, Charta

Philippi, Nina, Divergenzen im Grundrechtsschutz zwischen EuGH und EGMR, ZEuS 2000, 97-126

Pietsch, Jörg, Die Grundrechtecharta im Verfassungskonvent, ZRP 2003, 1-4

Polakiewicz, Jörg, Die Verpflichtungen der Staaten aus den Urteilen des Europäischen Gerichtshofs für Menschenrechte, Berlin, Heidelberg, New York, London, Paris, Tokyo, Hong Kong, Barcelona, Budapest 1993

Zit.: Polakiewicz, Die Verpflichtungen der Staaten aus den Urteilen des EGMR

Polakiewicz, Jörg, Europäischer Menschenrechtsschutz zwischen Europarat und Europäischer Union. Zum Verhältnis von EMRK und EU-

Grundrechtscharta, in: Marauhn, Thilo (Hrsg.), Die Rechtsstellung des Menschen im Völkerrecht. Entwicklungen und Perspektiven, Tübingen 2003, S. 37-54

Zit.: Polakiewicz, in: Marauhn (Hrsg.), Die Rechtsstellung des Menschen im Völkerrecht

Prebensen, Søren C., Inter-State Complaints under Treaty Provisions – the Experience under the European Convention on Human Rights, HRLJ 1999 Vol. 20, 446-455

Quasdorf, Peter, Dogmatik der Grundrechte der Europäischen Union, Frankfurt am Main 2001

Zit.: Quasdorf, Dogmatik der Grundrechte der EU

Randelzhofer, Albrecht, in: Herzog, Roman/Herdegen, Matthias/Scholz, Rupert/Klein, Hans D. (Hrsg.), Maunz/Dürig, Grundgesetz Kommentar, München, Stand März 2006, Art. 24 GG

Zit.: Randelzhofer, in: Maunz/Dürig, GG Kommentar

Reich, Norbert, Zur Notwendigkeit einer Europäischen Grundrechtsbeschwerde, ZRP 2000, 375-378

Rengeling, Hans-Werner, Die Entwicklung verwaltungsgerichtlicher Grundsätze durch den Gerichtshof der Europäischen Gemeinschaften, EuR 1984, 331-360

Rengeling, Hans-Werner, Brauchen wir die Verfassungsbeschwerde auf Gemeinschaftsebene?, in: Due, Ole/Lutter, Marcus/Schwarze, Jürgen (Hrsg.), Festschrift für Ulrich Everling, Band II, Baden-Baden 1995, S. 1187-1212

Zit.: Rengeling, in: Due/Lutter/Schwarze (Hrsg.), FS Everling

Rengeling, Hans-Werner, Grundrechtsschutz in der Europäischen Gemeinschaft. Bestandsaufnahme und Analyse der Rechtsprechung des Europäischen Gerichtshofes zum Schutz der Grundrechte als allgemeine Rechtsgrundsätze, München 1993

Zit.: Rengeling, Grundrechtsschutz in der EG

Rengeling, Hans-Werner/Szczekalla, Peter, Grundrechte in der Europäischen Union, Köln, Berlin, München 2004

Zit.: Rengeling/Szczekalla (Hrsg.), Grundrechte in der Europäischen Union

Ress, Georg, Aspekte der Entfaltung des Europäischen Menschenrechtsschutzes, in: Juristische Gesellschaft Bremen (Hrsg.), Jahrbuch der Juristischen Gesellschaft Bremen, Band 4, Bremen 2003, S. 17-39

Zit.: Ress, in: Juristische Gesellschaft Bremen (Hrsg.), Jahrbuch der Juristischen Gesellschaft Bremen

Ress, Georg, Das Europarecht vor dem Europäischen Gerichtshof für Menschenrechte in Straßburg, Vortrag an der Humboldt-Universität zu Berlin am 11. April 2002, FCE 2/02

Zit.: Ress, Vortrag an der Humboldt-Universität zu Berlin am 11. April 2002, FCE 2/02

Ress, Georg, Die „Einzelfallbezogenheit" in der Rechtsprechung des Europäischen Gerichtshofs für Menschenrechte, in: Bernhardt, Rudolf/Geck, Wilhelm Karl/Jaenicke, Günther/Steinberger, Helmut (Hrsg.), Völkerrecht als Rechtsordnung – Internationale Entscheidungen – Menschenrechte, Festschrift für Hermann Mosler, Berlin, Heidelberg, New York 1983, S. 719-744

Zit.: Ress, in: Bernhardt/Geck/Jaenicke/Steinberger (Hrsg.), FS Mosler

Ress, Georg, Die Bedeutung der Rechtsvergleichung für das Recht internationaler Organisationen, ZaöRV Bd. 36 (1976), 227-279

Ress, Georg, Die EMRK und das europäische Gemeinschaftsrecht – Überlegungen zu den Beziehungen zwischen der Europäischen Gemeinschaften und der Europäischen Menschenrechtskonvention, ZEuS 1999, 471-485

Ress, Georg, Die Europäische Grundrechtscharta und das Verhältnis zwischen EGMR, EuGH und den nationalen Verfassungsgerichten, in: Duschanek, Alfred/Griller, Stefan (Hrsg.), Grundrechte für Europa. Die Europäische Union nach Nizza, Wien, New York, 2002, S. 183-207

Zit.: Ress, in: Duschanek/Griller (Hrsg.), Grundrechte für Europa

Ress, Georg, Die Europäische Menschenrechtskonvention und die Vertragsstaaten: Die Wirkungen der Urteile des Europäischen Gerichtshofes für Menschenrechte im innerstaatlichen Recht und vor innerstaatlichen Gerichten, in: Maier, Irene (Hrsg.), Europäischer Menschenrechtsschutz, Schranken und Wirkungen, Verhandlungen des Fünften Internationalen Kolloquiums über die Europäische Menschenrechtskonvention in Frankfurt (Main), Heidelberg 1982, S. 227-287

Zit.: Ress, in: Maier (Hrsg.), Europäischer Menschenrechtsschutz

Ress, Georg, Die Europäische Union und die neue juristische Qualität der Beziehungen zu den Europäischen Gemeinschaften, JuS 1992, 985-991

Ress, Georg, Media Law in the context of the European Union and the European Convention on Human Rights, in: Mahoney, Paul/Matscher, Franz/Petzold, Herbert/Wildhaber, Luzius (eds.), Protection des droits de l'homme: a perspective européenne, Protecting Human Rights: The European Perspektive, Mélanges à la mémoire de/Studies in memory of Rolv Ryssdal, Köln, Berlin, Bonn, München 2000, S. 1173-1196

Zit.: Ress, in: Mahoney/Matscher/Petzold/Wildhaber (eds.), FS Ryssdal

Ress, Georg, Menschenrechte, europäisches Gemeinschaftsrecht und nationales Verfassungsrecht, in: Haller, Herbert/Kopetzki, Christian/Novak, Richard/Paulson, Stanley L./Raschauer, Bernhard/Ress, Georg/Wiederin, Ewald (Hrsg.), Staat und Recht: Festschrift für Günther Winkler, Wien 1997, S. 897-932

Zit.: Ress, in: Haller/Kopetzki/Novak/Paulson/Raschauer/Ress/Wiederin (Hrsg.), FS Winkler

Ress, Georg, Wirkung und Beachtung der Urteile und Entscheidungen der Straßburger Konventionsorgane, EuGRZ 1996, 350-353

Ress, Georg/Ukrow, Jörg, Neue Aspekte des Grundrechtsschutzes in der Europäischen Gemeinschaft, Anmerkungen zum Hoechst-Urteil des EuGH, EuZW 1990, 499-505

Ritgen, Klaus, Grundrechtsschutz in der Europäischen Union, ZRP 2000, 371-375

Robertson, Arthur Henry, Human Rights in Europe, Manchester 1963

Zit.: Robertson, Human Rights in Europe

Rodríguez Iglesias, Gil Carlos, Zur Stellung der Europäischen Menschenrechtskonvention im europäischen Gemeinschaftsrecht, in: Beyerlin, Ulrich/Bothe, Michael/Hofmann, Rainer/Petersmann, Ernst-Ulrich (Hrsg.),

Recht zwischen Umbruch und Bewahrung. Völkerrecht-Europarecht-Staatsrecht. Festschrift für Rudolf Bernhardt, Berlin, Heidelberg, New York, London, Paris, Tokyo, Hong Kong, Barcelona, Budapest 1995, S. 1269-1281

Zit.: Rodríguez Iglesias, in: Beyerlin/Bothe/Hofmann/Petersmann (Hrsg.), FS Bernhardt

Rodríguez Iglesias, Gil Carlos, Zusammenfassung der Rede in der feierlichen Sitzung des EGMR am 31. Januar 2002, EuGRZ 2002, 206-207

Roider, Claudia, Perspektiven einer europäischen Rundfunkordnung. Eine Untersuchung der gemeinschaftsrechtlichen Direktiven unter besonderer Berücksichtigung des Pluralismusgebots, Berlin 2001

Zit.: Roider, Perspektiven einer europäischen Rundfunkordnung

Rosakis, Christos, La position des organes de la Convention Européenne des Droits de l'Homme à l'egard des actes de l'ordre juridique communautaire, in: Iliopoulos-Strangas, Julia (Hrsg.), Grundrechtsschutz im europäischen Raum, 1. Aufl., Baden-Baden 1993, S. 279-299

Zit.: Rosakis, in: Iliopoulos-Strangas (Hrsg.), Grundrechtsschutz im europäischen Raum

Rosakis, Christos, Multiple Institutional Protection in the New European Landscape, ZEuS 1998, 475-492

Ruffert, Matthias, Die künftige Rolle des EuGH im europäischen Grundrechtsschutzsystem, EuGRZ 2004, 466-471

Ruffert, Matthias, Zuständigkeitsgrenzen internationaler Organisationen im institutionellen Rahmen der internationalen Gemeinschaft, AVR 38. Bd. (2000), 129-168

Ryssdal, Rolv, The European Court of Human Rights and Gérard Wiarda, in: Matscher, Franz/Petzold, Herbert (eds.), Protecting Human Rights: The European Dimension, Studies in honour of Gérard J. Wiarda, 2. Aufl., Köln, Berlin, Bonn, München 1990, S. 1-6

Zit.: Ryssdal, in: Matscher/Petzold (eds.), FS Wiarda

Scheer, Hester, The Interaction between the ECHR an EC Law. A Case Study in the Field of EC Competition Law, ZEuS 2004, 663-691

Schermers, Henricus G., Die Bedeutung der Menschenrechte für die internationalen Organisationen, in: Fachbereich Rechtswissenschaften der Universität Osnabrück (Hrsg.), Ansprachen aus Anlass der Ehrenpromotion von Herrn Prof. Dr. iur. Dr. h.c. Henricus G. Schermers am 16. Juni 1994, Köln, Berlin, Bonn, München 1995 S. 25-43

Zit.: Schermers, in: Fachbereich Rechtswissenschaften der Universität Osnabrück (Hrsg.), Ehrenpromotion Schermers

Schermers, Henry G., The Relationship with European Organisations other than the Council of Europe, in: de Salvia, Michele/Villiger, Mark E. (eds.), The Birth of European Rights Law, l'éclosion du Droit europèen des Droits de l'Homme, Liber Amicorum Studies in honour of – Mélanges en l'Honneur de Carl Aage Nørgaard, 1. Aufl., Baden-Baden 1998, S. 315-320

Zit.: Schermers, in: de Salvia/Villiger (eds.), FS Nørgaard

Schildknecht, Urs, Grundrechtsschranken in der Europäischen Gemeinschaft, Frankfurt am Main 2000

Zit.: Schildknecht, Grundrechtsschranken in der EG

Schlette, Volker, Das neue Rechtsschutzsystem der Europäischen Menschenrechtskonvention. Zur Reform des Kontrollmechanismus durch das 11. Protokoll, ZaöRV Bd. 56 (1996), 905-976

Schlette, Volker, Europäischer Menschenrechtsschutz nach der Reform der EMRK, JZ 1999, 219-226

Schlochauer, Hans-Jürgen, Der Gerichtshof der Europäischen Gemeinschaften als Integrationsfaktor, in: Caemmerer, Ernst von/Schlochauer, Hans-Jürgen/Steindorff, Ernst (Hrsg.), Probleme des europäischen Rechts, Festschrift für Walter Hallstein zu seinem 65. Geburtstag, Frankfurt am Main 1966, S. 431-452

Zit.: Schlochauer, in: Caemmerer/Schlochauer/Steindorff (Hrsg.), FS Hallstein

Schmalenbach, Kirsten, in: Calliess, Christian/Ruffert, Matthias (Hrsg.), Kommentar zu EU-Vertrag und EG-Vertrag, 2. Aufl., Neuwied, Kriftel 2002, Art. 300 und Art. 307 EG

Zit.: Schmalenbach, in: Calliess/Ruffert (Hrsg.), Kommentar EUV/EGV

Schmitz, Thomas, Die Charta der Grundrechte der Europäischen Union als Konkretisierung der gemeinsamen europäischen Werte, in: Blumenwitz, Dieter/Gornig, Gilbert/Murswiek, Dietrich (Hrsg.), Die Europäische Union als Wertegemeinschaft, Berlin 2005, S. 73-97

Zit.: Schmitz, in: Blumenwitz/Gornig/Murswiek (Hrsg.), Die Europäische Union als Wertegemeinschaft

Schmitz, Thomas, Die EU-Grundrechtecharta aus grundrechtsdogmatischer und grundrechtstheoretischer Sicht, JZ 2001, 833-843

Schmitz, Thomas, Die Grundrechtecharta als Teil der Verfassung der Europäischen Union, EuR 2004, 691-713

Schneider, Hans-Peter, Die Europäische Union als Rechtsgemeinschaft, in: Häberle, Peter/Morlok, Martin/Skouris, Vassilios (Hrsg.), Festschrift für Dimitris Th. Tsatsos zum 70. Geburtstag am 5. Mai 2003, 1. Aufl., Baden-Baden 2003, S. 619-637

Zit.: Schneider, in: Häberle/Morlok/Skouris (Hrsg.), FS Tsatsos

Schokkenbrock, Jeroen, Überblick über die Arbeit des Europarates betreffend die Reform des Gerichtshofes, EuGRZ 2003, 134-138

Scholz, Rupert, in: Herzog, Roman/Herdegen, Matthias/Scholz, Rupert/Klein, Hans D. (Hrsg.), Maunz/Dürig, Grundgesetz Kommentar, München, Stand März 2006, Art. 23 GG

Zit.: Scholz, in: Maunz/Dürig, GG Kommentar

Schroeder, Werner, Die Auslegung des EU-Rechts, JuS 2004, 180-186

Schwartmann, Rolf, Europäischer Grundrechtsschutz nach dem Verfassungsvertrag, AVR 43. Bd. (2005), 129-152

Schwarze, Jürgen, Das „Kooperationsverhältnis" des Bundesverfassungsgerichts mit dem Europäischen Gerichtshof, in: Badura, Peter/Dreier, Horst (Hrsg.), Festschrift 50 Jahre Bundesverfassungsgericht, Erster Band, Verfassungsgerichtsbarkeit, Verfassungsprozess, Tübingen 2001, S. 223-243

Zit.: Schwarze, in: Badura/Dreier (Hrsg.), FS 50 Jahre BVerfG, 1. Band

Schwarze, Jürgen, Der Rechtsschutz Privater vor dem Europäischen Gerichtshof: Grundlagen, Entwicklungen und Perspektiven des Individualrechtsschutzes im Gemeinschaftsrecht, DVBl. 2002, 1297-1315

Schwarze, Jürgen, in: ders. (Hrsg.), EU-Kommentar, 1. Aufl., Baden-Baden, 2000, Art. 220 EGV

Zit.: Schwarze, in: ders. (Hrsg.), EU-Kommentar, Art. 220

Schwarze, Jürgen, Schutz der Grundrechte in der Europäischen Gemeinschaft – Grundlagen und heutiger Entwicklungsstand, EuGRZ 1986, 293-299

Schwarze, Jürgen, Der Schutz der Grundrechte durch den EuGH, NJW 2005, 3459-3466

Schweitzer, Michael, Staatsrecht III, Staatsrecht, Völkerrecht, Europarecht, 4. Aufl., Heidelberg 1992

Zit.: Schweitzer, Staatsrecht III, 4. Aufl.

Schweitzer, Michael, Staatsrecht III. Staatsrecht, Völkerrecht, Europarecht, 8. Aufl., Heidelberg 2004

Zit.: Schweitzer, Staatsrecht III

Schweitzer, Michael/Hummer, Waldemar, Europarecht: das Recht der Europäischen Union – das Recht der Europäischen Gemeinschaften (EGKS, EG, EAG) – mit Schwerpunkt EG, 5. Aufl. Neuwied, Kriftel, Berlin 1996

Zit.: Schweitzer/Hummer, Europarecht

Seidl-Hohenveldern, Ignaz, Lexikon des Rechts, Völkerrecht, 3. Aufl., Neuwied, Kriftel 2001

Zit.: Seidl-Hohenveldern, Lexikon des Rechts

Selmer, Peter, Die Gewährleistung der unabdingbaren Grundrechtsstandards durch den EuGH. Zum „Kooperationsverhältnis“ zwischen BVerfG und EuGH am Beispiel des Rechtsschutzes gegen die Bananenmarkt-Verordnung, 1. Aufl., Baden-Baden 1998

Zit.: Selmer, Gewährleistung der unabdingbaren Grundrechtsstandards

Siegler, Heinrich von, Dokumentation der Europäischen Integration, 1946-1961, unter besonderer Beachtung des Verhältnisses EWG – EFTA, Bonn, Wien, Zürich 1961

Zit.: Siegler, Dokumentation der Europäischen Integration, 1946-1961

Siemen, Birte, Grundrechtsschutz durch Richtlinien/Die Fälle Österreichischer

Rundfunk u.a. und Lindqvist, EuR 2004, 306-321

Siess-Scherz, Ingrid, Das neue Rechtsschutzsystem nach dem Protokoll Nr. 11 zur EMRK über die Umgestaltung des durch die Konvention eingeführten Kontrollmechanismus, in: Grabenwarter, Christoph/Thiemel, Rudolf (Hrsg.), Kontinuität und Wandel der EMRK. Studien zur Europäischen Menschenrechtskonvention, Kehl, Straßburg, Arlington 1998, S. 1-19

Zit.: Siess-Scherz, in: Grabenwarter/Thiemel (Hrsg.), Kontinuität und Wandel der EMRK

Siess-Scherz, Ingrid, Der EGMR nach der Erweiterung des Europarates, EuGRZ 2003, 100-107

Skouris, Vassilios, Der Gerichtshof der Europäischen Gemeinschaften: Rechtsschutzinstanz und/oder Integrationsfaktor, in: Häberle, Peter/Morlok, Martin/Skouris, Vassilios (Hrsg.), Festschrift für Dimitris Th. Tsatsos zum 70. Geburtstag am 5. Mai 2003, 1. Aufl., Baden-Baden 2003, S. 638-655

Zit.: Skouris, in: Häberle/Morlok/Skouris (Hrsg.), FS Tsatsos

Skouris, Vassilios, Introducing a binding Bill of Rights for the European Union, Can three parallel systems of protection of fundamental rights coexist harmoniously?, in: Blankenagel, Alexander/Pernice, Ingolf/Schultze-Fielitz, Helmuth (Hrsg.), Verfassung im Diskurs der Welt, Liber Amicorum für Peter Häberle zum siebzigsten Geburtstag, Tübingen 2004, S. 261-273

Zit.: Skouris, in: Blankenagel/Pernice/Schulze-Fielitz (Hrsg.), FS Häberle

Stein, Thorsten, Das Verhältnis zwischen dem Grundrechtsschutz durch die Organe der Europäischen Menschenrechtskonvention und der Europäischen Gemeinschaft, 1. Referat, in: Mosler, Hermann/Bernhardt, Rudolf/Hilf, Meinhard (Hrsg.), Grundrechtsschutz in Europa, Europäische Menschenrechtskonvention und Europäische Gemeinschaften, Internationales Kolloquium veranstaltet vom Max-Planck-Institut für ausländisches öffentliches Recht und Völkerrecht, Heidelberg 1976, S. 147-159

Zit.: Stein, in: Mosler/Bernhardt/Hilf (Hrsg.), Grundrechtsschutz in Europa

Stein, Torsten, „Gut gemeint…" – Bemerkungen zur Charta der Grundrechte der Europäischen Union, in: Cremer, Hans-Joachim/Giegerich, Thomas/Richter, Dagmar/Zimmermann, Andreas (Hrsg.), Tradition und Weltoffenheit des Rechts, Festschrift für Helmut Steinberger, Berlin, Heidelberg, New York, Barcelona, Hong Kong, London, Mailand, Paris, Tokio 2002, S. 1425-1436

Zit.: Stein, in: Cremer/Giegerich/Richter/Zimmermann (Hrsg.), FS Steinberger

Stender, Heike, Überschneidungen im internationalen Menschenrechtsschutz. Zum Problem des overlapping von materiellen Garantien und Kontrollmechanismen, Berlin 2004

Zit.: Stender, Überschneidungen im internationalen Menschenrechtsschutz

Stern, Klaus, Das Staatsrecht der Bundesrepublik Deutschland, Band III/2, Allgemeine Lehren der Grundrechte, München 1994

Zit.: Stern, Staatsrecht der BRD, Band III/2

Stern, Klaus, Von der Europäischen Menschenrechtskonvention zur Europäischen Grundrechte-Charta – Perspektiven des Grundrechtsschutz in Europa, in: ders./Tettinger, Peter J. (Hrsg.), Die Europäische Grundrechte-Charta im wertenden Verfassungsvergleich, Berlin 2005, S. 13-30

Zit.: Stern, in: ders./Tettinger (Hrsg.), Die Europäische Grundrechte-Charta im wertenden Verfassungsvergleich

Stieglitz, Edgar, Allgemeine Lehren im Grundrechtsverständnis nach der EMRK und der Grundrechtsjudikatur des EuGH, Baden-Baden 2002

Zit.: Stieglitz, Allgemeine Lehren im Grundrechtsverständnis

Stoltenberg, Klaus, Neuere Vorschläge zur Reform des EGRM aus dem Kreis der Mitgliedstaaten, EuGRZ 2003, 139-141

Strasser, Kyra, Grundrechtsschutz in Europa und der Beitritt der Europäischen Gemeinschaften zur Europäischen Menschenrechtskonvention, Frankfurt am Main, Berlin, Bern, Brüssel, New York, Oxford, Wien 2001

Zit.: Strasser, Grundrechtsschutz in Europa

Streinz, Rudolf, Bundesverfassungsrechtlicher Grundrechtsschutz und Europäisches Gemeinschaftsrecht: die Überprüfung grundrechtsbeschränkender deutscher Begründungs- und Vollzugsakte von Europäischem Gemeinschaftsrecht durch das Bundesverfassungsgericht, 1. Aufl., Baden-Baden 1989

Zit.: Streinz, Bundesverfassungsrechtlicher Grundrechtsschutz

Streinz, Rudolf, Europarecht, 7. Aufl., Heidelberg 2005

Zit.: Streinz, Europarecht

Streinz, Rudolf, in: Sachs, Michael (Hrsg.), GG: Kommentar, Art. 23 GG, 3. Aufl., München 2003

Zit.: Streinz, in: Sachs (Hrsg.), GG Kommentar

Stürmer, Christiane, Das Verfahren vor dem neuen Europäische Gerichtshof für Menschenrechte, MRM 1999, 13-16

Suerbaum, Joachim, Die Schutzpflichtdimension der Gemeinschaftsgrundrechte, EuR 2003, 390-416

Szczekalla, Peter, Grenzenlose Grundrechte, NVwZ 2006, 1019-1021

Szczekalla, Peter, Vertrauensvorschuss aus Straßburg: Der Europäische Gerichtshof für Menschenrechte klärt sein Verhältnis zum Europäischen Gerichtshof, GPR 2005, 176-179

Tettinger, Peter J., Die Charta der Grundrechte der Europäischen Union, NJW 2001, 1010-1015

Theurer, Nadja, Das Verhältnis der EG zur Europäischen Menschenrechtskonvention. Eine Analyse des Gutachtens 2/94 des EuGH, Bern, Zürich 1998

Zit.: Theurer, Das Verhältnis der EG zur EMRK

Thewes, Christian, Bindung und Durchsetzung der gerichtlichen Entscheidungen in der EU, Hamburg 2003

Zit.: Thewes, Bindung und Durchsetzung der gerichtlichen Entscheidungen in der EU

Thym, Daniel, Charta, Grundgesetz, und EMRK: Ein kohärentes Gesamtsystem des Grundrechtsschutzes in Europa?, in: Mahler, Claudia/Weiß, Norman (Hrsg.), Menschenrechtsschutz im Spiegel von Wissenschaft und Praxis, Berlin 2004, S. 110-147

Zit.: Thym, in Mahler/Weiß (Hrsg.), Menschenrechtsschutz im Spiegel von Wissenschaft und Praxis

Tomuschat, Christian, Individueller Rechtsschutz: das Herzstück des „ordre public européen“ nach der Europäischen Menschenrechtskonvention, EuGRZ 2003, 95-100

Tomuschat, Christian, Ungereimtes/Zum Urteil des Bundesverfassungsgerichts vom 18. Juli 2005 über den Europäischen Haftbefehl, EuGRZ 2005, 453-460

Toth, A.G., The European Union and Human Rights: The Way Forward, CML Rev. 1997, 491-529

Trechsel, Stefan, Zur Reform des Europäischen Menschenrechtsschutz-Systems, in: Nowak, Manfred (Hrsg.), Europarat und Menschenrechte, Wien 1994, S. 91-118

Zit.: Trechsel, in: Nowak (Hrsg.), Europarat und Menschenrechte

Trechsel, Stefan, Inflation im Bereich der Menschenrechte, ZEuS 1998, 371-388

Tulkens, Francoise, L'Union européenne devant la Cour européenne des droits de l'homme, RUDH 2000, 50-57

Uerpmann, Robert, Die Europäische Menschenrechtskonvention und die deutsche Rechtsprechung, Ein Beitrag zum Thema Völkerrecht und Landesrecht, Berlin 1993

Zit.: Uerpmann, Die EMRK und die deutsche Rechtsprechung

Unger, Moritz von, „So lange" nicht mehr: Das BVerfG behauptet die normative Freiheit des deutschen Rechts, NVwZ 2005, 1266-1272

Vedder, Christoph, Die „verfassungsrechtliche Dimension" – die bisher unbekannte Grenze für Gemeinschaftshandeln? Anmerkung zum Gutachten 2/94, EMRK des EuGH, EuR 1996, 309-319

Vedder, Christoph, Grundrechtsschutz in der Europäischen Union, in: Bottke, Wilfried/Möllers, Thomas M.J./Schmidt, Reiner (Hrsg.), Recht in Europa, Festgabe zum 30-jährigen Bestehen der Juristischen Fakultät Augsburg, 1. Aufl., Baden-Baden 2003, S. 315-330

Zit.: Vedder, in: Bottke/Möllers/Schmidt (Hrsg.), Recht in Europa

Villiger, Mark Eugen, Das 11. Zusatzprotokoll in der Praxis – Neuerungen für Parteien und Anwälte und Anwältinnen, SZIER 1999, 79-95

Villiger, Mark Eugen, Die Wirkungen der Entscheide der EMRK-Organe im innerstaatlichen Recht, namentlich in der Schweiz, ZSR, Bd. 104 1985

Halbbd. 1, 469-516

Villiger, Mark Eugen, Handbuch der Europäischen Menschenrechtskonvention (EMRK) unter besonderer Berücksichtigung der schweizerischen Rechtslage, Zürich 1993

Zit.: Villiger, Handbuch der EMRK

Vranes, Erich, Die horizontalen Bestimmungen der Grundrechtecharta, in: Mantl, Wolfgang/Puntscher Riekmann, Sonja/Schweitzer, Michael (Hrsg.), Der Konvent zur Zukunft der Europäischen Union, Wien, Köln Weimar 2005, S. 57-80

Zit.: Vranes, in: Mantl/Puntscher Riekmann/Schweitzer (Hrsg.), Konvent zur Zukunft der EU

Walter, Christian, Die europäische Grundrechtsidee – Geschichte und Entwicklung der Europäischen Grundrechte und Grundfreiheiten in: Ehlers, Dirk (Hrsg.), Europäische Grundrechte und Grundfreiheiten, 2. Aufl., Berlin 2005, § 1

Zit.: Walter, in: Ehlers (Hrsg.), Europäische Grundrechte und Grundfreiheiten

Warnken, Petra, Das Verhältnis der Europäischen Gemeinschaft zur Europäischen Menschenrechtskonvention, Hamburg 2002

Zit.: Warnken, Das Verhältnis der EG zur EMRK

Weber, Albrecht, Die Europäische Grundrechtscharta – auf dem Weg zu einer europäischen Verfassung, NJW 2000, 537-544

Weber, Albrecht, Einheit und Vielfalt der europäischen Grundrechtsordnung(en), DVBl. 2003, 220-227

Weber, Albrecht, Menschenrechte, München 2004

Wegener, Bernhard, in: Calliess, Christian/Ruffert, Matthias (Hrsg.), Kommentar des Vertrages über die Europäische Union und des Vertrages zur Gründung der Europäischen Gemeinschaft – EUV/EGV, 2. Aufl., Neuwied, Kriftel 2002, Art. 220

Zit.: Wegener, in: Calliess/Ruffert, Kommentar EUV/EUGV, Art. 220

Weidmann, Klaus W., Der Europäische Gerichtshof für Menschenrechte auf dem Weg zu einem europäischen Verfassungsgerichtshof, Die Entwicklung der Rechtsprechung des Europäischen Gerichtshofs für Menschenrechte, insbesondere der methodischen und grundrechtstheoretischen Ansätze, Frankfurt am Main, Bern, New York 1985

Zit.: Weidmann, Der EGMR auf dem Weg zu einem europäischen Verfassungsgerichtshof

Weiß, Wolfgang, Die Europäische Menschenrechtskonvention, der Grundrechtsstandard in der EU und das EG-Kartellverfahren, EWS 1997, 253-257

Weiß, Wolfgang, Die Verteidigungsrechte im EG-Kartellverfahren: zugleich ein Beitrag zu den allgemeinen Rechtsgrundsätzen des Gemeinschaftsrechts, Köln, Berlin, Bonn, München 1996

Zit.: Weiß, Verteidigungsrechte

Weiß, Wolfgang, Grundrechtsquellen im Verfassungsvertrag, ZEuS 2005, 323-353

Wetter, Irmgard, Die Grundrechtscharta des Europäischen Gerichtshofes, Frankfurt am Main, Berlin, Bern, New York, Paris, Wien 1998

Zit.: Wetter, Die Grundrechtscharta des EuGH

Widmaier, Ulrich, Gedanken zum Grundrechtsschutz im Verhältnis der Europäischen Gemeinschaft zur Europäischen Menschenrechtskonvention und zur Schließung einer Rechtsschutzlücke, in: Haller, Bruno/Krüger, Hans Christian/Petzold, Herbert (Hrsg.), Law in Greater Europe, Towards a Common Legal Area, Studies in Honour of Heinrich Klebes, The Hague, London 2000, S. 239-253

Zit.: Widmaier, in: Haller/Krüger/Petzold (Hrsg.), FS Kebes

Wildhaber, Luzius, A constitutional Future for the European Court of Human Rights?, HRLJ Vol. 23 (2002), 161-165

Wildhaber, Luzius, Der vollamtliche Europäische Gerichtshof für Menschenrechte nach seinem ersten Jahr, ZSR 2000, 123-135

Wildhaber, Luzius, Eine verfassungsrechtliche Zukunft für den Europäischen Gerichtshof für Menschenrechte?, EuGRZ 2002, 569-574

Winkler, Sebastian, Der Beitritt der Europäischen Gemeinschaften zur Europäischen Menschenrechtskonvention, 1. Aufl., Baden-Baden 2000

Zit.: Winkler, Beitritt der EG zur EMRK

Winkler, Sebastian, Der EGMR zum innerstaatlich und gemeinschaftsrechtlich (RL 65/65/EWG) definierten Arzneimittelbegriff beim Apothekenmonopol, EuGRZ 1999, 181-183

Winkler, Sebastian, Der Europäische Gerichtshof für Menschenrechte, das Europäische Parlament und der Schutz der Konventionsgrundrechte im Europäischen Gemeinschaftsrecht. Anmerkungen zum EGMR-Urteil im Fall Matthews ./. Vereinigtes Königreich, EuGRZ 2001, 18-27

Wittinger, Michaela, Die drei regionalen Menschenrechtssysteme, Ein vergleichender Überblick über die EMRK, die Amerikanische Menschenrechtskonvention und die Afrikanische Charta der Menschenrechte und Rechte der Völker, Jura 1999, 405-411

Wittinger, Michaela, Die Einlegung einer Individualbeschwerde vor dem EGMR. Ein Leitfaden für die Praxis, NJW 2001, 1238-1242

Wolf, Joachim, Vom Grundrechtsschutz „in Europa" zu allgemeinverbindlich geltenden europäischen Grundrechten – Wege der Grundrechtssicherung unterhalb der Ebene europäischer Verfassungsgebung, in: Bröhmer, Jürgen (Hrsg.), Der Grundrechtsschutz in Europa, Wissenschaftliches Kolloquium aus Anlass des 65. Geburtstages von Prof. Dr. Dr. Dr. h.c. mult. Georg Ress, 1. Aufl., Baden-Baden 2002, S. 9-65

Zit.: Wolf, in: Bröhmer (Hrsg.), Grundrechtsschutz in Europa

Zimmer, Anja, Abschiebungsschutz durch Art. 3 EMRK im Fall nichtstaatlicher Verfolgung, ZAR 1998, 115-125

Zuleeg, Manfred, Zum Verhältnis nationaler und europäischer Grundrechte. Funktionen einer EU-Charta der Grundrechte, EuGRZ 2000, 511-517

Zweigert, Konrad, Der Einfluss des europäischen Gemeinschaftsrechts auf die Rechtsordnung der Mitgliedstaaten, RabelsZ, Jg. 28 (1964), 601-643

Abkürzungsverzeichnis

a.F.	alte Fassung
ABl	Amtsblatt
Abs.	Absatz
AöR	Archiv des öffentlichen Rechts
Art.	Artikel
AVR	Archiv des Völkerrechts
Bd.	Band
Bf.	Beschwerdeführer/in
BGBl	Bundesgesetzblatt
BGH	Bundesgerichtshof
BLM	Bayerische Landeszentrale für neue Medien
BRD	Bundesrepublik Deutschland
BVerfG	Bundesverfassungsgericht
BVerfG	Bundesverfassungsgericht
BVerfGE	Bundesverfassungsgerichtsentscheidungen
CGR	Charta der Grundrechte der Europäischen Union
CML Rev.	Common Market Law Review
ders.	derselbe
dies.	dieselbe/dieselben
Doc.	Document
DÖV	Die Öffentliche Verwaltung
DRiZ	Deutsche Richterzeitung
E.LRev.	European Law Review
EC	European Community
ECHR	European Court of Human Rights
eds.	editors
EFTA	European Free Trade Association
EG	Europäische Gemeinschaft/Vertrag über eine Europäische Gemeinschaft
EGKS	Europäische Gemeinschaft für Kohle und Stahl/Vertrag über die Gründung der Europäischen Gemeinschaft für Kohle und Stahl
EGMR	Europäischer Gerichtshof für Menschenrechte

EJIL	European Journal of International Law
EKMR	Europäische Kommission für Menschenrechte
EKMR	Europäische Kommission für Menschenrechte
EMRK	Konvention zum Schutz der Menschenrechte und Grundfreiheiten
Entsch.	Entscheidung
EP	Europäisches Parlament
ESA	European Space Agency
EU	Europäische Union/Vertrag über eine Europäische Union
EuGH	Europäischer Gerichtshof
EuGöD	Gericht für den öffentlichen Dienst der EU
EuGRZ	Europäische Grundrechte-Zeitschrift
EuR	Europarecht
EUV	Vertrag über die Europäische Union
EuZW	Europäische Zeitschrift für Wirtschaftsrecht
EVV	Vertrag über eine Verfassung für Europa
EWG	Europäische Wirtschaftsgemeinschaft
EWR	Europäischer Wirtschaftsraum
EWS	Europäische Wirtschafts- und Steuerrecht
f.	folgende
ff.	fortfolgende
FAZ	Frankfurter Allgemeine Zeitung
Fn.	Fußnote
FRY	Former Republic of Yugoslavia
FS	Festschrift
GA	Generalanwalt
GATT	General Agreement on Tariffs and Trade
GG	Grundgesetz
GPR	Zeitschrift für Gemeinschaftsprivatrecht
GS	Gedächtnisschrift
HRLJ	Human Rights Law Journal
Hrsg.	Herausgeber
i.V.m.	in Verbindung mit

iSd	im Sinne des/der
JA	Juristische Arbeitsblätter
JAT	Yugoslav Airlines
JuS	Juristische Schulung
JZ	Juristenzeitung
lit.	Litera
MRM	Menschenrechtsmagazin
NJW	Neue Juristische Wochenschrift
No.	Number
Nr.	Nummer
NVwZ	Neue Zeitschrift für Verwaltungsrecht
OLAF	European Anti-Fraud Office
RabelsZ	Rabels Zeitschrift für ausländisches und internationales Privatrecht
RL	Richtlinie
Rn.	Randnummer
Rs.	Rechtssache
S.	Seite
Slg.	Sammlung
SZIER	Schweizerische Zeitschrift für internationales und europäisches Recht
ThürVBl	Thüringer Verwaltungsblätter
u.a.	unter anderem
UN	United Nations
UNO	United Nations Organization
Urt.	Urteil
v.	vom
verb.	verbundene
VerfOEGMR	Verfahrensordnung des EGMR
Vgl.	Vergleiche
VO	Verordnung
Vol.	Volume
VVDStRL	Veröffentlichungen der Vereinigung der Deutschen Staatsrechtslehrer
WPWM	Working Party on Working Methods
WTO	Worl Trade Organization

WVK	Wiener Übereinkommen über das Recht der Verträge
z.B.	zum Beispiel
ZaöRV	Zeitschrift für ausländisches öffentliches Recht und Völkerrecht
ZAR	Zeitschrift für Ausländerrecht und Ausländerpolitik
ZEuS	Zeitschrift für europarechtliche Studien
ZP	Zusatzprotokoll
ZRP	Zeitschrift für Rechtspolitik
ZSR	Zeitschrift für Schweizer Recht

1. Kapitel: Einleitung

Der Titel der vorliegenden Arbeit, „Die Letztentscheidungskompetenz des Europäischen Gerichtshofes für Menschenrechte in Europa“, gibt eine Antwort auf die Frage, wer in Europa letztverbindlich über Grundrechte internationaler Ebene zu entscheiden hat.

A. Grund der Untersuchung

Der Schutz der Grundrechte ist in Europa insbesondere seit 1945 ein wesentliches Grundanliegen der Staatengemeinschaft. Hintergrund der vielseitigen internationalen Bestrebungen waren zum einen die Nachwirkungen der Diktatur zwischen 1933 und 1945, zum anderen der Gedanke, Europa enger zusammenwachsen zu lassen. Die Bemühung um effektive, durch gerichtliche Verfahren ausgestaltete Durchsetzung des Grundrechtsschutzes mündete schließlich 1950 in der Unterzeichnung der Konvention zum Schutze der Grundrechte und Grundfreiheiten (EMRK) und in der Errichtung eines speziellen Gerichtshofes für Menschenrechte, dem *EGMR*, mit einem Individualbeschwerdeverfahren für jedermann. Parallel hierzu erfuhr die europäische Integration im wirtschaftlichen Bereich durch die Schaffung verschiedener supranationaler Gemeinschaften (Euratom, Europäische Gemeinschaft für Kohle und Stahl und Europäische Wirtschaftgemeinschaft) einen weiteren Aufschwung, der dazu führte, dass auch hier grundrechtsrelevante Sachverhalte auftraten. Um die Gemeinschaften nicht dem Vorwurf auszusetzen, ihren Bürgern keinen ausreichenden Grundrechtsschutz auf der Ebene des Gemeinschaftsrechts zukommen zu lassen, entwickelte der Gerichtshof der Europäischen Gemeinschaften (*EuGH*) eigene Grundrechte, wobei er sich unter anderem zur Herleitung dieser Grundrechte der EMRK bediente. Es entstand damit in Europa die Situation, dass Grundrechte nicht nur auf der Ebene der nationalen Verfassungen, sondern auch auf der supranationalen und internationalen Ebene gerichtlichen Schutz erlangten. Diese Ebenen sind zwar einerseits unabhängig voneinander, andererseits gibt es durch die parallele Mitgliedschaft der Staaten in den Europäischen Gemeinschaften und in der EMRK Überschneidungen, die zu Spannungen führen können. Dabei sind die Spannungen sowohl formeller Art, also parallele Zuständigkeiten der Gerichtshöfe, als auch materieller Art, wenn die materiellen Garantien des bisher einzigen geschriebenen und rechtlich verbindlichen Grundrechtskataloges der EMRK unterschiedlich ausgelegt werden.

Diese Vielschichtigkeit des Grundrechtsschutzes führt schließlich zu den für die vorliegende Arbeit entscheidenden Fragestellungen: Welcher Gerichtshof hat bei Überschneidungen das letzte Wort? Wie lassen sich de lege lata und de lege ferenda Spannungen vermeiden?

B. Stand der Forschung und neue Erkenntnisse

Das Thema wurde in der Literatur seit den siebziger Jahren des letzten Jahrhunderts immer wieder intensiv diskutiert,[1] doch kann es angesichts neuer Entwicklungen in der Rechtsprechung der beiden europäischen und auch der nationalen Gerichtshöfe sowie dem Fortschreiten der Integration durch die Entwicklung eines geschriebenen Grundrechtskataloges auf Ebene der Europäischen Gemeinschaften (Charta der Grundrechte der Europäischen Union) und eines Vertrages über eine Verfassung für Europa nicht als abgeschlossen betrachtet werden. So hat zum einen der *EGMR* in der Rechtssache *Bosphorus*[2] aus dem Jahr 2005 sein Verhältnis zum *EuGH* präziser definiert, allerdings auch Fragen offen gelassen. Zuvor hatte sich der *EuGH* mit der gleichen Rechtssache zu beschäftigen, da es inhaltlich um eine Verordnung der EG, also Gemeinschaftsrecht, ging.[3] Weiter gibt es vermehrt Bezugnahmen der Gerichtshöfe auf ihre jeweilige Rechtsprechung untereinander, was auf eine mögliche Kooperation hinsichtlich eines kohärenten Grundrechtsschutzes schließen lassen könnte. Das *EuG* hat beispielsweise in der Rechtssache *Ayadi* vom 12. Juli 2006 auf die Rechtsprechung des *EGMR* in der eben genannten Rechtssache *Bosphorus* verwiesen, um zu begründen, ob die Beschlagnahme eines Flugzeuges mit dem Grundrecht auf Eigentum vereinbar ist.[4] Der *EuGH* hat sich zuletzt in der Rechtssache *Salzgitter Mannesmann GmbH* vom 25. Januar 2007 mit der Rechtsprechung des *EGMR* zur Frage des Zeugenbeweises in Strafverfahren auseinandergesetzt.[5] Schließlich vermag insbesondere die Charta der Grundrechte der Europäischen Union, die sog. horizontale Klauseln hinsichtlich des Verhältnisses zur EMRK enthält, das System des europäischen Grundrechtsschutzes zu beeinflussen. Dies möglicherweise umso mehr, wenn sie wie geplant Teil des Vertrages über eine Verfassung für Europa und damit rechtlich verbindlich wird. Auf nationaler Ebene könnte insbesondere die Rechtsprechung des Bundesverfassungsgerichts betreffend das Verhältnis zum *EuGH* Hinweise auf eine mögliche Neuordnung des Verhältnisses der europäischen Gerichte zueinander geben. Denn es ist bemerkenswert, dass bisher das *BVerfG* den von ihm zu gewährleistenden Grundrechtsschutz

---

1 Siehe hierzu insbesondere *Mosler/Bernhardt/Hilf* (Hrsg.), Grundrechtsschutz in Europa; *Philippi*, ZEuS 2000, 97 ff.; *Busch*, Bedeutung der EMRK; *Winkler*, Beitritt der EG zur EMRK; allgemein und umfassend zu den europäischen Grundrechten *Rengeling/Szczekalla* (Hrsg.), Grundrechte in der Europäischen Union.

2 *EGMR*, Rs. 45036/98, Urt. v. 30.6.2005 – Bosphorus Hava Yollari Turizm Ve Ticaret AS/Irland.

3 *EuGH*, Rs. C-84/95, Slg. 1996, I-3953 – Bosphorus Hava Yollari Turizm ve Ticaret AS/Minister for Transport, Energy and Communications u.a.

4 *EuG*, Rs. T-253/02, noch nicht veröffentlicht, Rn. 124 – Ayadi/Rat der EU.

5 *EuGH*, Rs. C-411/04 P, noch nicht veröffentlicht, Rn. 42 – Salzgitter Mannesmann GmbH.

zugunsten des *EuGH* zurücknimmt, der nicht einmal auf einen geschriebenen Grundrechtskatalog in seiner Rechtsprechung zurückgreifen kann.[6] Auch hier ist mit der Entscheidung in der Rechtssache zum Europäischen Haftbefehlsgesetz aus dem Jahr 2005 weitere Rechtsprechung hinzugekommen.[7]

Die aufgezählten Aspekte führen dazu, das Verhältnis der Gerichte zueinander sowie die Lösungsmöglichkeiten erneut zu überdenken und möglicherweise einer neuen Bewertung zu unterziehen.

C. Gang der Untersuchung

Um Aussagen zum Verhältnis der europäischen Gerichtshöfe zueinander treffen zu können, ist im ersten Kapitel der Arbeit die historische Entwicklung des *EGMR* und *EuGH* und deren Einbindung in die unterschiedlichen Rechtssysteme der EMRK sowie der Europäischen Gemeinschaften zu erläutern. Damit verbunden stellt sich die Frage, welche Grundrechtsquellen Maßstab ihrer Rechtsprechung sind und in welchen Verfahren Grundrechte geltend gemacht werden bzw. eine Rolle spielen können. Die hier erfolgten Ausführungen stellen das notwendige Basiswissen für die restliche Arbeit dar und zeigen bereits das angelegte Spannungsverhältnis zwischen *EGMR* und *EuGH* auf.

Die verschiedenen Arten von Spannungen werden im zweiten Kapitel behandelt. So ist hier zwischen formellen und materiellen Divergenzen zu unterscheiden. Insbesondere bei den formellen Divergenzen ist die neuere Rechtsprechung des *EGMR* von großer Bedeutung. Hieran wird sich bereits zeigen, dass de lege lata dem *EGMR* eine Letztentscheidungskompetenz zukommt.

Parallel zu den Divergenzen sind die Gerichtshöfe freiwillig um einen friedlichen Ausgleich bemüht und beachten und beobachten die Rechtsprechung des jeweils anderen Gerichtes genau. Wie weit diese Kooperationen reichen, wird im dritten Kapitel behandelt.

Da die Charta der Grundrechte der Europäischen Union wie bereits angesprochen durch ihre Einbindung in den Vertrag über eine Verfassung für Europa verbindlich werden soll, ist im vierten Kapitel ihr Einfluss auf das Verhältnis der Gerichtshöfe zu untersuchen. Dabei wird das Augenmerk insbesondere auf die sog. horizontalen Klauseln gelegt, welche die Verschränkungen der materiellen Normen der Charta der Grundrechte der Europäischen Union mit denen der EMRK betreffen. Die Untersuchung findet jedoch nicht nur de lege ferenda, also bei angenommener Verbindlichkeit der Charta, statt, sondern auch de lege lata

---

6 So *Haratsch*, ZaöRV 66, (2006), 927, 945, der dies auch hinsichtlich des *EGMR* annimmt.

7 *BVerfGE* 113, 273.

unter Einbeziehung der im ersten Kapitel gefundenen Ergebnisse hinsichtlich der Eigenschaft der Charta als Rechterkenntnisquelle für den *EuGH*.

Das fünfte Kapitel befasst sich im Anschluss daran umfassend mit den Lösungsmöglichkeiten für die im zweiten Kapitel aufgezeigten formellen und materiellen Divergenzen, die zurzeit diskutiert werden. Die verschiedenen Lösungsansätze werden jeweils unter dem Aspekt ihrer Effektivität, tatsächlich Divergenzen zu vermeiden, behandelt.

Darauf stellt sich in der Arbeit abschließend die Frage, ob sich aus einem Vergleich der nationalen deutschen Verfassungsrechtsprechung zum *EuGH* ergibt, dass die dem *EGMR* zustehende Letztentscheidungskompetenz einem Kooperationsverhältnis zum *EuGH* weichen muss. Dieser Frage wird im sechsten Kapitel nachgegangen.

Schließlich werden die wesentlichen Ergebnisse der Arbeit im siebten Kapitel zusammengefasst.

D. Terminologie

Die vorliegende Arbeit beschäftigt sich mit Grund- und Menschenrechten sowie Grundfreiheiten, weshalb vorab zu klären ist, wie diese Begriffe verstanden werden.

Unter den Begriff der Menschenrechte fallen nach der hier vertretenen Auffassung die Rechte, die jedem Menschen unabhängig von seiner Stellung in Staat, Gesellschaft, Familie, Beruf, Religion und Kultur bereits dadurch zustehen, dass er als Mensch geboren ist.[8] Grundrechte hingegen sind Einzelpersonen zustehende Freiheitsrechte, die in modernen Verfassungen verbürgt sind. Teilweise handelt es sich um Rechte, die als Menschenrechte jedem Einzelnen unabhängig von staatlicher Verleihung oder Anerkennung als im Kern unantastbare und unveräußerliche Rechte zustehen, teilweise sind Grundrechte Elementarrechte, deren Anerkennung und Ausgestaltung vom Willen des Verfassungsgebers abhängen.[9]

Nach der naturrechtlichen Konzeption sind Menschenrechte demnach „präpositive“ Rechte, die keiner Verleihung „von oben“ bedürfen. Geht man vom Rechtspositivismus aus, sind Menschenrechte von der Rechtsordnung geschaf-

---

8 Definition aus Brockhaus Enzyklopädie, abrufbar unter: http://www.brockhaus-enzyklopaedie.de (Stand des Abrufs: 5.10.2006).

9 Definition aus Brockhaus Enzyklopädie, abrufbar unter: http://www.brockhaus-enzyklopaedie.de (Stand des Abrufs: 5.10.2006).

fene, wenngleich von dieser besonders ausgestattete Rechte.[10] Da es für die vorliegende Arbeit nicht von Bedeutung ist, ob es sich bei den in Rede stehenden Rechten um Menschen- oder um Grundrechte handelt, werden beide Begriffe synonym gebraucht.

Die EMRK kodifiziert Menschenrechte und Grundfreiheiten. Der dort verwendete Begriff der Grundfreiheiten ist wiederum im Rahmen dieser Arbeit mit Grundrechten gleichzusetzen, damit er nicht mit dem Begriff der Grundfreiheiten nach dem EG-Vertrag verwechselt wird. Bei letzteren handelt es sich nicht um Grundrechte im oben beschriebenen Sinne, sondern um wirtschaftliche Freiheiten, die sich in ihrer Konzeption von den Grundrechten unterscheiden. Allerdings nähern sie sich durch die Auslegung des *EuGH* den eigentlichen Grundrechten immer weiter an. Ist demnach im Rahmen der Arbeit von Grund- oder Menschenrechten die Rede, so sind alle materiellen Bestimmungen der EMRK, der Charta der Grundrechte der Europäischen Union, die vom *EuGH* durch Rechtsprechung entwickelten Grundrechte sowie die der nationalen Verfassungen gemeint. Der Begriff der Grundfreiheiten bezieht sich dagegen in dieser Arbeit allein auf diejenigen des EG-Vertrages.

E. Ziel der Untersuchung

Da zwischen den europäischen Gerichtshöfen ein Wettstreit um den besten Grundrechtsschutz in Europa ausgebrochen zu sein scheint,[11] ist im Interesse eines effektiven Rechtsschutzes für den Einzelnen eine klare und rechtlich eindeutige Lösung zu suchen. Zentrales Anliegen muss dabei sein, einen kohärenten Grundrechtsschutz in Europa zu erzielen. Kohärenz wird im Rahmen dieser Arbeit als „*im weiten Sinne von äußerer und innerer Stimmigkeit der aufeinander bezogenen Rechtsschichten, insbesondere als Vermeidung von Divergenzen und Widersprüchen, nicht aber notwendig auch als absolute Homogenität*“ verstanden.[12] Um Kohärenz in diesem Sinne zu erreichen, reicht die Schaffung materiellen widerspruchsfreien Rechts nicht aus. Maßgeblich ist vielmehr, welcher Gerichtshof prozessual letztentscheidungsbefugt ist. Denn nur ein Erfolg versprechender Durchsetzungsmechanismus sorgt für einen effektiven Rechtsschutz.[13]

---

10 Matscher, in: ders. (Hrsg.), Erweitertes Grundrechtsverständnis, S. 5.

11 *Schwarze*, NJW 2005, 3459

12 So *Hoffmann-Riem*, EuGRZ 2002, 473.

13 Vgl. *Trechsel*, ZEus 1998, 371, 381f. und *Hoffmann-Riem*, EuGRZ 2002, 473, 478.

Zwar könnte man der Ansicht sein, dass gegenseitige Rücksichtnahme und freiwillige Kooperation der Gerichtshöfe ausreichen sollte,[14] doch führt dies nicht zu Rechtssicherheit und -klarheit. Diese Unsicherheiten im Rechtsschutz für ihre Bürger zu beseitigen, sollte jedoch Anliegen der Staatengemeinschaft sein. Damit würden sie die 1945 begonnene Entwicklung des Grundrechtsschutzes in Europa zu einem (zumindest vorläufigen) krönenden Abschluss bringen.

[14] So betreffend das Verhältnis *BVerfG*, *EuGH* und *EGMR Papier*, Die ZEIT, Nr. 25, 2005, S. 9.

2. Kapitel: Schutz der Grundrechte durch den Europäischen Gerichtshof für Menschenrechte in Straßburg und den Europäischen Gerichtshof in Luxemburg

Um das Verhältnis der beiden europäischen Gerichtshöfe, dem Europäischen Gerichtshof für Menschenrechte (*EGMR*) in Straßburg und dem Europäischen Gerichtshof in Luxemburg (*EuGH*), verstehen zu können, ist es zunächst notwendig, sowohl ihre Entstehung als auch ihre Kompetenz, über Grundrechte zu entscheiden, darzustellen. Auch sind die jeweiligen Rechtsschutzsysteme, in deren Rahmen die Gerichtshöfe handeln, und ihre Auslegungsmethoden in Bezug auf Grundrechte zu untersuchen.

A. Schutz der Grundrechte durch den EGMR

Die historische Entwicklung des *EGMR* ist im Zusammenhang mit der Entwicklung der Europäischen Konvention zum Schutze der Menschenrechte und Grundfreiheiten[15] (EMRK) zu sehen. Ende des letzten Jahrhunderts erfolgten weit reichenden Reformen, die 1998 ihren vorläufigen Abschluss in der Einsetzung des ständigen *EGMR* fanden. Nun wird dieser Gerichtshof weiter reformiert werden, um effektiven Grundrechtsschutz nach der EMRK zu gewährleisten.

I. Geschichtlicher Überblick über die Entstehung der EMRK mit ihren Zusatzprotokollen und des EGMR

„*This Convention which we are signing is not as full or as precise as many of us would have wished. However, we have thought it our duty to subscribe it as it stands. It provides foundations on which to base the defence of human personality against all tyrannies and against all forms of totalitarianism.*“[16]

Diese Worte *Robert Schumans* anlässlich der Unterzeichung der EMRK am 4. November 1950 in Rom zeigen zum einen deutlich einen der Gründe für die Entwicklung eines regionalen Menschenrechtsschutzes in Europa auf, zum anderen spiegeln sie wider, dass es sich bei der Konvention um einen Kompromiss handelte; einem Kompromiss, dem inzwischen 46 Staaten (zuletzt 30. Novem-

---

15 Die Konvention zum Schutz der Menschenrechte und Grundfreiheiten vom 4.11.1950 (BGBl. II 1952, 685 ff., 953, nun in der Fassung der Bekanntmachung vom 17.5.2002, BGBl. II 2002, 1054), ist abgedruckt in Sartorius II, Nr. 130.

16 Zitiert nach *Robertson*, Human Rights in Europe, S. 5.

ber 2005 Monaco) beigetreten sind und dessen Wirkungskreis ca. 800 Millionen Menschen einschließt.[17]

Die Entstehung der EMRK beginnt bereits vor der Errichtung des Europarates,[18] denn schon auf dem 1. Kongress der Europäischen Bewegung in Den Haag am 8.-10. Mai 1948 wurde die Idee einer Konvention zum Schutz der Menschenrechte entwickelt.[19] Parallel hierzu verabschiedeten die Vereinten Nationen im Dezember 1948 die Allgemeine Erklärung der Menschenrechte. Im folgenden Jahr nahm die Beratende (heute Parlamentarische) Versammlung des Europarates, der im selben Jahr gegründet wurde, einen Entwurf für eine Konvention an, den sie an das Ministerkomitee weiter empfahl. Der Entwurf enthielt sowohl einen Katalog der zu schützenden Rechte, als auch die Grundzüge für ein Rechtschutzsystem.[20] Es wurde eine Expertengruppe einberufen, die eine Konvention ausarbeiten sollte[21] und ihren Entwurf im Mai 1950 vorlegte.[22] Daraufhin verfasste die Conference of Senior Officials (Conférence des Hauts Fonctionnaires) einen Bericht und einen weiteren Entwurf im Juni 1950. Nach Vornahme verschiedener Änderungen durch das Ministerkomitee legte es der Beratenden Versammlung eine endgültige Fassung vor,[23] in der insbesondere die Individualbeschwerde zu einer Europäischen Menschenrechtskommission und die Errichtung eines Gerichtshof von gesondert abzugebenden Erklärungen der Konventionsstaaten abhängig gemacht wurde.[24] Die Beratende Versammlung wollte den Eigentumsschutz, ein Recht auf Bildung und ein Wahlrecht mit in der Konvention verankern, was jedoch vom Ministerkomitee abgelehnt wurde. Diese Rechte wurden in einem am 20. März 1952 unterzeichneten Zusatzprotokoll zur EMRK aufgenommen.[25] Somit wurde die EMRK am 4. November 1950 in Rom in der Form unterzeichnet, wie das Ministerkomitee sie vor der Vorlage an die Bera-

---

17 Zum Stand der Ratifizierung siehe: http://conventions.coe.int (Stand 15.9.2006).

18 Zur Entstehungsgeschichte ausführlich *Partsch*, Rechte und Freiheiten der EMRK; *ders.*, ZaöRV Bd. 15 (1953-1954), 631 ff.; *Robertson*, Human Rights in Europe; *Brinkmeier*, MRM Themenheft 2000, 21 ff.

19 *Walter*, in: Ehlers (Hrsg.), Europäische Grundrechte und Grundfreiheiten, § 1 Rn. 7; ausführlich zur geschichtlichen Entwicklung vgl. *Robertson*, Human Rights in Europe, S. 6 ff.; *Villiger*, Handbuch der EMRK, § 1 Rn. 11.

20 *Partsch*, Rechte und Freiheiten der EMRK, S. 13.

21 *Frowein*, in: ders./Peukert (Hrsg.), EMRK Kommentar, Einführung Rn. 1; *Villiger*, Handbuch der EMRK, § 1 Rn. 11.

22 Hierzu *Villiger*, Handbuch der EMRK, § 1 Rn. 11.

23 *Frowein*, in: ders./Peukert (Hrsg.), EMRK Kommentar, Einführung Rn. 1.

24 *Partsch*, Rechte und Freiheiten der EMRK, S. 14.

25 Abgedruckt in Sartorius II Nr. 131.

tende Versammlung abgefasst hatte.[26] Sie trat nach der Ratifizierung von 10 Staaten (Vereinigtes Königreich, Norwegen, Schweden, die Bundesrepublik Deutschland, die Saar, Irland, Griechenland, Dänemark, Island und Luxemburg)[27] am 3. September 1953 in Kraft.[28] Heute sind alle Staaten der Europäischen Union auch Konventionsstaaten[29].

Wie im Zitat *Robert Schumans* gesehen, war einer der Gründe für eine zügige Ausarbeitung einer Menschenrechtskonvention das Ziel, totalitäre Regime und Tyrannen in Europa abzuwehren.[30] Der zweite Grund war die Idee, einen grundrechtlichen Mindeststandard in Europa zu schaffen, um damit auch der europäischen Integration zu Fortschritten zu verhelfen.[31]

Bei der inhaltlichen Ausgestaltung des Katalogs der geschützten Rechte und Freiheiten spielte die Allgemeine Erklärung der Menschenrechte der Vereinten Nationen vom 10. Dezember 1948 eine entscheidende Rolle.[32] Die Konvention enthält in den Art. 2-14 die von ihr geschützten Rechte und Freiheiten,[33] weitere Rechte wurden im Folgenden in Zusatzprotokollen aufgenommen. Bisher gibt es vierzehn Protokolle zur EMRK, wovon einige materiell-rechtliche, andere verfahrensrechtliche Bestimmungen enthalten.[34]

Um die geschützten Rechte und Freiheiten durchsetzen zu können, sollte ein eigenes Rechtsschutzsystem geschaffen werden. Dazu wurde vielfach der Wunsch

---

26 *Robertson*, Human Rights in Europe, S. 11-12; *Frowein*, in: ders./Peukert (Hrsg.), EMRK Kommentar, Einführung Rn. 1; *Brinkmeier*, MRM Themenheft 2000, 21, 27.

27 *Frowein*, in: Börner/Jahrreiß/Stern (Hrsg.), FS Carstens, S. 327.

28 *Frowein*, in: Isensee/Kichhof (Hrsg.), Handbuch des Staatsrechts, Band VII, § 180 Rn. 2. Die englische und französische Sprachfassung sind maßgeblich.

29 Die Vertragsstaaten der EMRK werden im Folgenden als Konventionsstaaten, die der EG/EU als Mitgliedstaaten bezeichnet.

30 *Golsong*, in: Mosler/Bernhardt/Hilf (Hrsg.), Grundrechtsschutz in Europa, S. 8.

31 *Villiger*, Handbuch der EMRK, § 1 Rn. 13.

32 *Seidl-Hohenveldern*, Lexikon des Rechts, Stichwort Menschenrechtskonvention des Europarats, S. 270; *Frowein*, in: ders./Peukert (Hrsg.), EMRK Kommentar, Einführung Rn. 1.

33 Siehe eine Aufzählung der Rechte in *Seidl-Hohenveldern*, Lexikon des Rechts, Stichwort Menschenrechtskonvention des Europarats, S. 270; *Schweitzer*, Staatsrecht III, Rn. 713.

34 Zu den materiell-rechtlichen Bestimmungen siehe die Aufzählung bei *Schweitzer*, Staatsrecht III, Rn. 713; *Walter*, in: Ehlers (Hrsg.), Europäische Grundrechte und Grundfreiheiten, § 1 Rn. 7; zu den verfahrensrechtlichen Bestimmungen s. *Frowein*, in: ders./Peukert (Hrsg.), EMRK Kommentar, Einführung Rn. 2.

nach einem Gerichtshof, den jeder Einzelne bei Verletzungen seiner Grundrechte anrufen könnte, geäußert.[35]

„An international Court, within the Council of Europe, and a system of supervision and guarantees could be the conscience of which we all have need, and of which other countries have perhaps a special need.“[36]

Gerade dies stellte sich aber als größtes Hindernis heraus, da einige Staaten nicht bereit waren, sich der Zuständigkeit eines Menschenrechtsgerichthofes zu beugen und einem Individualbeschwerdeverfahren mit direktem Zugang zum Gerichtshof zuzustimmen, was einem teilweisen Verlust ihrer Souveränität gleichgekommen wäre.[37] Sie standen dieser Idee auch wegen einer Missbrauchsgefahr ablehnend gegenüber.[38] Es wurde sogar die Idee, einen weiteren Gerichtshof ins Leben zurufen, völlig abgelehnt, da den Staaten der Internationale Gerichtshof in Den Haag zur Verfügung stehe und Individuen keinen eigenen Rechtsschutz benötigten.[39] Diese Auffassung konnte sich glücklicherweise nicht durchsetzen. Materiellrechtliche Garantien benötigen für ihre Wirksamkeit die Möglichkeit der Durchsetzung in einem Verfahren.[40] Aus diesem Grund entschied man, dass drei Organe an den Beschwerdeverfahren beteiligt sein sollten: die Europäische Kommission für Menschenrechte (*EKMR*), der *EGMR* und das bereits vorhandene Ministerkomitee.[41] Die weiter reichenden Vorschläge, dass ein Individuum den Gerichtshof direkt anrufen könnte, wurden zunächst nicht übernommen.[42] Man einigte sich darauf, dass sich Staaten und Individuen an die *EKMR*, aber gem. Art. 48 EMRK a.F. nur Staaten und die *EKMR* selber an den Gerichtshof wenden konnten.[43] Nur diese sind auch Partei in einem Verfahren

---

35 *Schlette*, JZ 1999, 219, 220; *Robertson*, Human Rights in Europe, S. 85.

36 Auszug aus einer Rede von *Pierre-Henri Teitgen* zur Beratenden Versammlung im August 1949, zitiert nach *Robertson*, Human Rights in Europe, S. 6. Schon im Rahmen des ersten Kongresses der Europäischen Bewegung in Den Haag wurde eine Individualbeschwerde an einen Menschengerichtshof gefordert. Vgl. hierzu *Golsong*, EuGRZ 1992, 249, 250.

37 Vgl. *Schlette*, JZ 1999, 219, 220; *Walter*, in: Ehlers (Hrsg.), Europäische Grundrechte und Grundfreiheiten, § 1 Rn. 8.

38 *Eissen*, DRiZ Beilage 1986, 1, 30; *Schlette*, JZ 1999, 219, 220.

39 So *H. Rolin* zitiert nach *Partsch*, ZaöRV Bd. 15 (1953-1954), 631, 645.

40 *Matscher*, in: Schwind (Hrsg.), Aktuelle Fragen zum Europarecht, S. 102.

41 Hierzu *Schlette*, ZaöRV Bd. 56 (1996), 905, 907.

42 *Robertson*, Human Rights in Europe, S. 85 ff.; *Dijk/Hoof* (eds.), Theory and Practice of the European Convention on Human Rights, S. 44.

43 Art. 48 EMRK a.F. in der deutschen Übersetzung nennt „a) die Kommission, b) der Hohe Vertragschließende Teil, dessen Staatsangehöriger der Verletzte ist, c) der Hohe Vertragschließende Teil, der die Kommission mit dem Fall befasst hat und d) der Hohe Vertragschließende Teil, gegen den sich die Beschwerde richtet“. Hierzu Robertson, Human

vor dem Gerichtshof (Art. 44 EMRK a.F.).[44] Somit gab es die Staatenbeschwerde und eine erste Individualbeschwerde,[45] letztere aber nur zu *EKMR*.

Die Errichtung des Gerichtshofes wurde davon abhängig gemacht, dass acht Staaten seine Jurisdiktion anerkannten,[46] was schließlich 1958 mit den Erklärungen von Luxemburg, Österreich und Island der Fall war.[47] Dabei wurden die Unterwerfungserklärungen so ausgestaltet, dass es im Einzelfall keiner weiteren Zuständigkeitsvereinbarung bedurfte („*[...] dass er [der Hohe Vertragschließende Teil] die Gerichtsbarkeit des Gerichtshofes ohne weiteres und ohne besondere Abkommen für alle Angelegenheiten, die sich auf die Auslegung und Anwendung dieser Konvention beziehen, als obligatorisch anerkennt*“, Art. 48 a.F. EMRK). Die Zuständigkeit des Gerichtshofes konnte im Einzelfall auch durch Zustimmung des Konventionsstaates begründet werden (Art. 48 EMRK a.F.:“*[...] oder [...] dass der in Frage kommende Hohe Vertragschließende Teil [...] zustimmert*“).[48] Der *EGMR* begann seine Arbeit am 21. Januar 1959,[49] nachdem seine Richter von der Beratenden Versammlung gewählt waren.[50]

Auch bezüglich der Zuständigkeit der *EKMR* für die Individualbeschwerde war nach Art. 25 EMRK a.F. eine Unterwerfungserklärung notwendig.[51] Diese mussten sechs Staaten abgeben, damit die Kommission ihre Arbeit aufnehmen konnte (Art. 25 Abs. 4 EMRK a.F.). Am 18. Mai 1954 wurde schließlich die *EKMR* gebildet, indem das Ministerkomitee zu diesem Zeitpunkt das erste Mal die Mit-

---

Rights in Europe, S. 86; Walter, in: Ehlers (Hrsg.), Europäische Grundrechte und Grundfreiheiten, § 1 Rn. 8.

44 Art. 44 EMRK a.F. lautete in der deutschen Übersetzung: „Das Recht, vor dem Gerichtshof als Parteien aufzutreten, haben nur die Hohen Vertragsschließenden Teile und die Kommission.“

45 S. hierzu unter 2. Kapitel:A.III.

46 *Robertson*, Human Rights in Europe, S. 88 und S. 91 ff. zur Reihenfolge der Annahme durch die Staaten; *Partsch*, ZaöRV Bd. 15 (1953-1954), 631, 655 und http://conventions.coe.int (Datum des Abrufs 15.9.2006).

47 *Robertson*, Human Rights in Europe, S. 92.

48 Nach Art. 19 EMRK n.F. ist der *EGMR* nun einziges Organ der EMRK. Eine besondere Unterwerfungserklärung ist nicht mehr vorgeschrieben, vgl. Art. 34 EMRK n.F.

49 *Frowein*, in: Isensee/Kichhof (Hrsg.), Handbuch des Staatsrechts, Band VII, § 180 Rn. 2.

50 *Robertson*, Human Rights in Europe, S. 92. Dieser zählt die ersten Richter des *EGMR* auf S. 94 auf.

51 Art. 25 I S. 1 EMRK a.F. lautete in der deutschen Übersetzung: „Die Kommission kann durch ein an den Generalsekretär des Europarates gerichtetes Gesuch jeder natürlichen Person, nichtstaatlichen Organisation oder Personenvereinigung angegangen werden, die sich durch eine Verletzung der in dieser Konvention anerkannten Rechte durch einen der Hohen Vertragschließenden Teile beschwert fühlt, vorausgesetzt, dass der betreffende Hohe Vertragschließende Teil eine Erklärung abgegeben hat, wonach er die Zuständigkeit der Kommission zur Entgegennahme solcher Gesuche anerkannt hat.“

glieder wählte.[52] Am 5. Juli 1955 hatten Schweden, Irland, Dänemark, Island, Belgien und die Bundesrepublik Deutschland die erforderlichen Erklärungen abgegeben.[53]

II. Vom „alten" zum „neuen" Gerichtshof – die Reformen

Der *EGMR* hat sich seit seiner Entstehung fortentwickelt. Diese Entwicklung ist zahlreichen Protokollen zur EMRK zu verdanken, mittels derer die Konventionsstaaten für einen Übergang vom „alten" *EGMR* zum „neuen" *EGMR* sorgten. Insbesondere sind hier das 9., 11. und nun auch das 14. Protokoll zur EMRK hervorzuheben.

1. Das Verfahren vor dem 9. und 11. Zusatzprotokoll zur EMRK

Die Straßburger Organe waren keine ständigen Organe, tagten aber in regelmäßigen Abständen und entschieden in einem komplexen System gemeinsam über eingelegte Beschwerden.[54] Dabei richtete sich das Verfahren der Individualbeschwerde nach Art. 25 a.F. EMRK. Obwohl es heute wegen des 11. Zusatzprotokolls keine Gültigkeit mehr hat, wird das Verfahren kurz dargestellt, da auf seiner Grundlage mehrere der weiter unten untersuchten Entscheidungen ergangen sind.[55]

Die von einem Individuum eingelegte Beschwerde wurde zunächst von der *EKMR* behandelt, die nach Art. 26, 27 EMRK a.F. zu entscheiden hatte, ob die Beschwerde zulässig war.[56] Bei Unzulässigkeit wurde die Beschwerde zurückgewiesen, so dass das Verfahren damit bindend abgeschlossen war. Bei Zulässigkeit wurde der Fall untersucht (Art. 28 EMRK a.F.), wobei auch die Gegenseite (der Staat) einbezogen wurde, die ihre Ansichten vorbringen konnte. In diesem Stadium versuchte die Menschenrechtskommission auf eine gütliche Einigung hinzuwirken. Wurde gem. Art. 28 EMRK a.F. eine solche Einigung erreicht, verfasste die Kommission einen Bericht, der dem beteiligten Staat, dem Ministerkomitee und dem Generalsekretär des Europarates zur Veröffentlichung

---

52 *Eissen*, DRiZ Beilage 1986, 1.

53 *Frowein*, in: ders./Peukert (Hrsg.), EMRK Kommentar, Einführung Rn. 3.

54 *Schlette*, ZaöRV Bd. 56 (1996), 905, 907; *ders.*, JZ 1999, 219.

55 Ausführlich zum Verfahren vor der *EKMR* siehe *Dijk / Hoof* (eds.), Theory and Practice of the European Convention on Human Rights, S. 97 ff. Eine grafische Darstellung des Verfahrens findet sich in *Schweitzer*, Staatsrecht III, 4. Aufl., Rn. 558; siehe auch die Kommentierung *Peukert*, in Frowein/ders.(Hrsg.), EMRK Kommentar, Art. 25 ff; *Frowein/ Villiger*, HRLJ Vol. 9 (1988), 25 ff. und *Schlette*, ZaöRV Bd. 56 (1996), 905, 907 ff.

56 *Frowein/ Villiger*, HRLJ Vol. 9 (1988), 23, 25.

übergeben wurde.[57] Wenn kein freundschaftlicher Ausgleich gelang, prüfte die Kommission, ob eine Konventionsverletzung vorlag und reichte hierüber und über den Sachverhalt einen Bericht an das Ministerkomitee weiter. Dieser Bericht wurde auch dem beteiligten Staat vorgelegt (Art. 31 EMRK a.F.). Dem Bericht kam jedoch keine Bindungswirkung zu. Zwar hatte er die Form eines Urteils, er stellte jedoch nur eine gutachterliche Stellungnahme über Zulässigkeit und Begründetheit der Beschwerde dar.[58]

Nun konnte einerseits innerhalb von drei Monaten der *EGMR* von der Kommission, vom betroffenen Konventionsstaat oder vom Konventionsstaat, dessen Staatsangehörigkeit der Verletzte hatte, angerufen werden (Art. 48 EMRK a.F.). Das Individuum selbst hatte kein Recht dazu, den Gerichtshof mit der Sache zu befassen. Der *EGMR* untersuchte den Bericht der *EKMR*, führte falls notwendig eine weitere Beweisaufnahme durch und verhandelte öffentlich. Er entschied durch endgültiges Urteil (Art. 52 EMRK a.F.), welches für die Konventionsstaaten bindend war (Art. 53 EMRK a.F.). Gem. Art. 50 EMRK a.F. konnte der Gerichtshof eine gerechte Entschädigung zusprechen. Nach der Zuleitung des Urteils an das Ministerkomitee überwachte dieses dessen Durchführung nach Art. 54 EMRK a.F.

Andererseits konnte nach Ablauf der Drei-Monats-Frist das Ministerkomitee im sog. politischen Kontrollverfahren über den Fall entscheiden.[59] Um eine Verletzung zu bejahen, war eine Zweidrittelmehrheit notwendig (Art. 32 EMRK a.F.). Lag diese vor, bestimmte das Ministerkomitee eine Frist, innerhalb derer der betroffene Konventionsstaat die vom Ministerkomitee geforderten Maßnahmen treffen musste. Das Verfahren war beendet, wenn die Maßnahmen getroffen waren. Ansonsten beschloss das Ministerkomitee, wie die Maßnahmen durchgesetzt werden sollten und veröffentlichte den Bericht. Wurde kein Verstoß angenommen, endete das Verfahren so.

2. Das 9. Zusatzprotokoll

Das Individuum selbst konnte den Gerichtshof nicht anrufen, sondern wurde von der EKMR im Verfahren vor dem Gerichtshof vertreten. Diese „Vormundschaft" der Kommissionsvertreter sollte geändert werden, einer Forderung nach einem Zugang des Einzelnen zum EGMR wurde jedoch zunächst nicht stattgegeben.[60] Die Parteifähigkeit des Beschwerdeführers bestand nur im Rahmen des Verfahrens vor der Kommission, im Verfahren vor dem Gerichtshof waren nur

---

[57] Art. 28 EMRK a.F. in der Fassung des 8. ZP, das am 1.1.1990 in Kraft getreten ist; vorher Art. 30 EMRK a.F.

[58] *Wittinger*, Jura 1999, 405, 406.

[59] *Dicke*, Menschenrechte und europäische Integration, S. 118.

[60] *Eissen*, DRiZ Beilage 1986, 1, 7. Siehe 2. Kapitel:A.II.4.

die Staaten als Partei zugelassen.[61] Der Menschenrechtskommission kam hierbei die Aufgabe zu, den Gerichtshof zu unterstützen, wobei sie keine Parteistellung innehatte. Der Beschwerdeführer wurde zwar durch die Praxis des EGMR weitgehend wie eine Partei behandelt[62] und erhielt auch die Stellung eines Verfahrensbeteiligten nach der Verfahrensordnung vom 1. Januar 1983 (Art. 33 Abs. 3 lit. d), 30, 37, 39, 40 VerfOEGMR vom 1. Januar 1983). Aber erst durch die Ratifizierung des 9. Zusatzprotokolls vom 6. November 1990[63] konnte der Beschwerdeführer seinen Fall selbst vor den Gerichtshof bringen.[64] Voraussetzung war jedoch, dass auch der betroffene Staat das Protokoll ratifiziert hatte. Art. 5 des 9. ZP änderte darüber hinaus Art. 48 EMRK a.F. dahingehend, dass der Gerichthof die Annahme der Sache verweigern konnte. In diesem Fall hatte das Ministerkomitee über eine Verletzung zu entscheiden.

3. Notwendigkeit von Reformen vor 1998

Zunächst waren sehr wenige Fälle am Menschenrechtsgerichtshof anhängig. Im Laufe der Zeit stiegen die Zahlen der eingehenden Beschwerden aber rapide an, so dass es zu einer Überlastung der Konventionsorgane kam.[65] Dies erklärte sich zum einen mit dem Beitritt mehrer Staaten des früheren Ostblocks, zum anderen mit dem steigenden Bekanntheitsgrad der Rechte und Freiheiten der Konvention und ihrer Durchsetzungsmöglichkeiten.[66] Auch stieg die Komplexität der Fälle.[67] Das bisherige System wurde in verschiedenen Punkten kritisiert. Zum einen war das Verfahren vor der *EKMR* und dem Ministerkomitee nicht gerichtsförmig

---

61 Siehe hierzu *Murswiek*, JuS 1986, 175, 176, 178.

62 *Schlette*, ZaöRV Bd. 56 (1996), 905, 921 mit weiteren Nachweisen; *Murswiek*, JuS 1986, 175, 178; *Villiger*, Handbuch der EMRK, § 13 Rn. 210 f.; *Matscher*, in: Deutsche Sektion der Internationalen Juristenkommission (Hrsg.), Der Grundrechtsschutz im Europäischen Gemeinschaftsrecht, S. 87, 101 ff.

63 BGBl. II 1994, 491.

64 Das Protokoll ist am 1. Oktober 1994 in Kraft getreten nachdem es zehn Konventionsstaaten ratifiziert hatten.

65 *Meyer-Ladewig*, in: Ress/Stein (Hrsg.), Vorträge, Reden und Berichte aus dem Europa-Institut, Nr. 309, S. 4 f.; *ders.*, EMRK Handkommentar, Einleitung Rn. 4; *Krüger*, ZEuS 1999, 367, 371. Von 1992-1994 stiegen die Beschwerden von jährlich 6000 auf 10000, wovon 2000-3000 registriert wurden. Die Zahl der Urteile stieg von 50 auf 100 pro Jahr. Zahlen nach *Eiffler*, JuS 1999, 1068, 1069 Fn. 10; eine Übersicht über die Beschwerdezahlen von 1985 bis 1998 findet sich bei *Mahoney*, HRLJ Vol. 20 (1999), 1, 3. Zum aktuellen Stand siehe http://echr.coe.int (Datum des Abrufs 15.9.2006) unter Report, Statistics, wonach für das Jahr 2005 insgesamt 41510 Beschwerden erhoben wurden, 621 endgültige Urteile und 15456 Entscheidungen ergangen sind.

66 *Meyer-Ladewig*, NJW 1995, 2813; *Siess-Scherz*, in: Grabenwarter/Thiemel (Hrsg.), Kontinuität und Wandel der EMRK, S. 1.

67 *Hobe*, JA 1998, 909, 910; *Krüger*, ZEuS 1999, 367, 372.

ausgestaltet,[68] zum anderen dauerten wegen des Zusammenspiels der drei Organe die Verfahren zu lange. Dabei sah Art. 6 Abs. 1 EMRK selbst eine Entscheidung in angemessener Frist vor. Die Organe konnten demnach den Anforderungen der Konvention selbst nicht gerecht werden.[69] Auch der Umstand, dass die Organe keine ständigen waren, verbesserte die Situation nicht. *Frowein* stellte auf einem Internationalen Kolloquium des Max-Planck-Instituts für ausländisches öffentliches Recht und Völkerrecht schon 1976 fest, dass auf dem Gebiet der damaligen Europäischen Wirtschaftgemeinschaft „*Luxemburg die Organe, nicht aber das materielle Recht* [hat]. *Straßburg* [...] *das materielle Recht, nicht aber die zureichenden Organe* [hat].“ Er führte weiter aus, dass nur zeitweise tagende Organe keine „*wirklich prägende Wirkung für Grundrechts- und Menschenrechtsentwicklungen in Europa mit Bezug auch auf eine entstehende Europäische Union zu leisten* [in der Lage sind].“[70] Letztlich wurde bemängelt, dass der Einzelne kein Recht auf direkten Zugang zum Gerichtshof hatte und mit dem Ministerkomitee ein politisches Organ über Verletzungen der Konvention durch die Staaten entscheiden konnte.[71] Dementsprechend machten Effektivitätserwägungen und rechtsstaatliche Mängel eine Reform dringend notwendig. Daher wurde bereits 1982 über eine Zusammenlegung der Kommission und des Gerichtshofes nachgedacht. Die weitere Diskussion über eine Reform der EMRK erfolgte in den zwischenstaatlichen Ausschüssen des Europarates.[72]

Hauptsächlich wurde gefordert, Gerichtshof und Kommission zusammenzulegen.[73] *Golsong* vertrat weiter, dass eine einfache Fusion der Organe nicht ausreichte und dass die Aufgabe des Ministerkomitees im Verfahren überdacht werden müsste. Ebenso müsste die Organisation des Menschenrechtsgerichthofes und das Verfahren an sich geändert werden. Der Einzelne sollte ein Beschwerderecht erhalten.[74] Dieses Ansinnen griff schon 1985 die schweizerische

68 *Schlette*, JZ 1999, 219, 220.

69 *Meyer-Ladewig*, in: *Ress/Stein* (Hrsg.), Vorträge, Reden und Berichte aus dem Europa-Institut, Nr. 309, S. 5.

70 *Frowein*, in: Mosler/Bernhardt/Hilf (Hrsg.), Grundrechtsschutz in Europa, Aussprache zum Referat von Golsong S. 24.

71 *Trechsel*, in: *Nowak* (Hrsg.), Europarat und Menschenrechte, S. 91, 92. Siehe zum Verfahren 2. Kapitel:A.II.1.

72 *Meyer-Ladewig*, NJW 1995, 2813, 2814. Zur Geschichte der Reform siehe *Meyer-Ladewig*, in: Ress/Stein (Hrsg.), Vorträge, Reden und Berichte aus dem Europa-Institut, Nr. 309.

73 *Villiger*, Handbuch der EMRK, § 16 Rn. 274; *Petzold/Sharpe*, in: Matscher/Petzold (eds.), FS Wiarda, S. 471 ff. Siehe hier auch den Entwurf eines Änderungsprotokolls zur EMRK bezüglich des Kontrollmechanismus.

74 *Golsong*, EuGRZ 1992, 249, 250, 252. *Golsong* erläutert hier weitere Vorschläge hinsichtlich der Einführung von Generalanwälten (welche auch nicht durch das 11. Zusatz-

Delegation im Rahmen der europäischen Menschenrechtskonferenz auf Ministerebene auf.[75] Diese Idee ging bereits auf die europäische Bewegung von 1948 zurück. Eine Rolle spielte auch, dass sich die Idee des Zusammenschlusse im Gegensatz zu der nachfolgenden Überlegung auch kostengünstiger gestalten würde.[76]

Neben dieser Fusion der beiden Organe wurde überlegt, die Menschenrechtskommission in ein Gericht erster Instanz umzuwandeln.[77] Dies hätte zur Folge gehabt, dass die Entscheidungen der *EKMR* verbindlich gewesen wären, soweit nicht der Gerichtshof angerufen worden wäre.[78] Dieser Vorschlag wurde jedoch abgelehnt, da damit das Problem des nicht ständig tagenden Gerichtshofes, der unter der Masse der Fälle zusammenbrechen würde, nicht gelöst wäre.[79] Außerdem war mit dem mehrstufigen Rechtsschutzsystem keine Verkürzung der Verfahrensdauer zu erwarten.[80]

Schließlich wurde auch eine dritte Reform in Betracht gezogen. Das System sollte dabei in der bisherigen Weise bestehen bleiben. Allerdings sollte die Kommission mit Juristen, Verwaltungsbeamten und weiteren ausreichenden Mitteln versorgt werden.[81] Gegen diese Anregung sprachen wie beim Zweistufigen Rechtsschutz die Dauer der Verfahren, das Problem des nicht-ständigen Gerichtshofes und der Mangel an gerichtsförmiger Ausgestaltung.

1993 kam es schließlich in Stockholm zu einer endgültigen Einigung, welche in der Ausarbeitung des Protokolls Nr. 11 mündete,[82] dem so genannten „*Kompro-*

---

protokoll eingeführt worden sind), der Anzahl der Richter und der Rolle des Ministerkomitees.

75 *Trechsel*, in: *Nowak* (Hrsg.), Europarat und Menschenrechte, S. 91.

76 *Villiger*, Handbuch der EMRK, § 16 Rn. 274.

77 *Golsong*, EuGRZ 1992, 249; *Villiger*, Handbuch der EMRK, § 16 Rn. 273. Ausführlich zu den Reformen mit grafischer Darstellung *Trechsel*, in: *Nowak* (Hrsg.), Europarat und Menschenrechte, S. 91, 100 ff.

78 *Meyer-Ladewig*, in: Ress/Stein (Hrsg.), Vorträge, Reden und Berichte aus dem Europa-Institut, Nr. 309, S. 7. Dieser Vorschlag wurde von den Niederlanden und Schweden bevorzugt.

79 *Petzold/Sharpe*, in: Matscher/Petzold (eds.), FS Wiarda, S. 471, 472.

80 *Golsong*, EuGRZ 1992, 249, 250.

81 *Villiger*, Handbuch der EMRK, § 16 Rn. 272. *Villiger* zählt unter der Rn. 276 weitere Reformvorschläge auf, die jedoch wegen ihrer geringen Bedeutung nicht näher darzustellen sind.

82 *Meyer-Ladewig*, NJW 1995, 2813, 2814.

miss von Stockholm". Zuvor hatte die Parlamentarische Versammlung für einen ständigen Gerichtshof gestimmt.[83]

4. Das 11. Zusatzprotokoll

Das 11. Zusatzprotokoll[84], welches am 20. April 1994 beschlossen, am 11. Mai 1994 zur Unterzeichnung aufgelegt und am 1. November 1998 in Kraft getreten ist, hat das Rechtsschutzsystem der EMRK grundlegend verändert.[85]

a) Neuerungen

Die Menschenrechtskommission wurde abgeschafft, alleiniges Entscheidungsorgan wurde der neue Gerichtshof (Art. 19 EMRK). Das Ministerkomitee überwacht nur noch die Durchführung der Urteile (Art. 46 Abs. 2 EMRK), der Gerichtshof ist ein ständig tagender. Seine Jurisdiktion ist obligatorisch, denn Art. 46 EMRK a.F. wurde gestrichen. Mit der Ratifizierung der Konvention wird nach der Änderung auch die Zuständigkeit des Gerichtshofes in allen Beschwerdeverfahren anerkannt (Art. 33, 34 EMRK). Der größte Erfolg der Reform ist jedoch die Einführung einer Individualbeschwerde direkt zum *EGMR*.

b) Verfahren

Gemäß Art. 20 EMRK entspricht die Zahl der Richter der Zahl der Vertragsparteien der EMRK. Der Gerichtshof tagt in Ausschüssen, Kammern und einer Großen Kammer. Die Prüfung der Zulässigkeit einer Individualbeschwerde obliegt den Ausschüssen, die unzulässige Verfahren zurückweisen.[86] Die Ausschüsse übernehmen somit die Filterfunktion der Menschenrechtskommission.[87] Mit der Zurückweisung ist das Verfahren nach Art. 28 EMRK beendet. Im Falle einer selten vorkommenden Staatenbeschwerde entscheidet gem. Art. 29 EMRK direkt eine Kammer. Kommt bei der Individualbeschwerde kein einstimmiger Beschluss des Ausschusses zustande, entscheidet gem. Art. 29 Abs. 1 EMRK eine Kammer über Zulässigkeit und Begründetheit, deren Entscheidung als Ur-

---

83 Empfehlung der *Parlamentarischen Versammlung* 1194 (1992) vom 6.10.1992; Die Dokumente der Parlamentarischen Versammlung lassen sich im Internet unter http://assembly.coe.int/ abrufen (Datum des Abrufs 15.9.2006).

84 BGBl. II 1995, S. 578 ff.

85 Umfassend zu den Änderungen durch das 11. Zusatzprotokoll siehe *Drzemczewski*, HRLJ Vol. 21 (2000), 1 ff. mit grafischen Darstellungen des Rechtsschutzsystems.

86 Zum Ablauf des neuen Verfahrens siehe *Villiger*, SZIER 1999, 79 ff; *Meyer-Ladewig*, EMRK Handkommentar, Einleitung Rn. 15 ff; *Schlette*, ZaöRV Bd. 56 (1996), 905, 947 ff; *Stürmer*, MRM 1999, 13, 14 f.; *Drzemczewski/Meyer-Ladewig*, EuGRZ 1994, 317 ff.; *Wittinger*, NJW 2001, 1238 ff.

87 *Siess-Scherz*, in: Grabenwarter/Thiemel (Hrsg.), Kontinuität und Wandel der EMRK, S. 1, 5. *Schlette*, ZaöRV Bd. 56 (1996), 905, 948.

teil ergeht (Art. 29 und Art. 42 EMRK). Die Kammern sind der eigentliche Spruchkörper des Gerichtshofes. Wenn möglich, sollen sie allein eine Sache zum Abschluss bringen.[88] Die Große Kammer entscheidet, wenn eine Kammer die Rechtssache an sie abgegeben hat, weil der Fall eine schwerwiegende Frage der Auslegung der Konvention oder der Protokolle aufwirft oder die Kammer von einem früheren Urteil des Gerichtshofes abweichen möchte. Dies erfordert jedoch, dass keine Partei der Abgabe widerspricht (Art. 30 EMRK). Auch die Große Kammer entscheidet durch Urteil endgültig (Art. 44 Abs. 1 EMRK). Sie kann auch als Rechtsmittelinstanz nach einem Urteil einer Kammer mit einer Sache befasst werden, wenn eine der Parteien die Verweisung an sie innerhalb von drei Monaten beantragt. Die Rechtssache muss eine schwerwiegende Frage der Auslegung oder der Anwendung der Konvention oder der Protokolle oder eine schwerwiegende Frage von allgemeiner Bedeutung aufwerfen (Art. 43 EMRK). Darüber entscheidet ein Fünferkollegium der Großen Kammer. Die Möglichkeit einer gütlichen Einigung besteht weiterhin, sie ist auch nach der Konvention wünschenswert.[89] Das Plenum des Gerichthofes ist gem. Art. 26 EMRK für organisatorische Fragen zuständig, es nimmt keine rechtsprechenden Aufgaben mehr wahr.

Für Beschwerden, die bei Inkrafttreten des Protokolls anhängig waren, enthält das 11. Zusatzprotokoll Übergangsvorschriften (Art. 5 Abs. 2-6 11. Zusatzprotokoll zur EMRK). Zulässige Beschwerden, die bei der Menschenrechtskommission anhängig waren, konnten innerhalb eines Jahres nach Inkrafttreten im Rahmen des alten Verfahrens von ihr erledigt werden, sonst gingen sie auf den neuen Gerichtshof über, der nach dem neuen System die Rechtssachen überprüfte. Alle sonstigen Fälle gingen ab dem 1. November 1998 in das neue Rechtsschutzsystem über. Nur Fälle, die beim Ministerkomitee anhängig waren, wurden davon ausgenommen.[90]

5. Weitere Reformen des EGMR

Der ehemalige Präsident des *EGMR*, *Luzius Wildhaber*, sprach sich Anfang des Jahres 2003 für ein „*beschleunigtes Verfahren*" oder eine neue Kammer aus. Solche Änderungen seien nötig, um die eingehenden Anträge zu bearbeiten. Zu diesem Zeitpunkt waren knapp 30.000 Verfahren anhängig.[91] Dies zeigte deutlich, dass weitere Reformen notwendig waren, um die Effektivität des Gerichtshofes zu erhalten. Es treten immer noch Staaten der Konvention bei. Die Zahl

88 *Schlette*, ZaöRV Bd. 56 (1996), 905, 948.

89 *Meyer-Ladewig*, EMRK Handkommentar, Art. 38, Rn. 18.

90 *Stürmer*, MRM 1999, 13, 16.

91 *FAZ* vom 29.1.2003, S. 6 „30.000 Verfahren in Straßburg"; weitere Beschwerdezahlen siehe *Wildhaber*, EuGRZ 2002, 569, 571 und oben Fn. 65.

der Beschwerden wird daher nicht zurückgehen, sondern sich eher weiter erhöhen, da die Rechte der EMRK und ihr Durchsetzungsmechanismus stärker akzeptiert werden. Um die Effektivität des Gerichtshofes zu erhalten, müssen unzulässige, sich wiederholende und querulatorische Fälle möglichst frühzeitig behandelt werden.[92]

Zum Teil wurde die Errichtung von regionalen Zusatzgerichtshöfen gefordert, wobei aber die Einheitlichkeit durch den *EGMR* sichergestellt werden sollte, indem ein europäischer Generalanwalt an den nationalen Gerichten eine Überwachungsfunktion wahrnimmt.[93] Problematisch erschien hierbei, dass gerade in den Staaten Mittel- und Osteuropas der Konventionsstandard noch längst nicht erreicht ist. Eine ständige Verurteilung dieser Staaten führt mangels der vorhandenen Strukturen nicht zu einer Umsetzung der Urteile. Ein Europa der *„zwei, drei oder vier Geschwindigkeiten“*[94] oder ein „Ostrabatt“ wären eine mögliche Folge. Dies könnte einen nicht wieder gutzumachenden Schaden für den Gerichtshof bedeuten. Es müssten demnach neben den Verfahren vor dem Menschenrechtsgerichtshof im Rahmen des Europarates weitere Anstrengungen unternommen werden, um die Freiheiten und Rechte in den besagten Staaten zu garantieren.[95]

Bereits im Februar 2001 wurde vom Ministerkomitee eine erste Arbeitsgruppe eingesetzt, die Ende September einen abschließenden Bericht mit Vorschlägen vorlegte.[96] Im Wesentlichen empfahl die Arbeitsgruppe zum einen ein Zusatzprotokoll, welches festlegte, dass sich der *EGMR* weigern kann, Beschwerden, die keine wesentlichen Fragen in Hinblick auf die Konvention beinhalten, zu entscheiden,[97] zum anderen die Einführung einer *„Filterabteilung“* (filtering division; nicht aus gewählten Richtern bestehend) zu überdenken.[98]

Die Vorschläge der Evaluation Group sind nicht ohne Kritik geblieben.[99] Die Einrichtung einer Filterabteilung wurde vom Lenkungsausschuss abgelehnt.

---

92 *Wildhaber*, EuGRZ 2002, 569, 571.

93 So *Tomuschat*, EuGRZ 2003, 95, 99; siehe dazu schon *Brinkmeier*, MRM Themenheft 2000, 21, 34.

94 *Wildhaber*, ZSR, 2000, 123, 128.

95 *Brinkmeier*, MRM Themenheft 2000, 21, 34.

96 Report of the Evaluation Group to the Committee of Ministers on the European Court of Human Rights of 27 September 2001 – Doc. EG Court (2000) 1, HRJL Vol. 22 (2001), 308 ff.

97 Hierzu *Ohms*, EuGRZ 2003, 141, 143.

98 Siehe *Schokkenbrock*, EuGRZ 2003, 134, 135.

99 Auch die Parlamentarische Versammlung äußerte sich ablehnend zu der Idee der filtering division: *Parliamentary Assembly of the Council of Europe*, Recommendation 1535 (2001) adopted on 26 September 2001, HRLJ Vol. 22 (2001), 302.

Gründe dafür waren einerseits, dass unklar geblieben ist, welche Entscheidungen auf diese Abteilung übertragen werden sollten, andererseits sollte das neue Kontrollsystem gerichtsförmig ausgestaltet sein. Gerade dieses Ziel sei nicht zu erreichen, wenn nicht gewählte Richter, „*assessors*", zu entscheiden hätten. Auch blieb zu klären, wann eine Beschwerde vorliegt, die „*keine grundlegenden Fragen*" aufwirft. Kritisiert wurde weiter, dass dies zusammengenommen das Recht auf eine Individualbeschwerde schmälern könnte.[100]

In der Zwischenzeit wurde sowohl innerhalb des Gerichtshofes selbst, von der sog. Working Party on Working Methods (WPWM), als auch in einer vom Lenkungsausschuss für Menschenrechte eingesetzten Arbeitsgruppe, der sog. Reflection Group, an Reformen gearbeitet. Dabei bezogen sich die drei verschiedenen Arbeitsgruppen auf ihre jeweiligen Ergebnisse und ließen diese wechselseitig in ihre Arbeit einfließen.[101]

Die WPWM hatte mehrere Vorschläge erarbeitet, die teils schon vom *EGMR* in seiner neuen Verfahrensordnung umgesetzt wurden.[102] Unzulässigkeitsentscheidungen sollten von einem Ausschuss mit drei Richtern und nicht mehr von einer Kammer behandelt werden.

In diese Richtung zielte auch ein deutsch-schweizerischer Vorschlag, nach dem Art. 28 EMRK in dieser Form geändert werden müsste. Außerdem sollte die Entscheidungsfindung in einem abgekürzten, summarischen Verfahren erfolgen. Als zweiter Punkt wurde vorgeschlagen, Art. 35 EMRK um einen weiteren Unzulässigkeitstatbestand zu ergänzen. Eine Individualbeschwerde sollte demnach unzulässig sein, wenn dem Beschwerdeführer kein erheblicher Nachteil entstanden ist und der Fall weder eine schwerwiegende Frage der Anwendung oder der Auslegung der Konvention oder der Protokolle noch eine andere Frage von allgemeiner Bedeutung aufwirft.[103] Die Änderung des Art. 28 EMRK fand ungeteilte Zustimmung, während die Einführung eines neuen Unzulässigkeitstatbestandes, Art. 35 Abs. 3 b) EMRK, noch umstritten war. Letzter insbesondere wegen der Unklarheit, wann ein „Nachteil" vorliegt und der schon oben erwähnten Kritik, dass der Menschenrechtsgerichtshof dann weniger der Durchsetzbarkeit von Rechten Einzelner dienen würde, als einen Fall zum Anlass nehmen

100 *Schokkenbrock*, EuGRZ 2003, 134, 135, 136; *Tomuschat*, EuGRZ 2003, 95, 98.

101 Siehe hierzu ausführlich *Ohms*, EuGRZ 2003, 141 ff. und *Schokkenbrock*, EuGRZ 2003, 134 ff.

102 Im Wesentlichen handelte es sich um: Abschaffung der „warning letters"; Entscheidungen über die Unzulässigkeit einer Beschwerde nach Art. 28 EMRK ergehen in Briefform; Reduzierung der mündlichen Verhandlungen; Beschleunigtes Verfahren. Siehe hierzu *Siess-Scherz*, EuGRZ 2003, 100, 104f.

103 Siehe die Formulierungsvorschläge bei *Stoltenberg*, EuGRZ 2003, 139.

könnte, allgemeine Erörterungen anzustellen.[104] Die Vorteile, die ein solcher Tatbestand bezüglich der Behandlung von „repetitive cases" bringen würde, waren daher mit den Nachteilen für den Individualrechtsschutz abzuwägen.[105]

Einigkeit bestand hingegen darin, dass die Überwachung der Vollstreckung der Urteile durch das Ministerkomitee verstärkt werden müsste, um strukturelle Probleme in den Konventionsstaaten zu lösen. Damit könnte die Zahl der sog. repetetive cases verringert werden.[106]

Auf der 112. Sitzung des Ministerkomitees am 15. Mai 2003 wurde eine Erklärung angenommen, um die langfristige Effizienz des Gerichtshofes sicherzustellen. 2004 sollten auf der 114. Sitzung der Entwurf eines Protokolls zur Änderung der Konvention und andere Rechtsinstrumente unterbreitet werden. Folgende Vorschläge waren u.a. dabei zu berücksichtigen: Maßnahmen, um Menschenrechtsverletzungen auf nationaler Ebene zu verhindern; Verbesserung der internen Beschwerdemöglichkeiten; Effizientere Filterung der Beschwerden; Verbesserung und Beschleunigung der Anwendung der Urteile; Aufnahme einer weiteren Zulässigkeitsvoraussetzung in Art. 35 EMRK.[107]

Am 13. Mai 2004 wurde schließlich das Protokoll Nr. 14[108] verabschiedet, wodurch u.a. Art. 28 EMRK dergestalt geändert wird, dass nun ein aus drei Richtern bestehender Ausschuss über Parallelverfahren entscheiden kann.[109] In Art. 27 EMRK, der zu Art. 26 EMRK wird, soll die Möglichkeit eingeführt werden, dass in bestimmten, im neuen Art. 27 EMRK festgelegten Fällen, ein einzelner Richter entscheiden kann. In Art. 35 Abs. 3 EMRK kommt eine weitere Voraussetzung dazu, nach der der Gerichtshof eine Beschwerde für unzulässig erklären kann (im Fall des unerheblichen Nachteils).[110] Da das Protokoll auch in anderen

---

104 *Grabenwarter*, EuGRZ 2003, 174, 176.

105 Hierzu die kritischen Überlegungen von *Ohms*, EuGRZ 2003, 141, 147 ff.

106 *Schokkenbrock*, EuGRZ 2003, 134, 135; *Ohms*, EuGRZ 2003, 141, 146, 147.

107 Erklärung angenommen vom Ministerkomitee bei seiner 112. Sitzung in Straßburg am 15.5.2003 http://www.coe.int/T/d/Com/Dossiers/Ministerkomitee/Sitzungen / 2003-05-Strasbourg/20030515_GH_Reform.asp#TopOfPage (Datum des Abrufs: 18.8.2006).

108 Siehe http://conventions.coe.int/Treaty/EN/Treaties/Html/194.htm (Datum des Abrufs: 18.8.2006).

109 Art. 8 des Protokolls Nr. 14 zur EMRK vom 13.5.2004.

110 Art. 12 des Protokolls Nr. 14 zur EMRK vom 13.5.2004: [...] „b. the applicant has not suffered a significant disadvantage, unless respect for human rights as defined in the Convention and the Protocols thereto requires an examination of the application on the merits and provided that no case may be rejected on this ground which has not been duly considered by a domestic tribunal".

Bereichen die EMRK ändern wird, müssen alle 46 Staaten dieses ratifizieren, um es in Kraft treten zu lassen.[111]

III. Rechtschutz

Das aktuelle Rechtsschutzsystem des *EGMR* kennt drei Verfahren: die Staatenbeschwerde, die Individualbeschwerde und das Gutachtenverfahren. Für den Gang der vorliegenden Arbeit ist letzteres nicht von Bedeutung, auch die Staatenbeschwerde wird nur kurz skizziert. Das „*Herzstück*"[112] der EMRK stellt die Individualbeschwerde dar, wobei die Kenntnis ihrer Zulässigkeitsvoraussetzungen für das Verständnis des 2. Kapitel notwendig sind. Schließlich ist auf die Wirkung der Urteile des *EGMR* einzugehen, da erst eine Verurteilung die Mitgliedstaaten in Konfliktsituationen zum Recht der Europäischen Gemeinschaft bringen kann.

1. Staatenbeschwerde

Die Staatenbeschwerde ist in Art. 33 EMRK geregelt. Art. 46 VerfOEGMR bestimmt den Inhalt einer solchen Beschwerde. Bisher gab es nur wenige Fälle;[113] Ziel und Zweck einer solchen Beschwerde ist nicht die Geltendmachung eigener Rechte oder der Rechte eigener Staatsangehöriger. Die Staatenbeschwerde dient dazu, eine angebliche Verletzung des europäischen ordre public vor den Gerichtshof zu bringen.[114] Den Konventionsstaaten wird mittels dieser Beschwerde eine Wächterfunktion zugesprochen.[115] Ein eigenes Interesse des klagenden Staates ist nicht erforderlich. Beschwerdeführer und Beschwerdegegner müssen zum Zeitpunkt der Beschwerdeerhebung Konventionsstaaten sein.[116] Im Rahmen

---

[111] Stand der Ratifikation am 15.9.2006: 43 Staaten. Zu den einzelnen Änderungen vgl. das Protokoll Nr. 14 zur EMRK vom 13.5.2004. Hierzu umfassend *Eaton/Schokkenbroek*, HRLJ Vol. 26 (2005), 1 ff.

[112] *Hilf*, in: Beyerlin/Bothe/Hofmann/Petersmann (Hrsg.), FS Bernhardt, S. 1194.

[113] Zuletzt *EGMR*, Rs. 25781/94, Urt. v. 10.5.2001 – Zypern/Türkei. Eine Übersicht über die entschiedenen Beschwerden bis zum 6. November 1996 findet sich bei *Frowein*, in: ders./Peukert (Hrsg.), EMRK Kommentar, Art. 24 Rn. 2; auch bei *Villiger*, Handbuch der EMRK, § 11 Rn. 172 werden die ersten zehn Staatenbeschwerden kurz erläutert; ebenso bei *Prebensen*, HRLJ Vol. 20 (1999), 446 f. Der „alte" Gerichtshof hat nur eine Staatenbeschwerde entschieden: *EGMR*, Rs. 5310/71, Urt. v. 18.1.1978 – Irland/Vereinigtes Königreich.

[114] *Frowein*, in: ders./Peukert (Hrsg.), EMRK Kommentar, Art. 24 Rn. 2.

[115] *Villiger*, Handbuch der EMRK, § 11 Rn. 171.

[116] Zu den weiteren Zulässigkeitsvoraussetzungen siehe *Villiger*, Handbuch der EMRK, § 11 Rn. 173; *Dijk/Hoof* (eds.), Theory and Practice of the European Convention on Human Rights, S. 42 f.

dieses Beschwerdeverfahrens sind politische Überlegungen maßgeblich.[117] Es ist in Zukunft nicht mit einer wachsender Anzahl von Staatenbeschwerden zu rechnen, da zum einen über die Individualbeschwerde die meisten Verletzungen vor den Gerichtshof gebracht werden, und zum anderen stellt eine solche Beschwerde einen unfreundlichen Akt dar, den im Rahmen eines näher zusammenwachsenden Europas die meisten Staaten versuchen werden zu umgehen. Dennoch hat diese Art von Beschwerde für die Durchsetzung von Menschenrechten große Bedeutung,[118] da alleine ihre Existenz und der mit ihr verbundene politische Druck maßregelnde Wirkung auf die Staaten hat.

2. Individualbeschwerde

Die neu eingeführte Individualbeschwerde bildet, wie schon oben erwähnt, das „*Herzstück*" der Konvention. Mittels dieser Beschwerde wird „*der Mantel der nationalen Souveränität* [durchdrungen] *und internationalen Organen* [wird] *der Schutz von Individualrechten anvertraut*".[119]

Dem klassischen Völkerrecht war die direkte Beschwerde eines Einzelnen an einen internationalen Gerichtshof fremd. Völkerrecht wurde als Recht der Staaten, den originären Völkerrechtssubjekten verstanden. Regeln des Völkerrechts bezogen sich nur mittelbar auf das Individuum. Umso bedeutsamer ist daher die Regelung des Art. 34 EMRK (Art. 25 EMRK a.F.), mit der einem Einzelnen, der sich in seinen garantierten Rechten verletzt fühlt, ein Beschwerderecht zu einem internationalen Gericht (vor dem 11. ZP zu der EKMR) eröffnet wird. Materielle Rechte, wie die in der Konvention festgelegten, benötigen für ihre Wirksamkeit eine Verfahrensordnung, mittels derer diese Rechte durchgesetzt werden können.[120]

Die Beschwerde ist unter folgenden bestimmten Voraussetzungen zulässig:[121]

---

117 *Matscher*, in: Deutsche Sektion der Internationalen Juristenkommission (Hrsg.), Der Grundrechtsschutz im Europäischen Gemeinschaftsrecht, S. 87, 93.

118 Hierzu *Klein*, in: Cremer/Giegerich/Richter/Zimmermann (Hrsg.), FS Steinberger, S. 243, 251, der fordert, dass die Konventionsstaaten dieses Instrument häufiger nutzen sollten. *Prebensen*, HRLJ Vol. 20 (1999), 446, 455 weist zu Recht daraufhin, dass die Effektivität und Glaubwürdigkeit des Systems der kollektiven Durchsetzbarkeit von Konventionsrechten vom guten Willen und der Zusammenarbeit der Staaten abhängt.

119 *Bernhardt*, in: Mosler/Bernhardt/Hilf (Hrsg.), Grundrechtsschutz in Europa, S. 3, 4.

120 *Matscher*, in: Deutsche Sektion der Internationalen Juristenkommission (Hrsg.), Der Grundrechtsschutz im Europäischen Gemeinschaftsrecht, S. 87, 90.

121 Siehe ausführlich zu den einzelnen Zulässigkeitsvoraussetzungen die Kommentierungen der Art. 34 und 35 EMRK bei *Meyer-Ladewig*, EMRK Handkommentar, und *Peukert*, in: Frowein/ders. (Hrsg.), EMRK Kommentar, Art. 25f.; außerdem *Villiger*, Handbuch der EMRK, § 6 Rn. 88 ff.

Zunächst muss die Zuständigkeit des *EGMR* in zeitlicher und örtlicher Hinsicht gegeben sein.[122] Weiter können gemäß Art. 34 EMRK natürliche Personen sowie nichtstaatliche Organisationen oder Personengruppen Beschwerdeführer und damit Beteiligte einer Menschenrechtsbeschwerde sein. Beschwerden können sich nur gegen einen Mitgliedstaat des Europarates als Beschwerdegegner (Art. 59 EMRK) richten. Der Beschwerdegegenstand muss ein Verhalten sein, dass dem Beschwerdegegner zuzurechnen ist.[123] Die Beschwerdebefugnis ergibt sich aus Art. 34, 35 Abs. 3 EMRK. Danach muss der Beschwerdeführer seine Opfereigenschaft darlegen, die nur gegeben ist, wenn ein Konventionsrecht, an das der Beschwerdegegner gebunden ist, einschlägig und möglicherweise verletzt ist und der Beschwerdeführer auch unmittelbar selbst und gegenwärtig betroffen ist. Die Darlegungslast ist erfüllt, wenn der Maßstab der offensichtlichen Unbegründetheit nach Art. 35 Abs. 3 EMRK widerlegt ist. Nach Art. 35 EMRK müssen – in Übereinstimmung mit der völkerrechtlichen local remedies rule – zunächst alle innerstaatlichen Rechtsmittel erschöpft werden, bevor eine Klage beim *EGMR* zulässig ist. Der *EGMR* entscheidet nur, wenn innerhalb von 6 Monaten nach Erlass des innerstaatlichen Aktes, welcher z.B. ein letztinstanzliches Urteil oder wie in Deutschland ein Urteil oder Beschluss des *BVerfG* sein kann, Beschwerde eingelegt wird. Nach Art. 35 EMRK entscheidet der *EGMR* nicht über anonyme Beschwerden und bei anderweitiger Rechtshängigkeit. Die Beschwerde ist begründet, wenn in eines der Konventionsrechte ohne Rechtfertigung eingegriffen worden ist.

3. Wirkung der Urteile des EGMR

Bei der Untersuchung der Wirkung der Urteile des *EGMR* wird im Rahmen dieser Arbeit nur auf die eingegangen, welche die EMRK selbst vorschreibt. Davon unberührt bleibt die Frage, welche Wirkung den Urteilen nach dem jeweiligen nationalen Recht zukommt.

Die grundlegenden Normen sind Art. 46, 44, 41 und 1 EMRK. Nach Art. 44 EMRK (endgültige Urteile) kommt den Urteilen formelle Rechtskraftwirkung zu. Der Gerichtshof erlässt zwei verschiedene Arten von Urteilen, deren Wirkungen unterschiedlicher Natur sind. Zum einen ergehen Feststellungsurteile, in

---

Für den weiteren Verlauf dieser Arbeit wird unter dem Begriff *ratione personae* verstanden, dass entweder der Beschwerdeführer keine Individualbeschwerde einlegen darf oder nicht beschwert ist oder dass der Beschwerdegegner kein Konventionsstaat ist. Unzulässigkeit *ratione materiae* bedeutet, dass die Verletzung eines Rechtes gerügt wird, dass so nicht in der Konvention enthalten ist.

122 Siehe *Peters*, Einführung in die EMRK, S. 232 ff. zu Fragen der Zuständigkeit ratione temporis und ratione loci.

123 Diese Zulässigkeitsvoraussetzung wird auch unter dem Punkt „sachliche Zuständigkeit“ oder „ratione materiae“ behandelt. Vgl. *Peters*, Einführung in die EMRK, S. 235.

denen der *EGMR* ausspricht, dass ein Recht der Konvention verletzt wurde, zum anderen Leistungsurteile nach Art. 41 EMRK, in denen der verurteilte Staat zur Zahlung einer Entschädigung verpflichtet wird, nicht aber zur Vornahme einer bestimmten Handlung. Nach Art. 46 Abs. 1 EMRK ist der Konventionsstaat verpflichtet, das endgültige Urteil des Gerichtshofes zu befolgen.

Fraglich ist, welche Verpflichtungen sich aus den Feststellungsurteilen ergeben. Diese haben keine Gestaltungswirkung, so dass man bisher davon ausging, dass der *EGMR* die Aufhebung einer innerstaatlichen Maßnahme nicht anordnen konnte.[124] Dies wurde zum einen auf den Wortlaut des Art. 46 Abs. 1 EMRK zurückgeführt, aus dem sich nicht entnehmen lässt, welche Art von Maßnahme der Staat zu treffen hat, zum anderen aus dem Tenor des jeweiligen Urteils selbst, da der Gerichtshof bisher keine konkreten Maßnahmen anordnete.[125] Somit war auf allgemeine völkerrechtliche Grundsätze zurückzugreifen. Der Staat ist verpflichtet, vollkommene Wiedergutmachung zu leisten, die so genannte restitutio in integrum.[126] Dabei haben die Staaten einen Beurteilungsspielraum hinsichtlich der Wahl der Mittel.[127] Kommt eine Wiedergutmachung nicht in Betracht, so muss der Staat eine Entschädigung zahlen.[128] Einigkeit besteht dahingehend, dass sich aus den Urteilen eine Pflicht zur Beendigung der konventionswidrigen Maßnahme ergibt, wenn diese noch andauert.[129] Im Jahr 2004 aber hat der Gerichtshof in der Rechtssache *Asanidse* erstmals eine konkrete Maßnahme in seinem Urteil ausgesprochen.[130] Dies ändert jedoch nichts an der Feststellungswirkung der Urteile, da die Maßnahme zwar genannt wird, dem *EGMR* jedoch nicht die Befugnis zusteht, die Maßnahme so zu bestimmen, dass sie nach innerstaatlichem Recht vollstreckbar wäre.[131] Weiter ist zu beachten, dass es sich hierbei um den ersten Fall dieser Art handelte, der bestimmte Besonder-

---

124 *Frowein/Peukert*, in: dies. (Hrsg.), EMRK Kommentar, Art. 53 Rn. 3; *EGMR*, Rs. 8398/78, Urt. v. 25.4.1983, Rn. 45 – Pakelli/Deutschland.

125 *Eppe*, MRM Themenheft 2000, 76, 78; *Ress*, EuGRZ 1996, 350, 351.

126 Statt vieler siehe *Polakiewicz*, Die Verpflichtungen der Staaten aus den Urteilen des EGMR, 1993, S. 97 ff.

127 *Eppe*, MRM Themenheft 2000, 76, 78; *Grabenwarter*, EMRK, § 16 Rn. 2; *Kilian*, Die Bindungswirkung der Entscheidungen des EGMR, S. 204.

128 *Frowein/Peukert*, in: dies. (Hrsg.), EMRK Kommentar, Art. 53 Rn. 6; *Villiger*, ZSR, 1985, Halbband 1, 469, 477; *Polakiewicz*, Die Verpflichtungen der Staaten aus den Urteilen des EGMR, S. 98.

129 *Polakiewicz*, Die Verpflichtungen der Staaten aus den Urteilen des EGMR, S. 63 ff.; *Okresek*, EuGRZ 2003, 168, 170. *Bleckmann*, EuGRZ 1995, 387, 388 vertritt sogar die Ansicht, dass daraus ebenfalls das Verbot folgt, ein Gesetz mit einem im Wesentlichen gleichen Inhalt später zu erlassen.

130 *EGMR*, Rs. 71503/01, Urt. 8.4.2004, Rn. 203 – Assanidze/Georgien.

131 Vgl. hierzu *Breuer*, EuGRZ 2004, 257 f.

heiten aufwies. Zum einen lag kein Urteil eines obersten innerstaatlichen Gerichtes vor, so dass sich nicht das Problem der Rechtskraftdurchbrechung stellte (dazu sogleich unten), zum anderen war die Verletzung noch nicht abgeschlossen und schließlich war die Verletzung alleinig durch die angeordnete Maßnahme zu beheben.[132] Insgesamt bleibt aber abzuwarten, ob der *EGMR* in diese Richtung weiter gehen wird, da auch das Protokoll Nr. 14 vom 13. Mai 2004 keine entsprechende, erweiterte Befugnis einführt.

Der Umfang der Rechtskraftwirkung hängt im Übrigen von der Art der beanstandeten Maßnahme ab. Es ist dabei zu unterscheiden, ob die Verletzung auf einem Urteil, einem Verwaltungsakt oder einem Gesetz beruhte. Im Regelfall stellt der Gerichtshof eine Verletzung der Konvention durch ein Urteil oder einen Verwaltungsakt fest. Bei konventionswidrigen Verwaltungsakten wird dieser von den nationalen Behörden aufgehoben. Dies stellt grundsätzlich kein Problem dar, da die Vertragsstaaten Regelungen zur Aufhebung getroffen haben.[133] Schwieriger dagegen ist die Behandlung von Urteilen, die gegen die Konvention verstoßen. Die Rechtskraft eines Urteils des *EGMR* kann nicht diejenige des nationalen Urteils durchbrechen. Das nationale Urteil bleibt rechtlich wirksam.[134] Um der primären Verpflichtung aus der EMRK nachzukommen, besteht die Möglichkeit der Wiederaufnahme des Verfahrens,[135] wobei die Staaten aus der Konvention nicht verpflichtet sind, eine Wiederaufnahmeregelung zu erlassen.[136] Als weitere Möglichkeit wird die Nichtvollstreckung des Urteils angeführt. Dies stellt jedoch keine volle Wiedergutmachung dar.[137] Aus diesem Grund wäre es zu begrüßen, wenn die Konventionsstaaten in ihre nationalen Prozessordnungen Wiederaufnahmeregelungen für den Fall der Feststellung einer Konventionsverletzung einführten. Ansonsten steht dem Beschwerdeführer nur ein Leistungsurteil auf Zahlung einer Entschädigung nach Art. 41 EMRK zur Verfügung.

Darüber hinaus ist daran zu denken, dass die dem Verwaltungsakt oder dem Urteil zugrunde liegende Rechtsnorm zu ändern ist, wenn diese die mit den Men-

---

132 So genannte „Ermessenreduzierung auf Null", *Breuer*, EuGRZ 2004, 257, 263.

133 *Eppe*, MRM Themenheft 2000, 76, 78f.; *Ress*, in: Maier (Hrsg.), Europäischer Menschenrechtsschutz, S. 227, 240.

134 *Meyer-Ladewig*, EMRK Handkommentar, Art. 46 Rn. 26 ff.

135 Von dieser Möglichkeit hat Deutschland bisher in der StPO in § 359 Nr. 6 Gebrauch gemacht. Die Bundesregierung hat am 19.7.2006 einen Entwurf für das Zweite Gesetz zur Modernisierung der Justiz beschlossen, welches eine Wiederaufnahmemöglichkeit in die ZPO einführen soll.

136 *EGMR*, Rs. 6833/74, Urt. v. 13.6.1979, Rn. 27 – Marckx/Belgien; siehe hierzu umfassend *Polakiewicz*, Die Verpflichtungen der Staaten aus den Urteilen des EGMR, S. 112 ff.

137 *Ress*, in: Maier (Hrsg.), Europäischer Menschenrechtsschutz, S. 227, 240.

schenrechten unvereinbarte Folge unmittelbar anordnet.[138] Dies folgt aus dem Sinn und Zweck der Konvention, die Rechte und Freiheiten umfassend zu gewährleisten. Es würde dem Rechtsschutzsystem widersprechen, wenn ein konventionswidriges Gesetz in diesen Fällen nicht geändert würde und hierauf weitere Vollzugsmaßnahmen ergingen, die zu einer neuen Beschwerde vor dem *EGMR* führten. Das Beschwerdesystem stellt nicht nur eine Garantie der Rechte und Freiheiten im Einzelfall sicher, sondern wirkt darüber hinaus auch als „kollektive Garantie". Letztere könnte nicht effektiv durchgesetzt werden, wenn nicht Parallelfälle verhindert würden.[139] Art. 46 Abs. 1 EMRK ist demnach diesbezüglich weit auszulegen. Dafür spricht auch die Praxis des Ministerkomitees, welches nach Art. 46 Abs. 2 EMRK die Durchführung der Urteile überwacht. Es überprüft seit längerem, ob die Konventionsstaaten allgemeine Maßnahmen getroffen haben, um die festgestellten Rechtsverletzungen künftig zu verhindern. Diese Praxis wird von den Staaten anerkannt. Man kann demnach davon ausgehen, dass sich insoweit Völkergewohnheitsrecht gebildet hat.[140]

Dem stehen jedoch die Fälle gegenüber, in denen das innerstaatliche Gesetz die konventionswidrige Maßnahme nicht zwingend anordnet. Zwar besteht auch hier die Gefahr von Parallelfällen, doch ist die Rechtsfolge gerade nicht zwangsläufig vorgeschrieben. Der Einzelakt hätte auch konventionsgemäß ergehen können. Dies muss als ausreichend erachtet werden, um der Verpflichtung nach Art. 46 Abs. 1 EMRK nachzukommen. Würde mehr verlangt werden, so schränkte dies den Handlungsspielraum der Staaten übermäßig ein.[141] Eine Pflicht, das Gesetz teilweise zu ändern, kann sich nur aus Art. 1 EMRK ergeben, weil hiernach die Hohen Vertragsparteien die in der Konvention garantierten Rechte zu gewährleisten haben. Bleiben Gesetze bestehen, die im Widerspruch zur EMRK stehen, so werden eben die dort genannten Grundrechte nicht effektiv geschützt.

Des Weiteren gibt es Urteile, in denen der Gerichtshof einen Verstoß gegen die EMRK unmittelbar durch ein Gesetz feststellt. Geht man davon aus, dass in den Fällen der mittelbaren Feststellung eine Gesetzesänderung vorgeschrieben ist, so kann in den Fällen der unmittelbaren Konventionswidrigkeit nichts anderes gel-

---

138 *Frowein/Peukert*, in: dies. (Hrsg.), EMRK Kommentar, Art. 53 Rn. 7; *Okresek*, EuGRZ 2003, 168, 171; *Frowein*, in: Isensee/Kirchhoff (Hrsg.), Handbuch des Staatsrechts, Band VII § 180 Rn. 16.

139 *Polakiewicz*, Die Verpflichtungen der Staaten aus den Urteilen des EGMR, S. 179f.

140 *Meyer-Ladewig*, EMRK Handkommentar, Art. 46 Rn. 34.

141 Zu diesem Problem ausführlich *Polakiewicz*, Die Verpflichtungen der Staaten aus den Urteilen des EGMR, S. 181 ff.; *Frowein/Peukert*, in: dies. (Hrsg.), EMRK Kommentar, Art. 53 Rn. 8.

ten. Außerdem erwächst hier die Feststellung der Konventionswidrigkeit der Norm durch das Urteil des *EGMR* selbst in Rechtskraft.[142]

Schließlich ist zu klären, ob eine Aufhebung ex nunc oder ex tunc zu erfolgen hat. Zum einen könnten die Staaten dazu verpflichtet sein, Maßnahmen, die gegen die Konvention verstoßen haben, soweit dies möglich ist, mit Wirkung für die Vergangenheit zu beseitigen, da schließlich in der Vergangenheit die Ursache für die Konventionsverletzung gesetzt wurde. Zum anderen sind sowohl der Grundsatz der Rechtssicherheit wie auch die nationale Gesetzgebung zu beachten. Nach Art. 41 EMRK ist für die Entscheidung über eine Entschädigung maßgeblich, ob das innerstaatliche Recht eine Wiedergutmachung zulässt. Ist dies national nicht für die Vergangenheit vorgesehen, so kann aus der EMRK keine Verpflichtung zur Änderung der Rechtslage auf eine ex tunc wirkende Wiedergutmachung herausgelesen werden.[143] Damit kann im Rahmen des Art. 46 Abs. 1 EMRK nur eine Aufhebung ex nunc als verpflichtend angesehen werden. Auch *Ress*, der zunächst eine Pflicht ex tunc als erforderlich ansieht, schränkt diese zum einen wegen des Beurteilungsspielraums der Staaten ein, zum anderen verneint er diese Pflicht wegen des Grundsatzes der Rechtssicherheit. [144]

Im Zusammenhang mit der Bindungswirkung der Urteile ist umstritten, ob die Urteile nur inter partes oder auch erga omnes wirken. Allein nach dem Wortlaut des Art. 46 Abs. 1 EMRK ergibt sich nur eine inter partes Wirkung. Fraglich ist aber, ob darüber hinaus nicht eine rechtliche Verpflichtung der Staaten begründet werden kann, auch wenn sie nicht am Verfahren beteiligt waren.[145]

Wie oben gesehen entscheidet der *EGMR* Einzelfälle, denen wegen des besonderen Charakters der EMRK eine ordre public Funktion zukommt. Der Gerichtshof legt in seinen Urteilen einzelne Bestimmungen der EMRK aus. Deshalb wird vereinzelt vertreten, dass wegen dieser besonderen Funktion und Art. 32 EMRK, der dem *EGMR* die Letztentscheidungsbefugnis bei der Auslegung und Anwendung der Konvention einräume, eine erga omnes Wirkung zwingend sei, um einer objektiven Bedeutung der Individualbeschwerde zur Geltung zu

---

142 Als Beispiele für notwendige Gesetzesänderungen dienen die Entscheidungen *EGMR*, Rs. 6833/74, Urt. v. 13.6.1979, Rn. 27 – Marckx/Belgien und *EGMR*, Rs. 7525/76, Urt. v. 22.10.1981, Rn. 41 – Dudgeon/Vereinigtes Königreich.

143 *Polakiewicz*, Die Verpflichtungen der Staaten aus den Urteilen des EGMR, S. 184f.; *Frowein/Peukert*, in: dies. (Hrsg.), EMRK Kommentar, Art. 53 Rn. 4.

144 *Ress*, in: Maier (Hrsg.), Europäischer Menschenrechtsschutz, S. 227, 237 ff. Im Ergebnis auch *Frowein/Villiger*, HRLJ Vol. 9 (1988), 23, 50.

145 Davon zu unterscheiden ist die faktische Verpflichtung der Staaten. Siehe hierzu *Eppe*, MRM Themenheft 2000, 76, 84 ff. und die Nachweise bei *Polakiewicz*, Die Verpflichtungen der Staaten aus den Urteilen des EGMR, S. 279, Fn. 1.

verhelfen.[146] Dem widerspricht der Wortlaut des Art. 32 EMRK. Dort wird eine Letztentscheidungsbefugnis zur Anwendung und Auslegung der Konvention nicht erwähnt.[147] Die Vorschrift befugt den *EGMR* lediglich zur Auslegung der Konvention. Der Gerichtshof entscheidet nicht abstrakt über die Auslegung der Konvention, sondern über den konkreten Einzelfall. Zentrale Vorschrift für die Bindung an seine Urteile ist Art. 46 Abs. 1 EMRK. Eine solche erga omnes Verpflichtung kann daher gegen den Wortlaut des Art. 46 Abs. 1 EMRK nicht angenommen werden,[148] sondern könnte sich allenfalls aus dem allgemeinen Grundsatz des Art. 1 EMRK ergeben, nach dem die Staaten verpflichtet sind, die in der Konvention garantierten Rechte und Freiheiten zu gewährleisten.[149] Dann kann aber nicht mehr von einer Verpflichtung aus dem Urteil gesprochen werden. Es handelt sich vielmehr um eine Orientierungswirkung der Urteile nach Art. 46 Abs. 1 EMRK, so dass die Auslegung durch den Gerichtshof eine Art normative Leitfunktion entwickelt, die wiederunm bei Art. 1 EMRK zu beachten ist. Dies ist von der Rechtskraftwirkung zu trennen.[150]

Polakiewicz geht davon aus, dass den Urteilen neben der Bindungswirkung eine Präjudizwirkung aus Art. 46 Abs. 1 EMRK zukommt. Er stellt aber gleichzeitig fest, dass bei einer Nichtbeachtung der vom *EGMR* festgelegten Auslegung eine eigenständige Konventionsverletzung nicht in Betracht kommt. Wie oben gesehen, ist diese Ansicht nicht mit dem Wortlaut des Art. 46 Abs. 1 EMRK vereinbar, da dieser eine Wirkung inter partes vorsieht. Dagegen führt *Polakiewicz* an, dass eine solche Auslegung den Regelungsbereich der Norm verkenne. Er erkennt zwar an, dass Art. 46 Abs. 1 EMRK die Bindungswirkung festlegt, verneint aber gleichzeitig, dass die Norm eine Aussage über die Verbindlichkeit der Auslegung trifft. Damit wird aber gerade deutlich, dass ein Unterschied zwischen der Bindungswirkung nach Art. 46 Abs. 1 EMRK und einer weiteren Wirkung besteht, die so nicht aus dieser Vorschrift herauszulesen ist. Ein Rückgriff auf Art. 1 EMRK ist zwingend, um zu begründen, dass alle Staaten verpflichtet sind, die Auslegung des Gerichtshofes zu beachten. Denn nur so kön-

---

146 So *Zimmer*, ZAR 1998, 115, 123. *Bleckmann*, EuGRZ 1995, 387, 388 kommt zu dem Schluss, dass zumindest bei der Feststellung konventionswidriger Gesetze eine erga omnes Wirkung vorliegen müsse. Auch hier wird aber die konkrete Bindungswirkung mit der Orientierungswirkung vermengt.

147 *Masuch*, NVwZ 2000, 1266, 1267; *Uerpmann*, Die EMRK und die deutsche Rechtsprechung, S. 214.

148 *Ress*, in: Bernhardt/Geck/Jaenicke/Steinberger (Hrsg.), FS Mosler, S. 719, 727; *Matscher*, EuGRZ 1982, 517, 526.

149 So auch *Meyer-Ladewig*, EMRK Handkommentar, Art. 46 Rn. 15.

150 *Ress*, EuGRZ 1996, 350. *Ders.*, in: Bernhardt/Geck/Jaenicke/Steinberger (Hrsg.), FS Mosler, S. 719, 730f.

nen sie ihrer Verpflichtung nachkommen, die in der Konvention gewährten Rechte zu gewährleisten.

IV. Auslegungsmethoden des EGMR

Die einzelnen Garantien der Konvention enthalten unbestimmte Rechtsbegriffe wie „*unmenschliche oder erniedrigende Strafe oder Behandlung*“ (Art. 3 EMRK), „*faires Verfahren*“ (Art. 6 EMRK) oder „*Privat- und Familienleben*“ (Art. 8 EMRK), die einer Auslegung bedürfen. Gem. Art. 32 EMRK ist der Gerichtshof für die Auslegung und Anwendung der Konvention und der dazugehörenden Protokolle zuständig. Er bedient sich hierbei der allgemein anerkannten und in der Wiener Konvention über das Recht der Verträge vom 23. Mai 1969 (WVK) kodifizierten Auslegungsmethoden, die in seiner Rechtsprechung vertragsspezifische Besonderheiten aufweisen. Auf diese Besonderheiten soll im Rahmen der Arbeit näher eingegangen werden, um Unterschiede oder Ähnlichkeiten zu den Methoden des *EuGH* aufzuzeigen.[151]

Zunächst ist festzuhalten, dass der *EGMR* sich bei der Auslegung an der WVK und den dort getroffenen Regelungen der Art. 31-33 als kodifiziertem Völkergewohnheitsrecht orientiert. Bereits vor dem Inkrafttreten der WVK hat er anerkannt, dass die WVK allgemeine völkerrechtliche Prinzipien der Auslegung enthält, die bei der Interpretation der EMRK zur Anwendung kommen sollen.[152] Dies sind die auch im deutschen Recht bekannten Methoden des Wortlauts, der Systematik, Teleologie und der Entstehung der Norm. Innerhalb dieser Methoden weist die Rechtsprechung des Gerichtshofes Eigenheiten auf, die bei den einzelnen Punkten erörtert werden. Schließlich kommen Besonderheiten hinzu, die sich nicht den klassischen Auslegungsmethoden zuordnen lassen.

1. Wortlaut

Ein völkerrechtlicher Vertrag ist zunächst nach seinem Wortlaut auszulegen, der gewöhnlichen Bedeutung, die seine Bestimmungen haben (Art. 31 Abs. 1 WVK). Bei der EMRK handelt es sich um einen mehrsprachigen völkerrechtlichen Vertrag, denn nach der Schlussklausel zu Konvention sind sowohl die englische wie auch die französische Sprachfassung verbindlich. Man spricht insofern von authentischen Sprachfassungen. Hinsichtlich der Besonderheiten bei der Auslegung dieser Art von Verträgen enthält Art. 33 WVK eine Sonderregelung. Nach Absatz 3 wird vermutet, dass die Bestimmungen des Vertrages in jeder Sprachfassung dieselbe Bedeutung haben. Besteht hiernach ein Unter-

---

151 Hinsichtlich allgemeiner Fragen zur Auslegung völkerrechtlicher Verträge ist auf weiterführende Literatur zu verweisen. Siehe hierzu vor allem *Bernhardt*, Auslegung völkerrechtlicher Verträge; *Hilf*, Auslegung mehrsprachiger Verträge.

152 *EGMR*, Rs. 4451/70, Urt. v. 21.2.1975, Rn. 14 – Golder/Vereinigtes Königreich.

schied der Bedeutung eines Begriffes fort, und führen auch die Methoden des Art. 31 und 32 WVK zu keinem Ergebnis, so ist unter Beachtung von Ziel und Zweck des Vertrages die Bedeutung zu wählen, die die Wortlaute am besten miteinander in Einklang bringt (Art. 33 Abs. 4 WVK), wobei diese Bestimmung ihrem Wortlaut nach subsidiär zu Art. 31 Abs. 1 WVK ist und als Auffangregel fungiert.[153] Auf diese Methode griff der *EGMR* bereits 1968 in seinem Urteil *Wemhoff* zurück, in dem er ausführte, dass die Sprachfassungen möglichst in Übereinstimmungen interpretiert werden sollten und dass dabei die Auslegung zu wählen sei, die am besten die Ziele und den Zweck der Konvention erreichen könne. Maßgeblich sei nicht die Auslegung, welche die Staaten am wenigsten verpflichtet.[154]

Im Fall der EMRK hilft auch der Rückgriff auf die sog. „*Arbeitssprache*" nicht weiter, also der Sprachfassung, in der die entsprechende Norm erarbeitet wurde, da die Arbeiten zur Konvention zweisprachig verliefen.[155] Bei der Wortlautauslegung hat der *EGMR* die Grenzen zu beachten, die der Wortlaut setzt. Eine Interpretation darüber hinaus käme einer Vertragsänderung gleich, die den Konventionsstaaten vorbehalten ist.

2. Systematik

Der wörtlichen Interpretation folgt die systematische Interpretation. Hiernach sind zum einen alle Bestimmungen der Konvention zu beachten, die im Zusammenhang mit der auszulegenden Norm stehen können (Art. 31 WVK), zum anderen ist auch das weitere Regelungsumfeld der Konvention als völkerrechtlicher Vertrag heranzuziehen.

Zunächst ist bei der systematischen Auslegung davon auszugehen, dass derselbe Begriff, der in der Konvention mehrmals vorkommt, die gleiche Bedeutung haben soll. Auch sonst ist darauf zu achten, dass die Normen innerhalb des Konventionssystems aufeinander bezogen sind. Insoweit weicht die Methode nicht von der im nationalen Recht bekannten Vorgehensweise ab.

Diese zweite angesprochene Auslegungsmethode, weist aber eine Besonderheit zu der im nationalen Recht verwendeten Methode der systematischen Auslegung auf. So ist auf Art. 31 Abs. 3 c) und Art. 32 WVK zurückzugreifen. Die EMRK ist ein völkerrechtlicher Vertrag, der dem Schutz von Menschenrechten dienen soll. Daher können nur Verträge zur systematischen Auslegung beitragen, die einen ähnlichen Regelungsbereich haben und solche Verträge, deren Vertrags-

---

153 *Hilf*, Auslegung mehrsprachiger Verträge, S. 101f.

154 *EGMR*, Rs. 2122/64, Urt. v. 27.6.1968, Rn. 23 – Wemhoff/Deutschland.

155 *Partsch*, Rechte und Freiheiten der EMRK, S. 83f., der auf einen Einzelfall hinweist, bei dem die Arbeitsprache zur Auslegung herangezogen werden konnte.

staaten die gleichen wie die Konventionsstaaten sind oder Verträge, denen zumindest neben anderen Staaten die Konventionsstaaten beigetreten sind.[156] Der *EGMR* nahm in seinen Urteilen z.B. auf den Pakt für bürgerliche und politische Rechte und die Europäische Sozialcharta Bezug.[157]

Eine weitere Besonderheit der systematischen Auslegung ist die vom *EGMR* vorgenommene autonome Auslegung von unbestimmten Rechtsbegriffen (z.B. die Begriffe „*Richter*", „*Gesetz*", „*rechtmäßige Haft*", „*Zivilrechtsstreitigkeiten*"). Dabei stellt sich die Frage, ob diese Begriffe anhand der Rechtsordnungen der Vertragsstaaten ausgelegt werden sollen oder ob die Begriffe unabhängig von äußeren Faktoren nur im Sinne einer Konventionsrechtsordnung zu verstehen sind.

Die Konvention enthält eine eigene von den Staaten angestrebte Rechtsordnung. Der Gerichtshof der EMRK soll einen einheitlichen Grundrechtsschutz auf dem Gebiet der Konventionsstaaten gewährleisten. Dies kann er nur erreichen, wenn er im Einzelfall unabhängig von der Rechtsordnung des betroffenen Mitgliedstaates entscheidet.[158] Stellt er auf die Bedeutung einer Norm im innerstaatlichen Recht ab, so läuft er Gefahr, dass diese Norm in einem anderen Konventionsstaat eine davon verschiedene Bedeutung hat. Eine einheitliche Gewährleistung der Garantien und Freiheiten der Konvention kann so nicht erzielt werden. Es wird aber betont, dass der Gerichtshof bei dieser Methode umsichtig vorgehen müsse, um nicht Begriffe derart autonom auszulegen, dass sie im Konventionssystem keine Grundlage mehr hätten.[159]

Nichts desto trotz ist bei der autonomen Auslegung im gewissen Umfang ein Rechtsvergleich der Rechtsordnungen der Mitgliedstaaten anzustellen, um zu einer sinnvollen Auslegung zu gelangen. In der Rechtssache *Engel* erklärte der *EGMR*, dass er insoweit die Rechtssysteme der Konventionsstaaten zu berücksichtigen habe.[160] Dies ist auch konsequent, da die Konvention von den Vertragsstaaten erarbeitet wurde. Ihr Wille liegt den Bedeutungen der Normen zugrunde. Dabei kann Ansatzpunkt der Willensbildung nur die Bedeutung sein, die dem in Frage stehenden Begriff im jeweiligen nationalen Recht zukommt.

---

156 *Grabenwarter*, EMRK, § 5 Rn. 8.

157 Zu diesen und weiteren Bezugnahmen auf völkerrechtliche Verträge siehe die Aufzählung bei *Matscher*, in: Bernhardt/Geck/Jaenicke/Steinberger (Hrsg.), FS Mosler, S. 545, 554 ff.

158 Zu Entscheidungen des *EGMR* siehe *Matscher*, in: Schwind (Hrsg.), Aktuelle Fragen zum Europarecht, S. 102, 110ff.

159 So *Matscher*, in: Schwind (Hrsg.), Aktuelle Fragen zum Europarecht, S. 102, 113.

160 *EGMR*, Rs. 5100/71 u.a., Urt. v. 8.6.1976 – Engel u.a./Niederlande; hierzu auch *Letsas*, EJIL 2004, 279, 281 f.

3. Teleologie

Neben der Wortlautinterpretation ist die teleologische Auslegung wohl als wichtigste Methode anzusehen.[161] Hierfür ist zunächst der Vertragszweck festzulegen. Bereits im ersten zu entscheidenden Fall des Menschenrechtsgerichtshofes wird als Ziel der Konvention der Schutz der Freiheit und Sicherheit der Person gegen staatliche Willkür genannt.[162] Als hilfreich bei der Ermittlung des Zwecks stellt sich die Präambel der Konvention dar. In ihr wird zunächst auf die Allgemeine Erklärung der Menschenrechte der Generalversammlung der UNO Bezug genommen. Die Vertragsstaaten erwogen bei der Ausarbeitung der Konvention, dass Menschenrechte und Grundfreiheiten garantiert werden sollten und dass es das Mittel des Europarates zur Erreichung einer engeren Verbindung der Mitgliedstaaten sei, diese weiterzuentwickeln. Es sollte eine kollektive Garantie gewisser in der Allgemeinen Erklärung der Menschenrechte der UNO nur unverbindlich gestalteter Rechte sichergestellt werden. Sinn und Zweck der Konvention ist es damit, einen einheitlichen Menschenrechtsstandard zu verwirklichen.[163]

Nach dieser Methode wäre stets der Auslegung der Vorzug zu geben, der dem Vertragszweck zu seiner größt möglichen Wirksamkeit verhilft. Eine solche Auslegung ist jedoch für völkerrechtliche Verträge grundsätzlich nicht anerkannt.[164] Grundsätzlich geht man davon aus, dass die Staaten immer so wenig wie möglich von ihrer Souveränität abgeben wollen. Etwas anderes könnte aber bei der Auslegung der EMRK gelten. Wegen der Besonderheit des Vertrages als Mittel zur effektiven Gewährleistung von Menschenrechtsschutz kommt eine Auslegung in Betracht, die sich nicht an dem subjektiven Willen der Staaten orientiert, sondern allein an den objektiven Zielen des Vertragswerkes. Die Vertragsstaaten hatten das Ziel objektive Rechte zu garantieren, deren Verletzung von einem Gerichtshof festgestellt werden kann. Sie wollten demnach verbindlich den Rechten der Konvention Geltung verschaffen.[165] Für diese Sichtweise spricht auch das schon erwähnte Urteil des Gerichtshofes in der Rechtssache *Wemhoff*.[166] Nachdem dem Individuum die Möglichkeit eröffnet wurde, sich di-

---

161 *Seidl-Hohenveldern*, Lexikon des Rechts, Völkerrecht, S. 507; *Bernhardt*, in: ders. (Hrsg.), Encyclopedia of Public International Law, Instalment 7, S. 318, 322.

162 *EGMR*, Rs. 332/57, Urt. v. 1.7.1961 – Lawless/Irland.

163 *Partsch*, Rechte und Freiheiten der EMRK, S. 85f.

164 *Bernhardt*, in: ders. (Hrsg.), Encyclopedia of Public International Law, Instalment 7, S. 318, 322. Zum Parteiwillen und seiner Problematik siehe *Bernhardt*, Auslegung völkerrechtlicher Verträge, S. 34 ff.

165 *Matscher*, in: Schwind (Hrsg.), Aktuelle Fragen zum Europarecht, S. 102, 105; *Partsch*, Rechte und Freiheiten der EMRK, S. 85.

166 Siehe Fn. 154.

rekt an den *EGMR* zu wenden, steht wohl nun außer Frage, dass die Staaten dieser objektiven Auslegung nichts entgegenzusetzen haben, denn sie haben einen Großteil ihrer Souveränität abgegeben, indem sie den *EGMR* dazu befugt haben, Beschwerden von Individuen anzunehmen und die Staaten zu verurteilen. Zu dieser Besonderheit gehört auch die vom *EGMR* wiederholt gebrauchte Formel, dass „*die Konvention konkrete und effektive und nicht illusorische und theoretische Rechte*“ garantiere.[167] Man spricht in diesem Zusammenhang vom „effet utile“ des Vertrages.

Zu dieser Vorgehensweise gehört ebenfalls die Frage, ob die objektive Bestimmung des Vertragsinhalts unter heutigen Gesichtspunkten zu sehen oder ob ausschlaggebend ist, welche Bedeutung der Norm zum Zeitpunkt des Entstehens der EMRK zukam. Insoweit werden die Begriffe dynamische oder evolutive Auslegung gebraucht[168], wobei die Auslegung eher evolutiv als dynamisch erscheint.

Bereits 1978 erklärt der Gerichtshof, dass „*die Konvention ein lebendes Instrument ist, das im Lichte der heutigen Verhältnisse angewendet werden muss*“.[169] Diese Aussage wiederholte er mehrfach[170], so dass von einer gefestigten Rechtsprechung zur Anwendung dieser Methode ausgegangen werden kann. Bei dieser Form der Auslegung werden die Rechts- und Lebensverhältnisse, die die Konvention umgeben, mit einbezogen.[171] Nur auf diese Art und Weise, indem Begriffe nach der zum Zeitpunkt der Entscheidung maßgeblichen Verkehrsgeltung beurteilt werden und nicht nach dem Willen der Parteien zum Zeitpunkt des Vertragschlusses, kann die Entwicklung des Menschenrechtsstandards berücksichtigt werden. Gerade diese Methode zur Auslegung der Konvention muss aber vom *EGMR* mit Umsicht verwendet werden. Die Grenze dessen, was der Wortlaut hergibt, kann bei der evolutiven Interpretation leicht überschritten werden, was dem Gerichtshof bereits mehrfach in der Literatur und in Sondervoten vorgeworfen wurde.[172]

---

167 Z.B. *EGMR*, Rs. 6833/74, Urt. v. 13.6.1979, Rn. 27 – Marckx/Belgien.

168 Zur Entwicklung dieser Auslegungsmethode siehe *Mosler*, in: Kalshoven/Kuyper/Lammers (eds.), GS Panhuys, 1980, S. 149, 158 ff.

169 *EGMR*, Rs. 5856/72, Urt. v. 25.4.1978, Rn. 31 – Tyrer/Vereinigtes Königreich.

170 Siehe nur *EGMR*, Rs. 6833/74, Urt. v. 13.6.1979, Rn. 41 – Marckx/Belgien.

171 Vgl. zur Einbeziehung der einen völkerrechtlichen Vertrag umgebenden Rechts- und Lebensverhältnisse *Bernhardt*, Auslegung völkerrechtlicher Verträge, S. 41 ff.

172 Siehe *Matscher*, in: Schwind (Hrsg.), Aktuelle Fragen zum Europarecht, S. 102, 108; *Weidmann*, Der EGMR auf dem Weg zu einem europäischen Verfassungsgerichtshof, S. 79; *Buß*, DÖV 1998, 323, 328 ff.; *Matscher*, in: Bernhardt/Geck/Jaenicke/Steinberger (Hrsg.), FS Mosler, S. 545, 552.

Die Herren des Vertrages sind jedoch weiterhin die Staaten. Ein Gerichtshof kann nur die aktuellen Umstände einbeziehen und den Vertragstext konform mit diesen veränderten Umständen auslegen. Er hat keine Befugnis dazu, über die Grenzen des Vertragstextes hinauszugehen. Er kann zwar richterliche Rechtsfortbildung betreiben, doch muss dabei stets eine Vertragsänderung vermieden werden, die alleine den Staaten vorbehalten ist. Eine dynamische Entwicklung eines Begriffes wäre aber eine auf Veränderung gerichtete Auslegung, so dass der Gerichtshof eher evolutiv, also allmählich fortschreitend entwickelnd, auslegt.[173] Denn bei der evolutiven Auslegung werden Änderungen in der sozialen Wirklichkeit nachvollzogen und nicht wie bei der dynamischen Auslegung autonome Impulse an die Gesellschaft gesetzt.

4. Historische Auslegung

Schließlich ist die historische Auslegung zu beachten. Gem. Art. 32 WVK können die travaux préparatoires und die Umstände des Vertragsabschlusses zur Bestätigung oder Bestimmung des Vertragszweckes nur herangezogen werden, wenn die Auslegung nach Art. 31 WVK zu keinem befriedigenden Ergebnis geführt hat. Zu den vorbereitenden Materialien werden nur die amtlichen Erklärungen und Verhandlungen gezählt, die dem endgültigen Vertragsabschluss vorausgehen und den späteren Abschluss und Inhalt des Vertrages erkennbar zum Gegenstand haben.[174] Der Auslegungsmethode kommt nach der WVK und gewohnheitsrechtlich nur subsidiäre Bedeutung zu.[175] Dies zeigt sich gerade bei der Auslegung der EMRK. Die vorbereitenden Materialien können nur dann herangezogen werden, wenn sie zugänglich oder veröffentlicht und damit bekannt sind.[176] Da der Konvention weitere Staaten beigetreten sind, deren Willen nicht in den vorbereitenden Materialien zu finden ist, würde eine Heranziehung der Materialien nichts über den Willen aller Staaten zum Zeitpunkt der Auslegung preisgeben. Nur wenn die beigetretenen Parteien die Materialien einsehen konnten, so können diese auch ihnen gegenüber für die Auslegung verwendet wer-

---

173 *Matscher*, in: Schwind (Hrsg.), Aktuelle Fragen zum Europarecht, S. 102, 109 spricht davon, dass die Dynamik der Gesellschaft oder einem Gesetzgeber vorbehalten ist, ein Gericht aber nie dynamisch sein kann. Insoweit geht *Weidmann*, Der EGMR auf dem Weg zu einem europäischen Verfassungsgerichtshof, S. 77, zu einschränkend davon aus, dass eine evolutive Interpretation nur eine Nachvollziehung von Entwicklungen im Recht der Staaten sei. Auch bei der evolutiven Auslegung findet eine Entwicklung statt, doch zielt diese nicht auf eine Änderung des Vertrages ab.

174 *Bernhardt*, Auslegung völkerrechtlicher Verträge, S. 110.

175 *Partsch*, Rechte und Freiheiten der EMRK, S. 87; *Bernhardt*, in: Hochschullehrer der juristischen Fakultät der Universität Heidelberg (Hrsg.), FS der juristischen Fakultät der Universität Heidelberg, S. 527, 535; *ders.*, Auslegung völkerrechtlicher Verträge, S. 120; *Villiger*, Handbuch der EMRK, Rn. 157.

176 *Bernhardt*, Auslegung völkerrechtlicher Verträge, S. 120.

den.[177] Hiermit hängt auch die unter 2. Kapitel:A.IV.3) erläuterte Besonderheit des Parteiwillens und der evolutiven Auslegung zusammen. Die Bedeutung eines Begriffs, die er nach den Willen der Staaten zum Abschluss des Vertrages hatte und in den Vorarbeiten erkennbar sein soll, kann zur objektiven Bedeutung nur subsidiär sein. Einen gemeinsamen Willen der Staaten aus den Vorarbeiten abzuleiten, stellt sich als äußert schwierig dar, gerade wenn immer weitere Parteien dem Vertrag beitreten.

5. Weitere Besonderheiten bei der Auslegung der EMRK durch den EGMR

Eine der weiteren Besonderheiten, die zur Auslegungsmethode des *EGMR* gezählt werden kann, obwohl es sich streng genommen nicht um eine solche handelt, ist der den Staaten gewährte Beurteilungsspielraum in der Rechtsprechung des Gerichtshofes.

Grundsätzlich legt der Gerichtshof die unbestimmten Rechtsbegriffe der EMRK aus. Bei der Gesetzgebung und der Vollziehung sollen die Staaten die Konvention beachten. Genau in diesem Bereich lässt der *EGMR* den Staaten aber einen Beurteilungsspielraum. Dies gilt insbesondere für die Ausnahmeregelungen der Absätze 2 der Artikel 8-11 EMRK.[178] Der Gerichtshof betont regelmäßig, dass er sich bei seiner Beurteilung nicht an die Stelle der nationalen Behörden und Gerichte setzt, sondern nur die Entscheidungen der staatlichen Organe innerhalb ihres Beurteilungsspielraums überprüft. Die von den Staaten angeführten Gründe werden im Einzelfall daraufhin betrachtet, ob sie stichhaltig und ausreichend sind.[179] Bei dieser Vorgehensweise ist bedenklich, dass der Gerichtshof keine klaren Vorgaben machen kann, wie weit der Beurteilungsspielraum reicht. Damit sind insbesondere die Rechtfertigungsmöglichkeiten einer einschneidenden Maßnahme nicht voraussehbar und somit auch unbestimmt. Bislang lässt sich aber feststellen, dass der *EGMR* den Ermessensspielraum enger wählt, wenn Menschenrechte von grundsätzlicher Bedeutung betroffen sind.[180]

Dann stellt sich aber die Frage, welches Menschenrecht eine solche grundsätzliche Bedeutung hat. Die Rechte aus der Konvention geben keinen Anhaltspunkt für eine derartige Differenzierung. Außerdem soll der Ermessensspielraum weiter sein, wenn ein Vergleich der Rechtsordnungen der Konventionsstaaten zu einem Begriff eine uneinheitliche Lösung bringt,[181] und enger, wenn nach einem

---

177 *Partsch*, Rechte und Freiheiten der EMRK, S. 87.

178 *Meyer-Ladewig*, EMRK Handkommentar, Einleitung Rn. 37. Vgl. zu weiteren Artikeln *Matscher*, in: Schwind (Hrsg.), Aktuelle Fragen zum Europarecht, S. 102, 119ff.

179 *EGMR*, Rs. 29183/95, Urt. 21.1.1999, Rn. 45 – Fressoz u. Roire/Frankreich.

180 So *Matscher*, in: Schwind (Hrsg.), Aktuelle Fragen zum Europarecht, S. 102, 123 f.

181 Vgl. *EGMR*, Rs. 5493/72, Urt. v. 7.12.1976, Rn. 48 – Handyside/Vereinigtes Königreich.

Rechtsvergleich ein grundsätzlicher Konsens der Staaten außer dem Betroffenen besteht.[182] Auch dies führt keinesfalls zu Rechtssicherheit, da weder den einzelnen Staaten noch den Individuen zugemutet werden kann, einen Rechtsvergleich anzustellen. Die Methode ist daher kritisch zu betrachten und es wäre wünschenswert, wenn der Gerichtshof diesbezüglich in seiner Rechtsprechung genauere Kriterien aufstellen würde. Allerdings ist zu bedenken, dass die Anerkennung eines Beurteilungsspielraums auch dazu führen kann, dass es den Staaten erleichtert wird, den Rechten und Freiheiten der Konvention im Rahmen der nationalen Rechtsordnung Geltung zu verschaffen. Im Übrigen spielt der Grundsatz der Verhältnismäßigkeit eine wesentliche Rolle in der Rechtsprechung des *EGMR* und wirkt somit als Korrektiv zum Beurteilungsspielraum.[183]

B. Schutz der Grundrechte durch den EuGH

Der *EuGH* schützt auf Gemeinschaftsebene ebenfalls Grundrechte. Zunächst werden die Entstehung des Grundrechtsschutzes im historischen Kontext, seine Entwicklung, der Rechtschutz und schließlich die Besonderheiten in der Auslegung bei den Grundrechten dargestellt.

I. Geschichtlicher Überblick über die Entstehung des EuGH

Die Entstehung des *EuGH* muss vor dem Hintergrund der Entwicklung der europäischen Integrationsidee gesehen werden.[184] Der *EuGH* hat sich mit dem Fortschreiten der europäischen Verträge ebenfalls weiterentwickelt, so dass beides miteinander verknüpft ist.

Wie die Entstehung der EMRK nahm auch die europäische Wirtschaftsintegration ihren konkreten Anfang in der europäischen Bewegung in Den Haag 1948 auf dem Europakongress. *Winston Churchill* verwies in seiner Eröffnungsrede auf seinen Vortrag vom 19. September 1946, den er in der Universität Zürich gehalten hatte. In dieser Rede forderte er die Errichtung einer Art Vereinigter Staaten von Europa, wobei der erste Schritt zu der Erneuerung der europäischen Familie ein Zusammengehen zwischen Frankreich und Deutschland sein sollte.[185] Der Kongress von Den Haag verabschiedete drei Resolutionen. In der poli-

---

182 Vgl. *EGMR*, Rs. 6538/74, Urt. v. 26.4.1979, Rn. 59 – Sunday Times/Vereinigtes Königreich; *EGMR*, Rs. 6833/74, Urt. v. 13.6.1979, Rn. 21 – Marckx/Belgien.

183 Siehe hierzu *Matscher*, in: Schwind (Hrsg.), Aktuelle Fragen zum Europarecht, S. 102, 125 f.

184 Zu den Grundlagen der europäischen Integration vor 1948 vgl. *Schweitzer/Hummer*, Europarecht, Rn. 22 ff. und *Oppermann*, Europarecht, Rn. 1 ff.; *Hallstein*, Die Europäische Gemeinschaft, 1979, 13 ff.

185 Übersetzung der Rede in *Siegler*, Dokumentation der Europäischen Integration, 1946-1961, S. 3f.

tischen Resolution wurde die Schaffung einer wirtschaftlichen und politischen Union der Völker Europas angestrebt. Ziel sei ein geeintes Europa, *„das den freien Verkehr der Menschen, Ideen und Güter gewährleisten, sowie eine Charta der Menschenrechte mit einem Internationalen Gerichtshof und ein Europäisches Parlament besitzen sollte.“*[186] Folge dieses Kongresses war zum einen wie unter 2. Kapitel:A.I. gesehen, die Ausarbeitung der EMRK. Zum anderen nahm der französische Außenminister *Robert Schuman* in seiner Regierungserklärung vom 9. Mai 1950 diese Idee auf und schlug vor, die französische und deutsche Kohle- und Stahlindustrie in einer Europäischen Gemeinschaft für Kohle und Stahl (EGKS oder auch Montanunion) zusammenzufassen.[187] Gemeinsame oberste Autorität der Organisation sollte ein supranationales Organ – die Hohe Behörde – sein. [188]

Am 18. April 1951 wurde schließlich der Vertrag zur Gründung der EGKS unterzeichnet, der am 23. Juli 1952 in Kraft trat. Ursprüngliche Mitglieder waren Deutschland, Frankreich, Belgien, Italien, Luxemburg und die Niederlande. Der EGKS ist im Juli 2002 ausgelaufen (vgl. Art. 97 EGKS). Neben der Hohen Behörde enthielt der Vertrag als weitere Organe neben Gemeinsamer Versammlung und dem Besonderen Ministerrat einen Gerichtshof der Gemeinschaft für Kohle und Stahl (Art. 7 EGKS).

Die Errichtung dieses Gerichtshofes war umstritten. Die Montanunion sollte als Modellgemeinschaft[189] dienen, um später in anderen wirtschaftlichen Bereichen ähnliche Gemeinschaften zu gründen. Zunächst ging man nicht davon aus, dass ein ständiger Gerichtshof geschaffen werden sollte, vielmehr dachte man daran, ein internationales Schiedsgericht einzusetzen, dass Streitigkeiten ad hoc zu entscheiden hätte.[190] Dies sah zumindest das französische Arbeitsdokument so vor, das *Jean Monnet*, der Vorsitzende der Delegiertenkonferenz zur Ausarbeitung des Vertrages, am 21. Juni 1950 vorstellte.[191] Die deutsche Delegation hingegen war von Anfang für die Errichtung eines Gerichtshofes, um zum einen die Hohe Behörde zu kontrollieren, zum anderen aber auch, um das Verhältnis der Bürger zur öffentlichen Gewalt zu regeln.[192] *Monnet* befürchtete, dass ein ständiger Gerichtshof die Autorität der Hohen Behörde beschränken und selbst höchste Auto-

---

186 *Siegler*, Dokumentation der Europäischen Integration, 1946-1961, S. 17f.

187 Zum Schuman-Plan vgl. *Mosler*, in: Caemmerer/Schlochauer/Steindorff (Hrsg.), FS Hallstein, S. 355, 358 ff.

188 *Schweitzer/Hummer*, Europarecht, Rn. 38.

189 *Mosler*, in: Caemmerer/Schlochauer/Steindorff (Hrsg.), FS Hallstein, S. 355, 356.

190 *Ophüls*, in: Caemmerer/Schlochauer/Steindorff (Hrsg.), FS Hallstein, S. 385, 390 ff.

191 Vgl. *Mosler*, in: Caemmerer/Schlochauer/Steindorff (Hrsg.), FS Hallstein, S. 355, 364.

192 Insbesondere *Walter Hallstein*, der die deutsche Delegation anführte, setzte sich für einen ausreichenden Rechtsschutz ein: vgl. *Kutscher*, EuR 1981, 392, 394.

rität werden könnte.[193] Gleichzeitig erkannte er an, dass ein solches Gericht wesentlich zu einer gesunden Rechtsentwicklung beitragen könnte.[194] Schließlich einigte man sich auf einen ständigen Gerichtshof mit weitreichenden Kompetenzen. Gerade der Bereich der Klagebefugnis einzelner Unternehmen gegen Entscheidungen der Hohen Behörde war ein höchst sensibles Thema, welches letztendlich im Sinne der deutschen Delegation gelöst wurde.[195] So wurde der Grundstein für den Gerichtshof der Europäischen Gemeinschaft, wie wir ihn heute kennen, gelegt.

1957 folgten die Römischen Verträge. Dem voraus ging der auf der Konferenz von Messina 1955 erarbeitete Bericht des Leiters des Ausschusses zur Erarbeitung einer weiteren europäischen Integration *Paul-Henri Spaak*. Der Bericht sah die Gründung einer Europäischen Wirtschaftsgemeinschaft und einer Europäischen Atomgemeinschaft vor. Die dazu gehörenden Verträge wurden in Rom am 25. März 1957 unterzeichnet und traten am 1. Januar 1958 in Kraft.[196] Die Struktur der Verträge lehnte sich an die des EGKS an. Der Gerichtshof wurde durch ein Abkommen gemeinsames Organ aller drei Verträge.[197] Damit begann 1958 die Tätigkeit des Gerichtshofes als Gerichtshof der Europäischen Gemeinschaften. Grundlegend behielt man das System des EGKS bei, wobei der Rechtsschutz in Einzelheiten verbessert wurde.[198]

Die nächste Änderung erfuhr der *EuGH* mit der Einheitlichen Europäischen Akte vom 17./28. Februar 1986, die am 1. Juli 1987 in Kraft trat. Sie änderte die Gründungsverträge umfassend.[199] Zur Entlastung des *EuGH*[200] wurde die Errichtung eines Gerichts erster Instanz (*EuG*) in den Verträgen vorgesehen. Dieses Gericht ist durch Ratsbeschluss Nr. 88/591 1988 errichtet worden. Das *EuG* war in der damaligen Form kein eigenes Organ, sondern stand dem *EuGH* nur zur Seite.

---

193 *Mosler*, in: Caemmerer/Schlochauer/Steindorff (Hrsg.), FS Hallstein, S. 355, 369 f.

194 Vgl. *Kutscher*, EuR 1981, 392, 394.

195 *Mosler*, in: Caemmerer/Schlochauer/Steindorff (Hrsg.), FS Hallstein, S. 355, 380; *ders.*, ZaöRV, Bd. 14 (1951/1952), 1, 41 f.; *Kutscher*, EuR 1981, 392, 395.

196 *Müller-Graff*, in: Dauses (Hrsg.), Handbuch des EU-Wirtschaftsrechts, Band 1, Stand März 2002, A I. Rn. 29.

197 Abkommen über gemeinsame Organe für die Europäischen Gemeinschaften vom 25.3.1957, BGBl 1957, Teil II S. 1156.

198 Zu den Verbesserungen im Rechtsschutzsystem siehe ausführlich *Kutscher*, EuR 1981, 392, 395 ff.

199 Siehe hierzu *Schweitzer/Hummer*, Europarecht, Rn. 47 ff.

200 *Oppermann*, Europarecht, Rn. 372; *Brandt*, JuS 1994, 300, 301.

Im Rahmen der europäischen Integration wurde als nächstes der Vertrag von Maastricht unterzeichnet (7. Februar 1992), der am 1. November 1993 in Kraft trat (Unionsvertrag). Durch diesen Vertrag wurde die Europäische Union gegründet.[201] Dem *EuGH* wurden weitere Befugnisse im Gemeinschaftsrecht übertragen, wie auch im neu dazugekommenen Unionsrecht (vgl. Art. E, L EUV).

Am 2. Oktober 1997 unterzeichneten die Mitgliedstaaten den Vertrag von Amsterdam (in Kraft getreten am 1. Mai 1999), der die Gründungsverträge und den Unionsvertrag novellierte. Maßgeblicher Artikel für den *EuGH* waren nun Art. 220 EG und Art. 46 EU, der Art. L EUV reformierte. Art. 46 EU bestimmt die Zuständigkeiten des *EuGH* im Rahmen des EU-Rechts.

Eine weitere Änderung erfolgte durch den Vertrag von Nizza. Insbesondere das Gericht erster Instanz wurde durch diesen Vertrag aufgewertet. Es steht nun gleichberechtigt neben dem *EuGH* als Wahrer des Rechts bei der Auslegung und Anwendung des EG-Vertrages (Art. 220 EG). Die Zuständigkeiten des *EuG* sind erweitert worden. Der *EuGH* fungiert in bestimmten Fällen als Rechtsmittelinstanz.[202] 2006 kam das neu geschaffene Gericht für den öffentlichen Dienst der EU (*EuGöD*) hinzu, welches für Rechtsstreitigkeiten zwischen Beamten, sonstigen Bediensteten der EU und den jeweiligen Anstellungsbehörden zuständig ist. Rechtsmittelgericht des *EuGöD* ist das *EuG*, welches somit mehr als das „*Gericht 1. Instanz*" ist.[203]

Der Europäische Gerichtshof ist ein ständiger Gerichtshof mit Sitz in Luxemburg, dessen Zuständigkeit sich enumerativ aus den Verträgen ergibt.[204] Er tagt in Kammern, bzw. als große Kammer oder auch wenn die Satzung es bestimmt als Plenum (Art. 221 Abs. 2 EG). Der *EuGH* hat zurzeit 25 Richter (Art. 221 Abs. 1 EG) und 8 Generalanwälte, die die Schlussanträge stellen (Art. 222 EG).

---

201 *Müller-Graff*, in: Dauses (Hrsg.), Handbuch des EU-Wirtschaftsrechts, Band 1, Stand März 2002, A I. Rn. 52 ff.

202 Zu der Reformierung des Gerichtssystems siehe *Middeke*, in: Rengeling/Middeke/Gellermann (Hrsg.), Handbuch des Rechtsschutzes in der EU, § 3 Rn. 4 ff. und *Everling*, in: Cremer/Giegerich/Richter/Zimmermann (Hrsg.), FS Steinberger, S. 1103 ff. Eine ausführliche Darstellung der Reformen – auch der neu eingeführten Kammern - würde in dieser Arbeit zu weit gehen und ist auch für den weiteren Gang der Arbeit nicht notwendig. Das für den Rechtsschutz im Bereich der Grundrechte Wesentliche wird unter 2. Kapitel:B.VIII) erläutert.

203 Siehe hierzu informativ Hakenberg, EuZW 2006, 391 ff.

204 Statt vieler z.B. *Oppermann*, Europarecht, Rn. 383. Unter dem Terminus *EuGH* ist im Folgenden, wenn nicht besonders unterschieden wird, der *EuGH*, das *EuG* und das *EuGöD* zu verstehen.

II. Entwicklung des Grundrechtsschutzes in der Rechtsprechung des EuGH

Die europäischen Verträge enthielten keinen Grundrechtskatalog, da der Schwerpunkt der Vertragsentwicklung auf wirtschaftlichen Regelungen beruhte. Man ging zunächst davon aus, dass Grundrechte von den Verträgen nicht berührt würden, so dass keine Notwendigkeit gesehen wurde, einen solchen Katalog einzuführen.[205] Dies hing insbesondere mit der Rechtsprechung des *EuGH* zusammen, der zu diesem Zeitpunkt noch nicht den Vorrang des Gemeinschaftsrechts vor dem nationalen Recht postulierte.

Erst 1959 stellte sich in der Rechtssache *Stork*[206] die Frage des Grundrechtsschutzes durch die Gemeinschaft. Hier verweigerte der *EuGH* jedoch diesen Schutz, wie gleichfalls in den Rechtssache *Ruhrkohlen-Verkaufsgesellschaft*[207] und *Sgarlata*[208]. In der Rechtssache *Stork* verneinte der Gerichtshof eine Überprüfung anhand nationaler Grundrechte, da ansonsten die Einheitlichkeit der Gemeinschaftsrechtsordnung gefährdet werden könnte, und äußerte sich gleichzeitig nicht zu einer möglichen Existenz von Gemeinschaftsgrundrechten. Den Wendepunkt in der Rechtsprechung des *EuGH* bildeten die Entscheidungen *van Gend & Loos*[209] und *Costa/E.N.E.L.*[210] Indem der Gerichtshof in diesen Fällen die unmittelbare Geltung und einen Vorrang des Gemeinschaftsrechts vor dem nationalen Recht postulierte, wurde die Entwicklung eines Grundrechtsschutzes auf Gemeinschaftsebene notwendig, damit sich der *EuGH* nicht dem Vorwurf der Rechtsverweigerung aussetzte.[211]

---

205 *Wetter*, Die Grundrechtscharta des *EuGH*, S. 4; *Kingreen*, JuS 2000, 857, 858. Zur Entwicklung des Grundrechtsschutzes im Allgemeinen *Schwarze*, EuGRZ 1986, 293 ff.; *Fink*, in: Kluth (Hrsg.), Die EU nach dem Amsterdamer Vertrag, S. 57 ff.; *Ehlers*, in: ders. (Hrsg.), Grundrechte und Grundfreiheiten, § 14; *Bahlmann*, in: Börner/Jahrreiß/Stern (Hrsg.), FS Carstens, S. 17 ff.; *Lenz*, EuGRZ 1993, 585 ff.; *Schermers*, Die Bedeutung der Menschenrechte für die internationalen Organisationen, in: Fachbereich Rechtswissenschaften der Universität Osnabrück (Hrsg.), Ehrenpromotion Schermers, S. 25, 31 ff.; *Hummer*, in: Schwind (Hrsg.), Aktuelle Fragen zum Europarecht, S. 60, 64 ff.; *Streinz*, Bundesverfassungsgerichtlicher Grundrechtsschutz, S. 47 ff. Zu der umfassenden Literatur im Bereich des Grundrechtsschutzes durch den *EuGH* siehe die Nachweise bei *Jarass*, EU Grundrechte.

206 *EuGH*, Rs. 1/58, Slg. 1959, S. 43 – Stork/Hohe Behörde.

207 *EuGH*, Rs. 13/60, Slg. 1962, S. 179 – Ruhrkohlen-Verkaufsgesellschaften/Hohe Behörde.

208 *EuGH*, Rs. 40/64, Slg. 1965, S. 296 – Sgarlata/Kommission.

209 *EuGH*, Rs. 26/62, Slg. 1963, S. 3 – van Gend und Loos/Niederländische Finanzverwaltung.

210 *EuGH*, Rs. 6/64, Slg. 1964, S. 1253 – Flaminio Costa / E.N.E.L.

211 Hierzu auch *EuGH*, Rs. 7/56 u.a., Slg. 1957, S. 85, 118 – Algera/Gemeinsame Versammlung EGKS.

Es dauerte jedoch noch einige Jahre bis zur Geburtstunde des Grundrechtsschutzes 1969 in der Rechtssache *Stauder/Ulm*[212]. Der *EuGH* erklärte hier in einem obiter dictum, dass die Grundrechte in den allgemeinen Grundsätzen der Gemeinschaftsrechtsordnung enthalten seien, ließ aber noch offen, woraus diese Rechte gewonnen werden. Mithin wurde in dieser Entscheidung erstmals die abstrakte Möglichkeit eines Grundrechtsschutzes auf Gemeinschaftsebene durch den *EuGH* in Betracht gezogen. Generalanwalt *Römer* erläuterte in seinem Schlussantrag[213], dass „*durch wertende Rechtsvergleichung [...] gemeinsame Wertvorstellungen des nationalen Verfassungsrechts, insbesondere der nationalen Grundrechte zu ermitteln [seien], die als ungeschriebener Bestandteil des Gemeinschaftsrechts bei der Setzung sekundären Gemeinschaftsrechts beachtet werden müssten*".

Die Gemeinschaften sahen sich von nun an nicht nur als Rechts-, sondern auch als Wertegemeinschaft. In der Rechtssache *Internationale Handelsgesellschaft*[214] wurde die Rechtsprechung der Rechtssache *Stauder* bestätigt. Hinzu kam eine erste Erklärung der Rechtsquellen, nach der die Grundrechte von den allgemeinen Verfassungsüberlieferungen der Mitgliedstaaten getragen würden, diese Verfassungsüberlieferungen mithin als Rechtserkenntnisquellen fungierten. Der *EuGH* betonte in seinem Urteil, dass die Grundrechte sich in die Ziele und Strukturen der Gemeinschaft einpassen müssten. Darüber hinaus stellte der *EuGH* klar, dass das Gemeinschaftsrecht selbst gegenüber den in den Verfassungen der Mitgliedstaaten garantierten Grundrechten Vorrang genieße.[215] Eine eindeutige Stellungnahme erfolgte in der Rechtssache *Nold*[216]. Die Gemeinschaftsgrundrechte gehörten danach zu den allgemeinen Rechtsgrundsätzen, die der Gerichtshof zu wahren habe. Dabei stellten die Verfassungsüberlieferungen der Mitgliedstaaten die Rechtserkenntnisquellen dar, die zur Gewinnung des materiellen Gehalts der Rechtsgrundsätze dienten. Daneben stünden die internationalen Verträge zum Schutz der Menschenrechte, die die Mitgliedstaaten abgeschlossenen hätten oder denen sie beigetreten seien, als Rechtserkenntnisquellen zur Verfügung.[217] In nachfolgenden Fällen[218] wurde die EMRK explizit als wei-

---

212 *EuGH*, Rs. 29/69, Slg. 1969, S. 419 – Stauder/Stadt Ulm.

213 *EuGH*, Rs. 29/69, Slg. 1969, S. 419, 428 – Stauder/Stadt Ulm.

214 *EuGH*, Rs. 11/70, Slg. 1970, S. 1125 – Internationale Handelsgesellschaft/Einfuhr- und Vorratsstelle für Getreide und Futtermittel.

215 *EuGH*, Rs. 11/70, Slg. 1970, S. 1125, Rn. 3 – Internationale Handelsgesellschaft/Einfuhr- und Vorratsstelle für Getreide und Futtermittel.

216 *EuGH*, Rs. 4/73, Slg. 1974, S. 491 – Nold/Kommission.

217 Zu der Erwähnung der internationalen Menschenrechtsverträge vgl. auch *EuGH*, Rs. 374/87, Slg. 1989, S. 3283, Rn. 30 f. – Orkem/Kommission.

218 *EuGH*, Rs. 36/75, Slg. 1975, S. 1219, Rn. 32 – Roland Rutili/Minister des Inneren; *EuGH*, Rs. 44/79, Slg. 1979, S. 3727, Rn. 15 – Liselotte Hauer/Rheinland-Pfalz; *EuGH*,

tere Rechtserkenntnisquelle genannt, da sie Ausdruck der gemeinsamen Rechtsüberzeugung aller Mitgliedstaaten sei. In der Rechtssache *Johnston* wies der *EuGH* darauf hin, dass „*die leitenden Grundsätze dieser Konvention im Rahmen des Gemeinschaftsrechts zu berücksichtigen*" seien.[219] Da es 1977 zu einer gemeinsamen Grundrechtserklärung der Gemeinschafts-Organe[220] kam, nahm der *EuGH* diese in seiner Entscheidung *Hauer* ebenfalls als Rechtserkenntnisquelle auf.[221] In der jüngeren Rechtsprechung ist die vom *EuG* entschiedene Rechtssache *max.mobil*[222] sowie auf die vom *EuGH* behandelte Rechtssache *EP/Rat der EU*[223] zu nennen, in der auf die Charta der Grundrechte der Europäischen Union Bezug genommen wird.[224]

Der *EuGH* hat bisher im Wesentlichen die folgenden Grundrechte anerkannt:

Menschenwürde, Gleichheitsgrundsatz, Diskriminierungsverbot, Vereinigungsfreiheit, Religions- und Bekenntnisfreiheit, Schutz der Privatsphäre, Arztgeheimnis, Eigentumsrecht, Berufs-, Handels-, Wirtschafts- und Wettbewerbsfreiheit, Achtung des Familienlebens, Achtung auf effektiven gerichtlichen Rechtsschutz und auf fairen Prozess, Unverletzlichkeit der Wohnung und Meinungsäußerungs- und Veröffentlichungsfreiheit.[225]

Die Grundrechtsrechtsprechung des *EuGH* stellt einen Beitrag zur Fundierung und Stärkung der Legitimität der Gemeinschaft dar.[226] Der Meinungsstreit, ob im Rahmen des Grundrechtsschutzes ein Minimal- oder Maximalstandard existiert, wird im Rahmen dieser Untersuchung nicht näher erläutert. Im Übrigen hat er sich durch die fortlaufende Rechtsprechung erledigt, da der *EuGH* nur anfänglich das hohe Schutzniveau einiger weniger Staaten zur Grundlage seiner Recht-

---

Rs. 222/84, Slg. 1986, S. 1651, Rn. 18 – Marguerite Johnston/Chief Constable of the Royal Ulster Constabulary; *EuGH*, Rs. 46/87 u. 227/88, Slg. 1989, S. 2859, Rn. 13 u. 18 - Hoechst AG/Kommission.

219 *EuGH*, Rs. 222/84, Slg. 1986, S. 1651, Rn. 18 – Marguerite Johnston/Chief Constable of the Royal Ulster Constabulary

220 Gemeinsame Erklärung des *Europäischen Parlaments*, des *Rates* und der *Kommission* vom 5.4.1977 betreffend die Achtung der Grundrechte sowie der Europäischen Konvention zum Schutz der Menschenrechte und Grundfreiheiten, ABl. EG Nr. C 103 vom 27.4.1977, S. 1.

221 *EuGH*, Rs. 44/79, Slg. 1979, S. 3727, Rn. 15– Liselotte Hauer/Rheinland-Pfalz.

222 *EuG*, Rs. T-54/99, Slg. 2002, S. II-313 – max.mobil/Kommission.

223 *EuGH*, Rs. C-540/03, EuZW 2006, 566 ff. – EP/Rat der EU.

224 Zu der Charta der Grundrechte der Europäischen Union als mögliche Rechtserkenntnisquelle siehe unten 2. Kapitel:B.VI.3.

225 Siehe hierzu den Überblick mit Nachweisen bei *Schweitzer/Hummer*, Europarecht, Rn. 791.

226 *Dicke*, Menschenrechte und europäische Integration, S. 137.

sprechung machte,[227] nun aber wegen der angewandten Methode der wertenden Rechtsvergleichung zur Gewinnung von Grundrechten, eine Maximal- oder Minimallösung nicht dem Ziel seiner Rechtsprechung entspricht (hierzu unten 2. Kapitel:B.VI.4).

III. Kompetenz des EuGH für die Grundrechtsrechtsprechung

Die Kompetenzen des *EuGH* werden in Art. 220 EG festgelegt. Er sichert danach die Wahrung und Auslegung des Rechts bei der Auslegung und Anwendung dieses Vertrages. Dies ist Ausfluss des Prinzips der begrenzten Einzelermächtigung, welches in Art. 5 I EG normiert ist. Der Vertrag enthält jedoch keinen Kompetenztitel für Grundrechte. Dies bestätigte auch der *EuGH* in seinem Gutachten zum Beitritt der EG zur EMRK.[228]

1. Art. 220 EG als Kompetenznorm für den Grundrechtsschutz

Fraglich ist aber, ob nicht durch eine Auslegung des Art. 220 EG eine entsprechende Kompetenz des *EuGH* hergeleitet werden kann. Da Art. 220 EG die „Grundnorm" für das Handeln des *EuGH* darstellt, erscheint es sinnvoll, diese Regelung als Ansatzpunkt heranzuziehen.[229] Maßgeblich für eine Kompetenz des *EuGH* ist die Frage, was unter dem Begriff des *„Rechts"* in Art. 220 EG zu verstehen ist.

Für eine weite Auslegung über das Recht der Verträge hinaus spricht zunächst der Wortlaut. Hätte eine enge Auslegung stattfinden sollen, so wäre eher der Begriff *„Vertrag"* und nicht *„Recht"* verwendet worden. *„Recht"* in dieser Vertragsregelung soll vielmehr die Befugnis zur Fortbildung dieses Rechts beschreiben. Auch der weitere Wortlaut (*„bei der Auslegung und Anwendung dieses Vertrages"*) spricht für eine solche Auslegung. Den Begriffen *„Recht"* und *„Vertrag"* soll offensichtlich eine jeweils eigene Bedeutung zukommen. *„Recht"* umfasst nach dieser Auslegung über das Recht der Verträge hinaus auch ungeschriebenes Gemeinschaftsrecht.[230] Gegen diese Interpretation spricht jedoch das

---

[227] Vgl. hierzu *Fink*, in: Kluth (Hrsg.), Die EU nach dem Amsterdamer Vertrag, S. 57, 64 ff.; *Pernice*, Grundrechtsgehalte im Europäischen Gemeinschaftsrecht, S. 215 ff.

[228] *EuGH*, Gutachten 2 /94 vom 28.3.1996 – Beitritt der Gemeinschaft zur Konvention zum Schutze der Menschenrechte und Grundfreiheiten, EuGRZ 1996, 197, 199, 206f.

[229] *Pernice*, in: Grabitz/ Hilf (Hrsg.), Kommentar zur EU, Maastrichter Fassung, Art. 164, Rn. 42, 48; *Hilf*, in: Ilopoulos-Strangas (Hrsg.), Grundrechtsschutz im Europäischen Raum, S. 320, 325; *Everling*, in: Weidenfeld (Hrsg.), Schutz der Grundrechte, S. 73.

[230] *Rengeling*, EuR 1984, 331, 345; *Pernice*, Grundrechtsgehalte im Europäischen Gemeinschaftsrecht, S. 26. Zu der Bestätigung dieser Rechtsprechung durch den *EuGH* in den Rechtssachen *De Dapper* (*EuGH*, Rs. 54/75, Slg. 1977, S. 471) und *Internationale Handelsgesellschaft* (*EuGH*, Rs. 11/70, Slg. 1970, S. 1125) siehe *Wetter*, Die Grundrechtscharta des EuGH, S. 77f.

Prinzip der begrenzten Einzelermächtigung (siehe Art. 5 Abs. 1 EG, Art. 7 Abs. 1 EG). Da die Mitgliedstaaten die Herren der Verträge sind, ist anzunehmen, dass sie die Kompetenz des *EuGH* für den Grundrechtsschutz ausdrücklich festgeschrieben hätten, wenn sie ihm diese Kompetenz hätten zuweisen wollen. Eine geschriebene Kompetenz besteht aber nicht, so dass Art. 220 EG keine Zuständigkeitsnorm für die Grundrechtssprechung des *EuGH* darstellt.

Zu diesem Ergebnis kommt auch *Strasser*, die die Grundrechte als negative Kompetenznormen qualifiziert. Dies ändere jedoch nichts daran, dass eine Kompetenzerweiterung nicht ohne eine ausdrückliche vertragliche Regelung möglich sei.[231] Zu der Qualifizierung der Grundrechte als negative Kompetenznormen ist im Übrigen anzumerken, dass sie sicherlich einerseits die Gemeinschaftsorgane in ihrer Ausübung der übertragenen Hoheitsrechte beschränken können, andererseits können Gemeinschaftsgrundrechte aber auch Grundlage für das Handeln der Organe sein, wenn es um Erlass von Schutznormen oder um die Gewährung von Leistungsansprüchen geht.

2. Art. 288 Abs. 2 EG als Kompetenznorm für den Grundrechtsschutz

Die weitere Vertragsnorm, die eine Kompetenz des *EuGH* für den Grundrechtsschutz begründen könnte, ist Art. 288 Abs. 2 EG. Geht man davon aus, dass die allgemeinen Rechtsgrundsätze der Ausgangspunkt für die Rechtsprechung des *EuGH* sind, so kommt man zwangsläufig zu diesem Artikel, der als einziger diese Grundsätze im Vertragstext erwähnt. Nach dem Wortlaut der Norm handelt es sich hierbei jedoch um eine spezielle Regelung für die außervertragliche Haftung, die keine allgemeinen Prinzipien statuieren sollte. Hierfür spricht auch der Zusammenhang, in dem der Artikel steht. Keine Regelung des EG-Vertrages außer Art. 288 Abs. 2 EG bezieht die allgemeinen Rechtsgrundsätze mit ein. Daraus folgt, dass dem *EuGH* gerade nicht allgemein diese Kompetenz zugesprochen werden sollte, sondern nur in dem besonderen Fall der außervertraglichen Haftung.[232]

3. Subsequent Practice oder Rechtsfortbildung als Kompetenz für den Grundrechtsschutz

Die weite Auslegung des Begriffs „*Rechts*“ in Art. 220 EG könnte aber durch die nachfolgende Praxis[233] der Mitgliedstaaten legitimiert sein. Nach Art. 31

[231] *Strasser*, Grundrechtsschutz in Europa , S. 55.

[232] So auch *Strasser*, Grundrechtsschutz in Europa , S. 55; *Wetter*, Die Grundrechtscharta des EuGH, S. 76; *Ress*, ZaöRV Bd. 36 (1976), 227, 262; *Warnken*, Das Verhältnis der EG zur EMRK, S. 29.

[233] Zu dem Begriff der „subsequent practice“ siehe *Warnken*, Das Verhältnis der EG zur EMRK, S. 40.

Abs. 3 lit. b) WVK ist bei der Auslegung völkerrechtlicher Verträge die spätere Übung der Vertragsparteien bei der Anwendung des Vertrages zu berücksichtigen. Aus dieser Übung muss hervorgehen, wie die Parteien einen Vertrag auslegen wollen. Die Tatsache, dass die Mitgliedstaaten dem *EuGH* in seiner Grundrechtssprechung nicht widersprochen haben oder ihn kritisierten, sondern sich sogar 1978 in einer Erklärung des Rates zur Demokratie einer Erklärung des Versammlung, des Rates und der Kommission zur Respektierung der Grundrechte anschlossen,[234] würde für eine subsequent practice derart sprechen, dass die Zuständigkeit des *EuGH* auch ungeschriebenes Recht und damit Grundrechte umfasst.

Überzeugender ist es allerdings, die Akzeptanz der Mitgliedstaaten als Zustimmung zu einer Kompetenz zur Rechtsfortbildung aus Völkerrecht zu sehen.[235] Grundsätzlich sind Internationale Gerichte nur zur Rechtsprechung im Rahmen des Rechts, das ihnen von den Vertragsstaaten zugestanden wird, berechtigt.[236] Sollen diese Gerichte das Recht zur Rechtsfortbildung – nicht zur Auslegung – erhalten, so muss dieses Recht entweder bereits im Statut des jeweiligen Gerichts festgehalten sein oder es hat nach dem Willen der Vertragsstaaten eine Vertragsänderung zu folgen.

Der *EuGH* hatte primär nicht das Recht, Rechtsfortbildung zu betreiben. Hier könnte aber eine Legitimation der Rechtsfortbildung des *EuGH* durch eine stillschweigende Vertragsänderung der Mitgliedstaaten erfolgt sein, indem sie sein Verhalten billigten und keinen Widerspruch dagegen erhoben. Eine Änderung des EG-Vertrages erfolgt grundsätzlich gem. Art. 48 EU nach einem formellen Verfahren und mittels einer Regierungskonferenz. Allerdings steht auch Art. 48 EU zur Disposition der Mitgliedstaaten als Herren der Verträge, die mithin bei einer Vertragsänderung bei einheitlichem Willen auf das formelle Verfahren verzichten können.[237] Die Vertragsänderung müsste sich auch hier auf Art. 220 EG beziehen, so dass „*Recht*" im Sinne dieses Artikels auch die allgemeinen Rechtsgrundsätze umfasst.

Man kommt somit mittels subsequent practice und Rechtsfortbildung zu dem Ergebnis, dass dem *EuGH* zumindest heute eine Kompetenz zur Grundrechts-

234 Bulletin der EG, 1978, Nr. 3, S. 5.

235 Zu weiteren möglichen „Kompetenznormen" siehe *Strasser*, Grundrechtsschutz in Europa, S. 55 ff. und *Wetter*, Die Grundrechtscharta des EuGH, S. 78 ff. Diese weiteren Möglichkeiten sollen hier aber wegen ihrer eher geringeren Bedeutung nicht näher behandelt werden.

236 *Ipsen*, Völkerrecht, § 19 Rn. 16.

237 Hierzu allgemein *Karl*, Vertrag und spätere Praxis im Völkerrecht, S. 195 ff.

sprechung zusteht, er diese zum Zeitpunkt seiner ersten Grundrechtssprechung aber nicht innehatte.

Diese Schlussfolgerung scheint bereits durch den Vertrag von Maastricht mit Art. F Abs. 2 EUV bestätigt worden sein. In den Vertragstext wurde die Formel des *EuGH* zu seiner Grundrechtssprechung übernommen, was die endgültige Akzeptanz der Mitgliedstaaten zu dieser Rechtsprechung verdeutlicht.[238] Problematisch war in diesem Zusammenhang aber Art. L EUV zu sehen, da sich die Zuständigkeit des *EuGH* gerade nicht auf Art. F Abs. 2 EUV beziehen sollte.[239] Das Fehlen der Zuständigkeit konnte auch nicht als „Redaktionsversehen" aufgefasst werden, da Art. L EUV eindeutig die Zuständigkeit des *EuGH* normierte. Ein Versehen der Mitgliedstaaten war ausgeschlossen, da sie sich des Problems der Grundrechtssprechung bewusst waren. Folglich fehlte weiterhin eine Zuständigkeitsnorm des *EuGH* im Gemeinschaftsrecht. Erst seit des In-Kraft-Tretens des Amsterdamer Vertrages und der Einführung des Art. 46 lit. d) EU ist nunmehr der *EuGH* ausdrücklich auch für Art. 6 Abs. 2 EU (vorher Art. F Abs. 2 EUV) zuständig. Damit hat die Rechtsprechung des *EuGH* zu den Grundrechten endlich eine vertragliche Regelung als Grundlage erhalten.[240] Aus dem Zusammenspiel von Art. 6 Abs. 2 EU und Art. 46 EU wird nun deutlich, dass Art. 6 Abs. 2 EU auch für die Europäischen Gemeinschaften und nicht wie Art. F Abs. 2 EUV nur für die Europäische Union gilt.[241] Art. 6 Abs. 2 EU stellt daher nun die alleinige Rechtsquelle für die Gemeinschaftsgrundrechte dar.[242]

Möglich ist im Übrigen, dass der Vertrag über eine Verfassung für Europa doch noch Wirklichkeit wird. Dies ist zurzeit nicht ausgeschlossen, da bereits 15 Staaten ratifiziert haben[243] und dem Europäischen Rat Anfang 2007 ein Bericht vorgelegt werden soll, der eine Bewertung des Stands der Beratungen über den Vertrag enthalten sowie zukünftige Entwicklungen aufzeigen wird. Außerdem ist geplant, dass im März 2007 in Berlin die politischen Führer der EU anlässlich des fünfzigjährigen Jubiläums der Römischen Verträge eine Erklärung bzgl. des weiteren Fortgangs der EU abgeben sollen. Mit diesem Vertrag würde die Rechtsprechung des *EuGH* ihre eindeutige Legitimation erhalten, da dann die Grundrechte, wie sie in der Charta der Grundrechte der Europäischen Union

---

238 *Hilf*, in: Grabitz/Hilf (Hrsg.), Kommentar zur EU, Maastrichter Fassung, Art. F Rn. 23.

239 Umfassend zu diesem Problem mit weiteren Nachweisen siehe *Warnken*, Das Verhältnis der EG zur EMRK, S. 48 ff.

240 *Fink*, in: Kluth (Hrsg.), Die EU nach dem Amsterdamer Vertrag, S. 57, 71.

241 *Warnken*, Das Verhältnis der EG zur EMRK, S. 55; *Pechstein/König*, Die Europäische Union, Rn. 117.

242 *Kingreen*, JuS 2000, 857, 859.

243 Zum Stand der Ratifikationen des Vertrages siehe http://europa.eu.int/constitution/ratification_en.htm (Datum des Abrufs: 18.9.2006).

verankert wurden, Teil des Vertrages werden und damit vom EuGH überprüfbar wären, ohne dass eine weitere Zuständigkeitsnorm notwendig ist. Allein durch die bisher unverbindliche Charta der Grundrechte sind diese Rechte noch nicht Vertragsrecht (siehe zur Charta als Rechtserkenntnisquelle unten 2. Kapitel:B.VI.3).

IV. Bedeutung von Art. 6 Abs. 2 EU

Fraglich ist, ob Art. 6 Abs. 2 EU darüber hinaus noch eine weitere Funktion zukommt. Es könnte sein, dass der Artikel eine Bindung der EU an die EMRK begründet, so dass ein Beitritt der EU/EG zur Konvention überflüssig wäre. Bisher sind weder EU noch EG Vertragspartner der EMRK, denn die EMRK steht nur Staaten als Mitgliedern offen. Zum einen könnte der Wortlaut des Art. 6 Abs. 2 EU für eine Bindung sprechen, zum anderen, dass der Artikel den Willen zur Sukzession bekunden soll, d.h. dass die Gemeinschaft im Wege der Staatennachfolge an die EMRK gebunden ist.[244]

1. Bindung durch den Wortlaut des Art. 6 Abs. 2 EU

Die Auslegung des Artikels erfolgt nach den Regeln der Art. 31, 32 und 33 WVK. Zunächst könnte der deutsche Wortlaut des Art. 6 Abs. 2 EUV für eine Bindung der EU an die EMRK sprechen.[245] Zu beachten ist hierbei, dass eine Bindung an Grundrechte im Allgemeinen nicht in Frage gestellt werden soll, auch wenn in der Literatur vertreten wird, das Wort *„achten"* als bloßen Programmsatz aufzufassen.[246]

Im Absatz 2 wird das Wort *„wie"* zweimal verwendet. Daraus könnte geschlossen werden, dass sich der Textteil *„als allgemeine Grundsätze des Gemeinschaftsrechts"* nur auf die Verfassungsüberlieferungen der Mitgliedstaaten und nicht auf die EMRK bezieht. Dies hätte zur Folge, dass die Konvention nicht der Herleitung der allgemeinen Rechtsgrundsätze dienen würde und damit keine Rechtserkenntnisquelle, sondern Rechtsquelle wäre.[247] In Zusammenhang mit

---

244 Zu weiteren Ansätzen, mit denen eine Bindung begründet werden könnte, vgl. die vollständigen, mit guter Begründung versehenen Ausführungen bei *Weiß*, Verteidigungsrechte, S. 79 ff.

245 So *Vedder*, in: Bottke/Möllers/Schmidt (Hrsg.), Recht in Europa, S. 315, 320.

246 Siehe hierzu *Busch*, Bedeutung der EMRK, S. 24, der dies mit einem Vergleich zu Art. 1 GG zutreffend widerlegt. *Leutheusser-Schnarrenberger*, ZRP 2000, 329, 330 z.B. bezeichnet den Begriff *„Achtung"* als unklar. *Hilf*, in: Beyerlin/Bothe/Hofmann/Petersmann (Hrsg.), FS Bernhardt, S. 1193, 1205 sieht *„achten"* als Verpflichtung.

247 *Fink*, in: Kluth (Hrsg.), Die EU nach dem Amsterdamer Vertrag, S. 57, 71; *Strasser*, Grundrechtsschutz in Europa, S. 80 f.; *Hilf*, in: Grabitz/Hilf (Hrsg.), EU Kommentar, Art. F EUV Rn. 27; ohne genaue Analyse des Wortlautes auch *Klein*, in: Kreuzer/Scheuing/Sieber (Hrsg.), Europäischer Grundrechtsschutz, S. 39, 52.

dem Wortlaut des Art. F Abs. 2 EUV bejaht *Ress*[248] eine *„materielle Inkorporation*" ohne nähere Begründung und sogar einen Verweis auf die EMRK in der jeweiligen Auslegung durch den *EGMR*. Gleichzeitig vertritt er aber eine nur mittelbare Bindung und verneint eine unmittelbare Bindung.[249] Die *„materiell rechtliche Inkorporation*" wird auch von anderen vertreten. Gleichzeitig gehen diese Stimmen aber von der EMRK als Rechtserkenntnisquelle aus.[250] Dies überzeugt insoweit nicht, als der *EuGH* eine autonome Auslegung vornimmt und die Gemeinschaftsgrundrechte damit eigenständig aus den Verfassungsüberlieferungen der Mitgliedstaaten und der EMRK herleitet. Eine Inkorporation im Sinne einer „Eins zu Eins – Übernahme" der Rechte der EMRK kann damit nicht erfolgen.

Die Wahl, das Wort *„wie*" zu verwenden, könnte aber auch gerade gegen eine Bindung sprechen. Hätte die EMRK als Rechtsquelle Anwendung finden sollen, so hätte es näher gelegen zu formulieren: *„Die Union achtet die Grundrechte, die in der Konvention... gewährleistet sind*".

Gegen eine Bindung spricht auch, dass die Zusatzprotokolle zur EMRK nicht in Art. 6 Abs. 2 EU erwähnt werden, diese aber teilweise Grundrechte enthalten, auf die in der Rechtsprechung des *EuGH* Bezug genommen wird.[251] Schließlich kann gegen eine unmittelbare Geltung und damit auch gegen eine Bindung angeführt werden, dass die Verfassungsüberlieferungen der Mitgliedstaaten nicht unmittelbar gelten.[252] Eine Verknüpfung der beiden Quellen durch das Wort *„und*" spricht mithin dafür, dass keine von ihnen unmittelbar als Rechtquelle gelten soll. Der deutsche Wortlaut lässt mithin verschiedene Interpretationen zu und ist daher nicht eindeutig.

Damit ist auf Art. 33 WVK zurückzugreifen, der bestimmt, dass bei Verträgen, die in zwei oder mehr Sprachen als authentisch festgelegt worden sind, der Text in jeder Sprache in gleicher Weise maßgebend ist. Da der EU-Vertrag gem. Art. 53 EU in zehn Sprachen in Urschrift abgefasst und jeder Wortlaut gleicherma-

---

248 *Ress*, JuS 1992, 985, 990.

249 *Ress*, in: Haller/Kopetzki/Novak/Paulson/Raschauer/Ress/Wiederin (Hrsg.), FS *Winkler*, S. 897, 914, 921.

250 Für eine materielle Bindung z.B. *Schwarze*, EuGRZ 1986, 293, 297; *Kugelmann*, Grundrechte in Europa, S. 27, wobei der Verweis auf die EMRK nicht die Durchsetzungsmechanismen betreffen soll; ebenso *Busch*, Bedeutung der EMRK, S. 24 f.; *Klein*, in: Kreuzer/Scheuing/Sieber (Hrsg.), Europäischer Grundrechtsschutz, S. 39, 52 f.; *Wolf*, in: Bröhmer (Hrsg.), Grundrechtsschutz in Europa, S. 9, 20 f.

251 Vgl. *EGMR*, Rs. 24883/94, Urt. v. 18.2.1999, Rn. 29 – Matthews/Vereinigtes Königreich zu Art. 1 Zusatzprotokoll. *Fink*, in: Kluth (Hrsg,), Die Europäische Union nach dem Amsterdamer Vertrag, S. 57, 71.

252 *Rengeling*, Grundrechtsschutz in der EG, S. 185.

ßen verbindlich ist, soll hier zur Auslegung die englische und französische Fassung beispielhaft herangezogen werden. Bei diesen beiden Fassungen wird wegen der Zeichensetzung deutlich, dass sich der Satzteil *„als allgemeine Rechtsgrundsätze des Gemeinschaftsrechts"* sowohl auf die EMRK als auch auf die Verfassungsüberlieferungen der Mitgliedstaaten bezieht und diese als Rechtserkenntnisquellen dienen.[253] Somit liegt in den verschiedenen Sprachfassungen ein Bedeutungsunterschied vor, der nicht mit Hilfe von Art. 31 und 32 WVK ausgeräumt werden kann.

Gem. Art. 33 Abs. 4 WVK ist in diesem Fall diejenige Bedeutung zugrunde zu legen, die unter Berücksichtigung von Ziel und Zweck des Vertrages die Wortlaute am besten miteinander in Einklang bringt. Eine Auslegung derart, dass eine rechtliche Bindung an die EMRK bestünde, wäre mit der Wortlauslegung der anderen Sprachfassungen nicht zu vereinbaren. Die Bindungswirkung stellt die rechtlich stärkste Verknüpfung der EMRK mit der EU/EG dar. Die mildere Verknüpfung wäre die Auslegung als Rechtserkenntnisquelle, die nach allen Sprachfassungen möglich ist. Im Rahmen der Auslegung kommt mithin keine Bindung der EU/EG an die EMRK über Art. 6 Abs. 2 EU in Betracht. Art. 6 Abs. 2 EU soll nur den status quo der Rechtsprechung des *EuGH* wiedergeben.[254] Ein anderer Wille der Mitgliedstaaten ist allein durch den Wortlaut nicht gedeckt.

Dieses Ergebnis wird auch von der Rechtsprechung des *EuGH* gestützt, der in seiner *Bosman* Entscheidung ausführte, dass Art. F Abs. Abs. 2 EUV seine bisherige Rechtsprechung zu den Grundrechten bekräftigt.[255] Ebenso erwähnt der *EuGH* in seinem Gutachten 2/94 bezüglich des Beitritts zur EMRK die Menschrechtskonvention nur als Hinweis zu Ermittlung von Grundrechten als allgemeine Rechtsgrundsätze. Dabei soll ihr aber besondere Bedeutung zukommen.[256] Der *EuGH* geht mithin nicht von einer materiellen Bindung der EG an die EMRK aus.[257]

Schließlich kann für dieses Ergebnis der Entwurf einer Europäischen Verfassung herangezogen werden. Der maßgebliche Artikel in diesem Entwurf – Art.

---

253 Siehe hierzu ausführlich *Weiß*, Verteidigungsrechte, S. 110 f.; *Schildknecht*, Grundrechtsschranken in der EG, S. 235 f.

254 *Neuwahl*, in: dies./Rosas (eds.), The European Union and Human Rights, S. 1, 14; *Fink*, in: Kluth (Hrsg,), Die EU nach dem Amsterdamer Vertrag, S. 57, 71; *Chwolik-Lanfermann*, Grundrechtsschutz in der EU, S. 282; *Quasdorf*, Dogmatik der Grundrechte der EU, S. 47.

255 *EuGH*, Rs. C-415/93, Slg. 1995, I-4921 – Bosman. Zu der weiteren Bedeutung des Urteils *Weiß*, EWS 1997, 253, 254.

256 *EuGH*, Gutachten 2/94 vom 28.3.1996, EuGRZ 1996, 197, Rn. 33.

257 *Widmaier*, in: Haller/Krüger/Petzold (Hrsg.), FS Kebes, S. 239, 244.

I-7 Abs. 3 – übernimmt Art. 6 Abs. 2 EU zwar nicht wörtlich: „*Die Grundrechte, wie sie in der Europäischen Konvention zum Schutz der Menschenrechte und Grundfreiheiten gewährleistet sind und wie sie sich aus den gemeinsa men Verfassungsüberlieferungen der Mitgliedstaaten ergeben, gehören zu den allgemeinen Grundsätzen des Unionsrechts.*“, doch wird gerade durch diese Textfassung der Wille der Parteien klar, welchen Standpunkt die EMRK im EU-Recht erhalten soll. Auch hier wird auf die EMRK nur als Erkenntnisquelle Bezug genommen, wie zum einen das Wort „*wie*“ und zum anderen die Zeichensetzung am Ende deutlich macht. EMRK und Verfassungsüberlieferungen der Mitgliedstaaten sollen nach dem eindeutigen Willen der Vertragsparteien Erkenntnisquellen und nicht Rechtsquellen sein.

2. Art. 6 Abs. 2 EU als ausdrücklicher Wille zur Sukzession

Bevor Art. 6 Abs. 2 EU in den Vertrag aufgenommen worden ist, wurde vereinzelt vertreten, dass die Gemeinschaften im Wege der Staatennachfolge an die EMRK gebunden seien, sog. Sukzessionstheorie[258] und dass somit ein Beitritt überflüssig wäre, denn „*on n'adhère pas á ce qui est déjá en vigeur*“[259]. Grundlage dieser Theorie ist, dass alle Mitgliedstaaten der Gemeinschaften Konventionsstaaten sind und dass bei der Übertragung der Hoheitsrechte auf die Gemeinschaften, diese eine Rechtsnachfolge angetreten haben.[260] Zur weiteren Begründung wird auf die Rechtsprechung des *EuGH* zum GATT[261] verwiesen und es wird ein Vergleich mit dieser Rechtsprechung vorgenommen.

Gegen diese Theorie sprechen jedoch mehrere Gründe.

Im Rahmen des GATT-Urteils zur *International Fruit Company* hat der *EuGH* zunächst bestimmt, dass die Zuständigkeitsverlagerung von den Mitgliedstaaten

---

258 Begründer dieser Theorie ist *Pescatore*, in: Mosler/Bernhardt/Hilf (Hrsg.), Grundrechtsschutz in Europa, S. 64, 70 und in: Matscher/Petzold (eds.), FS Wiarda, 441, 450f. In diesem Zusammenhang ist auch eine Theorie *Bleckmanns*, Die Bindung der EG an die EMRK, S. 86, zu erwähnen, der den Gedanken der strukturellen Kongruenz des deutschen Verfassungsrechts überträgt und der Meinung ist, dass die Mitgliedstaaten die Hoheitsgewalt nur verbunden mit den Pflichten aus der EMRK übertragen durften, da es sich bei der EMRK um ius cogens handele. Dieser Ansicht ist meines Erachtens nicht zu folgen, da die EMRK eine solche Pflicht nicht vorsieht, sich eine solche Pflicht auch nicht aus dem Völkerrecht ableiten lässt und die EMRK nicht mit allen Artikeln als ius cogens eingestuft werden kann.

259 *Pescatore*, in: Matscher/Petzold (eds.), FS Wiarda, S. 441.

260 Statt vieler: *Weiß*, Verteidigungsrechte, S. 84 ff.; *Winkler*, Beitritt der EG zur EMRK, S. 30 ff.

261 *EuGH*, Rs. 21-24/72, Slg. 1972, S. 1219 – International Fruit Company/Produktschap voor Groenten en Fruit und *EuGH*, Rs. 38/75, Slg. 1975, S. 1439 – Nederlandse Spoorwegen/Staatssecretaris van Financieen.

auf die EG davon abhängt, dass die übrigen Vertragsparteien des GATT dieser Verlagerung zustimmen.[262] Übertragen auf die Bindung der EU/EG an die EMRK hieße dies, dass die anderen Vertragsstaaten der Konvention zum Ausdruck bringen müssten, dass sie eine Bindung akzeptierten. Von einer solchen Akzeptanz kann aber nicht ausgegangen werden. Weiter ist der *EuGH* der Ansicht, dass die Zuständigkeitsverlagerung mit der Art des internationalen Vertrages vereinbar sein muss.[263] Auch dies ist bei der EMRK als Vertrag zum Schutz von Menschenrechten nicht der Fall. Beim GATT ging es um europäische Zoll- und Handelspolitik, die in Art. 131 ff. EG verankert ist. Eine mit diesen Bestimmungen vergleichbare Kompetenz der Gemeinschaften im Bereich des Menschenrechtsschutzes besteht jedoch gerade nicht, wie es auch das Gutachten des *EuGH* zum Beitritt bestätigt hat.

Hinzu kommt, dass zum maßgeblichen Zeitpunkt der Übertragung der Hoheitsgewalt auf die EG Frankreich kein Mitglied der EMRK war, womit eine vollständige Rechtsnachfolge ausgeschlossen wäre, denn Frankreich konnte keine Rechte übertragen.[264]

Außerdem lässt sich keine völkerrechtliche Regel finden, die bestimmt, dass die von den Mitgliedstaaten einer Internationalen Organisation geschlossenen anderen völkerrechtlichen Verträge auf diese Organisation übergehen.[265] Damit ist auch eine Bindung der EG an die EMRK mittels der Sukzessionstheorie zu verneinen, so dass Art. 6 Abs. 2 EU einen solchen Willen keinesfalls bekunden kann.

V. Bedeutung des Art. 307 EG für eine Bindung der EG an die EMRK

Der EG-Vertrag enthält aber eine Vorschrift, die – nur bezogen auf die Mitgliedstaaten und keine Pflicht der Gemeinschaftsorgane begründend – das Verhältnis der Gemeinschaft zu früheren mitgliedstaatlichen völkerrechtlichen Verträgen regelt: Art. 307 EG.[266] Rechte und Pflichten aus früheren Verträgen sollen

---

262 *EuGH*, Rs. 21-24/72, Slg. 1972, S. 1219, Rn. 16 – International Fruit Company/Produktschap voor Groenten en Fruit.

263 *EuGH*, Rs. 21-24/72, Slg. 1972, S. 1219, Rn. 21-24, 72 – International Fruit Company/Produktschap voor Groenten en Fruit. Siehe hierzu *Beutler*, in: GTE, Grundrechtsschutz, Rn. 48.

264 Hierzu *Strasser*, Grundrechtsschutz in Europa, S. 73 f.

265 *Weiß*, Verteidigungsrechte, S. 84 ff. mit ausführlicher Analyse der verschiedenen völkerrechtlichen Regeln; *Winkler*, Beitritt der EG zur EMRK, S. 31; *Bernhardt*, EuR 1983, 199, 204 f.; *Ress*, in: Haller/Kopetzki/Nowak/Paulson/Raschauer/Ress/Wiederin (Hrsg.), FS Winkler, 1997, S. 897, 922.

266 Auf die völkerrechtliche Regel des Art. 30 WVK soll hier nicht näher eingegangen werden, da auch sie keine völkerrechtliche Bindung der Gemeinschaft an die EMRK bewirkt.

danach bestehen bleiben. Nach Absatz 2 des Artikels sind die Mitgliedstaaten verpflichtet, alle geeigneten Mittel anzuwenden, um eine mögliche bestehende Unvereinbarkeit des betreffenden Vertrages mit dem EG-Vertrag zu beseitigen. Art. 307 EG gilt aber nur im Außenverhältnis und nicht im Verhältnis der Mitgliedstaaten untereinander oder gegenüber der Gemeinschaft.

Auf die EMRK übertragen bedeutet dies, dass sich die Mitgliedstaaten auch aufgrund des EG-Vertrages nicht von den von ihnen vereinbarten Rechten und Freiheiten der Konvention loslösen können. Problematisch ist nur, wie diese Norm in Bezug auf Frankreich Geltung entfalten kann, da Frankreich erst dem EWG-Vertrag und dann am 3. Mai 1974 der EMRK beigetreten ist und Art. 307 EG nur auf vor dem 1. Januar 1958 geschlossene Abkommen direkte Anwendung findet. Diesen Konflikt kann man insoweit lösen, dass Art. 307 EG analog angewandt wird. Eine analoge Anwendung des Art. 307 EG kommt immer dann in Betracht, wenn die Unvereinbarkeit des nach 1958 geschlossen völkerrechtlichen Vertrages und dem späteren Rechtsakt der EG unvorhersehbar war, was z.B. der Fall ist, wenn es bei Abschluss des völkerrechtlichen Vertrages keine ausschließliche Kompetenz der Gemeinschaft auf diesem Gebiet gab.[267]

Für den Bereich der Grund- und Menschenrechte besteht keine ausschließliche Kompetenz der Gemeinschaft. Die EMRK wurde vom *EuGH* in seiner Rechtsprechung erstmalig am 14. Mai 1974 erwähnt, somit nach dem Beitritt Frankreichs zur EMRK. Um Art. 307 EG analog anwenden zu können, muss eine völkerrechtliche Verpflichtung bestehen, bevor sich das Gemeinschaftsrecht zum ersten Mal der Materie annimmt. Dies ist hier der Fall und damit gilt Art. 307 EG auch für Frankreich.

In Hinblick auf die später beigetretenen Mitgliedstaaten treten keine Probleme auf, da sie als zwingende Voraussetzung vor einem Beitritt zur EG immer erst dem Europarat und damit der EMRK beitreten müssen.[268]

Sollten Unvereinbarkeiten zwischen Verpflichtungen aus der EMRK mit dem EG-Vertrag entstehen, so müssen die Mitgliedstaaten diese beheben. Berücksichtigt z.B. der *EuGH* – obwohl er grundsätzlich die EMRK als Rechtserkenntnisquelle heranzieht – ein Menschenrecht der EMRK nicht im gleichen Maße wie der *EGMR*, so liegt eine solche Unvereinbarkeit iSd Art. 307 Abs. 2 EG vor, denn die Staaten sind wie oben gesehen verpflichtet, dem Menschenrecht in der

---

Die Norm ist nicht auf einen Vertrag wie den EG-Vertrag zugeschnitten und daher im Ergebnis nicht anwendbar. Siehe hierzu *Weiß*, Verteidigungsrechte, S. 87 ff.; *Ress*, ZEuS 1999, 471, 474 ff.

267 *Petersmann*, in: GTE (Hrsg.), Kommentar zu EU/EG Vertrag, Art. 234 Rn. 6.; *Schmalenbach*, in: Calliess/*Ruffert* (Hrsg.), Kommentar EUV/EGV, Art. 307 Rn. 4.

268 *Vedder*, in: Bottke/Möllers/Schmidt (Hrsg.), Recht in Europa, S. 315, 321 f.

Auslegung des *EGMR* zur vollen Geltung zu verhelfen. Sie befänden sich in diesem Moment in einem von ihnen nicht alleine zu lösenden Zwiespalt, da sie keine Einflussnahme auf den unabhängigen *EuGH* haben. Eine praktisch nicht vertretbare und auch nicht angestrebte Lösung, wäre ein Austritt aus der EG, die andere Lösung liegt im Beitritt der EG zur EMRK.[269]

Art. 307 EG bestimmt zwar nicht, dass die Verpflichtungen aus den Altverträgen auf die EG übergehen,[270] doch hat der *EuGH* die Norm so ausgelegt, dass die Mitgliedstaaten nicht durch die Gemeinschaft an der Erfüllung ihrer Pflichten aus dem völkerrechtlichen Vertrag gehindert werden dürfen.[271] Dies kann damit begründet werden, dass der *EuGH* nach Art. 10 EG, dem Grundsatz der Gemeinschaftstreue, zu einer Berücksichtigung der Interessen der Mitgliedstaaten verpflichtet ist und somit eine indirekte Bindung der EG und ihrer Organe an die EMRK erreicht wird. Dieser Grundsatz gilt nach der Rechtsprechung des *EuGH* nicht nur für das Verhältnis der Mitgliedstaaten zur Gemeinschaft, sondern auch umgekehrt.[272] Folglich sind die Gemeinschaftsorgane dazu verpflichtet, auf die berechtigten Interessen der Mitgliedstaaten Rücksicht zu nehmen und mit ihnen loyal zusammenzuarbeiten.

Im Ergebnis bleibt festzuhalten, dass nur eine mittelbare Bindung der EG an die EMRK existiert, die Organe der Gemeinschaft und damit auch der *EuGH* aber dazu verpflichtet sind, die EMRK als völkerrechtlichen Vertrag so zu beachten, dass die Mitgliedstaaten nicht zu einer Verletzung der EMRK gezwungen werden. Diese Verpflichtung gilt nur im Verhältnis der Gemeinschaft zu ihren Mitgliedstaaten. Zu beachten ist, dass dies keine Einbindung des *EuGH* in das Rechtsschutzsystem der EMRK bewirkt und dass damit auch keine Pflicht zur Beachtung der Urteile des *EGMR* seitens des *EuGH* aus der EMRK entsteht. Nur gemeinschaftsintern ist der *EuGH* gehalten, das EG-Recht völkerrechtsfreundlich auszulegen, um Konflikte für die Mitgliedstaaten zu vermeiden. Die EMRK wird kein „*Recht*" iSd Art. 220 EG. Die Rechtssetzungsbefugnis der Organe wird hierdurch nicht eingeschränkt.[273]

Die bestehende Spannungslage zwischen EMRK und Gemeinschaftsrecht wird umso deutlicher, wenn man sich folgenden möglichen Konflikt vorstellt: Der *EuGH* berücksichtigt in einem Verfahren bestehende Rechte aus der EMRK nicht, so dass die Mitgliedstaaten entweder zu einer Vertragsverletzung der

---

269 So sieht *Winkler*, Beitritt der EG zur EMRK, S. 152 in Art. 307 EG ein Gebot des Beitritts.

270 *Petersmann*, in: GTE (Hrsg.), Kommentar zu EU/EG Vertrag, Art. 234 Rn. 13.

271 *EuGH*, Rs. 812/79, Slg. 1980, S. 2787, Rn. 9 – Burgoa.

272 *EuGH*, Rs. 44/84, Slg. 1986, S. 29, Rn. 81 – Hurd/Jones.

273 *Schmalenbach*, in: Calliess/*Ruffert* (Hrsg.), Kommentar EUV/EGV, Art. 307 Rn. 15.

EMRK oder des EG-Vertrages gezwungen werden. Entscheiden sich die Mitgliedstaaten nun dazu, die EMRK zu befolgen, so setzen sie sich einem Vertragsverletzungsverfahren nach Art. 226, 227 EG aus. Die Kommission müsste das Verfahren nach Art. 226 EG einleiten - Art. 227 EG kommt nicht in Betracht, da alle Mitgliedstaaten gemeinsam den EG-Vertrag verletzen würden. Gleichzeitig ist aber die Kommission als Organ der EG nach Art. 307 EG i.V.m. Art. 10 EG dazu verpflichtet, die Mitgliedstaaten nicht zu behindern, ihren Verpflichtungen aus dem völkerrechtlichen Vertrag nachzukommen. Auch die Kommission würde sich mithin einer Vertragsverletzung aussetzen, die nach Art. 230 EG überprüfbar wäre. Schließlich stellt sich im Rahmen dieser Fallkonstellation die Frage, welches Gericht nun zu entscheiden hätte. Zuständiges Gericht ist der *EuGH*, der dann über Vertragsverletzungen entscheiden müsste, die aufgrund seiner Rechtsprechung entstanden sind. Im Übrigen würde auch der *EuGH* gegen seine eigene Rechtsprechung verstoßen, nach der die Mitgliedstaaten bei der Erfüllung ihrer völkerrechtlichen Pflichten nicht behindert werden sollen. Nach dem hier Aufgezeigten wird deutlich, dass ein Konflikt besteht, der im Interesse aller Mitgliedstaaten und auch der Gemeinschaft gelöst werden muss.

VI. Rechtserkenntnisquellen für die Ermittlung von Grundrechten

Der *EuGH* muss in seiner Grundrechtsrechtsprechung auf Rechtserkenntnisquellen zurückgreifen, weil bisher kein eigener verbindlicher Grundrechtskatalog im Gemeinschaftsrecht existiert und wegen der Eigenständigkeit der europäischen Rechtsordnung darf der *EuGH* nicht auf die Grundrechte der Mitgliedstaaten unmittelbar zugreifen.[274] Im Folgenden werden daher in der gebotenen Kürze die Rechterkenntnisquellen[275], die der *EuGH* zur Ermittlung von Grundrechten heranzieht, dargestellt. Betrachtet man diese Quellen, so lässt sich erklären, warum es zu Divergenzen im Grundrechtsschutz zwischen *EuGH* und *EGMR* kommen kann. Dabei soll nur auf die Erkenntnisquellen der EMRK, der Verfassungsüberlieferungen der Mitgliedstaaten und auf die Charta der Grundrechte der EMRK Bezug genommen werden. Weitere Erkenntnisquellen wie soft law und andere internationale Verträge spielen für diese Untersuchung keine Rolle, da sie das Verhältnis zwischen *EuGH* und *EGMR* nicht betreffen.[276]

Wie oben ausgeführt, benennt Art. 6 Abs. 2 EU ausdrücklich die EMRK und die Verfassungsüberlieferungen der Mitgliedstaaten als Rechtserkenntnisquellen,

---

274 *Rengeling*, Grundrechtsschutz in der EG, S. 179.

275 In diesem Zusammenhang versteht man unter Rechtserkenntnisquellen die für Auslegung und Konkretisierung des Begriffs „Grundrechte" maßgebenden normativen Vorgaben. Vgl. *Kingreen*, JuS 2000, 857, 859.

276 Zu den weiteren Erkenntnisquellen vgl. *Pernice*, NJW 1990, 2409, 2413 ff.

die als allgemeine Rechtsgrundsätze die Grundrechte ergeben, die die Union achtet. Aus diesem Grund ist die Methode zu erläutern, wie aus den verschiedenen Erkenntnisquellen die allgemeinen Rechtsgrundsätze gewonnen werden, bevor in einem nächsten Schritt die Auslegungsmethoden des *EuGH* in Bezug auf die so ermittelten Grundrechte untersucht werden.

1. EMRK als Rechtserkenntnisquelle

Wie bereits oben erläutert, hat der *EuGH* frühzeitig die EMRK als Erkenntnisquelle zur Ermittlung von Grundrechten herangezogen. Erstmals wurde der Menschenrechtskatalog in der Entscheidung *Rutili* erwähnt.[277] Zu beachten ist, dass der *EuGH* diesem völkerrechtlichen Vertrag im Vergleich zu anderen internationalen Verträgen zum Schutz von Menschenrechten besondere Bedeutung beigemessen hat, was dann, wie schon festgestellt, im EU-Vertrag in Art. 6 Abs. 2 seinen Niederschlag gefunden hat. Die besondere Stellung könnte sich daraus erklären, dass die EMRK selbst schon Ausdruck eines Konsenses der europäischen Staaten auf dem Gebiet des Menschenrechtsschutzes und auch Ausdruck der Verfassungsüberlieferungen der Mitgliedstaaten ist. Hierauf lässt auch die Präambel der Europäischen Menschenrechtskonvention schließen.[278]

2. Verfassungsüberlieferungen der Mitgliedstaaten als Rechtserkenntnisquelle

Art. 6 Abs. 2 EU nennt als zweite Rechtserkenntnisquelle die Verfassungsüberlieferungen der Mitgliedstaaten. Aus der Wortwahl Verfassungs*überlieferungen* geht hervor, dass es sich nicht nur um die Verfassungen handelt, sondern um die Gesamtheit von Verfassung, Rechtsprechung und Lehre.[279] Bereits hier erkennt man eine Möglichkeit der Divergenzen in der Rechtsprechung der Gerichtshöfe.

Der *EGMR* legt einen geschriebenen Grundrechtskatalog aus, der *EuGH* zieht sich verändernde rechtliche Grundlagen als Rechtserkenntnisquelle heran. Art. 6 Abs. 2 EU beinhaltet demnach einen dynamischen Verweis. Zum einen kann sich die Rechtslage bzw. Rechtsprechung in den Mitgliedstaaten ändern, zum anderen treten der Gemeinschaft immer wieder neue Staaten bei, die zum Teil andere Verfassungstraditionen als die alten Mitglieder haben.

Insoweit kann man von einer Rechtsunsicherheit sprechen. Der betroffene Bürger kann seine ihm auf Gemeinschaftsebene garantierten Rechte nicht ohne weiteres erkennen. Denn selbst bei Kenntnis der bisherigen Rechtsprechung des

---

277 Siehe oben unter 2. Kapitel:B.II und Fn. 218.

278 *Grabenwarter*, VVDStRL 60, 290, 327.

279 *Hailbronner*, ZaöRV Bd. 36 (1976), 190, 221; *Quasdorf*, Dogmatik der Grundrechte der EU, S. 134; *Weiß*, Verteidigungsrechte, S. 27.

EuGH besteht keine Garantie auf eine Fortsetzung dieser Rechtsprechung. Dieses Problem folgt schließlich aus der Methode, die zur Ermittlung der allgemeinen Rechtsgrundsätze herangezogen wird (siehe unten 2. Kapitel:B.VI.4). Zwar ist der Bürger auch bei seiner eigenen Verfassung nicht vor einer Änderung gefeit.[280] Auf europäischer Ebene wiegt das Problem aber ungleich schwerer, da es hier um eine Vielzahl von Verfassungen, Lehrmeinungen und Rechtsprechung geht, deren Entwicklung für einen Einzelnen schwerer nach zu vollziehen ist, als eine rein nationale Rechtsänderung. Außerdem fehlt ihm jede Einflussmöglichkeit auf Rechtsentwicklungen in anderen Staaten. Hinzu kommt, dass, wie unten noch erläutert wird, der *EuGH* nur solche Grundrechte entwickelt, die sich in die Strukturen und Ziele der Gemeinschaft einfügen. Auch hierdurch wird die Dynamik in der Grundrechtssprechung deutlich, denn die Gemeinschaft unterliegt diesbezüglich einem steten Wandel.[281]

Wie oben gesehen hat sie sich von einer reinen wirtschaftlichen Gemeinschaft zu einer Wertegemeinschaft verändert. Wird die schon angesprochene Verfassung der Europäischen Union Wirklichkeit, so werden sich die Ziele und Strukturen erneut grundlegend ändern. Der *EuGH* ist dann gehalten, die Grundrechte an diese Wirklichkeit anzupassen. Dies würde ihm umso leichter fallen, wenn, wie geplant, die Charta der Grundrechte der Union Teil der Verfassung und damit verbindlich wird.

3. Charta der Grundrechte der Europäischen Union als Rechtserkenntnisquelle

Fraglich ist, ob die Charta der Grundrechte der Europäischen Union zu den Rechtserkenntnisquellen oder gar Rechtsquellen zu zählen ist, ihr nur faktische oder als unverbindliche Erklärung keine Bedeutung zukommt. In diesem Zusammenhang ist zunächst ihre Entstehung wichtig.

a) Entstehung der Charta der Grundrechte

Am. 3./4. Juni 1999 beschloss der Europäische Rat in Köln – auf Initiative der deutschen Präsidentschaft hin – eine Charta der Grundrechte der Europäischen Union zu entwickeln und setzte gleichzeitig den hierfür vorgesehenen Zeitrahmen fest.[282] Ziel und Zweck war es, die *„überragende Bedeutung der Grundrechte und ihre Tragweite für die Unionsbürger sichtbar zu verankern"*.[283] Zur

---

280 *Quasdorf*, Dogmatik der Grundrechte der EU, S. 135.

281 Vgl. *Wetter*, Die Grundrechtscharta des EuGH, S. 58.

282 Vgl. hierzu aus der zahlreichen Literatur *Pernice/Mayer*, in: Grabitz/Hilf (Hrsg.), Kommentar zur EU, nach Art. 6 EU Rn. 21; *Philippi*, Charta, S. 14 ff.; *Molthagen*, Verhältnis der EU-Grundrechte zur EMRK, S. 9 f.

283 *Europäischer Rat*, Köln, Beschluss vom 4.6.1999, EuGRZ 1999, 364 f.

Ausarbeitung dieser Charta berief der Europäische Rat von Tampere am 15./16. Oktober 1999[284] ein Gremium, welches sich später selbst Konvent nannte und unter dem Vorsitz von *Roman Herzog* stand. Dieser erste Konvent[285] setzte sich aus 15 persönlichen Beauftragten der Staats- und Regierungschefs der Mitgliedstaaten, 30 Mitgliedern der nationalen Parlamente, 16 Mitgliedern des EP und einem Mitglied der Kommission zusammen. Weiter waren jeweils zwei Beobachter des *EuGH* und des Europarates, darunter einer des *EGMR*, dazu berufen. Die Arbeiten des Konvents waren von großer Transparenz und Öffentlichkeit bestimmt.[286] So waren z.B. die vorbereitenden Dokumente im Internet frei zugänglich, es wurden Eingaben über das Internet entgegengenommen und man hörte verschiedene Vertreter gesellschaftlicher Gruppen öffentlich an. Am 2. Oktober 2000 stimmte der Konvent einem Entwurf zu, der am 7. Dezember 2000 zu Beginn des Europäischen Rates von Nizza vom Europäischen Parlament, der Kommission und vom Rat feierlich proklamiert wurde.[287]

Die Charta enthält in den ersten sechs Kapiteln materielle Gewährleistungen,[288] das siebte Kapitel normiert allgemeine Bestimmungen, auf die später eingegangen wird (5. Kapitel:).

Die Diskussion um die Charta ist von einer starken Kontroverse geprägt.[289] Festzuhalten ist zunächst, dass ihr bisher keine rechtliche Verbindlichkeit zugestanden wird. Diese Qualität soll sie erst erhalten, wenn sie Teil der Europäischen Verfassung wird. Der Europäische Rat von Laeken beschloss am 15. Dezember 2001 die Ausarbeitung einer Verfassung für die Europäische Union.[290] Das hierfür vorgesehene Gremium unter dem Vorsitz von *Valéry Giscard d'Estaing* wurde ebenfalls in Form eine Konvents tätig (so genannter Verfassungskonvent). Nach dem Verfassungsentwurf soll die Charta als Teil II in das Vertragswerk integriert werden. Zurzeit ist es fraglich, ob der Verfassungsvertrag jemals in Kraft treten wird, da er durch Referenden in einzelnen Mitgliedstaaten in der

---

284 *Europäischer Rat*, Tampere, Beschluss vom 15./16.10.1999, EuGRZ 1999, 615.

285 Er wurde später erster Konvent im Gegensatz zum zweiten Konvent unter dem Vorsitz von *Giscard d'Estaing* genannt, welcher zur Aufgabe hatte, einen Vertrag über eine Verfassung für Europa zu erarbeiten.

286 Vgl. *Pernice/Mayer*, in: Grabitz/Hilf (Hrsg.), Kommentar zur EU, nach Art. 6 EU Rn. 21; *Europäisches Parlament*, Entschließung vom 23.10.2002, EuGRZ 2002, 670, 671.

287 Charta der Grundrechte, ABl EG 2000, C 364, S. 1; abgedruckt in der Gesetzessammlung Sartorius II unter der Nr. 146.

288 Siehe hierzu z.B. *Pernice/Mayer*, in: Grabitz/Hilf (Hrsg.), Kommentar zur EU, nach Art. 6 EU Rn. 52 ff.; *Molthagen*, Verhältnis der EU-Grundrechte zur EMRK, S. 10 ff.

289 Zu den Stimmen zur Charta siehe *Calliess*, in: Ehlers (Hrsg.), Europäische Grundrechte und Grundfreiheiten, 1. Aufl., § 19 Rn. 3

290 *Europäischer Rat*, Laeken, Beschluss vom 15.12.2001, EuGRZ 2001, 662.

derzeitigen Form abgelehnt wurde. Dennoch hält die EU nach wie vor an dem Ratifizierungsprozess fest (siehe hierzu schon oben 2. Kapitel:B.IV.1).

Zwar haben Europäisches Parlament, Kommission und Rat eine Selbstbindung an die Charta erklärt, nicht jedoch der *EuGH*. Letztlich wäre dies auch nicht möglich, denn eine von ihm vollzogene Selbstbindung in seiner Rechtssprechungstätigkeit käme für die anderen Organe und die Mitgliedstaaten wegen der Wirkung seiner Urteile einer eigenen, so nicht ausgesprochenen Selbstbindung gleich.[291]

b) Einordnung der Charta der Grundrechte als Rechtserkenntnisquelle

Wie anfangs erwähnt, stellt sich die Frage, ob die Charta dennoch als Rechtserkenntnisquelle heranzuziehen ist. Überwiegend geht man davon aus, dass sie zumindest faktische Bedeutung habe. Denn über die Selbstbindung der europäischen Organe – außer dem *EuGH* – komme der Charta eine „*grundrechtsschützende Vorwirkung*"[292] zu. Allerdings gibt es auch Stimmen, die der Charta keinerlei faktische oder rechtliche Bedeutung beimessen, da es sich nur um eine feierliche, nicht bindende Erklärung handele.[293] Dieses Ergebnis werde dadurch untermauert, dass die Charta nicht in Art. 6 Abs. 2 EU aufgenommen worden sei. Das „*Ergebnis des Konvents*" sei mithin „*nicht brauchbar*".[294]

aa) Diskussion in der Literatur und Rechtsprechung des EuGH zur Problematik der Charta als Rechtserkenntnisquelle

Teilweise wird vertreten, man sollte die Charta bei der Rechtsprechung nicht unbeachtet lassen. Zwar könne man auf die Charta noch nicht direkt oder ausschließlich zurückgreifen, doch könne man auf sie in Verbindung mit EMRK und den gemeinsamen Verfassungsüberlieferungen der Mitgliedstaaten Bezug nehmen. Dies würde ihrer Bedeutung gerecht werden. Der *EuGH* solle die Charta in seine von ihm verwendete Formel zur Achtung der Grundrechte mit einbeziehen.[295] Außerdem haben bereits mehrere Generalanwälte in ihren Schlussanträgen[296] sowie das *EuG* in verschiedenen Entscheidungen[297] und sogar der

---

291 Vgl. *Alber*, EuGRZ 2001, 349, 351.

292 *Pernice/Mayer*, in: Grabitz/Hilf (Hrsg.), Kommentar zur EU, nach Art. 6 EUV Rn. 24.

293 Vgl. *Busch*, Bedeutung der EMRK, S. 29

294 *Stein*, in: Cremer/Giegerich/Richter/Zimmermann (Hrsg.), FS Steinberger, S. 1425, 1432.

295 Vgl. *Alber*, EuGRZ 2001, 349, 351, der auch ein Formulierungsbeispiel für eine neue Fassung des Art. 6 Abs. 2 EU gibt.

296 Siehe die Aufzählung bei *Alber*, EuGRZ 2001, 349, 351 ff., bei *Pernice/Mayer*, in: Grabitz/Hilf (Hrsg.), Kommentar zur EU, nach Art. 6 EUV Rn. 25 und zuletzt *GA Colomer*, Rs. C-150/05, noch unveröffentlicht, Rn. 53, 68, 71 – Van Straaten/Niederländischer

EuGH[298] auf die Charta verwiesen. Das *EuG* hat zwar in beiden Fällen die Charta nicht als Rechtsquelle herangezogen, in der Rechtssache *Jégo Quéré* stützt sich das Urteil argumentativ aber auf die EMRK und die Charta[299], was dafür sprechen könnte, die Charta schon jetzt als Rechtserkenntnisquelle neben der EMRK anzusehen. Dann müsste die Charta aber in Art. 6 Abs. 2 EU genannt werden, der, wie oben schon gezeigt, die Rechtserkenntnisquellen abschließend aufzählt. Solange dies nicht der Fall ist, scheidet diese Lösung daher aus.

Weiter gibt es verschiedene Ansätze, die Charta als Interpretationshilfe bei der Ermittlung von Grundrechten als Bestandteil der allgemeinen Rechtsgrundsätze[300], als „*nachgeordnete Orientierungshilfe*"[301] oder als „*Referenzargument*" für die Wertungen des *EuGH*[302] zu sehen. Dieser Ansatz wird damit begründet, dass die Charta, weil sie bisher nicht als rechtsverbindlich erklärt wurde, in ihrer Wirkungskraft weit hinter den vom *EuGH* anerkannten Gemeinschaftsgrundrechten zurückbleibe. Als rechtliche Wirkung komme ihr aber eine mittelbare Rechtsquelleneigenschaft zu, weshalb sie als eine Interpretationshilfe anzusehen sei.[303] Fasst man den Begriff der Interpretationshilfe jedoch dergestalt auf, so ist die Charta letztlich eine Rechtserkenntnisquelle, dass heißt nur über die Heranziehung des *EuGH* im Wege der wertenden Rechtsvergleichung kommen die in ihr verbürgten Grundrechte zur Geltung. Dann bleibt das Problem bestehen, dass sie in Art. 6 Abs. 2 EU nicht aufgezählt ist und der *EuGH* sie bisher nicht als Rechtserkenntnisquelle benannt hat.

Außerdem wird angemerkt, dass man darauf achten müsse, wenn man von einer Auslegungshilfe ausgeht, dass die Rechtsprechung des *EuGH* zu den Grundrechten nur abgelöst werden könne, indem die Mitgliedstaaten eine primärrechtliche Kodifizierung vornehmen.[304] Ansonsten würde der *EuGH* die Kompetenz der Mitgliedstaaten übernehmen. Diese Gefahr bestünde aber nur, wenn die Charta als Rechtsquelle angewandt werden soll, ohne dass sie rechtlich verbindlich ist,

---

Staat und Italienische Republik. *Philippi*, Charta, S. 52 bezeichnet zu Recht die Generalanwälte als „Vorreiter" einer neuen Rechtsprechung.

297 *EuG*, Rs. T-54/99, Slg. 2000, II-1335 – max.mobil/Kommission und *EuG*, Rs. T-177/01, Slg. 2002, II-2365 – Jégo-Quéré/Kommission.

298 *EuGH*, Rs. C-540/03, EuZW 2006, 566 ff. – EP/Rat der EU.

299 *EuG*, Rs. T-177/01, Slg. 2002, II-2365, Rn. 41, 42 – Jégo-Quéré/Kommission.

300 So z.B. *Winkler*, EuGRZ 2001, 18, 26; *Weber*, NJW 2000, 537, 538; *Leutheusser-Scharrenberger*, ZRP, 329, 331.

301 *Schmitz*, JZ 2001, 833, 835.

302 *Müller-Graff*, in: Cremer/Giegerich/Richter/Zimmermann (Hrsg.), FS Steinberger, S. 1281, 1283.

303 *Pache*, EuR 2001, 475, 486.

304 *Suerbaum*, EuR 2003, 390, 401.

bzw. indem die Charta als bevorzugte Rechtserkenntnisquelle oder bevorzugte Verfassungsüberlieferung der Mitgliedstaaten angesehen wird.

Gegen die Ansicht, die Charta als reine Interpretationshilfe zu sehen, spricht zum einen die Heranziehung durch die Generalanwälte und das *EuG*, zum anderen die historische Entwicklung der Charta. Das *EuG* zieht in der Rechtssache *Mannesmannröhren-Werke AG* die Charta mit der Begründung nicht heran, dass sie noch nicht proklamiert sei.[305] Dies könnte dafür sprechen, dass auch der *EuGH* nicht erst auf die Inkorporation in die Verträge abstellt.[306] In einem neueren Urteil nimmt der *EuGH* indirekt Bezug auf die Charta, indem er in der Sache *Omega Spielhallen- und Aufstellungs-GmbH* zur Herleitung der Menschenwürde als allgemeinen Rechtsgrundsatz auf die Ausführungen der Generalanwältin *Stix-Hackl* in den Randnummern 82-91 der Schlussanträge in dieser Sache verweist.[307] Diese erklärt, dass „*der Gerichtshof* [...] *damit der Menschenwürde ein vergleichbar weitgehendes Verständnis zugrunde zu legen [scheint], wie es in Artikel 1 der Charta der Grundrechte der EU zum Ausdruck kommt.*“[308] Dass der *EuGH* die Charta aus Respekt vor den damaligen laufenden Beratungen des Verfassungskonvents nicht erwähnt hat, um diesen durch seine Rechtsprechung nicht vorzugreifen,[309] kann nach Abschluss des Entwurfes und Vorlage der Charta nicht mehr maßgeblich sein. Im Übrigen liegt mit dem oben erwähnten Fall eine indirekte Bezugnahme vor. Man könnte annehmen, dass sich der *EuGH* diesmal zurückhalten wollte, um nicht den Mitgliedstaaten erneut die Aufgabe abzunehmen, den Grundrechtsschutz in der Gemeinschaft auf eine fundierte Basis zu stellen.

Am 27. Juni 2006 hat der *EuGH* erstmals die Charta in einem Urteil direkt genannt.[310] Er geht hier davon aus, dass es sich bei ihr um ein rechtlich nicht bindendes Instrument handelt. Gleichwohl weist er daraufhin, dass die Charta, wie in ihrer Präambel niedergelegt, das Ziel verfolgt, die Rechte zu bekräftigen, die sich vor allem aus den gemeinsamen Verfassungstraditionen und den gemeinsamen internationalen Verpflichtungen des Mitgliedstaaten, aus dem EU-und EG-Vertrag sowie der EMRK und anderen Verträgen ergeben. Schließlich zieht er sie zur Bekräftigung eines existierenden Grundrechts (hier Art. II-67 CGR

305 *EuG*, Rs. T-112/98, Slg. 2001, II-729, Rn. 76.

306 So auch *Molthagen*, Verhältnis der EU-Grundrechte zur EMRK, S. 15.

307 *EuGH*, Rs. C-36/02, Slg. 2004, I-9609, Rn. 34 – Omega Spielhallen- und Aufstellungs-GmbH/Oberbürgermeisterin der Bundesstadt Bonn.

308 *GA Stix-Hackl*, Rs. C-36/02, Slg. 2004, I-9609, Rn. 91 – Omega Spielhallen- und Aufstellungs-GmbH/Oberbürgermeisterin der Bundesstadt Bonn.

309 So *Pernice/Mayer*, in: Grabitz/Hilf (Hrsg.), Kommentar zur EU, nach Art. 6 EUV Rn. 25.

310 *EuGH*, Rs. C-540/03, noch unveröffentlicht, Rn. 38 – Europäisches Parlament/Rat.

Achtung auf Privat- und Familienleben) heran.[311] Daraus lässt sich folgern, dass der *EuGH* die Charta für beachtlich ansieht und sie als Argument zur Bekräftigung anderweitig bestehender Rechte bereits akzeptiert.[312] Ob er sie als eigenständige Rechtserkenntnisquelle nutzen wird, geht aus der Entscheidung allerdings noch nicht hervor.

Zieht man die Charta zur Bekräftigung heran, so ist jedoch unklar, welchen rechtlichen Status sie hat. Geht man von der Bekräftigungswirkung aus, so wird der Charta eine bevorzugte bzw. herausragende Stellung eingeräumt, die ihr – noch unverbindlich – aber nicht zukommen kann. Es würde gegen den Wortlaut des Art. 6 Abs. 2 EU sprechen. Auch besteht kein sonstiger Anlass dazu, der Charta mehr Wirkung zukommen zu lassen als der EMRK, die auch einen Kompromiss der Mitgliedstaaten – zwar noch mit weiteren europäischen Staaten – darstellt und in Art. 6 Abs. 2 EU explizit genannt wird. Daher ist die Entscheidung des *EuGH* zu überdenken und die Bekräftigungswirkung eher abzulehnen.

In diese Richtung argumentiert auch *Calliess*, der die Berücksichtigung der Charta im Rahmen der Grundrechtsinterpretation des *EuGH* für rechtlich nicht geboten hält, da die Charta nicht in Art. 6 Abs. 2 EU erwähnt wird. Der *EuGH* könne aber die Charta heranziehen, um ein nach Art. 6 Abs. 2 EU erzieltes Ergebnis zu bestätigen oder zu konkretisieren. Die Charta stelle schließlich einen Grundrechtskatalog dar, der in seinem Kern zum rechtlich bindenden Standard im europäischen Grundrechtsschutz gehört. Die Rechte der Charta seien eine Sichtbarmachung, Bestätigung und Bekräftigung geltenden Rechts.[313]

Dieser Ansatz ist nicht konsequent. Zum einen wird behauptet, dass die Rechte der Charta geltendes Recht bestätigen, zum anderen aber, dass der *EuGH* die Charta nicht berücksichtigen müsse, die Heranziehung somit nur freiwillig sei. Wenn es sich jedoch um eine Bestätigung des geltenden Rechts handelt, muss der *EuGH* dies in seiner Rechtsprechung mit in seine Erwägungen einstellen.

---

311 *EuGH*, Rs. C-540/03, noch unveröffentlicht, Rn. 58 – Europäisches Parlament/Rat.

312 Dies hatte schon *Vedder*, in: Bottke/Möllers/Schmidt (Hrsg.), Recht in Europa, S. 315, 327 vermutet. Der *EuGH* werde sich wohl wie bei früheren Grundrechtserklärungen der EG-Organe zur Bekräftigung seiner gewonnenen Grundrechte auf die Charta beziehen. Auch *Grabenwarter*, VVDStRL 60, S. 290, 343 ging davon aus, dass die Charta das rechtliche Umfeld von Unionsrecht beeinflussen werde und dass zu erwarten sei, dass der *EuGH* sie mit heranziehen werde, um mittels der Charta ein nach Art. 6 Abs. 2 EU erzieltes Ergebnis zu bestätigen. Siehe zum Urteil *Szczekalla*, NVwZ 2006, 1019, 1020.

313 *Calliess*, in: Ehlers (Hrsg.), Europäische Grundrechte und Grundfreiheiten, § 20 Rn. 34; *ders.*, EuZW 2001, 261, 267.

Das Europäische Parlament spricht von der Charta als einem wichtigen Bezugsdokument, welches nicht unmittelbar justiziabel ist.[314] Die Justiziabilität ist jedoch keine Voraussetzung, damit die Charta rechtliche Wirkung entfalten kann.

Weiter wird vertreten, dass man die Charta zwar berücksichtigen müsse, doch keinesfalls als alleinige Rechtsquelle, ihr aber Relevanz zukomme.[315] Rechtsquelle kann die Charta aber nur werden, wenn sie in den Vertrag aufgenommen wird und alleinige Rechtsquelle nur, wenn die Bezugnahme auf EMRK und die Verfassungsüberlieferungen der Mitgliedstaaten herausgenommen wird, was unwahrscheinlich ist. Denn damit würde dem *EuGH* die Möglichkeit genommen, auf bisher definierte Grundrechte und Rechtsprechung zurückzugreifen und so einen weiten Schutz zu gewährleisten.

Einen anderen Weg beschreitet *Zuleeg*, der anführt, die Charta könne als Ausdruck einer allgemeinen Überzeugung der Mitgliedstaaten angesehen werden, die diese nach den Verhandlungen angenommen haben. Ein Vergleich mit dem Urteil in der Rechtssache *Nold* zeige, dass internationale Verträge als Grundlage der Gemeinschaftsrechte dienen können, wenn die Mitgliedstaaten sie unterzeichnet, aber noch nicht ratifiziert haben. Daher könne der *EuGH* mit der Charta wie mit einem lediglich unterzeichneten Vertrag verfahren.[316] Diese Argumentation hat einen überzeugenden Ansatz. Wie sogleich weiter ausgeführt wird, kann man die Charta nach der hier vertretenen Auffassung zum Teil zu den Verfassungsüberlieferungen der Mitgliedstaaten zählen. Dann erübrigt sich aber der Rückgriff auf die Rechtssache *Nold* des *EuGH*, da auf die Verfassungsüberlieferungen in Art. 6 Abs. 2 EU Bezug genommen wird.

Andere verstehen die Charta als eine Richtschnur, die Hinweise auf das Bestehen allgemeiner Rechtsgrundsätze gibt. In der Praxis sei es unterschiedslos, ob der *EuGH* die allgemeinen Rechtsgrundsätze wie bisher erarbeitet oder sie aus der Charta ableitet, die diese festschreibe. Die Charta sei mithin Rechtserkenntnisquelle.[317] Hierzu ist anzumerken, dass sich *Pelzl* insoweit widerspricht, dass er einmal feststellt, dass die Charta die allgemeinen Rechtsgrundsätze festschreibt, zum anderen will er sie aber als Rechtserkenntnisquelle heranziehen. Denn im letzteren Fall stünde sie neben der EMRK und den Verfassungsüberlieferungen. Da die allgemeinen Rechtsgrundsätze erst im Wege der Rechtsvergleichung erarbeitet werden, kann die Charta nicht gleichzeitig alleine die Rechtsgrundsätze bilden und parallel Teil der Rechtsquellen sein, die zur Bildung eben dieser Rechtsgrundsätze herangezogen werden. Darüber hinaus be-

---

314 Entschließung des *Europäischen Parlaments* vom 23.10.2002, EuGRZ 2002, 670, 672.

315 *Molthagen*, Verhältnis der EU-Grundrechte zur EMRK, S. 16.

316 *Zuleeg*, EuGRZ 2000, 511, 514.

317 *Pelzl*, in: Matscher (Hrsg.), Erweitertes Grundrechtsverständnis, S. 51, 96.

steht bei dieser Einordnung wiederum das Problem, dass die Charta gerade nicht in Art. 6 Abs. 2 EU aufgenommen wurde.

bb) Charta als Teil der Verfassungsüberlieferung der Mitgliedstaaten

Nach der hier vertretenen Auffassung ist die Charta zum Teil als Verfassungsüberlieferung der Mitgliedstaaten anzusehen. Ihr kommt damit rechtliche Wirkung über Art. 6 Abs. 2 EU zu. Hierfür sprechen verschiedene Argumente.

Zunächst kann man von dem Begriff „*Verfassungsüberlieferung*" ausgehen. Fasst man diesen als Gesamtheit von Verfassung, Rechtsprechung und Lehre auf, so kann sich auch eine „europäische Lehre" entwickeln, die dann zur Verfassungsüberlieferung der Mitgliedstaaten gehört. Eine solche Lehre entwickelte sich möglicherweise im Rahmen des ersten Konvents, da hier verschiedene Experten im Ergebnis einen gemeinsamen europäischen Grundrechtskatalog geschaffen haben. Mit diesem Argument ist auch das zweite verflochten, indem man die historische Entwicklung der Charta genauer betrachtet. Die Mitglieder des Konvents, die aus den europäischen Staaten teilgenommen haben und ihre nationalen Vorstellungen von Grundechten in die Beratung eingebracht haben, wie auch die große Anzahl von Anhörungen der nationalen Interessengruppen und die öffentliche Teilnahme über das Internet, lassen den Schluss zu, dass mit der Charta ein europäischer Konsens im Bereich der Grundrechte geschaffen wurde.

Zwar wird dagegen angeführt, dass doch ein Dissens bestanden habe, denn sonst hätte man die Charta zugleich in den EU-Vertrag inkorporieren können,[318] hiergegen spricht jedoch, dass unabhängig von der rechtlichen Verbindlichkeit und Einführung des Katalogs in das Primärrecht – also Einführung als Rechtsquelle – sich die Mitgliedstaaten auf einen Katalog einigten, dessen Inhalt zumindest teilweise als Verfassungsüberlieferung angesehen werden kann. Die Einigung auf einen gemeinsamen Standard in der Sache muss nicht zwingend mit der Entscheidung über die rechtliche Verbindlichkeit als Vertragswerk verbunden sein.

Ihre Entwicklung zeigt, dass die Charta die unterschiedlichen Grundrechtstraditionen der Mitgliedstaaten miteinander in Einklang gebracht hat. Im Übrigen ist der Ansatz des Dissenses nicht mehr haltbar, da die Charta im Rahmen der Verfassung der EU verbindlich werden soll, wobei zu beachten ist, dass ihre Einbeziehung in den neuen Vertrag im Gegensatz zu anderen Reformen nicht umstritten war.

Sieht man die Charta als Verfassungsüberlieferung an, so wird sie auch nicht durch die „Hintertür" als Rechtsquelle eingeführt, sondern dient lediglich als

[318] *Busch*, Bedeutung der EMRK, S. 29.

Rechtserkenntnisquelle und zwar als gemeinsame Verfassungstradition der Mitgliedstaaten. Dabei ist der *EuGH* nicht davon befreit, von der Charta abweichende Verfassungsüberlieferungen zu berücksichtigen, da die Charta eben bis zu ihrer möglichen Einbindung in den EU-Vertrag nicht mehr als einen Konsens in einer Momentaufnahme darstellen kann. Die Entwicklung der Verfassungsüberlieferung setzt sich schließlich zeitlich fort. Hier zeigt sich deutlich der Unterschied zwischen der momentanen Einigung über einen gemeinsamen Grundrechtsstandard in der Sache und der Entscheidung, diesen Konsens dauerhaft als rechtlich verbindlich festzuschreiben.

Ein weiteres Argument für die hier vertretene Auffassung ist die Tatsache, dass bestimmte Rechte in der Charta verankert wurden (z.B. das Verbot der Todesstrafe in Art. 2 Abs. 2 Charta), die bisher für die EU keine Rolle spielten. Dies ist ebenfalls ein Beweis dafür, dass mit der Charta ein umfassender Katalog von Grundrechten geschaffen werden sollte, der die Grundüberzeugungen der Mitgliedstaaten widerspiegelt.[319]

Darüber hinaus beeinflusst die Charta schon jetzt die Rechtspraxis der EG, indem auf sie in den Präambeln verschiedener Rechtsakte Bezug genommen wird.[320] *Polakiewicz* stellt in diesem Zusammenhang fest, dass die Gerichte nicht „*daran gehindert*" seien, bei der Ermittlung der Grundrechte nach Art. 6 Abs. 2 EU die Charta heranzuziehen.[321] Unklar ist bei dieser Aussage, was nicht „*daran gehindert*" bedeuten soll. Man kann dies als Recht des *EuGH* verstehen, die Charta als Rechtserkenntnisquelle zu nutzen. Ist sie aber eine solche Quelle, so müsste sie der *EuGH* zwingend heranziehen. Dagegen spricht, dass die Charta in Art. 6 Abs. 2 EU nicht genannt ist, womit wiederum nur der Weg über die Verfassungstraditionen der Mitgliedstaaten bleibt.

Gegen eine notwendige vorherige Verankerung in Art. 6 Abs. 2 EU lässt sich anführen, dass der Gerichtshof im Rahmen der Entwicklung seiner Grundrechtsprechung auch auf die EMRK Bezug genommen hat ohne dass es eine primärrechtliche Verankerung gegeben hätte. Er könnte sich mithin wiederum das Recht herausnehmen „rechtssuchend" tätig zu werden, wobei er diesmal den erleichterten Weg über die Verfassungsüberlieferungen der Mitgliedstaaten gehen könnte.

Schließlich ist die Präambel der Charta zu beachten, die mit ihrem Wortlaut die hier vertretene Ansicht unterstützt. Der 5. Erwägungsgrund geht davon aus, dass

---

[319] *Grill*, in: Matscher (Hrsg.), Erweitertes Grundrechtsverständnis, S. 29, 34.

[320] Vgl. hierzu *Polakiewicz*, in: Marauhn (Hrsg.), Die Rechtsstellung des Menschen im Völkerrecht, S. 37 f.

[321] *Polakiewicz*, in: Marauhn (Hrsg.), Die Rechtsstellung des Menschen im Völkerrecht, S. 37.

„diese Charta [...] die Rechte, die sich vor allem aus den gemeinsamen Verfassungstraditionen [...] der Mitgliedstaaten [...] ergeben [bekräftigt]". In diesem Erwägungsgrund sind auch die anderen Quellen genannt, aus denen die Charta gespeist wird[322], so dass sie nur zum Teil bereits bestehende Verfassungstradition der Mitgliedstaaten darstellen kann, in ihrer Gesamtheit aber darüber hinausgeht. So enthält sie u.a. soziale Rechte (wie Art. II-89 Recht auf Zugang zu einem Arbeitsvermittlungsdienst oder Art. II-90 Schutz bei ungerechtfertigter Entlassung), die in dieser Form z.B. im deutschen Grundgesetz nicht vorkommen.[323] Ob sich daher eine allgemeine europäische Verfassungstradition in Bezug auf diese Rechte bilden lässt, ist fraglich. Der *EuGH* muss demnach bei jeder einzelnen Charta-Bestimmung Überlegungen und Untersuchungen anstellen, ob hier eine Verfassungsüberlieferung vorliegt und die Regelung, falls er diese bejaht, anwenden. Somit hat er aber die Charta in Teilen als Verfassungsüberlieferung der Mitgliedstaaten anzusehen.

Die Charta selbst unterstützt in ihrer neuen Fassung, die sie durch den 2. Konvent erhalten hat, dieses Ergebnis. Art. II-112 Abs. 4 CGR bestimmt, dass *„soweit in dieser Charta Grundrechte anerkannt werden, wie sie sich aus den gemeinsamen Verfassungsüberlieferungen der Mitgliedstaaten ergeben, werden sie im Einklang mit diesen Überlieferungen ausgelegt.*" Daraus folgt, dass in der Charta selbst festgeschrieben ist, dass sie zum Teil aus den Verfassungsüberlieferungen der Mitgliedstaaten besteht, somit Teil dieser ist. Fraglich ist, ob dies auch für die Schrankenregelungen des Art. II-112 CGR und für die besondere Bestimmung des Art. II-113 CGR gilt (zu diesen ausführlich 5. Kapitel:A.I). Über Art. 6 Abs. 2 EU muss der *EuGH* diese Regelungen schon jetzt beachten und im Wege der wertenden Rechtsvergleichung begründen, ob über diese Artikel ein Konsens der Staaten besteht, so dass sie als Teil der Rechtserkenntnisquelle *„Verfassungsüberlieferung der Mitgliedstaaten*" verbindlich werden. Er kann sie also nicht ignorieren. Dies ist von Bedeutung, da diese Artikel das Verhältnis zur EMRK regeln sollen und damit auch das Verhältnis der Gerichtshöfe zueinander beeinflussen können (hierzu 5. Kapitel:A.I).

Folgt man der hier vertretenen Ansicht, so stellt sich die Charta als Teil der Verfassungsüberlieferungen der Mitgliedstaaten dar, die im Wege der wertenden Rechtsvergleichung vom *EuGH* in seiner Rechtsprechung über Art. 6 Abs. 2 EU berücksichtigt werden muss (was zumindest in seiner neueren Rechtsprechung indirekt auch erfolgt ist). Dabei stellt sie nur eine Momentaufnahme dar. Der

---

[322] Hierzu auch *Vedder*, in: Bottke/Möllers/Schmidt (Hrsg.), Recht in Europa, S. 315, 328; *Tettinger*, NJW 2001, 1010, 1015.

[323] Ein anderes Beispiel ist die Aufnahme der Beschränkung der Biomedizin in Art. 3 Charta. Vgl. *Schmitz*, in: Blumenwitz/Gornig/Murswiek (Hrsg.), Die Europäische Union als Wertegemeinschaft, S. 73, 96.

EuGH ist mithin auch weiterhin frei, zusätzlich die Verfassungstraditionen der einzelnen Mitgliedstaaten auf mögliche Abweichungen und neue Entwicklungen hin zu untersuchen.

4. Methode der wertenden Rechtsvergleichung

Nach überwiegender Auffassung wird die Methode der wertenden Rechtsvergleichung zur Ermittlung von Grundrechten durch den *EuGH* angewandt.[324] Hierunter wird seit der Entwicklung dieser Methode durch *Zweigert* eine kritische, historische und rechtsvergleichende Untersuchung verstanden, bei der die „*beste Lösung*" herauskommen soll.[325] Es geht gerade nicht um einen Minimal- oder Maximalstandard als Ergebnis.[326] Liegen verschiedene gleichwertige Lösungen vor, so ist die Lösung vorzuziehen, die mit den Zielen der Gemeinschaft am besten in Einklang zu bringen ist. Gibt es hiernach wiederum verschiedene Lösungen, so kann der *EuGH* frei wählen.[327] Es geht mithin darum, einen sachgerechten Ausgleich zwischen den Interessen der Gemeinschaft und denen eines Einzelnen zu erzielen.[328] Wegen der Suche nach der „besten Lösung" trägt diese Methode wie schon die ihr zugrunde liegenden Rechtserkenntnisquellen zur Dynamik der Rechtsprechung bei. Denn die Ziele der Gemeinschaft können sich ändern, so dass bei einer kritischen Umschau ein anderes Ergebnis als das bisherige sich als das beste herauskristallisieren kann.

Überwiegend wird diese Methode in den Urteilen des *EuGH* nicht erkennbar; dort fehlt es meist an einer ausführlichen rechtsvergleichenden Begründung.[329] Trotzdem liegt dieser Ansatz der Rechtsprechung zugrunde. Wiederholt findet sich in den Urteilen des *EuGH* die Formel, dass sich die aus den Mitgliedstaaten herrührenden Regeln in die „*Ziele und Strukturen des europäischen Gemeinschaftsrechts*" einpassen lassen müssen.[330]

---

[324] Statt vieler *Pernice/Mayer*, in: Grabitz/Hilf (Hrsg.), Kommentar zur EU, nach Art. 6 EUV Rn. 13.

[325] *Zweigert*, RabelsZ, Jg. 28 (1964), 601, 610.

[326] *Pernice*, NJW 1990, 2409, 2414; *Wetter*, Die Grundrechtscharta des EuGH, S. 48; *Roider*, Perspektiven einer europäischen Rundfunkordnung, S. 142.

[327] *Zweigert*, RabelsZ, Jg. 28 (1964), 601, 611.

[328] *Wetter*, Die Grundrechtscharta des EuGH, S. 48.

[329] *Kingreen*, JuS, 2000, 857, 859. Zu den seltenen Fällen, in denen der *EuGH* eine ausführlichere Begründung liefert siehe *Wetter*, Die Grundrechtscharta des EuGH, S. 49 ff. Vgl. hierzu auch insgesamt die Untersuchung von *Weiß*, Verteidigungsrechte, S. 48 ff., der zu dem Ergebnis kommt, dass eine wirkliche Rechtsvergleichung beim *EuGH* fehlt.

[330] So zuerst in Bezug auf die Grundrechte *EuGH*, Slg. 1970, S. 1125, 1135 – Internationale Handelsgesellschaft/Einfuhr- und Vorratsstelle für Getreide und Futtermittel.

Zu klären ist insoweit, was unter den Zielen und der Struktur des Gemeinschaftsrechts zu verstehen ist. So legt der EG-Vertrag die Ziele der Gemeinschaft zwar in Art. 2 EG fest, doch es handelt es sich hierbei um wirtschaftliche Ziele, die nur teilweise in Zusammenhang mit vom *EuGH* entwickelten Grundrechten stehen. Unklar wäre z.B. wie Religions- und Bekenntnisfreiheit oder die Achtung des Familienlebens sich an die in Art. 2 EG genannten Ziele anpassen sollen. So konstatieren *Bleckmann* und *Pieper* ganz zu Recht, dass die meisten Rechtsgrundsätze kein Mittel zur Durchsetzung der wirtschaftlichen Ziele darstellen.[331] Hinsichtlich der „Struktur“ ist anzumerken, dass über Art. 6 Abs. 1 EU die wesentliche Grundsätze der Union bestimmt werden, an die sich die Grundrechte anpassen können. Diese Strukturprinzipien der Union gelten für das „Dach“ der Union und auch für die „Säule“ Gemeinschaft.

Es bleibt aber festzuhalten, dass die Methode des *EuGH* nicht dazu führt, Rechtssicherheit zu schaffen. Es ist nicht vorhersehbar, welches Grundrecht der *EuGH* entwickeln wird. Maßgeblich sind allein Ziele (und diese wohl auch eher zu einem vernachlässigbaren Anteil) und Strukturen der Gemeinschaft.[332]

Als Ergebnis der dargestellten Methode „erhält“ der *EuGH* ein Grundrecht, welches nun der Auslegung offen steht, denn mit der Methode allein ist der genaue Inhalt eines Grundrechts in Bezug auf den Einzelfall noch nicht geklärt.

Schließlich bleibt festzuhalten, dass der *EuGH* die dargestellte Methode auf die Verfassungsüberlieferungen der Mitgliedstaaten und auf die EMRK anwendet. Er sollte auch bei der Charta der Grundrechte davon Gebrauch machen, da sie nach dem hier gefundenen Ergebnis zum Teil zu den Verfassungsüberlieferungen der Mitgliedstaaten zählt.

Hier wird ein entscheidender struktureller Unterschied zwischen der Grundrechtsdogmatik des *EuGH* und des *EGMR* deutlich: Während der *EGMR* „seine“ Grundrechte nur aus **einer** Rechtsquelle bezieht, speist der *EuGH* nach wie vor seine Grundrechte aus im Wandel befindlichen verschiedenen Rechtserkenntnisquellen.

VII. Auslegungsmethoden des EuGH in Bezug auf Grundrechte

Wie oben dargestellt, bedürfen die vom *EuGH* entwickelten Grundrechte der umfassenden Auslegung. Dabei bedient er sich wie jedes anderes Gericht bestimmter Auslegungsmethoden. In der vorliegenden Untersuchung wird nur auf

331 *Bleckmann/Pieper*, in: Dauses (Hrsg.), Handbuch des EU-Wirtschaftsrechts, Bd. 1, B.I, Rn. 71.

332 *Weiß*, Verteidigungsrechte, S. 61.

die Auslegungsmethoden Bezug genommen, die in Zusammenhang mit den Grundrechten stehen.[333]

1. Allgemeines zu den Auslegungsmethoden des EuGH

Wenn in der Auslegung strukturelle Unterschiede in den Methoden des *EGMR* und *EuGH* bestehen, so kann dies Auswirkungen für den einzelnen Rechtssuchenden haben, denn die Grundrechte entfalten ihre Wirkung in der Weise, wie sie von dem für sie zuständigen Gericht ausgelegt werden. Damit ist die Haltung des obersten Gerichts in Auslegungsfragen von weit reichender Bedeutung.[334] Zu klären bleibt demnach, ob der *EuGH* bei der Auslegung anders als der *EGMR* vorgeht. Problematisch ist dabei insbesondere, dass dem *EuGH* als Primärquelle kein geschriebener Grundrechtskatalog zur Verfügung steht und er in seiner Rechtsprechung den Wesensgehalt der gefundenen Grundrechte nicht präzise herausarbeitet.[335]

Auch der *EuGH* bedient sich zunächst wie die nationalen Gerichte der gängigen Auslegungsmethoden wie Wortlaut, System, Teleologie und Historie.[336] Dabei treten aber Besonderheiten zu Tage, die sich aus der Eigenständigkeit der europäischen Rechtsordnung[337] und der Supranationalität ergeben, denen hier besondere Beachtung geschenkt werden soll.

2. Besonderheiten bei der Auslegung der ungeschriebenen Grundrechte

Bei der Auslegung der in der Rechtsprechung des *EuGH* verankerten Grundrechte muss wegen der Art und Weise ihrer Entwicklung der Wortlaut zurückstehen. Wie oben festgestellt gibt es keine geschriebenen Grundrechte, also auch keinen Wortlaut, den man nur zu interpretieren hätte, genauso wenig kann bei diesen Grundrechten der Wortlaut als Grenze der Auslegung fungieren. Dies wäre allein möglich bei einer verbindlichen, festgeschrieben Charta. Nur der Wortlaut der EMRK, der Verfassungen der Mitgliedstaaten und der Charta wird im Rahmen der Methode der wertenden Rechtsvergleichung berücksichtigt.

---

[333] Siehe als weiterführende Literatur zu den Auslegungsmethoden des *EuGH* im Allgemeinen: *Anweiler*, Die Auslegungsmethoden des EuGH; *Buck*, Über die Auslegungsmethoden des EuGH.

[334] *Kugelmann*, Grundrechte in Europa, S. 9.

[335] Hierzu *Selmer*, Gewährleistung der unabdingbaren Grundrechtsstandards, S. 122 f.; *Huber*, EuZW 1997, 517, 521.

[336] Vgl. *Streinz*, Europarecht, Rn. 570; *Schwarze*, in: ders. (Hrsg.), EU-Kommentar, Art. 220, Rn. 27.

[337] Vgl. *Schlochauer*, in: Caemmerer/Schlochauer/Steindorff (Hrsg.), FS Hallstein, S. 431, 447.

Auch die historische Auslegung ist hier zu vernachlässigen.[338] Historisch sind die Grundrechte der EG durch den *EuGH* entwickelt worden so dass man demnach seinen Willen bei der Entwicklung beachten müsste. Gerade dies macht aber keinen Sinn. Der *EuGH* kann nicht bei der Auslegung seinen eigenen historischen Willen berücksichtigen. Im Übrigen würde die Rückschau auf diesen Willen des „Normgebers“ *EuGH* der Dynamik der Grundrechtsprechung widersprechen.

3. Teleologie

Nach der teleologischen Auslegung ist der Sinn und Zweck der Norm festzustellen. Da es im Vergleich zum *EGMR* keinen Vertrag über Grundrechte gibt, kann hierbei auch nicht nach dem Vertragszweck direkt gefragt werden. Allerdings ist die Achtung der Grundrechte über Art. 6 Abs. 2 EU primärrechtlich festgeschrieben, so dass mittelbar der Vertragszweck des EU-Vertrages wie auch des EG-Vertrages zu berücksichtigen ist. Wegen der Supranationalität der Gemeinschaft steht diese Auslegung auch nicht im Widerspruch zum Willen der Mitgliedstaaten, da diese bereits wesentliche Hoheitsrechte auf die EG übertragen haben (vgl. hierzu beim *EGMR* 2. Kapitel:A.IV.3). So haben sie die Vertragsziele bestimmt und den Gemeinschaften durch die Rechteübertragung die Möglichkeit eröffnet, die genannten Ziele effektiv zu erreichen. Der Wille der Mitgliedstaaten hat demnach zurückzustehen.

Besonderer Bedeutung kommt in diesem Zusammenhang dem Prinzip des effet utile zu, von dem sich der *EuGH* bei der teleologischen Auslegung leiten lässt.[339] Maßgeblich ist insofern die Auslegung, die die Vertragsziele am wirksamsten fördert.[340] Wie schon bei der wertenden Rechtsvergleichung müssen sich die Grundrechte also an die Ziele der Gemeinschaftsintegration anpassen. In dieser Weise vermischen sich mithin Methode der Entwicklung eines Grundrechts und die Auslegung desselben. Im Ergebnis ist zu beachten, dass der Schutzbereich eines Grundrechts nur so weit ausgelegt werden darf, wie die Ziele des Vertrages nicht behindert werden. Diese stehen grundsätzlich an erster Stelle und nicht der Schutz des Einzelnen und die Verbürgungen seiner Freiheitsrechte. Dies ist aus Sicht des Grundrechtsschutzes zwar bedenklich, da dieser eben zweitrangig

---

[338] Hierzu *Schwarze*, in: ders. (Hrsg.), EU-Kommentar, Art. 220, Rn. 28; *Schlochauer*, in: Caemmerer/Schlochauer/Steindorff (Hrsg.), FS Hallstein, S. 431, 448; *Wegener*, in: Calliess/*Ruffert* (Hrsg.), Kommentar EUV/EGV, Art. 220 Rn. 12; *Bleckmann/Pieper*, in: Dauses (Hrsg.), Handbuch des EU-Wirtschaftsrechts, B.I., Rn. 40; *Kutscher*, EuR 1981, 392, 393.

[339] Vgl. *Bleckmann/Pieper*, in: Dauses (Hrsg.), Handbuch des EU-Wirtschaftsrechts, B.I., Rn. 19; *Wegener*, in: Calliess/Ruffert (Hrsg.), Kommentar EUV/EGV, Art. 220 Rn. 14.

[340] *EuGH*, Rs. 35/71 1971, S. 1083, 1093 – Schleswig-Holsteinische Landwirtschaftliche Hauptgenossenschaft EGmbH/Hauptzollamt Itzehoe.

ist, doch gibt es über Art. 6 Abs. 2 EU eine Garantie, dass Grundrechte zu beachten sind. Insoweit besteht ein Mindestniveau, welches nicht unterschritten werden darf. Eine Unterschreitung ist dann anzunehmen, wenn der Kernbestand der Grundrechte, die nach der Methode der wertenden Rechtsvergleichung zu den allgemeinem Rechtsgrundsätzen zählen, angetastet und ausgehöhlt wird. Die Auslegung darf mithin dieses Mindestniveau nicht berühren, so dass der materielle Gehalt der Grundrechte leer laufen würde.

Eine weitere Besonderheit der teleologischen Auslegung im Bereich des Grundrechtsschutzes ist die dynamische Interpretation. Da die Grundrechte im Wege der wertenden Rechtsvergleichung gewonnen werden, muss die Rechtsprechung hier dynamisch und entwicklungsoffen sein.[341] Die Verfassungen der Mitgliedstaaten können sich im Laufe der Rechtsprechung ändern, wie auch die EMRK bzw. ihre Zusatzprotokolle und andere völkerrechtliche Verträge. Diesen Entwicklungen muss der *EuGH* Rechnung tragen, wenn er ein einmal entwickeltes Grundrecht auslegt. Er kann sich nicht statisch auf seine früheren Aussagen berufen, sondern muss das Grundrecht an die möglicherweise geänderten Umstände anpassen und dessen Auslegung und Tragweite stets neu überprüfen. Dies kann er, indem er eine dynamische Auslegung vornimmt. Insoweit ist es sogar von Vorteil, dass kein geschriebener Katalog besteht, denn damit ist der *EuGH* auch nicht durch den Wortlaut als Grenze der Auslegung gebunden.

Die Dynamik der Grundrechtsauslegung zeigt sich in dem Urteil des *EuGH* in der Rechtssache *Schmidberger*[342] aus dem Jahre 2003, in dem der *EuGH* erstmals eine Abwägung zwischen einem Grundrecht und einer Grundfreiheit vornimmt. Er passt damit seine Rechtsprechung der Tatsache an, dass den Grundrechten auf europäischer Ebene aufgrund der fortschreitenden Rechtssetzung durch die EG/EU mehr Bedeutung zukommt. Diese Rechtsprechung bestätigt er in der Rechtssache *Omega Spielhallen- und Aufstellungs-GmbH* in Bezug auf die Dienstleistungsfreiheit.[343]

Damit bekräftigt der *EuGH* letztlich, dass die Verwirklichung des Binnenmarktes mittels der Grundfreiheiten nicht mehr alleiniges Ziel des Vertrages ist, sondern dass weiteres Ziel die Gewährleistung der Grundrechte der Gemeinschaft ist. Diese beiden Ziele sind mithin in einen Ausgleich zu bringen, der an die Me-

---

341 Vgl. *Ritgen*, ZRP 2000, 371.

342 *EuGH*, Rs. C-112/00, Slg. 2003, I-5659 – Eugen Schmidberger, Internationale Transporte und Planzüge/Republik Österreich.

343 *EuGH*, Rs. C-36/02, Slg. 2004, I-9609, Rn. 35 – Omega Spielhallen- und Aufstellungs-GmbH/Oberbürgermeisterin der Bundesstadt Bonn.

thode der praktischen Konkordanz im nationalen Verfassungsrecht erinnert.[344] Damit steht der ursprüngliche wirtschaftliche Zweck des EG-Vertrages nicht mehr alleine an erster Stelle. Inwieweit den Grundrechten der Vorrang eingeräumt werden wird, bleibt abzuwarten.

4. Systematik

Auch systematisch sind bei der Auslegung die Verträge mittelbar über Art. 6 Abs. 2 EU heranzuziehen. Die Grundrechte müssen in Zusammenhang mit den anderen Vertragsbestimmungen gesehen werden. Aus diesem Grund ist hier wie bei der Teleologie der effet utile mit einzubeziehen.[345]

Im Rahmen der Systematik ist bei den Grundrechten insbesondere auf die Besonderheit der autonomen Auslegung einzugehen. Wegen der Eigenständigkeit und der Einheit der europäischen Rechtsordnung müssen die Grundrechte unabhängig von den nationalen Grundrechten ausgelegt werden.[346] Nur bei ihrer Entwicklung darf auf das nationale Recht zurückgegriffen werden, so dann ist aber allein nach der Systematik der Verträge zu entscheiden, wie ein Rechtsbegriff gemeinschaftsrechtlich auszulegen ist. Würde hier wiederum auf das nationale Recht Rücksicht genommen werden, so könnte sich der *EuGH* dem Vorwurf ausgesetzt sehen, die Einheit der europäischen Rechtsordnung zu gefährden. Was z.B. unter einem Beruf zu verstehen ist, kann in den Mitgliedstaaten unterschiedlich geregelt sein. Daher müssen die Begriffe wie bei den Grundfreiheiten autonome Begriffe des Gemeinschaftsrechts darstellen.

5. Gewichtung der verschiedenen Auslegungsmethoden

Nachdem feststeht, dass für die vorliegende Untersuchung weder auf die grammatikalische noch die historische Auslegung abgestellt werden kann, stellt sich die Frage der Gewichtung der beiden verbleibenden Methoden.

Da die Gemeinschaft auf die Verwirklichung der im EG-Vertrag genannten Ziele angelegt ist, muss der teleologischen Interpretation besondere Bedeutung zukommen.[347] Dem wird schon bei der wertenden Rechtsvergleichung Rechnung getragen. Insofern wird die Methode favorisiert, die *„die Verwirklichung der*

---

344 Hierzu *Dörr*, in: Bayrische Landeszentrale für neue Medien (Hrsg.), BLM Symposium Medienrecht 2003, S. 73, 85f.

345 Vgl. *Bleckmann/Pieper*, in: Dauses (Hrsg.), Handbuch des EU-Wirtschaftsrechts, B.I., Rn. 38.

346 Vgl. *Schwarze*, in: ders. (Hrsg.), EU-Kommentar, Art. 220, Rn. 30, *Bleckmann/Pieper*, in: Dauses (Hrsg.), Handbuch des EU-Wirtschaftsrechts, B.I., Rn. 53.

347 Vgl. *Thewes*, Bindung und Durchsetzung der gerichtlichen Entscheidungen in der EU, S. 14; *Schroeder*, JuS 2004, 180, 183.

Vertragsziele am meisten fördert und die Funktionsfähigkeit der Gemeinschaft sichert"[348]. Der Gerichtshof wendet sich daher erst dem Sinn und Zweck der Vorschrift, in diesem Fall des Grundrechts, zu, bevor er den Zusammenhang mit anderen Normen untersucht. Liegt geschriebenes Recht vor, so festigt er das gefundene Ergebnis ergänzend mit dem Wortlaut.

6. Weitere Besonderheiten in Zusammenhang mit den Auslegungsmethoden

Weiter steht fest, dass die Grundrechte nicht uneingeschränkt gelten. So müssen demnach ihre ungeschriebenen Schranken ebenfalls die Ziele der Gemeinschaft verfolgen.[349] Das oben zur teleologischen Interpretation Gesagte gilt entsprechend.

Schließlich ist bei der Auslegung der Verhältnismäßigkeitsgrundsatz[350] zu beachten, der korrigierend wirkt und in Art. 5 Abs. 3 EG festgeschrieben wurde. Besonders diese Verhältnismäßigkeitsprüfung des *EuGH* wird als unzureichend kritisiert.[351] Der *EuGH* vermengt hierbei oft die Erforderlichkeit und Angemessenheit einer Maßnahme, sofern er nicht schon vorher feststellt, dass eine bestimmte Maßnahme nicht „*offensichtlich ungeeignet*" sei, das angestrebte Ziel zu erreichen.[352] Dann kommt es nicht einmal zu einer Prüfung der Erforderlichkeit. Deshalb von einer Verabschiedung des *EuGH* aus der Prüfung der Verhältnismäßigkeit zu sprechen,[353] scheint angesichts seiner weiteren Rechtsprechung überzogen.[354] Gerade in der Rechtssache *Schmidberger* setzte sich der EuGH umfassend mit der Verhältnismäßigkeit auseinander und prüfte nicht nur kursorisch.

Teilweise wird noch die Rechtsvergleichung als so genannte fünfte Auslegungsmethode herangezogen.[355] Bei den Grundrechten sollte sie aber nicht als eigenständige Auslegungsmethode gezählt werden, da es doch einen strukturellen Unterschied macht, ob die Methode verwendet wird, um Recht zu schaffen oder um vorhandenes Recht auszulegen und so weiterzuentwickeln oder zu konkretisieren. Die Rechtsordnungen der Mitgliedstaaten werden insofern bereits

---

348 *Streinz*, Europarecht, Rn. 570.

349 Vgl. *Pelzl*, in: Matscher (Hrsg.), Erweitertes Grundrechtsverständnis, 51, 63.

350 Siehe z.B. *EuGH*, Rs. 29/69, Slg. 1969, S. 419, 425 – Stauder/ Stadt Ulm.

351 Statt Vieler *Ritgen*, ZRP 2000, 371, 372.

352 Z.B. *EuGH*, Rs. C-491/01, Slg. 2002, I-11453 – British American Tobacco.

353 So *Schneider*, in: Häberle/Morlok/*Skouris* (Hrsg.), FS Tsatsos, S. 619, 623.

354 Vgl. z.B. *EuGH*, Rs. C- 112/00, Slg. 2003, I-5659, Rn. 82 ff. – Eugen Schmidberger, Internationale Transporte und Planzüge/Republik Österreich.

355 *Wegener*, in: Calliess/*Ruffert* (Hrsg.), Kommentar EUV/EGV, Art. 220 Rn. 15; *Schroeder*, JuS 2004, 180, 183 f.

bei der dynamischen Auslegung berücksichtigt Daher dürfte diese Methode bei der Grundrechtsauslegung nicht mehr gesondert zur Anwendung kommen, wenn die Entwicklung des Grundrechts abgeschlossen ist.

VIII. Rechtsschutz

Nach Art. 220 EG sichert der *EuGH* die Wahrung des Rechts bei der Auslegung und Anwendung des EG-Vertrages, womit er für den Rechtsschutz innerhalb der Gemeinschaft zuständig ist. Die Zuständigkeit des *EuGH* für bestimmte Verfahren ergibt sich enumerativ aus dem Gemeinschaftsrecht. Wegen dieser begrenzten Zuständigkeit ist es möglich, dass in einzelnen Fällen, die das Gemeinschaftsrecht betreffen, kein Zugang zum *EuGH* besteht, so dass man von Rechtsschutzlücken auf europäischer Ebene spricht.[356]

Man kann die Verfahren in Direktklagen (Vertragsverletzungsverfahren, Nichtigkeitsklage, Untätigkeitsklage, Amtshaftungsklage und Beamtenklage), Vorabentscheidung, Gutachtenverfahren und weitere Verfahren einteilen.[357] Wichtig bei der Zulässigkeit der Direktklagen ist die Unterscheidung in privilegierte und nicht privilegierte Kläger. Nicht privilegierte Kläger sind natürliche und juristische Personen, die weitere besondere Voraussetzungen erfüllen müssen, damit ihre Klagen zulässig sind (siehe Art. 230 Abs. 4 EG).

1. Verfahren mit grundrechtlicher Relevanz

Im Weiteren soll nur auf die Verfahren eingegangen werden, die eine besondere grundrechtliche Relevanz haben können.[358] Für die Problemstellung der Arbeit ist es aber nicht ausreichend, nur auf den Individualrechtsschutz einzugehen. Grundrechte können auch bei anderen Verfahren von Bedeutung sein, in denen der *EuGH* im Verhältnis zum *EGMR* divergierende Entscheidungen treffen könnte.

a) Verfahren der Vorabentscheidung

Von besonderer Wichtigkeit ist zunächst das Verfahren der Vorabentscheidung nach Art. 234 EG. Zweck dieses Verfahrens ist die einheitliche Auslegung und Anwendung des EG-Rechts in den Mitgliedstaaten.[359] Mittels dieses Verfahrens

---

356 Mit weiteren Nachweisen *Thewes*, Bindung und Durchsetzung der gerichtlichen Entscheidungen in der EU, S. 9.

357 Statt vieler *Streinz*, Europarecht, Rn. 576.

358 Zu allen weiteren Verfahren siehe z.B. *Rengeling/Middeke/Gellermann* (Hrsg.), Handbuch des Rechtsschutzes in der EU.

359 *Middeke*, in: Rengeling/Middeke/Gellermann (Hrsg.), Handbuch des Rechtsschutzes in der EU, § 10 Rn. 2.

entscheidet der *EuGH* über die Auslegung des EG-Vertrages, über die Gültigkeit und die Auslegung von Handlungen der Organe der Gemeinschaft und über die Auslegung bestimmter Satzungen. Hier stellt sich oft die Frage der Vereinbarkeit mit Gemeinschaftsgrundrechten, da z.B. die nationalen Gerichte bei Handlungen der Organe der Gemeinschaft keine nationalen Grundrechte beachten dürfen. Vorlageberechtigt, bzw. -verpflichtet sind die nationalen Gerichte. Eine Vorlagepflicht wird nach der konkreten Betrachtungsweise dann angenommen, wenn das letztinstanzliche Gericht zu entscheiden hat.[360] Der Einzelne kann nur mittelbar Grundrechte in diesem Verfahren geltend machen,[361] indem sein nationaler Rechtsstreit vorgelegt wird. Er kann das nationale Gericht jedoch nicht zur Vorlage zwingen, sondern diese nur anregen. Somit verbleibt der Grundrechtsschutz im Ermessen der nationalen Gerichte,[362] die entscheiden können, ob sie den Fall dem *EuGH* vorlegen, sofern keine Vorlagepflicht besteht. Wird dagegen eine Vorlagepflicht verletzt, so stellt dies einen Vertragsverstoß dar, der jedoch nur im Wege eines Vertragsverletzungsverfahrens nach Art. 226, 227 EG gerügt werden kann, welches ausschließlich von der Kommission oder einem anderen Mitgliedstaat, nicht aber von einer natürlichen Person, eingeleitet werden muss.[363]

b) Verfahren der Nichtigkeitsklage

Auch die Nichtigkeitsklage nach Art. 230 EG weist hohe grundrechtliche Relevanz auf. Ziel der Klage ist es, Handlungen der Gemeinschaftsorgane auf ihre Rechtmäßigkeit hin zu überprüften. Da in Art. 230 Abs. 4 EG natürliche und juristische Personen als nicht privilegierte Kläger genannt sind, ermöglicht das Verfahren für diese die unmittelbare Überprüfung einer möglichen Grundrechtsverletzung.[364] Voraussetzung ist allerdings, dass sie eine an sie ergangene Entscheidung überprüfen wollen oder aber, dass sie unmittelbar und individuell betroffen sind. Der Diskussion um die Auslegung dieser Voraussetzung wurde durch das Urteil des *EuG*[365] in der Rechtssache *Jégo-Quéré* neuer Nährstoff gegeben. Vor diesem Urteil verstand man unter der unmittelbaren Betroffenheit durch eine Verordnung den Fall, dass diese Verordnung selbst und nicht eine

---

360 Siehe nur *Streinz*, Europarecht, Rn. 637.

361 Vgl. *Wetter*, Die Grundrechtscharta des EuGH, S. 112; *Chwolik-Lanfermann*, Grundrechtsschutz in der EU, S. 232.

362 Vgl. *Carl*, in: Schwarze/Vitzthum (Hrsg.), FS Simson, S. 229, 231.

363 In Deutschland kann die Nichtvorlage auch eine Verletzung des Grundrechts auf den gesetzlichen Richter (Art. 101 Abs. 1 S. 2 GG) bedeuten.

364 Vgl. *Wetter*, Die Grundrechtscharta des EuGH, S. 111; *Eiffler*, JuS 1999, 1068, 1069.

365 *EuG*, Rs. T-177/01, Slg. 2002, II-2365 – Jégo-Quéré/Kommission. Siehe zur Diskussion z.B. *Lindner*, NVwZ 2003, 569 ff.; *Epiney*, NVwZ 2004, 555 ff.; *König*, JuS 2003, 257 ff.

Durchführungsmaßnahme in die Rechte des Klägers eingreift.[366] Individuelle Betroffenheit sollte vorliegen, wenn die Verordnung den Kläger wegen bestimmter persönlicher Eigenschaften oder besonderer, ihn aus dem Kreis aller übrigen Personen heraushebender Umstände berührt und ihn daher in ähnlicher Weise individualisiert wie einen Adressaten einer Entscheidung.[367] Diese Konstellation tritt jedoch nur selten ein, so dass die Voraussetzung eine schwer zu überwindende prozessuale Hürde darstellt. Das Gericht erster Instanz stellte in seinem Urteil fest, dass es kein zwingendes Argument für eine solche Auslegung gebe, so dass im Hinblick auf ein vollständiges Rechtschutzsystem des EG-Vertrages die bisherige Auslegung überdacht werden müsse.[368] Individuelle Betroffenheit liege demnach vor, wenn eine allgemein geltende Maßnahme die Rechtsposition eines unmittelbar Betroffenen, unzweifelhaft und gegenwärtig beeinträchtigt, indem sie seine Rechte einschränkt oder ihm Pflichten auferlegt.[369] Der *EuGH* ist der Auffassung des *EuG* nicht gefolgt und hält eine solche weite Auslegung für eine Verfälschung der in Art. 230 Abs. 4 EG vorgesehenen Voraussetzung,[370] so dass es bei der so genannten „*Plaumann-Formel*" bleibt. Die Haltung des *EuGH* kann trotz der Kritik an den Klagemöglichkeiten Einzelner nicht, wie *Busch* dies ausgedrückt hat, als „*unverständlich*"[371] bezeichnet werden, da der Gerichtshof nicht dazu befugt ist, neue Klagearten zu schaffen. Dies bleibt alleine den Mitgliedstaaten als „Herren der Verträge" vorbehalten.

c) Verfahren der Vertragsverletzung

Weiter können Grundrechte beim Vertragsverletzungsverfahren nach Art. 226, 227 EG, welches dazu dient, vertragswidriges Verhalten der Mitgliedstaaten festzustellen,[372] eine Rolle spielen. Als Beispiel sind folgende Sachverhalte denkbar:

Zum einen kommt das Verfahren in Betracht, wenn ein Mitgliedstaat eine Richtlinie, die ihrerseits auch Grundrechte berücksichtigt, so umsetzt, dass er die Gemeinschaftsgrundrechte in seinem nationalen Rechtsakt missachtet. Dann ist die Umsetzung möglicherweise fehlerhaft und die Grundrechte spielen im Rechtsstreit vor dem *EuGH* eine Rolle. In diesem Rechtsstreit treten mangels Parteifä-

---

366 *EuGH*, Rs. 41-44/70, Slg. 1971, S. 411, 420 – International Fruit Company/Kommission.

367 *EuGH*, Rs. 25/62, Slg. 1963, S. 211, 238 f. – Plaumann/Kommission.

368 *EuG*, Rs. T-177/01, Slg. 2002, II-2365, Rn. 49, 50 – Jégo-Quéré/Kommission.

369 *EuG*, Rs. T-177/01, Slg. 2002, II-2365, Rn. 51 – Jégo-Quéré/Kommission.

370 *EuGH*, Rs. C-263/02 P, Slg. 2004, I-3425, Rn. 38 – Jégo-Quéré. Auch schon *EuGH*, Rs. C-50/00P, Slg. 2002, I-6677, Rn. 39 – Unión de Pequeños Agricultores. Hierzu ebenfalls *Epiney*, NVwZ 2004, 555 ff.

371 *Busch*, Bedeutung der EMRK, S. 120.

372 Hierzu *Skouris*, in: Häberle/Morlok/*Skouris* (Hrsg.), FS Tsatsos, S. 638, 641.

higkeit die Individuen nicht auf. Diese könnten die Verletzung der Grundrechte möglicherweise in einer Amtshaftungsklage geltend machen.

Zum anderen könnte ein Mitgliedstaat, ohne dass eine Richtlinie zur Umsetzung auffordert, Rechtsnormen schaffen, die Gemeinschaftsgrundrechten widersprechen. Dann setzt sich der Staat in Widerspruch zum Recht der EG und muss die Einleitung eines Vertragsverletzungsverfahrens fürchten. Da die Mitgliedstaaten auch Verpflichtete der Gemeinschaftsgrundrechte sind,[373] müssen sie diese bei ihrer Gesetzgebung beachten. Auch hier können Individuen das objektive Verfahren nur mittelbar in Gang setzen, indem sie sich an die Kommission wenden, die sich wiederum diese Beschwerden zu Eigen machen kann und dann ein Verfahren gegen den betreffenden Mitgliedstaat einleitet.[374] Ein Anspruch auf Einschreiten der Kommission besteht nicht.

d) Verfahren der Untätigkeitsklage

Nach Art. 232 EG gibt es im Rechtsschutzsystem der Gemeinschaft eine Untätigkeitsklage, mit der das pflichtwidrige Unterlassen eines Organs der Gemeinschaft gerügt wird. Auch hierbei handelt es sich um ein Vertragsverletzungsverfahren. Sowohl privilegierte Kläger als auch nicht privilegierte Kläger können die Klage einreichen.

Ein zwingender Bezug zu den Grundrechten ergibt sich bei der Klage von natürlichen oder juristischen Personen wegen der besonderen Klagebefugnis nicht. Denn sie müssen geltend machen, dass ein Gemeinschaftsorgan es unterlassen hat, einen anderen Akt als eine Empfehlung oder Stellungnahme an sie zu richten. Gerügt wird mithin, dass keine Entscheidung nach Art. 249 Abs. 4 EG ergangen ist. Nur diese ist aber rechtlich verbindlich und kann somit eine Grundrechtsverletzung bewirken.

Dagegen können aber Grundrechte bei Klagen der Mitgliedstaaten in Betracht kommen. Die Untätigkeitsklage ist begründet, wenn den Gemeinschaftsorganen eine gemeinschaftsrechtliche Handlungspflicht zukommt und sie dieser nicht nachgekommen sind. Eine solche Pflicht könnte sich in Zusammenhang mit den Grundrechten aus Art. 10 EG ergeben, nach dem die Gemeinschaftsorgane auf die berechtigten Interessen der Mitgliedstaaten Rücksicht nehmen müssen und mit ihnen loyal zusammenarbeiten sollen. Möglich wäre demnach eine Untätigkeitsklage gegen die Organe wegen der Missachtung des Gebots der Gemein-

---

373 Zu den Voraussetzungen siehe *Koenig/Haratsch/Pechstein*, Europarecht, Rn 608; *Kerth/Schmelz*, JA 2004, 340, 341 mit Nachweis der entsprechenden Urteile des *EuGH* und umfassend *Brosius-Gersdorf*, Bindung der Mitgliedstaaten, S. 13 ff.

374 Vgl. *Thewes*, Bindung und Durchsetzung der gerichtlichen Entscheidungen in der EU, S. 50.

schaftstreue, wenn den Mitgliedstaaten vorgeworfen wird, die Grundrechte der EMRK wegen der Pflichten aus dem Gemeinschaftsrecht zu verletzen. Dann könnte sich aus Art. 10 EG die Pflicht der Gemeinschaftsorgane ergeben, Maßnahmen zu ergreifen, um die Verletzung der EMRK durch die Mitgliedstaaten mittels EMRK-konformer Gemeinschaftsrechtsakte zu beseitigen.

e) Verfahren der Amtshaftungsklage

Die Amtshaftungsklage gem. Art. 235 i.V.m. Art. 288 Abs. 2 EG sieht einen Ersatz für Schäden vor, die von Organen oder Bediensteten der Gemeinschaft in Ausübung ihrer Amtstätigkeit verursacht worden sind. Rechtsakte der Gemeinschaft werden im Rahmen der Klage inzident überprüft, so dass die Amtshaftungsklage auch als Ausgleich für Rechtsschutzdefizite angesehen wird.[375] Die Klage kann von natürlichen und juristischen Personen erhoben werden. Gegenstand der Klage ist administratives, legislatives und normatives Unrecht, so dass auch für Schäden wegen rechtswidriger Rechtsakte Schadensersatz zu leisten ist. Im Rahmen dieser Klage kann eine Verletzung von Grundrechten geltend gemacht werden, wenn hierdurch ein Schaden, sei es auch nur immaterieller Natur, entstanden ist.[376] Der zugrunde liegende Rechtsakt bleibt aber bestehen.[377] Seine Beseitigung ist mittels dieses Verfahrens nicht möglich. Durch die Amtshaftungsklage werden nur die Folgen der Grundrechtsverletzung gemildert.

f) Inzidente Normenkontrolle

Schließlich verbleibt als Verfahren mit Grundrechtsbezug die inzidente Normenkontrolle nach Art. 241 EG. Hierbei handelt es sich nicht um eine eigenständige Klageart, da sie nur in Zusammenhang mit einem anderen Verfahren erhoben werden kann. Mittels dieser Normenkontrolle kann die Rechtswidrigkeit einer Verordnung inzident festgestellt werden.

Bei natürlichen und juristischen Personen können entgegen des Wortlauts des Art. 241 EG auch andere Akte als Verordnungen gerügt werden, um das Rechtsschutzdefizit des Art. 230 EG zu verringern.[378] Indem diesen Möglichkeit eröffnet wird, gegen Verordnungen vorzugehen, die sie nicht nach Art. 230 EG hätten angreifen können, gehört das Verfahren nach Art. 241 EG zu denen mit grundrechtlicher Relevanz. Denn dann sind bei der Prüfung der Rechtswidrig-

---

375 Vgl. *Thewes*, Bindung und Durchsetzung der gerichtlichen Entscheidungen in der EU, S. 68.

376 Siehe z.B. *EuGH*, Rs. 145/83, Slg. 1985, S. 3539, Rn. 53-55 – Adams.

377 *Schneider*, in: Häberle/Morlok/*Skouris* (Hrsg.), FS Tsatsos, S. 619, 627.

378 Siehe hierzu *Streinz*, Europarecht, Rn. 569 ff.; *Thewes*, Bindung und Durchsetzung der gerichtlichen Entscheidungen in der EU, S. 84.

keit Grundrechte zu beachten. Die Wirkung des Urteils besteht nur inter partes.[379]

2. Reformen des Rechtschutzsystems

Wie im oben gesehen, gibt es kein Verfahren auf Gemeinschaftsebene, welches der Individualbeschwerde nach der EMRK[380] gleicht. Zwar gibt es das Verfahren nach Art. 230 Abs. 4 EG, doch ist dieses wegen der hohen prozessualen Voraussetzungen wenig Erfolg versprechend. Alle Akte der Gemeinschaft können mit Art. 230 Abs. 4 EG jedenfalls nicht von natürlichen oder juristischen Personen angegriffen werden. Man war bemüht, im Zuge der Entwicklung der Charta der Grundrechte der Union eine der deutschen Verfassungsbeschwerde ähnliche Grundrechtsbeschwerde zum *EuGH* einzuführen. Diese Idee wurde jedoch nicht umgesetzt. Auch der Vorschlag, Art. 230 EG zu ändern, konnte sich nur in sehr geringem Umfang durchsetzen.[381] Wird die Grundrechtscharta wie geplant mit in Kraft treten des Verfassungsvertrages verbindlich, so stellt sich die Frage ihrer Durchsetzbarkeit, da es an einem effektiven Verfahren für den Rechtssuchenden mangelt. Ein gleichwertiges Verfahren zur EMRK wurde trotz der Einführung eines Grundrechtskatalogs nicht geschaffen, so dass dem Individuum auf der Ebene des Gemeinschaftsrechts nur die oben aufgezeigten indirekten Wege bzw. eingeschränkt Art. 230 Abs. 4 EG verbleiben.

3. Wirkung der Urteile des EuGH

Je nach Art des Verfahrens vor dem *EuGH* bzw. dem *EuG* ist die Wirkung der Urteile unterschiedlich. Gemeinsam ist allen Urteilen, dass sie in Rechtskraft erwachsen, wobei der Zeitpunkt der Rechtskraft bei Verfahren vor dem *EuGH* die Verkündung ist (§ 65 VerfO-*EuGH*), bei Verfahren vor dem *EuG* Rechtskraft erst mit Ablauf der Rechtsmittelfrist bzw. mit Zurückweisung des Rechtsmittels eintritt. Die Urteile binden den *EuGH* wie die Parteien des Rechtsstreits in dem betreffenden Verfahren. Handelt es sich um ein Vorabentscheidungsverfahren, so sind selbst die mit der Sache befassten nationalen Gerichte gebunden.[382]

---

379 *Chwolik-Lanfermann*, Grundrechtsschutz in der EU, S. 244.

380 Ein mögliches Äquivalent zur Staatenbeschwerde kann im Vertragsverletzungsverfahren nach Art. 227 EG gesehen werden.

381 Zu diesem Themenkomplex siehe *Cremer*, EuGRZ 2004, 577 ff.; *Reich*, ZRP 2000, 375 ff; *Nowak*, in: ders. /Cremer (Hrsg.) Individualrechtsschutz in der EG und WTO, S. 47 ff.; zu einer Änderung des Art. 230 Abs. 4 EG *Schneider*, in: Häberle/Morlok/Skouris (Hrsg.), FS Tsatsos, S. 619, 630.

382 *Hackspiel*, in: Rengeling/Middeke/Gellermann (Hrsg.), Handbuch des Rechtsschutzes in der EU, § 27 Rn. 21 f.

Wie auch der *EGMR* erlässt der *EuGH* Feststellungsurteile und Leistungsurteile. Ein Leistungsurteil kann nach Art. 228 Abs. 3 EG ergehen, wenn nach einem begründeten Vertragsverletzungsverfahren der verurteilte Mitgliedstaat seiner Verpflichtung aus dem Urteil nicht nachgekommen ist und zur Leistung einer Sanktion verurteilt wird. Ebenso ergeht ein Leistungsurteil im Wege der Amtshaftungsklage, wenn diese begründet ist und eine Schadensersatzzahlung erfolgen soll.

Im Vertragsverletzungsverfahren – das Urteil ergeht als Feststellungsurteil – hat der *EuGH* keine Befugnis, die angegriffene Maßnahme selbst zu beseitigen oder den Mitgliedstaat zu einer bestimmten Handlung zu verurteilen. Die Wahl des adäquaten Mittels, um den Vertragsverstoß zu beenden, verbleibt beim Mitgliedstaat.[383] Ebenso hat die Untätigkeitsklage keine gestaltende Wirkung.

Das Urteil im Rahmen der Nichtigkeitsklage ergeht als Gestaltungsurteil,[384] so dass hier ein wesentlicher Unterschied zu den Urteilen des *EGMR* gegeben ist. Der angefochtene Rechtsakt wird ex tunc und mit Wirkung erga omnes für nichtig erklärt, wobei der *EuGH* nach Art. 231 Abs. 2 EG erklären kann, dass bestimmte Rechtswirkungen aufrechterhalten werden sollen. Zu beachten ist, dass der inzidenten Normenkontrolle nach Art. 241 EG diese gestaltende Wirkung nicht zukommt. Die betreffende Norm hat nur in dem bestimmten Verfahren unangewendet zu bleiben.[385] Ähnlich der Entscheidung bei der Vertragsverletzung beseitigt die Entscheidung im Verfahren der Vorabentscheidung bei Ungültigkeit von Rechtshandlungen den entsprechenden Rechtsakt.[386] Sonstige Urteile in diesem Verfahren kann man als Auslegungsurteile bezeichnen, denen wegen der Möglichkeit der nationalen Gerichte, sich unter bestimmten Voraussetzungen bei gleichen Auslegungsfragen wiederum an den Gerichtshof zu wenden, eine eingeschränkte erga omnes Wirkung zukommt.[387]

C. Zusammenfassung des zweiten Kapitels

1. *EGMR* und *EuGH* wurden mit unterschiedlichen Zielrichtungen errichtet. Der *EGMR* sollte dem Schutz der Menschenrechte dienen, um totalitäre Regime und Tyrannei in Europa abzuwehren und einen Mindeststandard

---

383 *Karpenstein, P./Karpenstein U.*, in: Grabitz/ Hilf (Hrsg.), Kommentar zur EU, Art. 226, Rn. 7.

384 *Koenig/Pechstein/Sander*, EU-, EG-Prozessrecht, Rn. 527.

385 *EuGH*, Rs. 15/33 u.a., Slg. 1974, S. 177, Rn. 36/38 – Kortner-Schots/Rat, Kommission, EP.

386 *Hackspiel*, in: Rengeling/Middeke/Gellermann (Hrsg.), Handbuch des Rechtsschutzes in der EU, § 27 Rn. 24.

387 *Koenig/Haratsch/Pechstein*, Europarecht, Rn. 506.

an Grundrechten zu etablieren, sowie die europäische Integration voranzutreiben.

2. Der *EuGH* entstand im Rahmen einer rein wirtschaftlichen Gemeinschaft. Erst im Laufe der fortschreitenden Integration erkannte man, dass auch auf Gemeinschaftsebene Grundrechte eine Rolle spielten. Die Wirtschaftsgemeinschaft entwickelte sich zur Rechts- und Wertegemeinschaft weiter.

3. Der *EuGH* speist seine Grundrechte aus unterschiedlichen Quellen, zu denen zum einen die EMRK gehört, zum anderen in Teilen die Charta der Grundrechte, die in einem beschränkten Umfang als Rechterkenntnisquelle im Wege der Verfassungsüberlieferungen der Mitgliedstaaten heranzuziehen ist.

4. Der *EuGH* ist dazu verpflichtet, die Grundrechte an die Ziele und Strukturen der Gemeinschaft anzupassen.

5. Es liegt keine Einbindung des *EuGH* in das Rechtsschutzsystem der EMRK vor, so dass der *EuGH* nicht dazu verpflichtet ist, die Urteile des *EGMR* zu beachten. Der *EuGH* ist nur gemeinschaftsintern über Art. 10 EG angehalten, sich in seiner Rechtsprechung völkerrechtsfreundlich zu verhalten, um die Mitgliedstaaten keinen Vertragsverletzungen auszusetzen.

6. Durch die Einführung des neuen *EGMR* wurde der Rechtsschutz des Einzelnen erheblich verbessert und die immer noch lange Verfahrensdauer stark gekürzt.

7. Die Individualbeschwerde vor dem *EGMR* ist das wichtigste Instrument zur Durchsetzung der Grundrechte für den Einzelnen.

8. Auf Gemeinschaftsebene sind insbesondere die Nichtigkeitsklage, das Vorabentscheidungsverfahren und auch die Untätigkeitsklage von Bedeutung. Gemeinsam ist allen Verfahren, dass der Einzelne außer unter sehr engen Voraussetzungen keine Möglichkeit hat, sein Begehren direkt vor den *EuGH* zu bringen.

9. Ein weiterer Unterschied zwischen *EGMR* und *EuGH* zeigt sich bei den Wirkungen der Urteile der Gerichtshöfe. Der *EGMR* erlässt Feststellungsurteile und Leistungsurteile, hingegen keine Gestaltungsurteile, so dass er allein dadurch in seinen Möglichkeiten, Konventionsverletzungen zu beenden, eingeschränkt ist. Dem *EuGH* kommen hingegen weit reichende

Befugnisse bei der Nichtigkeitsklage zu. Hier gestalten die Urteile unmittelbar die Rechtslage.

10. Bei der Auslegung greifen *EGMR* und *EuGH* zunächst auf allgemeine völkerrechtliche Regeln zurück. Die Anwendung dieser Methoden weist jeweils vertragsspezifische Besonderheiten auf.

11. Diese Unterschiede sind neben den unterschiedlichen Rechtsquellen der Grundrechte entscheidend dafür, dass beide Gerichtshöfe zu voneinander abweichenden Interpretationen desselben Grundrechts kommen können. Damit stellt sich der Rechtsschutz auf europäischer Ebene für das Individuum als unsicher und unbestimmt heraus.

3. Kapitel: Divergenzen im Grundrechtsschutz

Im ersten Kapitel wurde dargestellt, wie der Grundrechtsschutz durch die beiden europäischen Gerichte ausgeübt wird. Deutlich zu erkennen ist, dass Spannungen angelegt sind, die sich als Divergenzen im Grundrechtsschutz herausstellen können. Daher soll im zweiten Kapitel erläutert werden, welcher Art diese Divergenzen sind.

A. Arten von Divergenzen

Es ist im weiteren Verlauf der Arbeit zwischen formellen und materiellen Divergenzen zu unterscheiden. Diese Unterscheidung ist sinnvoll, um besser aufzeigen zu können, ob das zu lösende Problem im Bereich von Zulässigkeitsfragen und damit verbunden institutionellen Fragen liegt oder ob es um die unterschiedlich ausgestalteten materiell-rechtlichen Garantien geht. Letztere lassen möglicherweise einen anderen Lösungsansatz zu.

Unter formellen Divergenz wird in diesem Zusammenhang verstanden, dass dieselbe Rechtssache, d.h. derselbe Sachverhalt, vor beide Gerichte gebracht wird und dass diese die Sache in unterschiedlicher Weise beurteilen.[388] Wegen der Möglichkeit des einstweiligen Rechtsschutzes vor dem *EuGH*, können auch *EuGH*/*EuG* und *EGMR* gleichzeitig mit einem Sachverhalt konfrontiert sein.[389] Für die eventuelle Entstehung einer Divergenz reicht es zunächst aus, dass ein Verfahren in Gang gesetzt wird, ob dieses zulässig sein wird, ist unerheblich. Die Frage der Zulässigkeit entscheidet dann darüber, ob eine formelle Divergenz tatsächlich besteht. Fälle der formellen Divergenz sind demnach solche, dass ein Beschwerdeführer einen Akt der EG vom *EGMR* überprüfen lassen möchte, weil er glaubt, durch diesen Akt in seinen in der Konvention garantierten Rechten verletzt zu sein. Hier könnte sich die Beschwerde gegen die EG selbst, das Organ der EG, das gehandelt hat, gegen die Gesamtheit der Mitgliedstaaten oder gegen einen einzelnen Mitgliedstaat richten. Für die Frage nach einer Divergenz ist es zunächst unerheblich, ob der Akt zum Primär- oder Sekundärrecht gehört. In diesem Zusammenhang steht das Problem, ob auch dann formelle Divergenz vorliegt, wenn es sich um einen Umsetzungsakt eines Mitgliedstaates handelt, der auf einer Richtlinie beruht oder wenn ein Fall des mitgliedstaatlichen Voll-

---

388 *Stein*, in: Mosler/Bernhard/Hilf (Hrsg.), Grundrechtsschutz in Europa, S. 147, 151 f.

389 So geschehen in der Rechtssache *Senator Lines*, die bereits beim *EGMR* anhängig gemacht worden ist, während in der Hauptsache noch nicht entschieden worden war (*EGMR*, Rs. 56672/00, Entsch. v. 10.3.2004 – Senator Lines GmbH/ 15 Mitgliedstaaten der EU und *EuG*, Rs. T-191/98 u.a., Slg. 2003, II-3275, Atlantic Container Line AB u.a./Kommission). Siehe hierzu unten 3. Kapitel:B.III.6. *Dippel*, Kompetenzabgrenzung, S. 70 geht hingegen unzutreffend davon aus, dass sich der *EuGH* immer zeitlich vor dem *EGMR* mit der Sache zu befassen hat.

zugs von Gemeinschaftsrecht vorliegt. Da in diesen Konstellationen eine Beschwerde vor dem *EuGH* nicht von vornherein ausgeschlossen ist und Gemeinschaftsrecht betroffen war, sind diese Sachverhalte ebenfalls unter dem hier angesprochenen Aspekt zu behandeln.

Materielle Divergenz liegt vor, wenn der *EuGH* und der *EGMR* in gleich gelagerten Ausgangsfällen, die nicht dieselbe Rechtssache betreffen, also verschieden sind, die Garantien der EMRK bzw. die für das EG-Recht daraus gewonnenen Grundrechte unterschiedlich auslegen. Streng genommen liegt selbstverständlich keine „exakte“ Divergenz vor, da wie im ersten Kapitel dargestellt der *EuGH* nicht die EMRK direkt auslegt. Insofern stehen die beiden Gerichtshöfe nicht in einem direkten Konkurrenzverhältnis zueinander. Indem aber räumlich, über die Mitgliedstaaten und über die Rechtserkenntnisquelle, ein Zusammenhang besteht, die den Rechtssuchenden betreffen kann, kann man von einer unterschiedlichen Auslegung der EMRK im weiten Sinne sprechen. Verneint der *EuGH* eine Verletzung und bejaht sie der *EGMR*, so führt dies zu einer Divergenz. Sollte aber der *EuGH* im Gegensatz zum *EGMR* einen Verstoß gegen Grundrechte annehmen, so liegt zwar ein Unterschied im Grundrechtsschutz vor, doch ist dieser weniger schwerwiegend, da der *EuGH* in seinem Grundrechtsschutz über den Standard der EMRK hinausgehen kann.[390] Da im Fall der materiellen Divergenz nicht der identische Sachverhalt durch die Gerichtshöfe entschieden wird, ist die Vergleichbarkeit der Ausgangsfälle jeweils festzustellen.

B. Fälle formeller Divergenz

Die Straßburger Organe sind im Laufe der Zeit immer wieder mit Rechtssachen beschäftigt worden, in denen sich ein Individuum durch Akte der Gemeinschaft in seinen aus der Konvention garantierten Rechten verletzt sah. Meistens wurde Rechtsschutz zunächst beim *EuGH* gesucht, bevor der Fall in Straßburg anhängig gemacht wurde. Es gibt aber auch Rechtssachen, in denen nur der Gang zum nationalen Richter beschritten wurde, obwohl es sich der Sache nach um Gemeinschaftsrecht handelte. Hier soll die Entwicklung der Rechtsprechung zur formellen Divergenz aufgezeigt werden. Dabei wird deutlich, dass sie in sich nur teilweise konsequent ist. Sie ist aber wegweisend für das Verhältnis der beiden Gerichtshöfe zueinander.

---

390 Hierzu umfassend *Stein* in Mosler/Bernhard/Hilf (Hrsg.), Grundrechtsschutz in Europa, S. 147, 150 f.

I. Erste Rechtssachen möglicher formeller Divergenz

Bereits 1977 trat der erste Fall formeller Divergenz auf, der *EuGH* und *EKMR* beschäftigte.

Die französische Gewerkschaft *Confédération Francaise Démocratique du Travail* (*CFDT*) beschwerte sich u.a. vor dem *EuGH* gegen einen Beschluss des Rates der Europäischen Gemeinschaft,[391] durch den dieser die *CFDT* nicht zu einer der Organisationen bestimmte, denen es oblag, Listen für die Kandidaten für den Beratenden Ausschuss nach Art. 18 EGKS aufzustellen. Der *EuGH* erklärte die Klage für unzulässig, da der Klägerin die nach Art. 38 und 33 EGKS notwendige Klagebefugnis fehlte. Daraufhin erhob diese zuerst erfolglos Klage beim Conseil d'Etat francais[392] und schließlich bei der *EKMR* Beschwerde wegen einer möglichen Verletzung der Art. 11, 13 und 14 EMRK.[393] Die Beschwerde richtete sie gegen die Europäischen Gemeinschaften hilfsweise gegen die Gesamtheit der Mitgliedstaaten und gegen die einzelnen Mitgliedstaaten.

Die Menschenrechtskommission erklärte die Beschwerde gegen die Gemeinschaften für unzulässig ratione personae, da diese nicht Vertragsparteien der Konvention seien. Hinsichtlich der Beschwerde gegen die Gesamtheit der Mitgliedstaaten schloss sie auch hier ihre Zuständigkeit aus. Sie begründete dies damit, dass die Beschwerdeführerin es unterlassen habe zu erklären, was unter dem Begriff der „Gesamtheit der Mitgliedstaaten" zu verstehen sei und dass die Beschwerde sich in Wahrheit gegen den Rat der Europäischen Gemeinschaft richten sollte. Eine gegen ein Organ der Gemeinschaft gerichtete Beschwerde müsste sie aus dem gleichen Grund wie oben für unzulässig erklären. Schließlich lag bezogen auf die einzelnen Mitgliedstaaten ebenfalls Unzulässigkeit vor. Frankreich hatte die Individualbeschwerde nicht anerkannt, so dass die *EKMR* ratione personae unzuständig war. Dies war nach Auffassung der Kommission auch bei den anderen Mitgliedstaaten der Fall, da diese keine Herrschaftsgewalt iSd Art. 1 EMKR ausgeübt hätten, als sie im Rat an dem in Rede stehenden Beschluss mitwirkten.

An dieser Entscheidung wird zunächst deutlich, dass Beschwerden gegen die EG selbst oder ihre Organe nie zulässig sein können, solange die Gemeinschaften nicht der EMRK beigetreten sind. Unklar bleibt, warum sich die Kommission nicht mit der Frage der „Gesamtschuld" der Mitgliedstaaten auseinandergesetzt hat, sondern hier auf eine mögliche Umgehung des Beschwerdegegners

---

391 *EuGH*, Rs. 66/76, Slg. 1977, S. 305 – CFDT/Rat.

392 Siehe *Pescatore*, in: Matscher/Petzold (Hrsg.), FS Wiarda, S. 441, 448 f., der in diesem Fall die Frage nach einer Verweigerung der Justiz stellt.

393 *EKMR*, Rs. Nr. 8030/77, Entsch. v. 10.7.1978 – CFDT.

verwies. Grund hierfür könnte sein, dass Frankreich die Individualbeschwerde nicht anerkannt hatte und damit das Kollektiv der Mitgliedstaaten nicht in seiner Gesamtheit verantwortlich gemacht werden konnte. Damit schloss die Menschenrechtskommission nicht aus, dass in einem späteren Fall eine Verantwortlichkeit der Mitgliedstaaten bestehen könnte.[394] Auch das Problem, ob die Mitgliedstaaten Herrschaftsgewalt iSd Art. 1 EMRK ausgeübt hätten, wurde nicht umfassend gelöst. Die *EKMR* warf zwar die Frage der Verantwortlichkeit für die Entscheidung des Rates auf Ebene der Konvention auf, doch gibt sie keine Begründung für ihren Standpunkt. Sie hätte sich mit dem Begriff der Herrschaftsgewalt näher auseinandersetzen müssen, da sowohl eine enge als auch eine weite Auslegung des Begriffs in Betracht kommen.[395] Man hätte sehr wohl bei weiter Auslegung eine Verantwortung der Mitgliedstaaten annehmen können, da sie im Rat auch als Staaten und nicht nur als Organteile handeln. Sie bleiben mithin an die von ihnen abgeschlossenen völkerrechtlichen Verträge gebunden, so auch an die Konvention.[396] Soll das Ziel der Konvention erreicht werden, den Menschenrechtsschutz effektiv zu gestalten, so dürften sich die Mitgliedstaaten nicht durch die Bildung neuer internationaler Organisationen von ihren Verpflichtungen befreien können.

In der Folgezeit erging eine weitere Entscheidung der *EKMR*, in der sie eine Unzulässigkeit ratione personae annahm, da Organe der EG oder die Gemeinschaften eben nicht Mitglied der EMRK waren und sind. Die Beschwerde richtete sich gegen Italien und das Europäische Parlament.[397]

Bereits 1988 kam es zu einem weiteren Fall der möglichen Divergenz, der gleichwohl von der *EKMR* als unzulässig angesehen wurde.

C. Dufay war Bedienstete am Europäischen Parlament und wehrte sich nach ihrer Kündigung mit einer Klage vor dem *EuGH* gegen ihre Eingruppierung in eine bestimmte Besoldungsgruppe und beantragte die Nachzahlung von Gehalt und Schadensersatz wegen der Entlassung.[398] Der *EuGH* wies die Klage als unzulässig ab, da die Klägerin die Frist zur Einreichung der Beschwerde nicht eingehalten hatte. Dabei nahm der *EuGH* auch auf Art. 6 EMRK Bezug und erläu-

---

394 *Peukert*, in: Mahoney/Matscher/Petzold/Widhaber (eds.), GS Ryssdal, S. 1107, 1112.

395 Vgl. *Busse*, ThürVBl. 2001, 73, 76 f.

396 *Ress*, ZEuS 1999, 471, 479, der die Argumentation als „*nicht ganz korrekt*" bezeichnet. *Pescatore*, in: Matscher/Petzold (eds.), FS Wiarda, S. 441, 449 nennt sie sogar „*totalement erronée*".

397 *EKMR*, Rs. 11574/85, Entsch. v. 5.10.1987 – Associazione Spirituale per l'Unificazione del Mondo Cristiano/Italien.

398 *EuGH*, Rs. 257/85, Slg. 1987, S. 1561 – C. Dufay/Europäisches Parlament.

terte, dass der Grundsatz des fairen Prozesses in der Gemeinschaft anerkannt sei, eine festgelegte Klagefrist stehe dem aber nicht entgegen.

Anschließend erhob die Betroffene Beschwerde bei der *EKMR* wegen eines möglichen Verstoßes gegen Art. 6 Abs. 1 EMRK (Verletzung ihres Rechts auf einen Prozess vor dem *EuGH*) und zwar gegen die Gemeinschaften, hilfsweise gegen das Kollektiv der Mitgliedstaaten und gegen jeden Mitgliedstaat einzeln.[399] Insoweit wiederholte sich der Sache nach die Rechtssache *CFDT* und die *EKMR* zog diese Entscheidung zur Begründung heran. Die Gemeinschaften kamen ratione personae als Beschwerdegegner nicht in Betracht. Nun sprach die *EKMR* erneut die Frage der Verantwortlichkeit der Mitgliedstaaten für Akte der Gemeinschaft auf der Ebene der EMRK an, versuchte sie jedoch nicht zu lösen, sondern prüfte den Fall weiter unter der Prämisse, dass eine solche mitgliedstaatliche Verantwortung bestünde. Abschließend löste sie den Fall derart, dass sie bei bestehender Verantwortung der Mitgliedstaaten den Rechtsweg zum *EuGH* als innerstaatlichen Rechtsweg nach Art. 35 EMRK ansah, der zunächst erschöpft werden müsste. Da die Beschwerdeführerin wie vom *EuGH* festgestellt wegen der Fristversäumnis dem nicht nachgekommen war, war die Beschwerde auch gegen das Kollektiv der Mitgliedstaaten und gegen jeden einzelnen unzulässig. Damit entschied die Menschenrechtskommission auch hier die Frage der gemeinsamen Verantwortung für übertragene Hoheitsrechte nicht.

Bemerkenswert ist aber, dass der Rechtsweg zum *EuGH* als innerstaatlich angesehen wird, obwohl die Gemeinschaft kein Mitglied der Konvention ist und dies auch zum damaligen Stand der Rechtslage nicht werden konnte. Dadurch haben die Individuen erst zu versuchen, auf der Ebene des Gemeinschaftsrechts ihr Recht zu finden, sofern es einen zu beschreitenden Rechtsweg gibt. Dabei muss das gleiche gelten wie für die Rechtswege der Mitgliedstaaten. Hieraus kann man bereits schließen, dass die *EKMR* eine Beschwerde gegen die Mitgliedstaaten wegen Verletzung der EMRK durch Akte der Gemeinschaft nicht von vornherein ausschließt.[400] Aus der Entscheidung könnte man zusätzlich herauslesen, dass die Kommission die Organe der EMRK als letztentscheidend für Menschenrechte in Europa ansieht, wenn der Rechtsweg zum *EuGH* bei Handeln der

---

399 *EKMR*, Rs. 13539/88, Entsch. v. 19.1.1989 – Dufay/Europäische Gemeinschaften bzw. Gesamtheit der Mitgliedstaaten und die Staaten individuell.

400 Vgl. *Ress*, ZEuS 1999, 471, 479; *Peukert*, in: Mahoney/Matscher/Petzold/Widhaber (eds.), GS Ryssdal, S. 1107, 1112; *Rosakis*, in: Iliopoulos-Strangas (Hrsg.), Grundrechtsschutz im europäischen Raum, S. 279, 287. So auch *Winkler*, Beitritt der EG zur EMRK, S. 63 f. und S. 173, der es als positiv ansieht, dass der gemeinschaftsrechtliche Rechtsweg iSd Art. 35 EMRK zu sehen ist. Er beschäftigt sich aber nicht mit den weiteren Konsequenzen, die sich hieraus ergeben. Ausführlicher erläutert er hingegen zutreffend, dass der *EuGH* bei auf Gemeinschaftsrecht beruhenden mitgliedstaatlichen Handeln im Wege der Vorabentscheidung wie ein nationales Gericht zu behandeln ist.

Organe der Gemeinschaft dem zu den nationalen Gerichten gleichgesetzt wird. Dann ist der *EuGH* aus Sicht der EMKR nur ein Gericht unter vielen.

II. „Solange II Rechtsprechung" auf europäischer Ebene – Rechtssachen Lindsay und M. & Co.

Die Frage der Verantwortlichkeit der Mitgliedstaaten der EG stellte sich erneut in der viel beachteten Entscheidung *M. & Co.* Ihr gingen weitere Entscheidungen voraus, die sich ebenfalls mit diesem Komplex beschäftigten und auf die die Menschenrechtskommission zum Teil selbst in der Entscheidung Bezug nahm. Die Begründung der Menschenrechtskommission wird durch Verständnis der nachfolgenden Rechtssachen nachvollziehbarer.

1. Rechtssache Lindsay – Sachverhalt und Begründung

Bereits 1979 hatte sich die Menschenrechtskommission mit der Rechtssache *Lindsay/Großbritannien*[401] auseinanderzusetzen. *Lindsay*, Vorsitzender der British Ulster Dominion Party in Nord-Irland, und andere hochrangige Mitglieder der Partei, hielten den European Assembly Elections Act 1978, der Grundlage für die Wahlen zum Europäischen Parlament ist, mit seinen Vorgaben hinsichtlich der geltenden Mehrheitssysteme, die in England, Schottland und Wales und in Nord-Irland unterschiedlich ausgestaltet waren, für mit der Konvention unvereinbar (Art. 3 ZP Nr. 1). Sie bemängelten, dass eine Stimme in einem Staat keinen unterschiedlichen Wert haben dürfte, unabhängig von der Region im Staat, in der sie gezählt werde.

Hierzu stellte die Menschenrechtskommission fest, dass mit dem Begriff „*gesetzgebende Körperschaften*" in Art. 3 ZP Nr. 1 zunächst die nationalen Gesetzgeber gemeint seien. Gleichzeitig schloss sie bereits zu diesem Zeitpunkt nicht aus, dass möglicherweise die Entwicklung der EG so weit gehen werde, dass die Konventionsstaaten das Recht auf freie Wahlen gegenüber neuen Organen gewährleisten müssten, die zumindest teilweise die Rechte und Aufgaben der nationalen Gesetzgeber übernommen haben.[402] Zum Zeitpunkt des Rechtsspruchs war das Europäische Parlament nach Ansicht der *EKMR* noch keine gesetzgebende Körperschaft. Diese Entscheidung der Menschenrechtskommission ist insoweit wegweisend für die Rechtssache *Matthews* (hierzu unten 3. Kapitel:B.III.3). Die Beschwerde wurde als offensichtlich unbegründet abgewiesen.[403] Wichtig für die sogleich zu erläuternde Rechtssache *M. & Co.* ist aber, dass die Menschenrechtskommission sich überhaupt mit der Frage einer Verein-

---

[401] *EKMR*, Rs. 8364/78, Entsch. v. 8.3.1979 – Lindsay/Vereinigtes Königreich.

[402] *EKMR*, Rs. 8364/78, Entsch. v. 8.3.1979 – Lindsay/Vereinigtes Königreich.

[403] *EKMR*, Rs. 8364/78, Entsch. v. 8.3.1979 – Lindsay/Vereinigtes Königreich.

barkeit mit der Konvention auseinandergesetzt hat, obwohl hier durch den European Assembly Act ein Bezug zum Gemeinschaftsrecht gegeben war. Man kann daraus jedoch folgern, dass sie es nicht kategorisch ausschließt, eine mögliche Verantwortlichkeit der Konventionsstaaten auch bezogen auf umgesetzte Akte der EG zu sehen.

2. Rechtssache M. & Co. – Sachverhalt und Begründung

Die Rechtssache *M. & Co.* begann ebenfalls 1979 mit der Entscheidung der Europäischen Kommission, dass die Firma *M. & Co.* wegen einer Verletzung von Art. 85 Abs. 1 EG 3.596.667 DM zahlen sollte.[404] Gegen diesen Bescheid wehrte sich *M. & Co.* teilweise vergeblich vor dem *EuGH*.[405] Die Firma brachte vor, dass wesentliche Formvorschriften verletzt worden seien, dass Tatsachen unzutreffend gewürdigt und dass Umstände nicht berücksichtigt wurden, die der Verhängung der Geldbußen hätten entgegenstehen können, sowie Umstände, die niedrigere Geldbußen gerechtfertigt hätten. In seinem Urteil setzte sich der *EuGH* mit diesen Punkten auseinander und bezog sich auch auf Art. 6 Abs. 1 EMRK und den Grundsatz des rechtlichen Gehörs.[406] Er legte im Ergebnis die Geldbuße auf 991.184 DM für die Firma *M. & Co.* fest.[407] Wegen dieses geringen Erfolgs versuchte die Firma *M. & Co.* nun gegen die Vollstreckungsklausel auf nationaler Ebene vorzugehen. Diese Bemühungen endeten mit einer Entscheidung des Vorprüfungsausschuss des *BVerfG* vom 22. Januar 1985, welcher die Beschwerde für unzulässig erklärte. Nachdem die Vollstreckungsklausel erteilt war, strengte *M. & Co.* eine Amtshaftungsklage gegen die Bundesrepublik Deutschland an, da das Urteil des *EuGH*, welches vom Bundesminister der Justiz vollstreckt wurde, sie ihrer Ansicht nach in ihren Grundrechten verletzte. Die Firma rügte Verstöße gegen den in-dubio-pro-reo Grundsatz, gegen das Prinzip nulla poena sine lege, gegen den Grundsatz des rechtlichen Gehörs und die Unangemessenheit der Höhe des Bußgeldes. Die Klage wurde abgewiesen und die Sprungrevision vom *BGH* nicht angenommen. Auch die weitere Verfassungsbeschwerde blieb chancenlos, da sie wegen mangelnder Erfolgsaussichten nicht zur Entscheidung angenommen wurde.

---

404 Insgesamt zu den einzelnen Verfahrensabschnitten siehe *Giegerich*, ZaöRV Bd. 50 (1990), 836 ff.

405 *EuGH*, Rs. 100 bis 103/80, Slg. 1983, S. 1825 – S.A. Musique Diffusion Francaise u.a./Kommission.

406 *EuGH*, Rs. 100 bis 103/80, Slg. 1983, S. 1825, Rn. 6 f. und 10, 34 ff. – S.A. Musique Diffusion Francaise u.a./Kommission.

407 *EuGH*, Rs. 100 bis 103/80, Slg. 1983, S. 1825, Rn. 134 – S.A. Musique Diffusion Francaise u.a./Kommission.

Nun endlich erhob *M. & Co.* am 3. September 1987 Beschwerde bei der *EKMR*. Sie begründete diese mit den gleichen Rügen wie in der Amtshaftungsklage, ließ die Frage der Verhältnismäßigkeit des Bußgeldes jedoch außen vor.

Die Menschenrechtskommission erinnerte in ihrer Entscheidung zunächst daran, dass sie ratione personae für Beschwerden gegen Organe der EG selbst oder gegen ihre Handlungen unzuständig ist. Gleichzeitig aber stellte sie fest, dass die deutschen Behörden durch die Übertragung von Hoheitsrechten nicht wie EG-Organe handelten und somit auch nicht außerhalb der Kontrolle der Konventionsorgane stünden. Nach Art. 1 EMRK seien alle Konventionsstaaten für ihre nationalen Organe verantwortlich. Dies gelte unabhängig davon, ob die vermeintliche Verletzung der Konvention durch einen auf nationalem Recht beruhendem Akt oder eine Unterlassung geschehe oder Folge einer internationalen Verpflichtung sei.[408]

Für die Menschenrechtskommission stellte sich die Frage, ob eine Verletzung der Rechte der Firma *M. & Co.* nur dadurch ermöglicht wurde, dass Deutschland Hoheitsrechte auf die EG übertragen hatte. Grundsätzlich wurde die Anwendung des Art. 6 EMRK bejaht, wenn es um ein Verfahren vor den deutschen Gerichten und Behörden gegangen wäre und nicht um ein Verfahren vor den Organen der EG.

In der maßgeblichen Passage der Entscheidung erklärte die Menschenrechtskommission, dass die EMRK an sich den Staaten nicht verbiete, Hoheitsrechte auf internationale Organisationen zu übertragen. Auch hier bezog sie sich auf vorausgegangene Rechtsprechung.[409] Allein die Übertragung schließe aber nicht notwendigerweise die Verantwortung der Konventionsstaaten für die Rechte der Konvention hinsichtlich der Ausübung dieser übertragenen Rechte aus. Sie begründete dies damit, dass ansonsten die Rechte der Konvention nicht mehr effektiv und praktisch seien und die Garantien beliebigen Begrenzungen ausgesetzt wären. Aus diesen Gründen erklärte die Menschenrechtskommission die Übertragung von Hoheitsrechten auf eine internationale Organisation mit der EMRK für vereinbar, vorausgesetzt, dass in dieser Organisation Menschenrechte einen äquivalenten Schutz erfahren.[410] Diese Voraussetzungen würde die EG grundsätzlich erfüllen. Bei dieser Feststellung bezog sich die Menschenrechtskommission neben dem Rechtsschutzsystem und der Rechtsprechung des *EuGH* zu den Grundrechten auf die Gemeinsame Erklärung über Menschenrechte vom Europäischen Parlament, Rat und Kommission vom 5. April 1977.

---

[408] *EKMR*, Rs. 13258/87, Entsch. v. 9.2.1990 – M. & Co./BRD.

[409] *EKMR*, Rs. 13258/87, Entsch. v. 9.2.1990 – M. & Co./BRD.

[410] *EKMR*, Rs. 13258/87, Entsch. v. 9.2.1990 – M. & Co./BRD.

Von Bedeutung scheint in diesem Zusammenhang zu sein, dass die Menschenrechtskommission betonte, dass sich im vorliegenden Fall der *EuGH* mit der Frage des Grundrechtsschutzes bezüglich des Rechts auf ein faires Verfahren auseinandergesetzt hatte.

Schließlich bestimmte die Menschenrechtskommission, dass es der Idee der Übertragung von Hoheitsrechten widersprechen würde, wenn der betroffene Konventionsstaat in jedem Einzelfall vor der Erteilung einer Vollstreckungsklausel nach einem Urteil des *EuGH* prüfen müsste, ob dieser Art. 6 EMRK beachtet hatte. Sie erklärte daher die Beschwerde ratione materiae mit der Konvention für unvereinbar und damit als unzulässig.[411]

3. Bewertung der Rechtssache M. & Co.

Man spricht von dieser Entscheidung auch als der „Solange II Rechtsprechung" der Menschenrechtskommission wegen der Aussage, dass eine Übertragung von Hoheitsrechten auf eine internationale Organisation grundsätzlich mit der Konvention vereinbar ist, wenn diese Organisation einen äquivalenten Grundrechtsschutz garantiert. Es besteht jedoch ein erheblicher Unterschied zwischen beiden Entscheidungen. So hat sich das *BVerfG* vorbehalten seine Jurisdiktion wieder auszuüben, wenn der Grundrechtsstandard, den der *EuGH* gewährt, wesentlich unter den des Grundgesetzes fällt.[412] Eine vergleichbare Formulierung findet sich in den Begründungen der Menschenrechtskommission nicht.[413] Da die *EKMR* gegenüber den Konventionsstaaten nie in ähnlicher Weise argumentiert hat, erfährt der Grundrechtsschutz durch den *EuGH* eine Privilegierung, die ihm so gegenüber den Konventionsstaaten nicht zustehen kann. Der *EuGH* gewährt schließlich keinen Maximalstandard, sondern kann sogar hinter dem der Mitgliedstaaten zurückbleiben.[414] Außerdem würde den Mitgliedstaaten damit „eine Tür geöffnet", von ihren Verpflichtungen aus Art. 1 EMRK abzuweichen, indem sie auf ihre Verpflichtungen aus dem Gemeinschaftsrecht verweisen.[415] Letztlich ist dies aber mit der praktischen Wirksamkeit des Konventionsrechts nicht vereinbar.[416]

Bemerkenswert ist auch, dass die Menschenrechtskommission damit ihrer eigentlichen Pflicht, Verstöße gegen die EMRK festzustellen, nicht mehr nach-

---

411 *EKMR*, Rs. 13258/87, Entsch. v. 9.2.1990 – M. & Co./BRD.

412 Siehe hierzu *BVerfGE* 73, 339.

413 Vgl. *Strasser*, Grundrechtsschutz in Europa , S. 43.

414 Vgl. *Strasser*, Grundrechtsschutz in Europa , S. 43 f.

415 So *Iliopoulos-Strangas*, in: dies. (Hrsg.), Grundrechtsschutz im europäischen Raum, S. 343, 348.

416 *Giegerich*, ZaöRV Bd. 50 (1990), 836, 861.

kommt, sondern sich selbst von ihr befreit. Dies würde bedeuten, dass in Fällen mit Gemeinschaftsbezug dem *EuGH* die Zuständigkeit übertragen würde, Verstöße gegen die EMRK zu beurteilen.

Unklar bleibt, wann die Voraussetzungen des *„äquivalenten Schutzes"* vorliegen.[417] Die Entscheidung macht nicht deutlich, ob dieser Schutz konkret oder abstrakt zu bestimmen ist. Daneben wird der zeitliche Bezugspunkt nicht geklärt,[418] also die Frage, wann genau ein vergleichbarer Grundrechtsschutz vorgelegen haben muss, damit eine Maßnahme mit der EMRK konform sei. Um diesem Kriterium Geltung zu verschaffen, darf der Zeitpunkt der Hoheitsübertragung auf die EG keine Rolle spielen, da dann unklar bleibt, was mit Akten geschieht, die vor der Übertragung erfolgt sind. Vielmehr muss die Zugriffsmöglichkeit der Kommission und des Gerichtshofes auf das Recht der EG im Vordergrund stehen, d.h. den Straßburger Organen obliegt weiterhin die Kontrolle der übertragenen Hoheitsrechte, sie üben sie nur nicht aus, wenn der neue Inhaber der Rechte einen gleichwertigen Schutz gewährleistet. Man könnte daher im Vergleich zum *BVerfG* von einem Kooperationsverhältnis *EuGH* und *EKMR*, bzw. *EGMR* sprechen. Doch löst auch dies nicht das Problem, wie der gleichwertige Schutz festgestellt werden kann. Die Kommission nimmt hier ihre Kompetenz eigenmächtig zurück und prüft weder, ob der Schutz konkret, noch abstrakt vorliegt. Der Verweis auf die Gemeinsame Erklärung über Menschenrechte ist sicherlich nicht ausreichend.

Gegen die Ansicht, das Kriterium des äquivalenten Schutzes als einen *„gangbaren Weg"*[419] zu sehen, spricht also, dass wie beim Verhältnis *BVerfG* zu *EuGH* Rechtsunsicherheiten für den Rechtssuchenden bleiben. Käme es zu einer dem Bananenmarktordnung-Beschluss[420] vergleichbaren Entscheidung, würde eine mit der EMRK nicht zu vereinbarende Verlagerung des Grundrechtsschutzes auf den *EuGH* erfolgen. Die Rechtsprechung der Menschenrechtskommission bedeutet auch für die Konventionsstaaten eine Unsicherheit, da sie deren Vertragstreue davon abhängig macht, ob sich der *EuGH* an die in Straßburg entwickelten Standards hält.[421]

Umstritten ist auch, wie zu beurteilen ist, dass die Menschenrechtskommission darauf eingeht, dass der *EuGH* Art. 6 EMRK gesehen und geprüft hat. Man könnte also davon ausgehen, dass die Menschenrechtskommission ihre Prüfkompetenz nur dann zurücknimmt, wenn der *EuGH* Rechte aus der Konvention

---

417 So auch *Ress*, ZEuS, 1999, 471, 482.

418 Dies kritisiert insbesondere *Busch*, Bedeutung der EMRK, S. 50 f.

419 So *Busch*, Bedeutung der EMRK, S. 52.

420 *BVerfGE* 102, 147 und 6. Kap.

421 *Fink*, in: Kluth (Hrsg.), Die EU nach dem Amsterdamer Vertrag, S. 68.

gesehen und angesprochen hat.[422] Wegen der Verknüpfung der beiden Begründungselemente handelt es sich wohl eher um ein obiter dictum, so dass die *EKMR* zu keinem anderen Ergebnis gekommen wäre, wenn der *EuGH* sich nicht mit der Frage auseinandergesetzt hätte.[423] Hier hat jedoch die Menschenrechtskommission nicht nur die Prüfung des *EuGH* bemerkt und einen gleichwertigen Grundrechtsschutz angenommen hat, sondern sie nimmt auch selbst zur Anwendbarkeit von Art. 6 EMRK Stellung, so dass sie an sich ratione materiae zuständig gewesen wäre. Sie hätte konsequenterweise die Beschwerde wegen dieses vergleichbaren Grundrechtsschutzes als offensichtlich sachlich unbegründet und nicht als unzulässig ratione materiae zurückweisen müssen.[424] Denn ratione materiae wird normalerweise entschieden, wenn das in Frage stehende Recht nicht auf den Sachverhalt anwendbar ist. Hier wurde aber eine Anwendbarkeit von Art. 6 EMRK gerade angenommen.[425] *Ress* sieht daher in der Unzulässigkeitserklärung ratione materiae einen „*Ausrutscher*" der Menschenrechtskommission, da an der Verantwortlichkeit der Mitgliedstaaten nicht gezweifelt werden sollte.[426]

Widersprüchlich ist auch, dass die Menschenrechtskommission die Mitgliedstaaten nicht als verpflichtet ansieht, in jedem Fall die Einhaltung des Art. 6 EMRK durch den *EuGH* feststellen zu lassen. Die Mitgliedstaaten müssten aber eine gewisse Nachprüfungspflicht haben, damit ein gleichwertiger Grundrechtsschutz sichergestellt werden kann. Ansonsten läge hier eine vollständige Abgabe der Verantwortlichkeit an die Internationale Organisation vor.[427] Wenn also die Mitgliedstaaten nicht mehr überprüfen müssten, ob ein gleichwertiger Grundrechtsschutz auf der Ebene des Gemeinschaftsrechts besteht, so wären sie nach Art. 1 EMRK nicht mehr verantwortlich.

Entscheidend aber ist, dass die *EKMR* grundsätzlich davon ausgeht, dass sie Vollzugsakte der Konventionsstaaten, die auf Entscheidungen der Gemeinschaftsorgane beruhen, überprüfen kann. Diese Akte sind nationale Maßnahmen und die Überprüfbarkeit entspricht damit der bisherigen Rechtsprechung. Nicht richtig ist daher die Annahme, dass es nach dieser Entscheidung unmöglich wäre, eine zulässige Beschwerde zu erheben, wenn es sich um den innerstaatlichen

---

422 *Strasser*, Grundrechtsschutz in Europa , S. 45.

423 So zutreffend *Giegerich*, ZaöRV Bd. 50 (1990), 836, 862.

424 So zu Recht *Ress*, Vortrag an der Humboldt-Universität zu Berlin am 11. April 2002, FCE 2/02, S. 1, 10; *ders.*, ZEuS, 1999, 471, 483.

425 Vgl. *Peukert*, in: Mahoney/Matscher/Petzold/Widhaber (eds.), GS Ryssdal, S. 1107, 1114, Fn. 27.

426 *Ress*, ZEuS, 1999, 471, 483.

427 Vgl. *Ress*, ZEuS, 1999, 471, 484.

Vollzug von Gemeinschaftsrechtsakten handelt.[428] Die Verantwortung der Konventionsstaaten sollte gerade bestehen bleiben, so dass zumindest geprüft werden muss, ob ein gleichwertiger Grundrechtsschutz besteht. Um eine Rechtssache für unzulässig erklären zu können, müsste die Menschenrechtskommission wegen der ihr nach der EMRK zugeschriebenen Aufgabe den gleichwertigen Grundrechtsschutz prüfen, und sie könnte dann nur wegen offensichtlicher Unbegründetheit die Beschwerde für unzulässig erklären. Ohne eine solche Prüfung würde sie sich in Widerspruch zu ihrer eigenen Rechtsprechung setzen. Der hier vorliegende mitgliedstaatliche Vollzug des Gemeinschaftsrecht bleibt damit ein staatlicher Akt, der den Konventionsstaaten nach Art. 1 EMRK zuzurechnen ist und der konsequenterweise der Jurisdiktion des *EGMR* unterfällt.[429] Der ursprüngliche Vorgang, der zu dem Akt geführt hat, ist damit irrelevant, was in folgenden Fällen noch klarer ausgedrückt wird (hierzu unten 3. Kapitel:B.III.1).

Gegen diese Auffassung stellt sich *Schermers*, der der Ansicht ist, dass eine Übertragung von Rechten auf eine Internationale Organisation wie der EG nur mit der gleichzeitigen Übertragung von Verantwortung einhergehen kann, so dass die einzelnen Mitgliedstaaten nicht mehr für Akte der EG verantwortlich zu machen sind. Er bewertet daher die Entscheidung der Kommission als richtig. Außerdem beruft er sich allein auf die Rechtsprechung des *EuGH*, der seiner Meinung nach den vollen Schutz der Menschenrechte garantiert.[430] Gleichzeitig verlangt er eine rechtliche Bindung der EG an die EMRK, die mittels des Beitritts der EG zur EMRK erfolgen soll. Findet dieser Beitritt nicht statt, so bestehe die Gefahr eines eigenen Grundrechtskataloges der EU und damit eines Europas der zwei Geschwindigkeiten im Bereich des Menschenrechtsschutzes.[431] Insoweit ist dieser Auffassung gewiss zuzustimmen, was genauer im 5. Kapitel untersucht wird. Sicherlich würde ein Beitritt Klarheit im Rechtsschutz schaffen, doch kann entgegen *Schermers* erster Annahme nicht davon ausgegangen werden, dass eine Übertragung von Hoheitsrechten auf die EG dazu führt, dass die Mitgliedstaaten damit von ihrer Verantwortung befreit würden. Dies würde einen Freibrief ausstellen, der mit der völkerrechtlichen Verpflichtung aus Art. 1 EMRK nicht zu vereinbaren ist. So ist auch die Entscheidung der Kommission nicht zu verstehen.

---

[428] So aber *Philippi*, ZEuS 2000, 97, 104.

[429] Vgl. *Ress*, Vortrag an der Humboldt-Universität zu Berlin am 11. April 2002, FCE 2/02, S. 1, 11. Siehe auch *Winkler*, Beitritt der EG zur EMRK, S. 162 f., der zutreffend erläutert, warum ein Akt des Mitgliedstaates vorliegt und die Erteilung der Vollstreckungsklausel unter Art. 1 EMRK fällt. Hierzu auch *Giegerich*, ZaöRV Bd. 50 (1990), 836, 844 f.

[430] *Schermers*, in: Fachbereich Rechtswissenschaften der Universität Osnabrück (Hrsg.), Ehrenpromotion Schermers, S. 25, 37.

[431] *Schermers*, in: Salvia/Villiger (eds.), FS Nørgaard, S. 315, 320.

Wie *Schermes* argumentiert auch *Ehlers*, der eine praktische Verantwortung der Mitgliedstaaten für Akte der EG verneint.[432] Dabei übersieht er aber, dass rechtlich außer bei äquivalentem Grundrechtsschutz die Verantwortung bestehen bleibt. Ebenfalls in diese Richtung gehend hält *Giegerich* als Ergebnis fest, dass der *EuGH* nun als gleichberechtigter Partner zu *EGMR* und *BVerfG* anerkannt sei.[433] Von einer solchen Gleichberechtigung kann man jedoch nicht sprechen, da die *EKMR* die Jurisdiktion nur zurücknimmt, solange ein gleichwertiger Grundrechtsschutz besteht. Sie macht aber keine Aussagen dazu, unter welchen Umständen dieser nicht mehr gegeben ist und wie sie dann verfahren würde.

Weiter wird behauptet, die Menschenrechtskommission habe durch ihre Entscheidung das Dilemma der Pflichtenkollision für die Konventionsstaaten lösen wollen, die sich entweder in Widerspruch zur EMRK oder zur EG setzen müssten.[434] Dann würde aber die Menschenrechtskommission gegen ihre eigene Verpflichtung aus der Europäischen Menschenrechtskonvention verstoßen. Denn danach ist sie zum Schutz der dort verankerten Grundrechte verpflichtet und damit zur Überwachung der Konventionsstaaten. Im Übrigen würde sie sich dazu emporheben, die Konventionsstaaten aus ihren völkerrechtlichen Verpflichtungen zu entlassen. Diese Befugnis steht ihr nicht zu.

Am meisten wird die Entscheidung damit gerechtfertigt, dass die Menschenrechtskommission es nicht unmöglich machen möchte, eine supranationale Organisation wie die EG zu bilden.[435] Als Begründung hierfür wird die Präambel der EMRK herangezogen, die ein Ziel des Europarates in der Erreichung einer größeren Einheit Europas sieht.

Hier werden aber rechtspolitische Ziele mit rein rechtlichen Erwägungen, die zur Entscheidung und ihrer Begründung geführt haben, vermengt. Vielmehr geht aus der Entscheidung der *EKMR* deutlich hervor, dass die Mitgliedstaaten weiter verantwortlich bleiben. Auch ist fraglich, ob die Präambel der EMRK in diesem Sinne herangezogen werden kann. Eine größere Einheit Europas wird sicherlich nicht dadurch geschaffen, dass parallel zwei europäische Organisationen bestehen, die zwar teilweise über ihre Mitgliedstaaten faktisch miteinander verwoben sind, sonst aber rechtlich voneinander unabhängig bleiben und sich beide um den Grundrechtsschutz in Europa bemühen. Die Stärkung der EG im Grund-

---

432 *Ehlers*, JURA 2000, 372, 377.

433 *Giegerich*, ZaöRV Bd. 50 (1990), 836, 863.

434 So *Philippi*, Charta, S. 58; *Kotroni*, Grundrechtliche Verpflichtungen der Mitgliedstaaten der EU, S. 244.

435 Vgl. *Peukert*, in: Mahoney/Matscher/Petzold/Widhaber (eds.), GS Ryssdal, S. 1107, 1114; *Frowein*, *in:* ders./Peukert (Hrsg.), EMRK Kommentar, Einführung Rn. 15; *Giegerich*, ZaöRV Bd. 50 (1990), 836, 861.

rechtsschutz und damit verbunden die Gefahr eines „*Europas der zwei Geschwindigkeiten*" ist wohl nicht als Zielsetzung des Europarates zu sehen.

Als Fazit ist daher festzustellen, dass die Menschenrechtskommission grundsätzlich gegen die Übertragung von Hoheitsrechten auf Internationale Organisationen nichts einzuwenden hat. Dabei sollen die Konventionsstaaten dem Grundrechtsschutz der EMRK insoweit verpflichtet sein, dass sie für Akte, die unter ihrer Hoheitsgewalt erlassen werden, verantwortlich bleiben. Nur wenn der Grundrechtsschutz der Internationalen Organisation soweit fortgeschritten ist, dass von ihr die Standards der EMRK beachtet werden, nimmt die *EKMR* ihre Jurisdiktion zurück. Als Konsequenz bleibt, wie oben erwähnt, größere Rechtsunsicherheit für die Konventionsstaaten und die Rechtssuchenden zurück, so dass die Entscheidung insoweit einen Rückschritt für den Grundrechtsschutz darstellt und daher zu Recht kritisiert wurde.

III. Position der EMRK-Organe nach 1996

Viele Stimmen in der Literatur sind sich darin einig, dass sich nach 1996 der Standpunkt der EMRK-Organe zu Beschwerden gegen Akte der Mitgliedstaaten, die auf Gemeinschaftsrecht beruhen, stark geändert hat.[436] Andererseits könnte man aber auch vertreten, dass die folgende zu analysierende Rechtsprechung logische Folge der bisherigen ist, denn wenn schon der nationale Vollzug von Entscheidungen der Gemeinschaftsorgane grundsätzlich überprüfbar bleibt, dann muss dies erst recht gelten für Akte der Mitgliedstaaten, die Sekundärrecht, also Richtlinien, umsetzen. Problematischer ist, wie es sich mit Verordnungen der EG verhält, die grundsätzlich in der Verantwortung der EG selbst liegen und ob der *EGMR* auch beim gemeinschaftsunmittelbaren Vollzug durch Organe der EG zuständig ist.

1. Rechtssachen Cantoni und Delbos sowie Rechtssache Procola

Als „*Meilenstein*" wird die Rechtssache *Cantoni*[437] von 1996 behandelt, der ein Jahr zuvor die Rechtssache *Procola*[438] vorausging.

a) Rechtssache Procola

In der Rechtssache *Procola* ging es sachlich um ein durch Richtlinien von der EG eingeführtes Milchquoten-System, welches in nationales Recht umgesetzt

---

436 So u.a. *Philippi*, ZEuS 2000, 97, 104, die von einer deutlichen Abkehr von der Entscheidung in der Rechtssache *M. & Co.* spricht; *Tulkens*, RUDH 2000, 50, 54; *Lutz*, Kompetenzkonflikte, S. 109 „*deutliche Relativierung*"

437 *EGMR*, Rs. 17862/91, Urt. v. 15.11.1996 – Cantoni/Frankreich.

438 *EGMR*, Rs. 14570/89, Urt. v. 28.9.1995 – Procola/Luxemburg.

wurde. *Procola*, eine Milchprodukte herstellende landwirtschaftliche Vereinigung in Luxemburg, wehrte sich vor den nationalen Gerichten gegen die Festsetzung einer bestimmten Quote zu einem bestimmten Zeitpunkt. Auch der *EuGH* wurde hiermit in einem Vorabentscheidungsverfahren beschäftigt. Nach erfolglosem nationalem Rechtsweg wandte sich *Procola* an die *EKMR* und erhob Beschwerde. Die Vereinigung machte zum einen einen Verstoß gegen Art. 6 Abs. 1 EMRK geltend, da sich kein unabhängiges und unparteiisches Gericht mit ihrer Sache beschäftigt hätte. Zum anderen behauptete *Procola* einen Verstoß gegen Art. 7 EMKR, da die Umsetzung der Richtlinie auch eine rückwirkende Anwendung habe und damit der Grundsatz „keine Strafe ohne Gesetz" verletzt wurde. Schließlich sah *Procola* auch eine Verletzung des Rechts auf Eigentum aus Art. 1 ZP Nr. 1.

Für die vorliegende Untersuchung ist zum einen der behauptete Verstoß gegen Art. 7 EMRK maßgeblich, da die in Frage stehende Rückwirkung, Folge der Umsetzung der europäischen Richtlinien war, zum anderen das Recht auf Eigentum, da die Festsetzung von Abschlagszahlungen auf Gemeinschaftsrecht beruhte.

Die Menschenrechtskommission erklärte jedoch die Beschwerde nur hinsichtlich des ersten Beschwerdegrundes für zulässig, so dass auch der *EGMR* nur Art. 6 EMRK prüfte. Hinsichtlich der anderen Beschwerdepunkte erklärte die *EKMR* die Beschwerde für offensichtlich unbegründet.[439] Entscheidend ist, dass die Menschenrechtskommission eine gemeinschaftsrechtlich bestimmte Regelung prüfte, da sie erkannte, dass die in Rede stehenden Regelungen unmittelbar anwendbares Gemeinschaftsrecht darstellten. Sie machte hiermit deutlich, dass sie auch bei gemeinschaftsrechtlich zwingenden Handlungen der Mitgliedstaaten den Grundrechtsschutz gewährleisten will.[440]

b) Rechtssache Cantoni und Rechtssache Delbos

Die Rechtssache *Cantoni* wurde ca. ein Jahr später vom *EGMR* entschieden. Inhaltlich ging es um ein Strafverfahren wegen des illegalen Verkaufs apothekenpflichtiger Produkte, in dem Herr *Cantoni*, Leiter einer Supermarktkette, verurteilt wurde. Herr *Cantoni* war der Ansicht, dass die von ihm angebotenen Produkte keine Arzneimittel iSd Art. L 511 code de la santé publique waren und damit nicht in den Anwendungsbereich des Apothekenmonopols fielen. Art. L 511 des code de la santé publique beruht auf der Richtinie 65/65 des Rates der EWG vom 26. Januar 1965, die mehrmals geändert wurde und zu deren Ausle-

---

439 Siehe *EKMR*, Rs. 14570/89, Entsch. v. 1.7.1993 – Procola/Luxemburg.

440 *Warnken*, Das Verhältnis der EG zur EMRK, S. 201.

gung der *EuGH* mehrere Urteile erlassen hat.[441] Der Beschwerdeführer rügte am 26. November 1990 vor der Menschenrechtskommission, dass die gesetzliche Definition eines Arzneimittels nicht den Erfordernissen an Klarheit und Bestimmtheit des Art. 7 Abs. 1 EMRK entspreche.

Die *EKMR* erklärte die Beschwerde für zulässig und sah einen Verstoß gegen die EMRK, so dass sie dem *EGMR* zur Entscheidung vorgelegt wurde. Die Menschenrechtskommission stützte sich in ihrer Begründung auch darauf, dass zwar die Definition des Begriffs „*Arzneimittel*“ aus dem Gemeinschaftsrecht abgeleitet sei, es den Konventionsstaaten aber im Einzelfall überlassen bleibe, den Begriff zu qualifizieren.[442] Damit machte sie deutlich, dass für sie hier kein der Rechtssache *M. & Co.* vergleichbarer Fall vorlag, da es nicht um den Vollzug einer Entscheidung eines Gemeinschaftsorgans ging, sondern allein um einen nationalen Akt, der nur seinen Ursprung im Recht der EG hat.

Der Gerichtshof verneinte im Ergebnis eine Verletzung von Art. 7 Abs. 1 EMRK. Zur Begründung führte er aus, dass nach Art. 7 Abs. 1 EMRK ein Straftatbestand gesetzlich eindeutig bestimmt und dass Gesetze zugänglich und vorhersehbar zu sein haben.[443] Entscheidend für die hier vorliegende Problematik ist der nächste Abschnitt, in dem der Gerichtshof erklärte, dass allein die Tatsache, dass Art. L 511 code de la santé publique nahezu wortgleich mit der Richtlinie 65/65 EWG ist, diese Bestimmung nicht dem Anwendungsbereich der EMRK entziehe.[444] Der Beschwerdeführer hätte allerdings im vorliegenden Fall Rat einholen können, um zu erkennen, ob es sich bei den von ihm verkauften Produkten um Arzneimittel handelte.

Ebenso wurde 2004 die Rechtssache *Delbos* entschieden,[445] in der es ebenfalls um den Code de la santé publique ging, der inzwischen auf der RL 89/622 beruhte. Auch hier wurde ein Verstoß gegen Art. 7 EMRK geltend gemacht, der aber keinen Bestand hatte, da die Beschwerdeführer hätten Rat einholen können.

2. Bewertung der Rechtssachen Procola und Cantoni

Mit diesen Entscheidungen wird deutlich, dass Akte der Konventionsstaaten, die umgesetztes Gemeinschaftsrecht sind, in den Augen des *EGMR* in seine Jurisdiktion fallen, gleichgültig ob die Staaten ihr Ermessen bei der Umsetzung ausüben oder ob sie sich an den Wortlaut des sekundären Gemeinschaftsrechts gehalten haben, da die Konventionsstaaten hierfür nach Art. 1 EMRK verant-

---

441 *EGMR*, Rs. 17862/91, Urt. v. 15.11.1996, Rn. 13 ff. – Cantoni/Frankreich.

442 *EKMR*, Bericht v. 12.4.1995, EuGRZ 1999, 198, 199, Rn. 56 – Cantoni/Frankreich.

443 *EGMR*, Rs. 17862/91, Urt. v. 15.11.1996, Rn. 29 – Cantoni/Frankreich.

444 *EGMR*, Rs. 17862/91, Urt. v. 15.11.1996, Rn. 30 – Cantoni/Frankreich.

445 *EGMR*, Rs. 60819/00, Entsch. v. 16.9.2004 – Delbos/Frankreich.

wortlich sind. Eine Übertragung von Hoheitsrechten schließt mithin diese Verantwortung nicht aus, sie geht auch nicht auf die EG über.

Diese Auffassung des *EGMR* überzeugt und ist logische Konsequenz seiner bisherigen Rechtsprechung. Die Abhängigkeit einer nationalen Bestimmung von einer Richtlinie macht sie nicht zu einem Rechtsakt, der außerhalb des Art. 1 EMRK steht. Wenn der Mitgliedstaat in einem solchen Fall die EMRK verletzt, muss er sein nationales Recht ändern, und wenn dies wegen der Vorgaben des Europarechts unmöglich ist, muss er sich darum bemühen, dass die Richtlinie an sich geändert wird.[446] Für den *EGMR* kann es keinen Unterschied machen, welchen Ursprung eine Maßnahme hat, da für ihn Maßstab nur die EMRK ist, die in Art. 1 EMRK klare Vorgaben enthält. Daher ist es auch nicht „*bemerkenswert, dass der Gerichtshof nicht auf einen möglichen staatlichen Entscheidungsspielraum*"[447] eingeht. Der *EGMR* ist eben nicht wie die Mitgliedstaaten der EG in das gemeinschaftsrechtliche System des Anwendungsvorrangs eingebunden, für ihn zählt allein die völkerrechtliche Verpflichtung der Konventionsstaaten. Daraus folgt, dass ein Rechtsakt des nationalen Gesetzgebers in dessen Verantwortungsbereich und damit unter die Jurisdiktion des *EGMR* fällt. Dieses Ergebnis garantiert auch umfassenden Rechtsschutz im Raum der EG. Denn ein Betroffener hat im Fall der umgesetzten Richtlinie keinen direkten Zugang zum *EuGH* und der *EuGH* kann nicht im Wege der Vorabentscheidung über die Wirksamkeit des nationalen Rechts befinden.[448] Somit kann der *EuGH* auch nicht auf der Ebene des Gemeinschaftsrechts einen äquivalenten Grundrechtsschutz gewährleisten. Damit hätte der *EGMR* hier die Grundsätze aus *M. & Co.* nur dahingehend anwenden können, dass in diesem Fall kein gleichwertiger Grundrechtsschutz garantiert wird und dass daher eine Überprüfung stattfinden müsste. Wobei gerade diese Formel von der Menschenrechtskommission so nicht in ihrer „Solange II-Formel" festgelegt wurde.

Eine Kontrolle des Gemeinschaftsrechts durch den *EGMR* erfolgt mithin mittelbar über die nationalen Durchführungsmaßnahmen, die nach Art. 1 EMRK den Mitgliedstaaten zugerechnet werden.[449] Daher ist die Ansicht unzutreffend, dass man nach der Rechtsprechung in der Rechtssache *Cantoni* nicht davon ausgehen könne, dass der *EGMR* nun jede Maßnahme ohne Rücksicht auf ihren Ursprung

---

446 So *Ress*, Vortrag an der Humboldt-Universität zu Berlin am 11. April 2002, FCE 2/02, S. 1, 2.

447 *Philippi*, Charta, S. 59; *dies.*, ZEuS 2000, 97, 104.

448 *Krüger/Polakiewicz*, EuGRZ 2001, 92, 96 f.; *Polakiewicz*, Die Verpflichtungen der Staaten aus den Urteilen des EGMR, 1993, S. 42.

449 Vgl. auch *Warnken*, Das Verhältnis der EG zur EMRK, S. 204.

überprüfen wird.[450] Insoweit kann man vertreten, dass die Autonomie der Gemeinschaftsrechtsordnung unter dem Vorbehalt steht, dass die Garantien der EMRK gewahrt werden.[451] Nur wenn dies nicht der Fall ist, kommt es bei nationalen gemeinschaftsrechtlich bestimmten Maßnahmen zu einer Verurteilung der Mitgliedstaaten.

Damit sind bereits zwei mögliche Konstellationen der formellen Divergenz deutlich entschieden: zum einen der Vollzug von Entscheidungen der Gemeinschaftsorgane durch nationale Maßnahmen, zum anderen Fälle der Umsetzung von Richtlinien in nationales Recht. Bei der ersten Fallgruppe kann der *EuGH* selbst in Verfahren Grundrechte beachten und damit effektiven Grundrechtsschutz ausüben. In der zweiten Fallgruppe gibt es keine Klagemöglichkeiten vor dem *EuGH*. In beiden Fällen aber liegt ein voll überprüfbarer nationaler Akt vor, auf den es aus Sicht der EMRK ankommt. Da wie bei der Rechtssache *M. & Co.* erläutert, diese eigentlich als offensichtlich unbegründet hätte erklärt werden müssen und nicht als unzulässig ratione materiae, stehen die besprochenen Entscheidungen nicht im Widerspruch zueinander, sondern die Rechtssache *Cantoni* ist eine logische Folge der vorangegangen Urteile und der strikten Anwendung des Art. 1 EMRK.

Nun stellt sich die Frage, wie folgende Fallkonstellationen zu behandeln sind: Zum einen der gemeinschaftsunmittelbare Vollzug, d.h. die Organe der EG, zumeist die Kommission, vollziehen ihre Entscheidungen selbst, zum anderen die unmittelbare mitgliedstaatliche Vollziehung, also die Fälle, in denen die Mitgliedstaaten eine Verordnung der EG durchzusetzen haben. Im ersten Fall können die Organe der EG nicht direkt vor dem *EGMR* verklagt werden. Möglich wäre eine Beschwerde gegen alle Mitgliedstaaten wegen der Übertragung der Hoheitsrechte auf die Gemeinschaft, die sie damit soweit ermächtigt haben, dass eine Verletzung der Konvention eintreten kann. Ebenso könnte der zweite Fall zu lösen sein. Verordnungen sind unmittelbar anwendbares Gemeinschaftsrecht, wobei die nationalen Behörden und Gerichte dazu verpflichtet sind, diese anzuwenden. Damit sind sie ohne ihren Charakter als Gemeinschaftsrecht zu verlieren, Bestandteil der innerstaatlichen Rechtsordnung[452] und würden so unter Art. 1 EMRK fallen. Wegen ihrer Besonderheit als Gemeinschaftsrecht kann jedoch die Maßnahme an sich nicht unter Art. 1 EMRK fallen, sondern nur der Zustimmungsakt im Rat. Denn es handelt sich im engeren Sinn nicht um Recht, welches die Konventionsstaaten erlassen haben. „Gesetzgeber" ist die EG, die die Verordnung im Wege der nach den im EG-Vertrag vorgeschriebenen Ver-

---

450 So jedoch *Busch*, Bedeutung der EMRK, S. 53, der dies auf die unterschiedlichen Rechtakte in den Rechtssachen *Cantoni* und *M. & Co.* zurückführt.

451 Vgl. *Winkler*, EuGRZ 1999, 181, 183.

452 Hierzu *Streinz*, Europarecht, Rn. 429.

fahren erlässt, wobei die Mitgliedstaaten im Rat zustimmen müssen. Ihr „gesetzgeberischer“ Akt, der die Verantwortung nach der EMRK auslösen kann, findet demnach im Rat statt. Dies kann natürlich Probleme bei Mehrheitsentscheidungen hervorrufen. Die Mitgliedstaaten müssten auf EMRK-konforme Regelungen im Interesse aller Staaten hinwirken. Ob diese Annahmen Bestand haben, zeigt sich in den weiteren Urteilen des *EGMR*.

3. Rechtssache Matthews

Im Jahre 1999 entschied der *EGMR* die Rechtssache *Matthews* gegen das Vereinigte Königreich.[453] Inhaltlich ging es um Wahlen zum Europäischen Parlament in Gibraltar, die durch den Direktwahlakt von 1976 geregelt werden. Hier zeigt sich deutlich, dass der *EGMR* sich in seiner Jurisdiktion streng an die Vorgaben des Art. 1 EMRK hält und dass der rechtliche Ursprung eines Aktes eines Konventionsstaaten für ihn irrelevant ist. Insoweit liegt eine Fortsetzung seiner bisherigen Rechtsprechung vor.

a) Vorausgehende Rechtsprechung des EGMR zu Art. 3 ZP Nr. 1

Wie bereits oben unter 3. Kapitel:B.II.1 gezeigt, gab es schon vor diesem Urteil Sachverhalte, in denen sich die Menschenrechtskommission mit Art. 3 ZP Nr. 1 in Bezug auf Wahlen zum Europäischen Parlament bzw. zu supranationalen Repräsentativorganen auseinanderzusetzen hatte.

Der erste Fall war die bereits erwähnte Rechtssache *Lindsay/Großbritannien*[454]. Hier hielt es die Menschenrechtskommission nicht für ausgeschlossen, dass sich die EG dahingehend weiterentwickelte, dass das zu wählende Organ der EG die nationalen Gesetzgeber insoweit ablösen werde und als Folge dessen Art. 3 ZP Nr. 1 von den Konventionsstaaten in Bezug auf Wahlen zu diesem Organ garantiert werden müsste. 1979 hatte das Europäische Parlament nach Ansicht der Menschenrechtskommission noch keine so weit reichenden Kompetenzen, dass es als gesetzgebende Körperschaft iSd Konvention anzusehen war. Für die hier zu untersuchende Problematik ist weniger von Bedeutung, ob Art. 3 ZP Nr. 1 auf das Europäische Parlament anwendbar ist, sondern vielmehr die Frage, ob das Vereinigte Königreich als Konventionsstaat verantwortlich iSd Konvention ist und damit die Organe der EMRK ihre Jurisdiktion auszuüben haben. In der Rechtssache *Lindsay* beschäftigte sich die Menschenrechtskommission nicht mit dieser Frage, sondern prüfte nur die Anwendbarkeit des Zusatzprotokolls auf das Europäsche Parlament. Daraus lässt sich aber schließen, dass sie eine Verantwortung des Konventionsstaates grundsätzlich für möglich hielt (siehe hierzu schon oben 3. Kapitel:B.II.1).

---

453 *EGMR*, Rs. 24883/94, Urt. v. 18.2.1999 – Matthews/Vereinigtes Königreich.

454 *EKMR*, Rs. 8364/78, Entsch. v. 8.3.1979 – Lindsay u.a/Vereinigtes Königreich..

Ebenso ist die anschließende Rechtssache *Alliance des Belges gegen Belgien*[455] gelagert, in der die Menschenrechtskommission aus den gleichen Gründen wie bei *Lindsay* eine Verletzung von Art. 3 ZP Nr. 1 verneinte.

1984 hatte sich die Menschenrechtskommission mit einer erneuten Beschwerde bezüglich der Wahlen zum EP auseinanderzusetzen.[456] Der französische Abgeordnete *Etienne Tete* hielt die französische Gesetzgebung hinsichtlich der Wahlen mit der Konvention für unvereinbar. Auch hier ging die Menschenrechtskommission hauptsächlich auf das Problem ein, ob das Europäische Parlament ein Legislativorgan iSd Protokolls ist. Sie kam aber zu dem Ergebnis, dass dies trotz der EEA noch immer nicht der Fall sei. Sie erklärte daher die Beschwerde für offensichtlich unbegründet. Insgesamt hielt sie aber die Entwicklung des Europäischen Parlaments noch nicht für beendet. Bemerkenswert ist an dieser Entscheidung, dass die Menschenrechtskommission keine Ausführungen zur Verantwortlichkeit Frankreichs nach Art. 1 EMRK machte. Dies könnte dahingehend interpretiert werden, dass die Menschenrechtskommission die Verantwortlichkeit als selbstverständlich voraussetzte, wegen der insgesamt bestehenden Unbegründetheit jedoch keinen Anlass für weitere Erörterungen sah.

b) Neuorientierung in der Rechtssache Matthews

Einen Wendepunkt in der Beurteilung des Europäischen Parlaments stellte erst die Rechtssache *Matthews* dar. Die Beschwerdeführerin *Denise Matthews* wurde in Gibraltar von den Wahlen zum Europäischen Parlament ausgeschlossen, da der Direktwahlakt von 1976 und der hierzu gehörende Anhang II die Wahlen auf das Vereinigte Königreich beschränkt. Der EG-Vertrag findet nach Art. 227 Abs. 4 EG in Gibraltar – wenn auch mit Einschränkungen – unmittelbar Anwendung. Auch die Konvention und das ZP Nr. 1 sind in Gibraltar als Teil Großbritanniens anwendbar. Der Direktwahlakt ist auf einen Beschluss des Rates zurückzuführen, der nach Art. 190 Abs. 4 EG in allen Mitgliedstaaten ratifiziert werden musste und zum primären Gemeinschaftsrecht gehört.

Zunächst ist die Entscheidung der Menschenrechtskommission zu beleuchten.[457] Dabei wird im weiteren Verlauf der Besprechung weniger auf das Problem des Europäischen Parlaments als Legislativorgan eingegangen, als auf die Verantwortlichkeit nach Art. 1 EMRK.[458] Die Menschenrechtskonvention sah keine Verletzung des Art. 3 ZP Nr. 1, da sie immer noch die Auffassung vertrat, dass

---

455 *EKMR*, Rs. 8612/79, Entsch. v. 10.5.1979 – Alliance des Belges de la Communauté Europeenne/Belgien.

456 *EKMR*, Rs. 11123/84, Entsch. v. 9.12.1987 – Tete/Frankreich.

457 *EKMR*, Rs. 24883/94, Entsch. v. 29.10.1997 – Matthews/Vereinigtes Königreich.

458 Zur ersten Frage siehe ausführlich *Bröhmer*, ZEuS 1999, 197 ff.; *Winkler*, Beitritt der EG zur EMRK, S. 102 ff.

das Europäische Parlament kein Legislativorgan iSd Protokolls sei. Auffallend ist wiederum, dass Art. 1 EMRK nicht geprüft wurde. In verschiedenen abweichenden Begründungen einiger Mitglieder der Menschenrechtskommission wurde die Frage der Verantwortlichkeit hingegen problematisiert. So sah es *Martinez* als Schwierigkeit an, wie die Organe der EG in der Ausübung der ihnen übertragenen Hoheitsrechte einen Konventionsstaat hinsichtlich der EMRK verpflichten könnten. Eine weitere Begründung lieferte er jedoch nicht. Im Gegensatz dazu fiel die abweichende Meinung von *Weitzel*, *Rosakis*, *Pellonpää*, *Conforti* und *Bratza* weitaus ausführlicher aus. Zunächst stellten sie fest, dass es sich bei dem fraglichen Akt nicht um einen „gewöhnlichen" Akt des Gemeinschaftsrechts handelte, sondern um Primärrecht. Weiter wurde ein Vergleich zur Rechtsprechung der *EKMR* in den Rechtssachen *CFDT*, *Dufay* und *M. & Co.* gezogen, wobei die ersten beiden Fälle nicht als vergleichbar angesehen werden können, da sie sich gegen die Gemeinschaft an sich wendeten. Die Rechtssache *M. & Co.* hingegen sei ebenfalls nicht vergleichbar, da der Direktwahlakt die Konventionsstaaten nicht zur Übertragung von Hoheitsrechten verpflichtet hatte und außerdem die Rechte aus Art. 3 ZP Nr. 1 unter dem Recht der EG keinen äquivalenten Schutz erfahren würden. Der *EuGH* kann mangels Zuständigkeit den Direktwahlakt oder den Anhang II nicht überprüfen. Daher hielten die genannten Mitglieder der Menschenrechtskommission das Vereinigte Königreich für verantwortlich unter Art. 1 EMRK und waren der Meinung, dass der Staat das Wahlrecht einseitig und vereinbar mit seinen internationalen Verpflichtungen auf Gibraltar durch Integration der Stimmen in die des Vereinigten Königreichs hätte ausdehnen müssen.

Auch *Schermers* gab eine abweichende Meinung wieder, in der er ebenfalls einen Vergleich zur *M. & Co.* Rechtsprechung zog. Er hielt die Entscheidungen grundsätzlich für vergleichbar, sah den entscheidenden Unterschied aber darin, dass in der Rechtssache *Matthews* kein gleichwertiger Grundrechtsschutz durch den *EuGH* gewährleistet werden konnte. Deshalb seien die Staaten für Verletzungen der EMRK verantwortlich, wenn sie Hoheitsrechte übertragen, ohne einen adäquaten Schutz der EMRK zu garantieren.

Schließlich wurde der *EGMR* mit der Sache befasst, der sich als ersten Punkt mit der Verantwortlichkeit des Vereinigten Königreichs beschäftigte. Der Gerichtshof prüfte Art. 1 EMRK und stellte fest, dass der Artikel nicht nach Art der Rechtsnorm oder der Maßnahme differenziert und auch keinen Teil der Ausübung staatlicher Hoheitsgewalt ausschließe.[459] Weiter führte er aus, dass Rechtsakte der EG nicht überprüft werden könnten, da die EG nicht Mitglied der EMRK sei und dass die Konvention die Übertragung von Hoheitsrechten grundsätzlich nicht ausschließe, solange der Schutz der Rechte der EMRK weiter ga-

---

459 *EGMR*, Rs. 24883/94, Urt. v. 18.2.1999, Rn. 29 – Matthews/Vereinigtes Königreich.

rantiert werde. Insoweit ist die Entscheidung eine Wiederholung der bisherigen Rechtsprechung. Nun bestätigte der *EGMR* aber explizit, dass die Verantwortlichkeit eines Konventionsstaates auch nach einer solchen Übertragung bestehen bleibe.[460] Er sah die Verantwortung hier im Anhang II zum Direktwahlakt von 1976 in Verbindung mit der Erweiterung der Kompetenzen des Europäischen Parlaments durch den Vertrag von Maastricht. Es lagen seiner Auffassung nach nur völkerrechtliche Verträge vor, die als solche nicht vom *EuGH* überprüft werden könnten. Das Vereinigte Königreich und die anderen Mitgliedstaaten der EG seien damit nach Art. 1 EMRK ratione materiae für die Einhaltung der Garantien der Konvention verantwortlich.[461] Bezogen auf Art. 3 ZP Nr. 1 führte der Menschenrechtsgerichtshof an, dass die Konvention Rechte gewährleisten wolle, die konkret und effektiv seien. Da es für einen Bürger in Gibraltar unerheblich sei, ob ein Gesetz rein national geprägt sei oder aber im Gemeinschaftsrecht seinen Ursprung habe, habe der Staat im Hinblick auf diese Gesetzgebung das Wahlrecht zu gewährleisten. Das Vereinigte Königreich sei verantwortlich, weil es zuerst die Anwendbarkeit des Art. 3 ZP Nr. 1 auf Gibraltar bestimmt habe und danach die oben benannten völkerrechtlichen Verpflichtungen eingegangen sei.[462] Im weiteren Verlauf des Urteils erläutert der Menschengerichtshof, warum Art. 3 ZP Nr. 1 auf das EP anwendbar ist,[463] was hier nicht weiter vertieft werden soll.

Zu dem Urteil gab es ein abweichendes Sondervotum der Richter *Sir Freeland* und *Jungwiert*, die von der Überlegung stark beeinflusst waren, dass sich der *EGMR* bezüglich Rechtsakten der EG oder Akten, die Folge des Gemeinschaftsrechts sind, besondere Zurückhaltung auferlegen sollte. Diese Ansicht wurde allerdings nicht näher begründet. Weiter beschäftigten sie sich mit der Frage des Europäischen Parlaments als Legislativorgan und stellten zum Ende fest, dass das Vereinigte Königreich aufgrund seiner Einbindung in das komplexe System der EG die Garantie der Konvention nicht hätte einseitig wiederherstellen können.

4. Bewertung der Rechtssache Matthews

Die Rechtssache *Matthews* wurde als „*Kehrtwende*" zur Rechtssache *M. & Co.*[464] oder auch als „*Paukenschlag*"[465] bezeichnet. Sicherlich handelt es sich bei dieser Entscheidung um eines der „*wichtigsten und interessantesten Urteile des*

---

[460] *EGMR*, Rs. 24883/94, Urt. v. 18.2.1999, Rn. 32 – Matthews/Vereinigtes Königreich.

[461] *EGMR*, Rs. 24883/94, Urt. v. 18.2.1999, Rn. 33 – Matthews/Vereinigtes Königreich.

[462] *EGMR*, Rs. 24883/94, Urt. v. 18.2.1999, Rn. 34f. – Matthews/Vereinigtes Königreich.

[463] *EGMR*, Rs. 24883/94, Urt. v. 18.2.1999, Rn. 36 ff. – Matthews/Vereinigtes Königreich.

[464] *Busse*, ThürVBl. 2001, 73, 77.

[465] *Lenz*, EuZW 1999, 311.

Jahres 1999',[466] das aber eher eine weitere logische Folge der Rechtsprechung des *EGMR* ist, als eine Umkehr von bisherigen Grundsätzen.

Gerade die „Abkehr" von der Rechtsprechungslinie der Rechtssache *M. & Co.* wurde besonders intensiv diskutiert. Indem der *EGMR* seine Befugnis zur Kontrolle von EG-Primärrecht bejaht hat, unterliegen die Mitgliedstaaten der vollen Verantwortlichkeit nach Art. 1 EMRK. Die Rechtssache *M. & Co.* und die Rechtssache *Matthews* sind aber nicht identisch.[467] Ging es im ersten Fall um einen nationalen Vollstreckungsakt, so war in der Rechtssache *Matthews* über Primärrecht zu entscheiden. In der Rechtssache *M. & Co.* konnte der *EuGH* gemeinschaftsrechtlich prüfen, im zweiten Fall stand ihm diese Kompetenz dagegen nicht zu. Insoweit kann auch nicht davon gesprochen werden, dass der *EGMR* eine Prüfung der „equivalent protection" vorgenommen hätte, indem er in der Rechtssache *Matthews* feststellte, dass der *EuGH* nicht zuständig gewesen wäre.[468] Wenn schon gemeinschaftsrechtlich keine Zuständigkeit des *EuGH* anzunehmen ist, besteht kein Raum für eine solche Prüfung. Der Verweis ist vielmehr dahingehend zu verstehen, dass der innerstaatliche Rechtsweg erschöpft sein muss und dass diese Voraussetzung als erfüllt angesehen wurde. Zum innerstaatlichen Rechtsweg gehört auch der gemeinschaftsrechtliche Rechtsweg. Keinesfalls ist die Aussage des *EGMR* so zu begreifen, dass die Zuständigkeit des *EuGH* eine Zuständigkeit des *EGMR* ausschließt, denn so würde eine subsidiäre Zuständigkeit des *EGMR* begründet werden.[469] Dies lässt sich den Aussagen des *EGMR* aber gerade nicht entnehmen. Vielmehr prüft er streng anhand des Art. 1 EMRK eine Verantwortlichkeit der Konventionsstaaten. Im Übrigen wäre Sekundärrecht vor dem *EuGH* überprüfbar, der nationale Akt dann vor dem *EGMR*. Insoweit bestünde auch eine Zuständigkeit des *EuGH* in der gleichen Materie (selbstverständlich nicht für den nationalen Akt an sich). Da die EG kein Mitglied der EMRK ist, ist eine andere Konstruktion auch nicht denkbar. Dies ist aber kein Fall der Subsidiarität, sondern es handelt sich nur um innerhalb der verschiedenen völkerrechtlichen Verträge festgelegte Zuständigkeiten.

Wirklich bemerkenswert an diesem Urteil ist die Tatsache, dass der *EGMR* auf die Wirkung der Maßnahme für die Betroffenen abstellt. Da Hoheitsakte der EG

---

466 So *Wildhaber*, ZSR, 2000, 123, 132.

467 Vgl. *Ress*, Vortrag an der Humboldt-Universität zu Berlin am 11. April 2002, FCE 2/02, S. 1, 10.

468 So *Busch*, Bedeutung der EMRK, S. 62.

469 In diesem Sinne *Kotroni*, Grundrechtliche Verpflichtungen der Mitgliedstaaten der EU, S. 249 und auch *Canor*, E.LRev. 2000, 3, 18, die diese Frage aber unbeantwortet lässt. Dagegen z.B. *Winkler*, EuGRZ 2001, 18, 23; *Stieglitz*, Allgemeine Lehren im Grundrechtsverständnis, S. 231 f.

auf die Betroffenen die gleiche Wirkung haben wie nationale Hoheitsakte, muss es in beiden Fällen zu einem vollen Rechtsschutz kommen. Indirekt würde über die Verantwortung der Mitgliedstaaten der EG unmittelbares Gemeinschaftshandeln vom *EGMR* überprüft werden.[470] Damit kann es zu den sog. offenen Divergenzen kommen, wenn der *EGMR* einen Verstoß gegen die EMRK durch einen Hoheitsakt der Gemeinschaftsorgane oder durch einen gemeinschaftsrechtlich determinierten Hoheitsakt eines Mitgliedstaates annimmt, der vorher Gegenstand eines Verfahrens nach Art. 234 oder 230 EG gewesen ist, in dem der *EuGH* keine Verletzung von Gemeinschaftsgrundrechten, wie sie sich nach Art. 6 Abs. 2 EU ergeben, gesehen hat.[471] Somit würde der Grundrechtsschutz auch nicht mehr im „*Bermuda-Dreieck zwischen Karlsruhe, Luxemburg und Straßburg*" verschwinden, sondern spätestens in Straßburg wieder auftauchen.[472] Den Mitgliedstaaten wird damit die „*Flucht ins Völkerrecht*" verwehrt.[473]

Fraglich erscheint an dieser Entscheidung vielmehr, ob alle Mitgliedstaaten kollektiv zur Verantwortung hätten gezogen werden müssen. Der *EGMR* selbst geht von einer solchen Verantwortung ratione materiae aus, was aber strikt von der inter partes Wirkung des Urteils zu trennen ist.[474] Die Entscheidung des *EGMR* ist auch nicht widersprüchlich, da ratione materiae über Art. 1 EMRK alle Mitgliedstaaten dafür Sorge zu tragen haben, dass Art. 3 ZP Nr. 1 nicht verletzt wird. Die unmittelbare Pflicht zur Beseitigung der Verletzung trifft selbstverständlich das Vereinigte Königreich.[475]

Die hier gestellte Frage betrifft vielmehr den Fall, ob es theoretisch möglich wäre nach der bisherigen Rechtsprechung gegen alle Mitgliedstaaten vorzugehen. Dass der *EGMR* hier nur das Vereinigte Königreich verurteilte, basiert darauf, dass dieser Staat die Verantwortung dafür trug, dass Gibraltar von den Wahlen zum Europäischen Parlament ausgeschlossen wurde und Frau *Matthews* seiner Hoheitsgewalt unterstand. Eine kollektive Verantwortung ließe sich aber über eine weite Auslegung des Begriffs „*Zusicherung*" in Art. 1 EMRK begründen.[476] Hierunter könnte man nicht nur die unmittelbare Ausübung von Hoheitsgewalt im eigenen Staatsgebiet verstehen, sondern auch die Ausübung übertragener Hoheitsgewalt durch eine supranationale Organisation. Die Mitgliedstaaten ak-

---

470 *Lutz*, Kompetenzkonflikte, S. 110; *Lenz*, EuZW 1999, 311, 312.

471 So zu Recht *Lutz*, Kompetenzkonflikte, S. 110 f.

472 *Lenz*, EuZW 1999, 311, 312.

473 *Winkler*, EuGRZ 2001, 18, 23.

474 So *Dippel*, Kompetenzabgrenzung, S. 93, bei dem die Trennung nicht deutlich wird.

475 Hierzu *Ress*, ZEuS 1999, 471, 481, der erläutert, welche Maßnahmen das Vereinigte Königreich einleiten müsste, um dem Urteil gerecht zu werden.

476 So *Krüger/Polakiewicz*, EuGRZ 2001, 92, 96. Siehe auch *Grabenwarter*, VVDStRL 60 (2001), 290, 330 f.

tualisieren ihre Verantwortung nach der EMRK mit jedem Rechtssetzungs- oder Mitwirkungsakt auf der Ebene des Rates, d.h. es ist nicht einmalig auf den Gründungsakt abzustellen.[477] Somit wäre es hier möglich gewesen bzw. wird es in Zukunft möglich sein, bei einer weiten Auslegung des Art. 1 EMRK, welche mit dem Anspruch der Konvention, praktische und effektive Rechte zu gewährleisten, in Einklang steht, eine Beschwerde gegen alle Mitgliedstaaten kollektiv zu erheben. Damit wird deutlich, dass ein weiterer Bereich des EG-Rechts in den Anwendungsbereich der EMRK und somit unter die Kompetenz des *EGMR* fällt. Insoweit wird zu Recht die abweichende Meinung der Richter *Freeland* und *Jungwiert* kritisiert, die die Aufgabe des *EGMR* verkennen, einen effektiven und praktischen Grundrechtsschutz zu gewährleisten.[478] Eine Zurückhaltung im Bereich des EG-Rechts wäre verfehlt.

5. Rechtssache Waite, Kennedy und Rechtssache Beer, Regan

Obwohl es in den Rechtssachen *Waite, Kennedy*[479] und *Beer, Regan*[480] nicht um Gemeinschaftsrecht ging und damit auch kein Fall der formellen Divergenz vorliegen kann, unterstützen sie die bisher gefundenen Ergebnisse.

In beiden Rechtssachen, mit denen sich jeweils erst die *EKMR* und anschließend der *EGMR* befasste, war fraglich, ob eine Verletzung des Art. 6 Abs. 1 EMRK (Recht auf ein faires Verfahren) durch die Vereinbarung der Immunität einer internationalen Organisation – hier der ESA – möglich wäre. Insoweit kann man die Rechtssachen mit den vorangegangen Fällen vergleichen, da auch ausschlaggebend war, ob die Konventionsstaaten Hoheitsrechte auf eine internationale Organisation übertragen können, ob sie unter diesen Umständen weiterhin nach der EMRK verpflichtet sind und unter welchen Voraussetzungen eine solche Übertragung von Rechten stattfinden kann.

Auffallend bei beiden Rechtssachen ist, dass die Menschenrechtskommission und der *EGMR* eine Übertragung von Hoheitsrechten ohne Abgabe der Verantwortung an die neue internationale Organisation für zulässig erachten, die Menschenrechtskommission diese aber unter den Vorbehalt der „*equivalent protection*" stellt[481], wohingegen der Gerichtshof diesen Wortlaut nicht direkt gebraucht,

---

477 Vgl. *Winkler*, EuGRZ 2001, 8, 25.

478 *Philippi*, Charta, S. 61.

479 *EKMR*, Rs. 26083/94, Bericht v. 2.12.1997 – Waite und Kennedy/Deutschland; *EGMR*, Rs. 26083/94, Urt. v. 18.2.1999 – Waite und Kennedy/Deutschland.

480 *EKMR*, Rs. 28934/95, Bericht v. 2.12.1997 – Beer und Regan/Deutschland; *EGMR*, Urt. v. 18.2.1999 – Beer und Regan/Deutschland.

481 *EKMR*, Rs. 26083/94, Bericht v. 2.12.1997, Rn. 74 – Waite und Kennedy/Deutschland; *EKMR*, Rs. 28934/95, Bericht v. 2.12.1997, Rn. 59 – Beer und Regan/Deutschland. Ausführlich zu den Fällen siehe *Bröhmer*, S. 85 ff.

sondern von „*reasonable alternative means to protect effectively their rights under the Convention*"[482] spricht. Damit macht er aber wie die Menschenrechtskommission einen Vorbehalt deutlich, der an die Rechtssache *M. & Co.* erinnert. Im Ergebnis wird eine Verletzung des Art. 6 Abs. 1 EMRK verneint, da die Konventionsstaaten im Rahmen ihres Beurteilungsspielraums bei der Beschränkung des Artikels gehandelt hätten. Weiter wurde angeführt, dass die ESA über einen angemessenen alternativen Rechtsschutz verfüge.[483]

Mit diesen Entscheidungen wird deutlich, dass die „Solange-Formel" der *EKMR* bestehen bleibt, aber eben nicht wie in der Rechtssache *M. & Co.* – was hier bereits kritisiert wurde – die Beschwerde für ratione materiae unzulässig erklärt wird, sondern dass die Straßburger Organe die selbst aufgestellten Voraussetzungen bei der Übertragung von Hoheitsrechten auf eine internationale Organisation prüfen.[484] Liegt ein gleichwertiger Rechtsschutz vor, so ist die EMRK nicht verletzt.

Zu den Entscheidungen wird kritisch angemerkt, dass die Fälle nur bedingt vergleichbar seien, weil es sich bei der ESA nicht um eine supranationale Organisation handele.[485] Dieser Einwand spielt aber für die Jurisdiktion des *EGMR* keine Rolle. Für ihn liegt eine Übertragung von Hoheitsrechten auf eine internationale Organisation durch völkerrechtlichen Vertrag vor. Dabei ist die rechtliche Konstruktion dieser Organisation für die bestehende Verantwortung der Konventionsstaaten nach Art. 1 EMRK unerheblich.

Anknüpfungspunkt für die mögliche Verletzung ist für den *EGMR* der Vertragsschluss zur internationalen Organisation. Überträgt man dies auf die EG, so können auch die Gründungsverträge die Verletzung der Konvention begründen.[486] Genau dies war auch Gegenstand der am gleichen Tag entschiedenen Rechtssache *Matthews* (siehe oben). Im Fall der ESA aktualisiert sich aber im Gegensatz zur EG die Übertragung der Hoheitsrechte nicht, da ein entsprechender Akt fehlt. Jedoch ist diese Aktualisierung immer auf den Ursprungsakt zu-

---

482 *EGMR*, Rs. 26083/94, Urt. v. 18.2.1999, Rn. 68 – Waite und Kennedy/Deutschland; *EGMR*, Urt. v. 18.2.1999, Rn. 58 – Beer und Regan/Deutschland.

483 Zu den Berichten der *EKMR* gibt es abweichende Meinungen von *Ress*, der sich vierzehn weitere Richter angeschlossen haben. Sie sind der Ansicht, dass keine gleichwertige Rechtsschutzmöglichkeit besteht, womit die Beschränkung unverhältnismäßig ist und die Konventionsstaaten damit ihren Beurteilungsspielraum überschritten haben.

484 Hierzu *Ress*, in: Haller/Kopetzki/Novak/Paulson/Raschauer/Ress/Wiederin (Hrsg.), FS Winkler, S. 897, S. 921 Fn. 111; *Philippi*, Charta, S. 62; *Busch*, Bedeutung der EMRK, S. 66.

485 *Canor*, E.LRev. 2000, 3, 19; *Dippel*, Kompetenzabgrenzung S. 97; *Kotroni*, Grundrechtliche Verpflichtungen der Mitgliedstaaten der EU, S. 245.

486 So zutreffend *Warnken*, Das Verhältnis der EG zur EMRK, S. 158 f.

rückzuführen, so dass insoweit davon ausgegangen werden kann, dass der *EGMR* bei allen internationalen Organisationen – seien sie supranational ausgestaltet – eine Übertragung von Hoheitsrechten ermöglicht, die Konventionsstaaten aber nicht aus ihrer Verantwortung gegenüber der EMRK entlässt. Ein Verstoß gegen die Konvention kann bereits mit dem völkerrechtlichen Vertragsschluss begründet werden.

6. Rechtssache Senator Lines und Rechtssache Société Guérin

In den bisher analysierten Fällen bestand entweder ein direkter Bezug zum nationalen Recht oder es handelte sich um EG-Primärrecht, so dass die formelle Divergenz trotz des Gemeinschaftsbezugs nicht auftreten konnte, weil der *EuGH* nicht zuständig war.

Bisher ungeklärt ist, wie die Fälle des gemeinschaftsunmittelbaren Vollzugs zu beurteilen sind. In diesen Fällen handelt zumeist die Kommission oder es liegt eine Verordnung der EG vor, die unmittelbar in den Mitgliedstaaten wirkt. Fraglich ist auch, ob Urteile des *EuGH* anhand der EMRK überprüft werden. Sollte der unmittelbare Vollzug von Gemeinschaftsrecht und Entscheidungen des Gerichtshofes tauglicher Beschwerdegegenstand vor dem *EGMR* sein, so ist zu überlegen, wer als Beschwerdegegner in Betracht kommt. Da sich die Beschwerden eindeutig nicht gegen die Organe der EG oder die EG selbst richten kann, da diese kein Mitglied der EMRK ist, bleibt die Möglichkeit den Staat zu verklagen, unter dessen Hoheitsgewalt der Beschwerdeführer steht oder aber die Beschwerde gegen alle inzwischen siebenundzwanzig Mitgliedstaaten zu richten. Mit diesen Fragestellungen hatte sich der *EGMR* in den Rechtssachen *Senator Lines*[487] und *Société Guérin*[488] zu beschäftigen, wobei aber aus unterschiedlichen Gründen eine im Urteil ausgesprochene Klärung nicht stattgefunden hat.

a) Rechtssache Société Guérin Automobiles

Die *Société Guérin Automobiles* erhob in zwei Fällen vor dem *EuG*[489] und dann vor dem *EuGH*[490] Untätigkeitsklage gegen die Kommission, da es diese in Verfahren nach Art. 85 EG versäumt habe, tätig zu werden und der *Société Guérin* eine abschließende Entscheidung zuzustellen. Alle Klagen wurden wegen Versäumnis einer Rechtsmittelfrist zurückgewiesen, so dass die *Société Guérin* eine Beschwerde beim *EGMR* einlegte mit der Begründung, dass sie über die Fristen

---

487 *EGMR*, Rs. 56672/00, Entsch. v. 10.3.2004 – Senator Lines GmbH/ 15 Mitgliedstaaten der EU.

488 *EGMR*, Rs. 51717/99, Entsch. v. 4.7.2000 – Société Guérin Automobiles/15 Mitgliedstaaten der EU.

489 *EuG*, Rs. T-276/97, Slg.1998, II-261 – Guérin automobiles/Kommission.

490 *EuGH*, C-154/98 P, Slg. 1999, I-1451 – Guérin automobiles/Kommission.

in den Schreiben der Kommission nicht ordentlich belehrt worden sei und damit eine Verletzung der Art. 6 und 13 EMRK vorläge. Die Beschwerde richtete sich gegen alle (damals) fünfzehn Mitgliedstaaten.[491]

Zwar wurde das Verfahren für unzulässig ratione materiae erklärt, weil Art. 6 und 13 EMRK keine Garantie auf eine bestimmte Form der Rechtsmittelbelehrung kennen, doch ließ der Menschenrechtsgerichtshof ausdrücklich die Frage der Zulässigkeit ratione personae offen. Er hielt es wegen der anderweitigen Unzulässigkeitsgründe nicht für *„nécessaire de se prononcer sur les questions de compétence ratione personae*".[492]

Allein daraus kann man aber zwei Schlussfolgerungen ziehen: Erstens beschäftigte sich der *EGMR* ohne zu zögern materiell mit dem EG-Recht, sah hier aber keine Garantie der Konvention als anwendbar an. Er schloss damit grundsätzlich den unmittelbaren Vollzug des Gemeinschaftsrechts – denn es ging nur um ein Nichthandeln der Kommission und Urteile des *EuGH* – aus seiner Prüfungskompetenz nicht aus. Zweitens zeigt die Entscheidung, dass der *EGMR* auch nicht von vornherein eine Verantwortung der Mitgliedstaaten als Kollektiv als unzulässig angesehen hat, denn dann hätte er die Entscheidung auf diesen Punkt stützen können, ohne in die Prüfung des materiellen Rechts einsteigen zu müssen, ob die Konvention eine bestimmte Form der Rechtsmittelbelehrung garantiert. Die Beschwerde für unzulässig ratione personae zu erklären, wäre der einfachere Weg gewesen. Man kann demnach bereits nach dieser Entscheidung davon ausgehen, dass der *EGMR* eine Beschwerde gegen alle Mitgliedstaaten der EG als Kollektiv zulassen würde.

b) Rechtssache Senator Lines

Dafür spricht auch die Entscheidung *Senator Lines*[493], deren Zustellungsbeschluss an die (damals) fünfzehn Mitgliedstaaten ebenfalls am 4. Juli 2000 erfolgte. Allein aus dem Zustellungsbeschluss folgerten verschiedene Stimmen, dass der *EGMR* eine Verantwortlichkeit der Mitgliedstaaten hier für möglich hält, denn sonst hätte er wie der in der Rechtssache *Société Guérin* auch ent-

491 *EGMR*, Rs. 51717/99, Entsch. v. 4.7.2000 – Société Guérin Automobiles/15 Mitgliedstaaten der EU.

492 *EGMR*, Rs. 51717/99, Entsch. v. 4.7.2000 – Société Guérin Automobiles/15 Mitgliedstaaten der EU.

493 *EGMR*, Rs. 56672/00, Entsch. v. 10.3.2004 – Senator Lines GmbH/ 15 Mitgliedstaaten der EU. Siehe hierzu *Pastor Palomar*, Suplemento BEUR, Nr. 11, 2003, 62 ff.

scheiden können, ohne den Mitgliedstaaten die Beschwerdeschrift zukommen zu lassen.[494]

Inhaltlich ging es in der Entscheidung um eine Beschwerde der Reederei *Senator Lines* wegen einer Verletzung des Art. 6 EMRK. Der Reederei wurde im September 1998 von der Europäischen Kommission eine Geldstrafe in Höhe von 13.750.000 Euro wegen einer Verletzung der Wettbewerbsvorschriften des EG-Vertrages auferlegt. *Senator Lines* klagte hiergegen vor dem *EuG* nach Art. 230 EG. Die Kommission wollte die Strafe nicht vollstrecken, wenn Senator Lines eine Bankbürgschaft beibringen könnte. Senator Lines stellte einen Antrag auf Befreiung von diesem Erfordernis, der jedoch abgelehnt wurde. Auch der Antrag nach Art. 242 EG, die Entscheidung nicht zu vollstrecken, wurde vom *EuG* und schließlich vom *EuGH* abgelehnt. Daraufhin legte die Reederei am 30. März 2000 Beschwerde vor dem *EGMR* gegen alle (damals) 15 Mitgliedstaaten der EG ein. Sie sah in dem Verfahren eine Verletzung des effektiven Rechtsschutzes, des Grundsatzes des fairen Verfahrens und der Unschuldsvermutung. Im März 2001 bewirkte die Kommission eine Vollstreckungsklausel und am 30. September 2003 hob das *EuG* im Verfahren der Hauptsache die Geldbuße auf.[495]

Inzwischen hatte der *EGMR*, die Beschwerdeschrift den Mitgliedstaaten zugestellt, so dass die Staaten ausführlich Stellung nehmen konnten.[496]

Der Menschenrechtsgerichtshof entschied schließlich am 10. März 2004, dass die Beschwerde wegen mangelnder Opfereigenschaft von *Senator Lines* unzulässig sei. Begründet wurde dies damit, dass *Senator Lines* nach den Umständen des Falles nicht gelten machen könnte, jemals Opfer gewesen zu sein, da noch nicht vollstreckt wurde und *Senator Lines* auch noch nicht gezahlt hatte. Die Reederei könnte darüber hinaus auch nicht seit der Entscheidung des *EuG* plausibel darlegen, dass sie ein potentielles Opfer sei. Eine persönliche Verletzung der Reederei könne nach dem endgültigen Urteil in der Hauptsache nicht mehr eintreten. Der *EGMR* betonte aber in einem Nebensatz, dass die Entscheidung über die Unzulässigkeit unabhängig von der Begründetheit der anderen Argumente getroffen wurde.[497]

---

494 So z.B. *Busch*, Bedeutung der EMRK, S. 73; *Winkler*, EuGRZ 2001, 18, 26; *Hilf/Hörmann*, NJW 2003, 1, 4 mit Fn. 33.

495 *EuG*, Rs. T-191/98 u.a., Slg. 2003, II-3275, Atlantic Container Line AB u.a./Kommission.

496 Siehe hierzu ausführlich *Busch*, Bedeutung der EMRK, S. 73 ff., der sich mit dem Verfahren vor der Entscheidung des *EGMR* beschäftigt und versucht einen Ausblick zu geben. Die Beschwerdeschrift ist abgedruckt in HRLJ Vol. 21 (2000), 112 ff.

497 *EGMR*, Rs. 56672/00, Entsch. v. 10.3.2004 – Senator Lines GmbH/ 15 Mitgliedstaaten der EU.

Die Rechtssache hätte eine Grundsatzentscheidung des *EGMR* zur „*Folgeverantwortung*"[498] der Mitgliedstaaten für die Übertragung von Hoheitsrechten werden können, da bis zur Einreichung der Beschwerde kein nationaler Vollstreckungsakt vorlag. Insoweit enthält die Entscheidung aber einen wesentlichen Hinweis: Der *EGMR* sieht es als möglich an, alle Mitgliedstaaten zur Verantwortung zu ziehen, denn sonst hätte er die Beschwerde ihnen nicht zugestellt. Für ihn spielt es nur eine Rolle, ob ein Akt oder ein Unterlassen unter die Verantwortlichkeit aller verklagten Vertragsparteien nach Art. 1 EMRK fällt. Es besteht auch ein wesentlicher Unterschied zur Rechtssache *C.F.D.T.*[499] (siehe oben3. Kapitel:B.I), auf die die Staaten verweisen. Dort wurde direkt gegen einen Ratsbeschluss geklagt, der selbstverständlich direkt nicht angreifbar ist, genauso wenig wie in diesem Fall die Entscheidung über die Geldbuße angreifbar wäre. Darüber hinaus konnte damals das Kollektiv nicht verklagt werden, da Frankreich die Individualbeschwerde noch nicht anerkannt hatte. Die Entscheidung *C.F.D.T.* wurde aber auch gerade im Hinblick auf die gemeinsame Verantwortlichkeit der Mitgliedstaaten und einen möglichen Anknüpfungspunkt über Art. 1 EMRK kritisiert, so dass eine Abkehr von dieser Entscheidung der Menschenrechtskommission durchaus im Sinne des effektiven Rechtsschutzes, den der *EGMR* gewähren soll, wäre. *Busch* ist daher zu Recht der Ansicht, dass Anknüpfungspunkt in dem hier vorliegenden Rechtsstreit Art. 242 EG hätte sein müssen.[500] Indem die Mitgliedstaaten diese Norm erschaffen haben, könnten sie sich dem Vorwurf aussetzen, dass sie ein Gerichtssystem errichtet hätten, dass den Anforderungen der EMRK nicht genügt. Diese Norm des Primärrechts (vgl. Rechtssache *Matthews*) könnte nicht vom *EuGH* auf ihre Gültigkeit hin untersucht werden, so dass diesbezüglich kein Rechtsschutz im Rahmen des Gemeinschaftsrechts zu erreichen wäre. Damit wären auch die Voraussetzungen aus der Rechtssache *M. & Co.* erfüllt.

Ob die Beschwerde begründet wäre, ist für die Frage der formellen Divergenz unerheblich. Es zeigt sich aber, dass nunmehr – auch wenn es noch nicht endgültig entschieden ist – deutlich wird, dass der *EGMR* die Mitgliedstaaten zur Verantwortung ziehen wird, auch wenn es um das Recht der Gemeinschaften geht. Es wird stets ein Akt oder ein Unterlassen zu finden sein, der den Mitgliedstaaten nach Art. 1 EMRK zuzurechnen ist. Damit kann er seine Jurisdiktion mittelbar über das Recht der EG ausüben. Zurückhaltung wird er sich sicherlich nicht auferlegen, da er nach dem Willen aller Vertragsparteien für einen effektiven und praktischen Rechtsschutz in Europa zuständig ist.

---

498 So *Ress*, Vortrag an der Humboldt-Universität zu Berlin am 11. April 2002, FCE 2/02, S. 1, 12.

499 *EKMR*, Rs. Nr. 8030/77, Entsch. v. 10.7.1978 – CFDT.

500 *Busch*, Bedeutung der EMRK, S. 82 f.

Dies zeigt sich auch in mehreren weiteren Verfahren, die entweder noch nicht entschieden sind, bzw. die aus anderen Gründen für unzulässig erklärt wurden.

7. Rechtssache Emesa Sugar und Rechtssache Garzilli

Wie aktuell die Frage der „*Folgeverantwortung*“ der Mitgliedstaaten ist, belegt auch die Vielzahl der Fälle, die beim *EGMR* registriert werden.[501] Beispielhaft werden hier Rechtssachen aufgezeigt, die die unterschiedlichen Möglichkeiten der Verantwortlichkeit der Mitgliedstaaten nach Art. 1 EMRK verdeutlichen.

a) Rechtssache Emesa Sugar

Zunächst ist die Rechtssache *Emesa Sugar* zu erwähnen, die in der Literatur auch unter dem Aspekt der materiellen Divergenz behandelt wurde,[502] bevor es zu einer Entscheidung des *EGMR* kam, der die Beschwerde als unzulässig ratione materiae erklärte.[503]

Die Firma *Emesa Sugar* befand sich vor dem *EuGH* in einem Rechtsstreit mit Aruba[504], indem es um Bedingungen für die Einfuhr bestimmter Zuckermengen in die Gemeinschaft ging. Im Rahmen dieses Verfahrens[505] hat *Emesa Sugar* beim *EuGH* beantragt, dass sie auf die Schlussanträge des Generalanwaltes eine schriftliche Stellungnahme abgeben dürfte. Sie hielt dies für rechtlich geboten und zog einen Vergleich zur Rechtsprechung des *EGMR* zu Art. 6 EMRK.[506] Der *EuGH* war jedoch der Ansicht, dass der ihm vorliegende Fall nicht mit den vom *EGMR* entschiedenen Rechtssachen vergleichbar sei, da zum einen der Generalanwalt eine besondere funktionelle und institutionelle Verbindung zum Gerichtshof selbst hätte.[507] Zum anderen bestehe die Möglichkeit der Wiedereröffnung der mündlichen Verhandlung.[508] Somit lehnte er den Antrag ab.

---

501 Siehe hierzu weitere Fälle bei *Ress*, Vortrag an der Humboldt-Universität zu Berlin am 11. April 2002, FCE 2/02, S. 1, 12 ff.

502 Hierzu *Schwartmann*, AVR 43. Band (2005), 129, 138 ff.; *Polakiewicz*, in: Marauhn (Hrsg.), Die Rechtsstellung des Menschen im Völkerrecht, S. 37, 47 ff.; *Kokott*, in: Bröhmer/Bieber/Calliess/Langenfeld/Weber/Wolf (Hrsg.), FS Ress, S. 577 ff.

503 *EGMR*, Rs. 62023/00, Entsch. v. 13.1.2005 – Emesa Sugar N.V./Belgien.

504 Gemäß Anhang II zum EG-Vertrag findet auf Aruba der vierte Teil des EG-Vertrags (Art. 182 ff. – Assoziierung der Überseeischen Länder und Hoheitsgebiete) Anwendung.

505 *EuGH*, Rs. C-17/98, Slg. 2000, I-675 – Emesa Sugar NV/Aruba.

506 *EuGH*, Rs. C-17/98, Slg. 2000, I-665, Rn. 2 ff. – Emesa Sugar NV/Aruba.

507 *EuGH*, Rs. C-17/98, Slg. 2000, I-665, Rn. 16. – Emesa Sugar NV/Aruba.

508 *EuGH*, Rs. C-17/98, Slg. 2000, I-665, Rn. 18 – Emesa Sugar NV/Aruba.

Emesa Sugar erhob daraufhin Beschwerde vorm *EGMR*, die am 13. Januar 2005 für unzulässig erklärt wurde.[509] Die Beschwerde war formell gegen Belgien gerichtet, doch ging es inhaltlich um die Frage, ob die Regelungen des Gemeinschaftsrechts, die eine Erwiderung auf die Schlussanträge der Generalanwälte ausschließen, mit Art. 6 Abs. 1 EMRK vereinbar seien. Die Beschwerde hätte mithin auch alle (damals) 15 Mitgliedstaaten als Beschwerdegegner nennen können. Sie hätten in einer Parallele zur Rechtssache *Senator Lines* dafür verantwortlich gemacht werden können, dass sie den *EuGH* in dieser Form errichtet haben und dabei den Erfordernissen der EMRK nicht Genüge getan hätten.[510]

Der *EGMR* befasste sich erneut nicht mit dieser schwierigen Frage, sondern prüfte direkt ratione materiae, ob der Anwendungsbereich von Art. 6 Abs. 1 EMRK in diesem Fall gegeben ist. Vorher ging er auf die Zulässigkeit ratione personae nur insoweit ein, dass er feststellte, dass „*the Government argued at the outset that they could not be held responsable for the alleged violation, given that it concerned an act by the ECJ; consequently, the application should be rejected for being incompatible ratione personae with the provisions of the Convention*".[511] Schließlich war der *EGMR* der Ansicht, dass es hier weder um zivilrechtliche Ansprüche noch um eine strafrechtliche Anklage ging, so dass Art. 6 Abs. 1 EMRK nicht einschlägig sei. Vielmehr betreffe die Streitigkeit Zölle und Steuern, die gerade nicht von der Garantie erfasst werden. [512] Da der *EGMR* diese Begriffe autonom auslegt, gibt es eine zum Teil uneinheitliche Kasuistik.[513] Wenn Streitigkeiten über Steuern nicht von Art. 6 Abs. 1 EMRK erfasst werden, liegt es nahe, auch Zölle nicht in den Anwendungsbereich der Norm aufzunehmen.[514] Für die hier vorliegende Untersuchung ist die Beantwortung dieser Frage jedenfalls ohne Bedeutung.

Es wäre allerdings wünschenswert gewesen, wenn sich der *EGMR* zur Frage der Zulässigkeit ratione personae geäußert hätte. Man kann seine Aussage wiederum dahingehend interpretieren, dass er den für ihn einfachsten Weg gehen und sich daher nicht mehr ohne Zwang mit dem Problem auseinandersetzen wollte. Jedenfalls scheint der *EGMR* die Unzulässigkeit ratione personae nicht einfach begründen zu können, womit auch viel dafür spricht, dass er eine Verantwortung der Mitgliedstaaten nach Art. 1 EMRK sieht, dies aber nicht in einem Fall entscheiden möchte, der aus anderen Gründen unzulässig ist, so dass es ohnehin nicht zu einem Urteil in der Sache kommen würde.

---

509 *EGMR*, Rs. 62023/00, Entsch. v. 13.1.2005 – Emesa Sugar N.V./Belgien.

510 So auch *Scheer*, ZEuS 2004, 663, 675.

511 *EGMR*, Rs. 62023/00, Entsch. v. 13.1.2005 – Emesa Sugar N.V./Belgien.

512 *EGMR*, Rs. 62023/00, Entsch. v. 13.1.2005 – Emesa Sugar N.V./Belgien

513 *Meyer-Ladewig*, EMRK Handkommentar, Art. 6 Rn. 8 f.

514 *Breuer*, EuGRZ 2005, 229.

b) Rechtssache Garzilli

In diese Richtung ging auch bereits 1998 die Entscheidung der *EKMR* in der Rechtssache *Garzilli* gegen die Mitgliedstaaten der EU.[515]

Herr *Garzilli* wollte am Concours der Kommission teilnehmen, seine Bewerbung wurde aber zurückgewiesen. Er erhob ohne Erfolg formelle Beschwerde und schließlich am 16. August 1995 Klage zum *EuG*. Dabei stellte er einen Antrag auf finanzielle Unterstützung für die Rechtsberatung, der am 14. November 1995 abgelehnt wurde. Bereits am 3. November 1995 hatte er beantragt, dass die Verfristung seiner Klage aufgeschoben wird. Das *EuG* erklärte aber vor Bescheidung des Antrags auf finanzielle Unterstützung die Klage am 6. November 1995 für verspätet.[516]

Daher machte der Beschwerdeführer einen Verstoß gegen Art. 6 Abs. 1 EMRK geltend. Die Menschenrechtskommission entschied hier, dass sich die Frage der kollektiven Verantwortlichkeit der Konventionsstaaten zwar stellen könnte, doch sei die Beschwerde ratione materiae unzulässig, da es nicht um einen zivilrechtlichen Zugang zu einem Gericht iSd Art. 6 Abs. 1 EMRK ging. Die Menschenrechtskommission wollte daher die Frage nicht entscheiden.[517]

Somit hat schon hier die Menschenrechtskommission davon abgesehen, dieses schwierige Problem in einem Fall zu entscheiden, in dem nicht in die Prüfung der Begründetheit eingestiegen wird, da andere Unzulässigkeitsgründe offensichtlich vorliegen.

8. Rechtssache Bosphorus

Die Rechtssache *Bosphorus*[518] stellt sicherlich das nächste Puzzlestück in der Frage der Verantwortlichkeit der Konventionsstaaten für das Recht der EG in der Rechtsprechung des *EGMR* dar.[519] Mit dieser Entscheidung wird deutlich, wie Verordnungen der EG in der Rechtsprechung des *EGMR* behandelt werden. Außerdem enthält das Urteil zentrale Aussagen zur Rechtfertigung von möglichen EMRK-widrigen Maßnahmen, wenn eine Verpflichtung zum Handeln nach EG-Recht besteht. Schließlich äußert sich der *EGMR* zum bestehenden Grundrechtsschutz auf der Ebene der EG. Schon die Tatsache, dass der *EGMR* die

---

515 *EKMR*, Rs. 32384/96, Entsch. v. 22.10.1998 – Garzilli/Mitgliedstaaten der EU.

516 *EuG*, Rs. T-163/95, unveröffentlicht – Garzilli/Kommission.

517 *EKMR*, Rs. 32384/96, Entsch. v. 22.10.1998 – Garzilli/Mitgliedstaaten der EU.

518 *EGMR*, Rs. 45036/98, Urt. v. 30.6.2005 – Bosphorus Hava Yollari Turizm Ve Ticaret AS/Irland.

519 *Szczekalla*, GPR 2005, 176, 177 spricht gar von einem Meilenstein in der Entwicklung des gemeineuropäischen Grundrechtsschutzes.

Rechtssache für zulässig erklärt hatte[520], deutete daraufhin, dass ein weiterer „Grundsatzfall“ zur Entscheidung anstand.

a) Sachverhalt und Entscheidung in der Rechtssache Bosphorus

Bei der *Bosphorus Hava Yollari Turizm Ve Ticaret AS* handelte es sich um eine türkische Charterfluggesellschaft, die 1992 von der Yugoslav Airlines (JAT) zwei Flugzeuge für vier Jahre geleast hatte, die Mannschaft aber selbst stellte. Die Flugzeuge blieben im Eigentum von JAT, aber die Beschwerdeführer konnte sie in das Türkische Zivilluftfahrtsregister eintragen lassen.

Wegen des bestehenden Konfliktes der Former Republic of Yugolsavia (FRY) hatten die UN seit 1991 mehrere Sanktionen gegen die FRY angenommen, die dann von der EG umgesetzt wurden. So verabschiedete am 7. April 1993 der Sicherheitsrat der UN die Res. 820 (1993) zur Beschlagnahme von Flugzeugen, die am 28. April 1993 in die VO 990/93 der EG umgesetzt wurde und im vorliegenden Fall die Rechtsgrundlage für das Handeln der Behörden darstellte. Am 17. März1993 landete eines der geleasten Flugzeuge in Dublin, um von der irischen Firma TEAM Checks durchführen zu lassen. Bevor das Flugzeug nach den Checks wieder starten konnte, wurde es am 28. Mai 1993 aufgrund der genannten Verordnung der Europäischen Gemeinschaft am Start gehindert.[521] Am 8. Juni 1993 erfolgte dann die formelle Beschlagnahme durch den irischen Minister für Transport, Energie und Kommunikation.

Bosphorus suchte daraufhin Rechtsschutz vor den nationalen Gerichten gegen den Minister für Transport, Energie und Kommunikation. Der High Court hielt die Beschlagnahme für rechtwidrig. Rechtsgrundlage sei zwar die genannte VO, doch sei sie nicht auf das betreffende Flugzeug anwendbar. Da es gleichzeitig eine gerichtliche Verfügung eines Gläubigers der Beschwerdeführer gab, blieb das Flugzeug zu diesem Zeitpunkt in Irland und durfte das Land nicht verlassen, so dass das Flugzeug erneut im August 1994 beschlagnahmt wurde. Auch hiergegen ging *Bosphorus* erfolgreich gerichtlich vor.

Schon im August 1994 hatte aber die Regierung gegen das erste Urteil des High Court vom 21. Juni 1994 Zulassung zur Berufung eingelegt. Im Rahmen dieses Verfahren legte der Supreme Court of Irland am 12. Februar 1995 im Wege der Vorabentscheidung dem *EuGH* ein Frage zur Auslegung des Art. 8 VO 990/93

520 *EGMR*, Rs. 45036/98, Entsch. v. 13.9.2001 – Bosphorus Hava Yollari Turizm Ve Ticaret AS/Irland.

521 Rechtsgrundlage war die Verordnung (EWG) Nr. 990/93 des Rates vom 26.4.1993 über den Handel zwischen der Europäischen Wirtschaftsgemeinschaft und der Bundesrepublik Jugoslawien (Serbien und Montenegro), ABl. EG Nr. L 102 v. 28.4.1993, S. 14 ff.

vor.[522] *Bosphorus* machte in diesem Verfahren geltend, dass die Beschlagnahme ihre Grundrechte verletze, insbesondere ihr Eigentumsrecht und ihre Wirtschaftsfreiheit. Darüber hinaus sei die Maßnahme unverhältnismäßig, da die Leasingraten auf ein gesperrtes Konto überwiesen würden, zu dem der Eigentümer der Flugzeuge keinen Zugang hätte. Dies sei Strafe genug. Der *EuGH* führte hierzu am 30. Juli 1996 aus, dass die von *Bosphorus* genannten Rechte nicht uneingeschränkt gelten und dass im vorliegenden Fall die Einschränkungen wegen der mit der VO verfolgten Ziele gerechtfertigt wären.[523] Es liege auch keine Unverhältnismäßigkeit vor, da u.a. Ziel der VO sei, massive Menschenrechtsverletzungen in der FRY zu beenden.[524] Insgesamt hielt der *EuGH* die VO auf das in Rede stehende Flugzeug für anwendbar.

Interessant an der Entscheidung des *EuGH* ist, dass er nicht auf die Herleitung der geltend gemachten Grundrechte und auf den Schutzbereich Bezug nimmt, sondern direkt ihre Einschränkbarkeit prüft. Hierzu nimmt er zwar ausführlich Stellung, indem er die Rechtfertigung durch dem Gemeinwohl dienende Ziele des Gemeinschaftsrechts feststellt. An diesem Punkt wäre das Urteil daher für den *EGMR* angreifbar, da sich der *EuGH* nicht intensiv mit der Frage des Grundrechtsschutzes auseinandersetzt. Denn ein gleichwertiger Grundrechtsschutz kann nach der bisherigen Rechtsprechung nicht angenommen werden, wenn das Gericht nicht einmal die Grundrechte ihrem Schutzbereich nach prüft.

Auf der Grundlage der Vorabentscheidung des *EuGH* kam es am 6. August 1996 zur Wiedereinsetzung der Beschlagnahme durch den Minister. Der Supreme Court entschied am 29. November 1996, dass der Minister nach Art. 8 der VO 990/93 (EG) gebunden gewesen sei und daher die Berufung Erfolg habe. Erst am 30. Juli 1997 ging das Flugzeug wieder direkt an JAT zurück.

Vor dem *EGMR* machte die Beschwerdeführerin eine Verletzung des Art.1 ZP Nr. 1 wegen der Beschlagnahme des Flugzeuges geltend.

Problematisch war, ob die Irische Regierung für einen Verstoß verantwortlich gemacht werden konnte, da die Rechtsgrundlage eine unmittelbar anwendbare Verordnung der Europäischen Gemeinschaft gewesen ist.

---

[522] *EuGH*, Rs. C-84/95, Slg. 1996, I-3953 – Bosphorus Hava Yollari Turizm ve Ticaret AS/Minister for Transport, Energy and Communications u.a.

[523] *EuGH*, Rs. C-84/95, Slg. 1996, I-3953, Rn. 21 ff. – Bosphorus Hava Yollari Turizm ve Ticaret AS/Minister for Transport, Energy and Communications u.a.

[524] *EuGH*, Rs. C-84/95, Slg. 1996, I-3953, Rn. 26 – Bosphorus Hava Yollari Turizm ve Ticaret AS/Minister for Transport, Energy and Communications u.a.

aa) Die Zulässigkeitsentscheidung in der Rechtssache Bosphorus

Der *EGMR* führte in seiner Zulässigkeitsentscheidung aus: „*The Court must therefore consider whether the impugned acts can be considered to fall within the jurisdiction of the Irish State within the meaning of Article 1 of the Convention, when the State claims that it was obliged to act in furtherance of a directly effective an obligatory EC Regulation. However the Court is of the view that it does not have sufficient information to enable it to make a ruling. Furthermore, the issues are so closely bound up with the merits of the case that it is inappropriate to determine them at the present stage of the proceedings.[...] The Court considers that this complaint raises complex an serious issues under Art. 1 of Protocol No. 1 which require determination on the merits. It follows that they cannot be dismissed as manifestly ill-founded within the meaning of Art. 35 § 3 of the Convention. No other ground for declaring the complaints inadmissible has been established.*"[525]

Wegen dieser Passage in der Entscheidung des *EGMR* war zu erwarten, dass er in der Rechtssache grundlegende Aussagen zur Verantwortlichkeit eines Mitgliedstaates für die Rechtfolgen, die sich aus der Anwendung einer Verordnung der EG ergeben, machen würde und ob in der gegebenen Konstellation überhaupt nach Art. 1 EMRK Hoheitsgewalt des betroffenen Staates besteht.

bb) Zentrale Punkte der Entscheidung der Rechtssache Bosphorus

Der *EGMR* prüfte schulmäßig Zulässigkeit und Begründetheit des Falles.

Zu Art. 1 EMRK führte er hinsichtlich der Zulässigkeit der Rechtssache aus, dass hier kein Zweifel daran bestehe, dass die Beschwerdeführerin unter der Hoheitsgewalt von Irland gestanden habe, so dass der Fall ratione loci, personae und materiae zulässig sei. Dabei stellte der *EGMR* gleichzeitig fest, dass die Frage nach der Reichweite der Verantwortung des Konventionsstaates zur Begründetheit der Beschwerde gehöre.[526]

In der Begründetheit machte der *EGMR* zunächst grundsätzliche Ausführungen zur Systematik des Art. 1 ZP Nr. 1, da zwischen den Parteien streitig war, welcher Absatz Anwendung zu finden hätte.[527] Seiner Auffassung nach ging es um

---

525 *EGMR*, Rs. 45036/98, Entsch. v. 13.9.2001 – Bosphorus Hava Yollari Turizm Ve Ticaret AS/Irland.

526 *EGMR*, Rs. 45036/98, Urt. v. 30.6.2005, Rn. 136 ff. – Bosphorus Hava Yollari Turizm Ve Ticaret AS/Irland.

527 *EGMR*, Rs. 45036/98, Urt. v. 30.6.2005, Rn. 141f. – Bosphorus Hava Yollari Turizm Ve Ticaret AS/Irland. Diese Frage stellte sich, da nach den Entscheidungen *EGMR*, Rs. 5493/72, Urt. v. 7.12.1976 – Handyside/Vereinigtes Königreich und *EGMR*, Rs. 9118/80, Urt. v. 24.10.1986 – Agosi/Vereinigtes Königreich die Beschlagnahme oder Entziehung

die Benutzung des Eigentums, demnach Absatz 2, da die Beschwerdeführerin dieses während des geleasten Zeitraums nicht einsetzen konnte. Da weiter eindeutig war, dass ein Eingriff in das Eigentumsrecht der Beschwerdeführer vorlag,[528] ging der Gerichtshof zur dezidierten Prüfung der Rechtfertigung über, die für die vorliegende Untersuchung entscheidende Neuerungen bringt.

Wie bei der Enteignung müsse auch bei der Regelung der Benutzung des Eigentums der Eingriff gesetzlich vorgesehen und nach innerstaatlichem Recht rechtmäßig sowie im Allgemeininteresse vorgenommen worden sein.[529] Dabei prüfte der *EGMR* das Vorhandensein der gesetzlichen Grundlage nicht unter der Überschrift „Rechtfertigung", sondern unter einem eigenen Prüfungspunkt.

Zunächst war die Rechtsgrundlage umstritten; es stellte sich nämlich die Frage, ob die Beschlagnahme auf Art. 8 VO 990/93 (EG) gestützt werden konnte. Da es sich hierbei um Sekundärrecht der EG handelt, führte der *EGMR* zutreffend aus, dass es Aufgabe der nationalen Gerichte bzw. der EG-Gerichte sei, nationales bzw. EG-Recht auszulegen und anzuwenden, während es Sache des *EGMR* sei, zu überprüfen, ob die Folgen der Urteile mit der EMRK in Einklang stünden.[530] Der *EGMR* wäre auch nicht dazu befugt, die Anwendbarkeit und Voraussetzungen der Norm zu prüfen. Er könne nur feststellen, ob eine gesetzliche Grundlage gegeben und ob diese nach Ansicht der zuständigen Gerichte nachvollziehbar anwendbar sei. Im Anschluss traf er wesentliche, auf weitere Fälle übertragbare Aussagen zu Verordnungen der EG.

„Once adopted, EC Regulation 990/93 was „generally applicable" and „binding in its entirety" (pursuant to Article 189, now Article 249, of the EC Treaty), so that it applied to all Member States none of whom could lawfully depart from any of its provisions. In addition, its "direct applicability" was not, and in the Court's view could not be, disputed. The Regulation became part of domestic law with effect from 28 April 1993 when it was published in the Official Journal, prior to the date of the impoundment and without the need for implementing legislation."[531]

---

als Enteignung angesehen wird, außer wenn die Entscheidung nicht endgültig ist, vgl. auch *EGMR*, Rs. 9816/82, Urt. v. 23.4.1987 – Poiss/Österreich.

528 *EGMR*, Rs. 45036/98, Urt. v. 30.6.2005, Rn. 140 – Bosphorus Hava Yollari Turizm Ve Ticaret AS/Irland.

529 Vgl. *Meyer-Ladewig*, EMRK Handkommentar, Art. 1 ZP Nr. 1 Rn. 34.

530 *EGMR*, Rs. 45036/98, Urt. v. 30.6.2005, Rn. 143 – Bosphorus Hava Yollari Turizm Ve Ticaret AS/Irland.

531 *EGMR*, Rs. 45036/98, Urt. v. 30.6.2005, Rn. 145 – Bosphorus Hava Yollari Turizm Ve Ticaret AS/Irland. Weiter führt der *EGMR* aus, dass die der VO zugrunde liegende Reso-

Der *EGMR* war weiter der Ansicht, dass sich aus der gesetzlichen Grundlage klar ergebe, welches nationale Organ zu handeln habe, so dass die Norm auch die formalen Anforderungen an die gesetzliche Grundlage erfüllte. Von Bedeutung ist die Schlussfolgerung des Gerichts, dass die Beschlagnahme insgesamt kein Ergebnis einer Ermessensausübung der irischen Behörden gewesen sei, sondern auf die Einhaltung der rechtlichen Verpflichtungen des irischen Staates hinauslief, welche sich aus dem EG-Recht und insbesondere der VO 990/93 (EG) ergeben.[532] Der *EGMR* leitete diese Schlussfolgerung zum einen aus Art. 249 EG ab, nämlich dass die Verordnung in allen Teilen verbindlich ist und von den Mitgliedstaaten anzuwenden ist, zum anderen berief er sich auf das Urteil des *EuGH*, der im Wege der Vorabentscheidung urteilte und an dessen Entscheidung der Supreme Court gebunden war. Der *EGMR* muss sich demnach in Bezug auf diesen Punkt auf die Beurteilung der nationalen Gerichte und des *EuGH* verlassen, da ihnen hierfür die Kompetenz zusteht.

Die Prüfung der eigentlichen Rechtfertigung begann der *EGMR* damit, dass er sich mit dem generell anwendbaren Absatz beschäftigte. Hier führte er aus, dass Absatz 2 des Art. 1 ZP Nr. 1 im Lichte der allgemeinen Prinzipien des Art. 1 Abs. 1 S. 1 zu sehen sei und daher ein gerechter Ausgleich zwischen den angestrebten Allgemeininteressen und dem Erfordernis des Schutzes der Grundrechte der Beschwerdeführer hergestellt werden müsste. Zwischen den angewandten Mitteln und dem verfolgten Ziel habe ein angemessenes Verhältnis zu bestehen. Bei der Einschätzung, ob eine faire Balance vorliege, habe der Staat einen weiten Beurteilungsspielraum. Dieser gelte sowohl hinsichtlich der Wahl der Mittel als auch hinsichtlich der Feststellung, ob die Konsequenzen der Durchsetzung durch das öffentliche Interesse an der Erreichung des verfolgten Zieles gerechtfertigt seien.

Der Staat hat mithin bei der Prüfung der Verhältnismäßigkeit einen weiten, doppelten Beurteilungsspielraum.

Nun prüfte der *EGMR*, ob und wie weit die Einhaltung rechtlicher Verpflichtungen, die sich aus der Mitgliedschaft in der EG ergeben, ein öffentliches Interesse hergeleitet werden könne.[533] Er erkannte an, dass es sich bei diesem Allgemeininteresse um ein legitimes Interesse von einigem Gewicht handelte und begründete dies weiter mit einer Auslegung der Konvention.

---

lution des Sicherheitsrates nicht als rechtliche Grundlage herangezogen werden kann, da sie nicht Teil der irischen Rechtsordnung wird.

532 Vgl. *EGMR*, Rs. 45036/98, Urt. v. 30.6.2005, Rn. 148 – Bosphorus Hava Yollari Turizm Ve Ticaret AS/Irland.

533 *EGMR*, Rs. 45036/98, Urt. v. 30.6.2005, Rn. 150 – Bosphorus Hava Yollari Turizm Ve Ticaret AS/Irland.

„The Convention has to be interpreted in the light of any relevant rules and principles of international law applicable in relations between the Contracting Parties (Article 31 § 3 (c) of the Vienna Convention on the Law of Treaties of 23 May 1969 and Al-Adsani v. the United Kingdom [GC], no. 35763/97, § 55, ECHR 2001-XI[534]), which principles include that of pacta sunt servanda."[535]

Mit dieser Aussage möchte der *EGMR* verdeutlichen, dass die Konventionsstaaten weiterhin die Möglichkeit haben sollen, internationale Verträge abzuschließen und diese auch zu erfüllen.

„The Court has also long recognised the growing importance of international co-operation and of the consequent need to secure the proper functioning of international organisations (the above-cited cases of Waite and Kennedy, at §§ 63 and 72 and Al-Adsani, § 54. See also Article 234 (now Article 307) of the EC Treaty). Such considerations are critical for a supranational organisation such as the EC."[536]

Dieser Teil des Urteils erscheint nicht überraschend, da er dies bereits in der Rechtssache *Waite* und *Kennedy* (siehe oben) festgestellt hatte. Neu war hingegen der nächste Schritt, den der *EGMR* dann vollzog.

Der *EGMR* hat im weiteren Verlauf der Entscheidung akzeptiert, dass die Befolgung von EG-Recht durch einen Konventionsstaat ein legitimes Allgemeininteresse iSd Art. 1 ZP Nr. 1 ist. Nun musste er aber bestimmen, wann dieses Allgemeininteresse im Rahmen einer Abwägung den Grundrechtsschutz eines Einzelnen überwiegen kann. Es stellte sich demnach die Frage nach den Voraussetzungen.

Der *EGMR* wiederholte zunächst seine Rechtsprechung zur Übertragung von Hoheitsrechten auf eine internationale Organisation (siehe Rechtssache *M. & Co.* und *Matthews*), wobei er auch deutlich machte, dass die neu gegründete Organisation nicht nach der Konvention verantwortlich werde (vgl. Rechtssache *C.F.D.T.*), sondern dass die Verantwortung bei den Konventionsstaaten verbleibe. Hier erfolgten die noch erwarteten Ausführungen zu Art. 1 EMRK.

„On the one hand, it has also been accepted that a Contracting Party is responsible under Article 1 of the Convention for all acts and omissions of its organs

---

534 Vgl. hierzu *EGMR*, Rs. 35763/97, Urt. v. 21.11.2001, Rn. 55 – Al-Adsani/Vereinigtes Königreich: *„Denn die Konvention kann nicht im Vakuum ausgelegt werden"*.

535 *EGMR*, Rs. 45036/98, Urt. v. 30.6.2005, Rn. 150 – Bosphorus Hava Yollari Turizm Ve Ticaret AS/Irland.

536 *EGMR*, Rs. 45036/98, Urt. v. 30.6.2005, Rn. 150 – Bosphorus Hava Yollari Turizm Ve Ticaret AS/Irland.

regardless of whether the act or omission in question was a consequence of domestic law or if the necessity to comply with international legal obligations. Article 1 makes no distinction as to the type of rule or measure concerned and does not exclude any part of a Contracting Party's "jurisdiction" from scrutiny under the Convention."[537]

Der Menschrechtsgerichtshof bemühte sich nun einen Ausgleich zwischen der Verantwortung des Konventionsstaates und seiner rechtlichen internationalen Verpflichtung nach der neuen Organisation herzustellen. Dabei war für ihn eindeutig, dass dieser Ausgleich nicht völlig zu Lasten der Verantwortlichkeit nach der EMRK gehen könne. Eine vollständige Befreiung von den Konventionsgarantien wäre mit Ziel und Zweck des Menschenrechtsvertrages nicht vereinbar. Demnach war festzulegen, wie viel Verantwortlichkeit bei den Konventionsstaaten verbleiben sollte, ohne dass die Konvention in ihrem Kernbestand angetastet würde. Um dies zu bestimmen, bediente sich der *EGMR* der Konstruktion einer Vermutung, die an die sog. „Solange-Entscheidung" des *BVerfG* erinnert und daher ebenfalls an die Entscheidung des *EGMR* in der Rechtssache *M. & Co.*:

„*In the Court's view, State action taken in compliance with such legal obligations is justified as long as the relevant organisation is considered to protect fundamental rights, as regards both the substantive guarantees offered and the mechanisms controlling their observance, in a manner which can be considered at least equivalent to that for which the Convention provides. By "equivalent" the Court means "comparable": any requirement that the organisation's protection be "identical" could run counter to the interest of international cooperation pursued. However, any such findings of equivalence could not be final and would be susceptible to review in the light of any relevant change in fundamental rights' protection. If such equivalent protection is considered to be provided by the organisation, the presumption will be that a State has not departed from the requirements of the Convention when it does no more than implement legal obligations flowing from its membership of the organisation.*"[538]

Damit hat der *EGMR* die Vermutung aufgestellt, dass ein Staat eine Handlung, die er in Erfüllung seiner internationalen Verpflichtung begeht, rechtfertigen kann, wenn diese internationale Organisation ebenfalls Grundrechte schützt, und zwar nicht nur materiell sondern auch die dafür notwendigen Kontrollmechanismen bereitstellt. Dieser Grundrechtsschutz muss aber als Voraussetzung äquivalent zu dem der EMRK sein, wobei im Gegensatz zur Rechtssache *M. &*

---

537 *EGMR*, Rs. 45036/98, Urt. v. 30.6.2005, Rn. 153 – Bosphorus Hava Yollari Turizm Ve Ticaret AS/Irland.

538 *EGMR*, Rs. 45036/98, Urt. v. 30.6.2005, Rn. 155f. – Bosphorus Hava Yollari Turizm Ve Ticaret AS/Irland.

Co. der *EGMR* dieses Mal bestimmt, was darunter zu verstehen sei. Ein identischer Grundrechtsschutz wird gerade nicht gefordert, da dies dem Interesse an weiteren internationalen Kooperationen zuwiderlaufen würde. Vergleichbarkeit soll ausreichen. Die Konventionsstaaten können sich mithin von ihrer Verpflichtung aus der EMRK befreien, wenn sie eine internationale Organisation gründen, die in vergleichbarer Weise zum Maßstab der EMRK Grundrechte schützt. Man könnte dies als einfache Möglichkeit der Freizeichnung der Konventionsstaaten verstehen, da dann immer der Schutz des Einzelnen hinter dem Allgemeininteresse zurücktreten würde, wenn nicht der *EGMR* eine weitere Voraussetzungen vorgegeben hätte, die ihm die Option gibt zu überprüfen, ob im besonderen Fall der Schutz der Grundrechte nicht doch hinter den Standard der EMRK abgefallen ist.

„*However, any such presumption can be rebutted if, in the circumstances of a particular case, it is considered that the protection of Convention rights was manifestly deficient. In such cases, the interest of international co-operation would be outweighed by the Convention's role as a "constitutional instrument of European public order" in the field of human rights.*"[539]

Daraus folgt, dass die Verantwortung der Konventionsstaaten wieder auflebt, wenn der Schutz der durch die EMRK garantierten Rechte in dem konkret zu beurteilenden Einzelfall offensichtlich mangelhaft war. Außerdem ergibt sich aus dieser Rechtsprechung, dass die Verantwortlichkeit der Konventionsstaaten immer besteht, wenn sie keine internationale Verpflichtung zu erfüllen haben oder wenn es um EG-Recht geht, das umgesetzt wurde und die Staaten einen Ermessenspielraum hatten (vgl. Rechtssache *Cantoni*). Denn in diesen Fällen handeln die Staaten rein national, so dass sie nicht in Konflikt mit einer internationalen Organisation kommen können. Der Bestand und das Fortschreiten von internationalen Kooperationen sind dadurch nicht gefährdet oder werden nicht unmöglich gemacht.

Im weiteren Verlauf des Urteils prüfte der *EGMR*, ob die vom ihm aufgestellte Vermutung in diesem Fall galt und ob sie nicht zu widerlegen war.

Erstens bescheinigte er der EG einen der EMRK vergleichbaren Grundrechtsschutz. Dabei nahm er auf die Rechtsprechung des *EuGH* zu den allgemeinen Rechtsgrundsätzen und auch auf die noch unverbindliche Charta der Grundrechte der EU Bezug. Besonderes Augenmerk legte er auf die bestehenden Kontrollmechanismen, von deren Effektivität die Menschenrechtsgarantien abhängen und kritisierte den beschränkten Zugang von Individuen zum *EuGH*. Gleichzeitig aber erklärte er, dass Klagen, die von den Organen der EG oder den

[539] *EGMR*, Rs. 45036/98, Urt. v. 30.6.2005, Rn. 156 – Bosphorus Hava Yollari Turizm Ve Ticaret AS/Irland.

Mitgliedstaaten eingereicht werden, eine wichtige Kontrolle der Befolgung des EG-Rechts mit indirektem Vorteil für Individuen bewirken. Durch das Zusammenspiel von nationalen Gerichten einerseits, die in einem System arbeiten, in das die EMRK inkorporiert wurde, und dem *EuGH* andererseits werde insgesamt ein vergleichbarer Schutz erzielt.[540] Somit entstünde die Vermutung, dass Irland nicht von den Anforderungen der EMRK abgewichen sei, als der Staat die rechtlichen Verpflichtungen, die sich aus der Mitgliedschaft der EG ergeben haben, erfüllte.

Zweitens prüfte der *EGMR* sehr kurz, ob die Vermutung in diesem Einzelfall widerlegt worden, ob also der Schutz der Grundrechte durch das System der EG offensichtlich mangelhaft gewesen sei. Da kein Versagen der Kontrollmechanismen vorlag, ging er im Ergebnis nicht von Offensichtlichkeit aus. Indem beide Teile der Vermutung erfüllt seien, überwiege das Allgemeininteresse des Staates Irland an der Erfüllung seiner EG-rechtlichen Verpflichtungen gegenüber dem Interesse der Beschwerdeführerin an einem effektiven Grundrechtsschutz, so dass der Eingriff gerechtfertigt war. Eine Verletzung des Art. 1 ZP Nr. 1 wurde verneint.

b) Zustimmende Voten zur Rechtssache Bosphorus

Die Richter *Rozakis*, *Tulkens*, *Traja*, *Botoucharova*, *Zagrebelsky* and *Garlicki* haben ein gemeinsames (im Folgenden Votum 1), der Richter *Ress* ein eigenes zustimmendes Votum (im Folgendem Votum 2) abgegeben.

Im Votum 1 wird nochmals deutlich gemacht, dass der *EGMR* nun seine Jurisdiktion verdeutlicht hat und damit auch vom Urteil in der Rechtssache *M. & Co.* abgewichen ist (hierzu unten bei der Bewertung des Falles 3. Kapitel:B.III.8.c)). Allerdings kritisierten die Richter eindeutig die Annahme eines vollständigen Grundrechtsschutzes auf der Ebene der EU, der ihrer Ansicht nach noch nicht gegeben sei. Dies begründeten sie hauptsächlich mit der Effektivität der Kontrollmechanismen. Zum einen ersetze das Verfahren der Vorabentscheidung nicht eine a posteriori Prüfung durch ein Gericht, denn im ersten Verfahren könne keine konkrete Verletzung eines Grundrechts im Nachhinein, also nach der Entscheidung des nationalen Gerichts festgestellt werden. Zum anderen stelle gerade das Recht auf Individualbeschwerde eine Basisverpflichtung der EMRK dar. Überlasse der *EGMR* dem EG-Rechtsschutzsystem die Aufgabe, äquivalenten Schutz sicherzustellen ohne Mittel zurückbehalten, mit denen genau dies überprüft werden könne, so komme dies einer stillschweigenden Zustimmung zum Ersatz von EMRK-Standards durch einen EG-Standard gleich, dessen Ä-

---

540 *EGMR*, Rs. 45036/98, Urt. v. 30.6.2005, Rn. 159 ff. – Bosphorus Hava Yollari Turizm Ve Ticaret AS/Irland.

quivalenz mit den Standards der EMRK aber keiner genauern Überprüfung mehr unterläge.

Die Richter räumten jedoch ein, dass nach dem vorliegenden Urteil eine Prüfung in concreto möglich bleibe, indem der *EGMR* die offensichtliche Mangelhaftigkeit feststellen könne. Dieses Kriterium scheint aber eine relativ niedrige Schwelle festzulegen.

Schließlich sahen sie in dem Urteil die Gefahr doppelter Standards, wenn es einigen Staaten besonders leicht gemacht würde, sich ihren Verpflichtungen nach der Konvention zu entziehen.

Das Votum 2 beginnt mit einer erneuten Forderung nach einen Beitritt der EG zur EMRK. *Ress* stellte wie im Votum 1 fest, dass das Urteil über *M. & Co.* hinausgehe. Die Zuständigkeit des *EGMR* sei auch in Fällen mit Bezug zum Recht der EG gegeben.

Nun allerdings interpretierte *Ress* das Urteil, um der Gefahr entgegenzuwirken, dass man es als einen Schritt zur Errichtung doppelter Standards auffassen könnte. Insgesamt – trotz der Herleitung der Menschenrechte und des eingeschränkten Zugangs zum *EuGH* für Individuen – erscheine es ihm möglich, den Schutz der Menschenrechte durch das Recht der EG als äquivalent einzustufen. Im vorliegenden Urteil gehe der *EGMR* nur auf die formellen Aspekte des Grundrechtsschutzes durch den *EuGH* ein, *Ress* erwarte aber, dass in zukünftigen Urteilen auch Aussagen zu den materiellen Garantien erfolgen werden. Man könnte auch bisher nicht sagen, dass im Verhältnis zu allen Rechten der EMRK alleine wegen des rein formellen Systems des Schutzes durch den *EuGH* bereits eine Vermutung der Konventionskonformität bestehe. Es werde erwartet, dass eine zukünftige bindende Charta der Grundrechte der EU das Niveau der Kontrolle für die Zukunft klären werde.

Weiter erläuterte *Ress* den Begriff der offensichtlichen Mangelhaftigkeit. Diese liege seiner Ansicht nach vor, wenn entweder der *EuGH* keine Kompetenz hatte (vgl. Rechtssache *Segi*[541]), der *EuGH* zu restriktiv bzgl. des Zugangs zum Gericht entschieden oder wenn eine offensichtliche Fehlauslegung oder Fehlanwendung der Konventionsgarantien durch den *EuGH* stattgefunden habe. Gerade zu letzterem verdeutlichte er, dass ein offensichtlich mangelhafter Schutz gegeben sei, wenn der *EuGH* von der Auslegung oder der Anwendung der Konvention oder der Protokolle abweichen sollte, wenn bereits ein wohletabliertes Fallrecht des *EGMR* vorliege. In Fällen mit „neuen Fragen“ wäre es schwer denkbar, dass Offensichtlichkeit anzunehmen sei, wenn der *EuGH* anders entscheidet als möglicherweise der *EGMR* entscheiden würde. Aber auch

541 *EGMR*, Rs. 6422/02 u.a., Entsch. v. 23.5.2002 – Segi u.a./15 Staaten der EU.

dieses Ergebnis sollte nicht von vornherein ausgeschlossen werden. Es bestehe also auch hier die Möglichkeit, dass Offensichtlichkeit vorliege. Diese führe aber nicht zu einem Doppelstandard *EGMR* und *EuGH*. Weiter legte *Ress* das Urteil so aus, dass der *EuGH* verpflichtet sei, die Rechtsprechung des *EGMR* zu beachten. Daher werde es seiner Meinung nur Einzelfälle geben, in denen der Schutz offensichtlich mangelhaft sein werde. *Ress* hatte dem Urteil nur unter der Voraussetzung zugestimmt, wenn es so ausgelegt werde, dass es die Verpflichtung des *EuGH* begründet, die Rechtsprechung des *EGMR* zu befolgen.

Zum Schluss kritisierte er die sehr kurzen Ausführungen am Ende des Urteils zur Frage der offensichtlichen Mangelhaftigkeit. Dies sollte nicht als Hinweis darauf gesehen werden, dass zukünftige Fälle, in denen Staaten EG-Recht anwenden, ohne weitere Prüfung durchgehen. Die Tatsache, dass keine Fehlfunktion des Kontrollmechanismus vorgelegen habe, hätte detaillierter erklärt werden müssen, um den Eindruck zu vermeiden, dass die Mitgliedstaaten der EG unter einem unterschiedlichen und nachsichtigeren System des Menschenrechtsschutzes stehen. Die Intensität der Kontrolle des *EGMR* werde nicht zu unterschiedlich sein zwischen diesen Staaten und anderen, die nicht Mitglied der EG sind.

c) Bewertung der Rechtssache Bosphorus

Zunächst ist zur Prüfung der Zuständigkeit des *EGMR* anzumerken, dass die Hoheitsgewalt eines Staates grundsätzlich als territorial aufgefasst wird, wobei vermutet wird, dass diese Hoheitsgewalt normalerweise im gesamten Staatsgebiet ausgeübt wird. Da das Flugzeug in Irland von irischen Behörden beschlagnahmt wurde, sind die Aussagen des *EGMR* nachzuvollziehen. Hinsichtlich der Zulässigkeit ratione personae hätte er bereits an dieser Stelle darauf eingehen können, wie die Tatsache zu beurteilen ist, dass Rechtsgrundlage des Handelns eine Verordnung der EG war, so dass man darüber hätte diskutieren können, ob die Beschwerde gegen die EG als solche zu richten gewesen wäre, was selbstverständlich als unzulässig hätte abgewiesen werden müssen, da sie nicht Mitglied der EMRK ist. Insoweit ist es aber nach der bisherigen Rechtsprechung richtig, dass Irland als handelnder Staat Beschwerdegegner ist. Da der *EGMR* diesen Aspekt aber im engen Zusammenhang mit der Begründetheit sieht, nimmt er dort erneut auf Art. 1 EMRK Bezug.

In der Begründetheit beginnen die für diese Arbeit relevanten Aussagen mit den Ausführungen zu den Verordnungen der EG. Hier stellt der *EGMR* zutreffend das geltende Recht der EG dar, nämlich dass Verordnungen nach Art. 249 EG unmittelbar in den Mitgliedstaaten anwendbar sind und keines Umsetzungsaktes bedürfen. Eine Verordnung bleibt demnach Gemeinschaftsrecht, wird aber gleichzeitig Bestandteil der innerstaatlich geltenden Rechtsordnung. Somit kann sie als gesetzliche Grundlage für einen nationalen Akt dienen, der dann vom *EGMR* überprüft werden kann.

Dies ist auch konsequent, wenn man einen Vergleich zur Rechtsprechung des *EGMR* zum Primärrecht der EG (siehe Rechtssache *Matthews*) zieht. Wenn schon dieses angreifbar ist, muss erst Recht das Sekundärrecht mittelbar überprüfbar sein. Eine unmittelbare Überprüfung kann nicht stattfinden, da das Sekundärrecht nicht von den Konventionsstaaten unmittelbar geschaffen worden ist. Sie sind mitbeteiligt an der Rechtssetzung im Rat, aber eben nicht alleiniger Gesetzgeber auf der Ebene der EG. Damit kann der Beschwerdeführer nicht die Verordnung selbst angreifen, aber er könnte sich gegen den Mitwirkungsakt der Mitgliedstaaten im Rat wenden. Dann stellt sich die Frage, ob die Beschwerde gegen den handelnden Mitgliedstaat oder gegen alle Mitgliedstaaten gemeinsam zu richten wäre. Hier kann nichts anderes als beim Primärrecht gelten, so dass zwei mögliche Beschwerdegegner vorliegen. Nahe liegender – auch wegen der Frage der Beschwerdefrist – ist es, wie hier erfolgt, die nationale Maßnahme als Anknüpfungspunkt zu nehmen, also den Umsetzungsakt. Mit diesem übt der Staat eindeutig seine Hoheitsgewalt iSd Art. 1 EMRK aus.

Gerade dieser Teil des Urteils zu Verantwortung der Konventionsstaaten nach Art. 1 EMRK ist besonders konsequent nach den vorangegangenen Entscheidungen des *EGMR*. Der rechtliche Ursprung einer Maßnahme kann nach Art. 1 EMKR keine Rolle spielen, solange es einen nationalen Anknüpfungspunkt gibt. Der Wortlaut des Artikels lässt keine andere Interpretation zu.

Der zweite relevante Teil beschäftigt sich mit dem Konzept der Vermutung der Konventionskonformität. Diese Rechtsprechung erinnert an die Rechtssache *M. & Co.*, die auch in den Voten erwähnt wird, und an die Rechtsprechung des *BVerfG* (Solange II)[542].

Der *EGMR* nimmt bei der Prüfung, ob ein vergleichbarer Grundrechtsschutz gewährleistet wird, keine Einzelfallprüfung vor. Ihm reicht vielmehr aus, dass die betreffende internationale Organisation grundsätzlich den erforderlichen Schutz gewährt. Erst bei der Frage, ob diese allgemeine Vermutung widerlegt sein könnte, prüft der Gerichtshof den Einzelfall.

Dies ist zu kritisieren. Der *EGMR* hat als originäre Aufgabe, Menschenrechtsschutz zu gewährleisten, was gerade über eine Prüfung im Einzelfall erfolgt. Von dieser Aufgabe verabschiedet er sich, wenn er den Fall nur noch dahingehend prüft, ob die betreffende Organisation offensichtlich mangelhaften Schutz anbietet. Die für die Konventionsstaaten zu überwindende Schwelle für die Freizeichnung wird damit sehr niedrig angesetzt. Allein die Tatsache, dass das Ge-

542 Hierzu unten 6. Kapitel:I.

richt der internationalen Organisation Grundrechte in seiner Einzelfallprüfung anspricht, reicht aus, um Offensichtlichkeit iSd Rechtsprechung abzulehnen. Damit wird es für den Beschwerdeführer schwierig, eine Verletzung seiner Rechte geltend zu machen. Er müsste die offensichtliche Mangelhaftigkeit darlegen, was ihm in den wenigsten Fällen gelingen wird, da, wenn es den *EuGH* betrifft, dieser meist auf die EMRK Bezug nimmt. Der Einzelne hat für den von ihm vorgebrachten Fall keinen sicheren Anspruch darauf, dass der EGMR die Gewährleistung seiner materiellen Garantien aus der EMRK prüft, selbst wenn die Beschwerde zulässig ist.

Leider unterlässt es der Gerichtshof hier, das sehr unbestimmte Kriterium der offensichtlichen Mangelhaftigkeit näher zu erläutern. Zwar gibt *Ress* in seinem zustimmenden Votum hierzu Hinweise, unter welchen Voraussetzungen offensichtliche Mangelhaftigkeit gegeben sein soll.[543] Doch lassen sich dessen Annahmen dem Urteil selbst nicht entnehmen. Gerade die vorgenommene Prüfung fällt in diesem grundlegenden Urteil sehr kurz aus. Da der *EuGH* Grundrechte erwähnt hat, hat für den *EGMR* bereits keine Fehlfunktion des Kontrollmechanismus vorgelegen. Liegt diese aber nur vor, wenn der *EuGH* Grundrechte übersieht, wird es für den *EuGH* und die Konventionsstaaten ein Leichtes, sich ihrer Verantwortung aus der Konvention auf der Ebene der übertragenen Rechte zu entledigen.

Man könnte nun wie *Ress* argumentieren, dass das Urteil eine Verpflichtung des *EuGH* begründet, die Rechtsprechung des *EGMR* zu beachten. Dies lässt sich dem Urteil aber nicht direkt entnehmen und wäre auch systematisch nicht möglich, da die EG nicht Mitglied der EMRK ist. Allein über die Mitgliedstaaten ließe sich eine indirekte Verpflichtung konstruieren. Diese haben dafür Sorge zu tragen, dass der Grundrechtsschutz äquivalent ist, also auch dass im konkreten Fall die Vermutung nicht widerlegt wird. Mit welchen Mitteln sie das erreichen, steht in ihrem Ermessen. Insoweit ist der Aufruf von *Ress* zum Beitritt der EG zur EMRK sicherlich der rechtlich klarste Weg.[544]

Die Gefahr von doppelten Standards scheint nach diesem Urteil gegeben, gerade wenn sehr kurz geprüft wird, ob die Vermutung in dem konkreten Fall zu widerlegen ist. Man kann daher nur hoffen, dass der *EGMR* in Folgeentscheidungen hierzu ausführlicher Stellung nehmen wird.

Begrüßenswert an der Entscheidung ist zum einen, dass sie zwar konsequent den Ansatz der Rechtssache *M. & Co.* aufgreift, um Kooperationen auf internationaler Ebene zu ermöglichen und gleichzeitig die Staaten nicht aus ihrer Verant-

543 *EGMR*, Rs. 45036/98, Urt. v. 30.6.2005, Rn. 150 – Bosphorus Hava Yollari Turizm Ve Ticaret AS/Irland, übereinstimmendes Votum des Richters *Ress*, Nr. 3.

544 Hierzu unten 5. Kapitel.

wortung zu entlassen, diesen Ansatz aber fortentwickelt hat, indem die Entscheidung nicht – wie bereits damals kritisiert – als unzulässig ratione materiae abgewiesen wird, sondern diese zentralen Fragen im Rahmen der Begründetheit geklärt werden. Sie geht auch darin über *M. & Co.* hinaus, indem der *EGMR* die Rückholbarkeit der Grundrechtsprüfung etabliert. Er behält sich mithin vor, seine Jurisdiktion auszuüben. Die Entscheidung betont dies sogar, da der *EGMR* in jedem Fall zunächst seine Zuständigkeit annimmt und nur im Rahmen der Rechtfertigung die Formel des äquivalenten Grundrechtsschutzes gebraucht. Dann nimmt er wieder eine Einzelfallprüfung – wenn auch sehr eingeschränkt – vor. Damit werden zwar nicht die Mitgliedstaaten direkt zu dieser Prüfung verpflichtet, indirekt aber schon, da sie sonst nach der Konvention verantwortlich bleiben. Außerdem wird nun erläutert, wann der Grundrechtsschutz äquivalent ist. Hier mangelt es allerdings noch immer an der Festlegung des zeitlichen Bezugspunktes, so dass auf die Ausführungen bei der Rechtssache *M. & Co.* zu verweisen ist (siehe S. 149).

Zum anderen schafft die Entscheidung weitere Klarheit hinsichtlich des Verhältnisses der beiden Gerichtshöfe zueinander. Der *EGMR* erkennt an, dass auch der *EuGH* Grundrechte auf einem EMRK vergleichbarem Niveau schützt, gleichzeitig behält er sich aber die Letztentscheidungsbefugnis vor, indem er die von ihm aufgestellte Vermutung durch eine Prüfung widerlegen kann und er seine grundsätzliche Zuständigkeit annimmt.

9. Rechtssache Tillack

Zu erwähnen ist noch die Rechtssache *Tillack*[545], die sowohl vor den Gerichtshöfen der Gemeinschaft als auch beim EGMR anhängig gemacht wurde. Hier liegt ein typischer Fall der formellen Divergenz vor, da derselbe Sachverhalt vor beiden europäischen Gerichtshöfen behandelt wird.

Herr *Tillack* ist Journalist beim Stern. Im Zuge von Nachforschungen in Zusammenhang mit der Kommission in Brüssel haben die belgischen Behörden auf förmliche Anzeige des European Anti-Fraud Office (OLAF) hin die Büro- und Geschäftsräume des Beschwerdeführers untersucht und Unterlagen beschlagnahmt. Gegen die Entscheidung des OLAF ging der Beschwerdeführer vor dem *EuG* vor, da sie wegen Verletzung wesentlicher Verfahrensvorschriften und wegen des Verstoßes gegen die Pressefreiheit nichtig sei. Am 15. Oktober 2004 erging der Beschluss des Präsidenten des *EuG* zum Antrag auf einstweilige Anordnung. Dieser wurde mit der Begründung abgelehnt, dass die Informationsübermittlung von OLAF an die Behörden des Mitgliedstaates keine anfechtbare Handlung sei, da sie keine verbindliche Rechtswirkung entfache. Die Behörden

---

[545] *EuG*, Rs. T-193/04, Rn. 46 und 43 – Tillack/Kommission und *EuGH*, Rs. C-521/04, Slg. 2005, I-3103 – Tillack/Kommission.

könnten frei über das weitere Verfahren entscheiden.[546] Auch das zum *EuGH* eingelegte Rechtsmittel blieb ohne Erfolg.[547]

Die derzeit anhängige Beschwerde zum *EGMR* richtet sich gegen Belgien, da nur hier ein nationaler Anknüpfungspunkt, nämlich das Handeln der belgischen Behörden, vorliegt. Insoweit handelt es sich um eine „normale" Beschwerde mit der Besonderheit, dass das *EuG* und der *EuGH* mit der Sache beschäftigt waren und dass die Behörden erst nach einer Informationsübermittlung eines gemeinschaftsrechtlich eingerichteten Amtes eingeschritten sind. Es wird zu klären sein, ob dies Auswirkungen auf die Hoheitsgewalt des belgischen Staates hatte, was aber eher zu verneinen ist. Die Behörden haben gemäß einer nationalen Rechtsgrundlage gehandelt. Die Grundlage für die Informationsübermittlung, Art. 10 VO 1073/1999 vom 25. Mai 1999[548], bestimmt nur, dass Informationen über „*gegebenenfalls strafrechtlich zu ahnende Handlungen*" übermittel werden. Eine weitere rechtliche Konsequenz wird nicht statuiert. Man könnte dies vergleichen mit dem Fall einer umgesetzten Richtlinie, bei der auch nur ein nationaler Hoheitsakt vorliegt. Für den *EGMR* ist richtigerweise der Ursprung der Rechtsgrundlage unwichtig, um Art. 1 EMRK für anwendbar zu erklären. So ist es auch hier. Die reine Informationsübermittlung zwingt die Behörden nicht zum Handeln. Es handelt sich dabei nicht um eine gemeinschaftsrechtlich zu vollziehende Norm.

IV. Zusammenfassung der formellen Divergenz

Zusammenfassend lässt sich folgendes festhalten: Bei der Frage der formellen Divergenz kann man zwei verschiedene Hauptkonstellationen unterscheiden, die unterschiedliche Probleme aufwerfen und auch unterschiedlich zu lösen sind.

Bei der ersten Konstellation handelt es sich um die mitgliedstaatliche Vollziehung von Gemeinschaftsrecht, die wiederum in zwei Unterpunkte unterteilt werden kann (mittelbare und unmittelbare Vollziehung). Die zweite Konstellation betrifft den gemeinschaftsunmittelbaren Vollzug.

1. Individualbeschwerde und mitgliedstaatliche Vollziehung

Zur Frage der Individualbeschwerde bei der mitgliedstaatlichen Vollziehung lässt sich Folgendes ausführen.

Die Fälle der mittelbaren Vollziehung sind vom *EGMR* zutreffend und nachvollziehbar entschieden worden, so dass ihre Lösung einfacher ist. Es handelt

[546] *EuG*, Rs. T-193/04, Rn. 46 und 43 – Tillack/Kommission.

[547] *EuGH*, Rs. C-521/04, Slg. 2005, I-3103 – Tillack/Kommission.

[548] ABl. EG Nr. L 136 v. 31.5.1999, S. 1 ff.

sich hierbei zum einen um die Rechtssachen, in denen eine Individualbeschwerde erhoben wird, und der Beschwerdegegenstand auf einer Norm beruht, die sich als nationale Umsetzung einer gemeinschaftsrechtlichen Richtlinie darstellt (vgl. Rechtssache *Cantoni*). Für den *EGMR* spielt es hierbei keine Rolle, ob die Mitgliedstaaten die Richtlinie bei der Umsetzung wortgleich übernehmen oder nicht. Nach Art. 1 EMRK ist allein der nationale Hoheitsakt maßgeblich, gleichgültig ob er im Gemeinschaftsrecht seinen Ursprung gefunden hat. Dies ist nur konsequent, da die Konventionsstaaten zwar Hoheitsrechte auf die EG auch nach der EMRK übertragen können, sich damit aber nicht ihrer Verantwortung nach der Konvention entziehen sollen. Bei der in Rede stehenden Norm handelt es sich nicht um Gemeinschaftsrecht, sondern um nationales Recht. Beschwerdegegner ist unzweifelhaft der die Maßnahme erlassende Mitgliedstaat. Da der EG-Vertrag in diesem Fall keine direkte Pflicht auferlegt und Ermessen bei der Umsetzung besteht, spielt die Frage des äquivalenten Grundrechtsschutzes keine Rolle. Vielmehr ist diese Konstellation wie ein rein nationaler Sachverhalt zu behandeln.

Zum anderen betrifft die mittelbare Vollziehung die nationalen Vollzugsakte einer gemeinschaftsrechtlichen Entscheidung (vgl. Rechtssache *M. & Co.*). Auch hier liegt ein nationaler Anknüpfungspunkt vor. Wiederum ist es für Art. 1 EMRK unerheblich, dass die nationale Maßnahme auf einem gemeinschaftsrechtlichen determinierten Rechtsakt beruht, da nicht dieser Rechtsakt, sondern die nationale Vollziehung angegriffen wird. Da nun die Entscheidung in der Rechtssache *Bosphorus* ergangen ist, muss diese Konstellation an die neuen Grundsätze angepasst werden. Vorher ging man davon aus, dass in diesen Fällen die Möglichkeit besteht, dass der *EuGH* zuerst angerufen wird und einen effektiven Rechtsschutz ausüben kann, so dass der *EGMR* nur prüft, ob auf Gemeinschaftsebene eben der geforderte äquivalente Grundrechtsschutz besteht. Wenn dies der Fall gewesen ist, so war die Beschwerde, die nur gegen den Mitgliedstaat zu richten ist, der die Maßnahme erlassen hat, für offensichtlich unbegründet zu erklären und nicht für unzulässig ratione materiae. Dies kann nicht länger Bestand haben. Vielmehr ist nun im Rahmen der Begründetheit die neue Formel des äquivalenten Grundrechtsschutzes anzuwenden. Es hat im Einzelfall eine Prüfung stattzufinden, ob die Vermutung der EMRK-Konformität widerlegt wurde. Die Beschwerde kann aber nicht mehr für offensichtlich unbegründet erklärt werden. Eine genauere Klärung der Voraussetzung ist allerdings noch abzuwarten.

2. Unmittelbare Vollziehung des Gemeinschaftsrechts durch die Mitgliedstaaten

Schwieriger ist die Frage der unmittelbaren Vollziehung des Gemeinschaftsrechts durch die Mitgliedstaaten. Diese liegt vor, wenn die Mitgliedstaaten aufgrund einer Verordnung der EG oder aufgrund unmittelbar anwendbaren Primärrechts handeln.

Zu letzteren hat sich der *EGMR* in der Rechtssache *Matthews* deutlich geäußert. Wiederum ist Anknüpfungspunkt Art. 1 EMRK. Das unmittelbar anwendbare Primärrecht wirkt wie nationales Recht. Vergleicht man dies mit den umgesetzten Richtlinien, so kann es auch hier keinen Unterschied machen, welchen rechtlichen Ursprung die Maßnahme des Mitgliedstaates hat. Es liegt eine Ausübung der Hoheitsgewalt des einen Konventionsstaates vor. Es besteht keine Möglichkeit auf der Ebene der EG Rechtschutz zu erlangen, da der *EuGH* nicht zuständig ist. Somit kommt hier die Formel der „*equivalent protection*" nicht zur Anwendung. Fraglich ist nur, was genau als Beschwerdegegenstand gesehen wird. Indem die Mitgliedstaaten durch einen Gründungsakt Primärrecht und damit auch die in Rede stehende Norm des Primärrecht geschaffen haben, haben sie Hoheitsgewalt iSd Art. 1 EMRK ausgeübt. Die Übertragung von Hoheitsrechten auf die EG schließt eben nicht die Abgabe der Verantwortung an die EG mit ein. Dieser Gründungsakt aktualisiert sich mit jedem Rechtssetzungs- oder Mitwirkungsakt im Rat, womit auch das Problem der Beschwerdefrist gelöst werden kann. Ratione personae ist aber – als Besonderheit – die Zulässigkeit der Beschwerde sowohl gegen den direkt handelnden Mitgliedstaat als auch gegen die Gesamtheit aller Mitgliedstaaten gegeben. Diese Anknüpfung ist auch gerechtfertigt, da die EMRK praktische und effektive Rechte gewährleisten soll. Bestünde die Möglichkeit, sich durch Gründung einer internationalen Organisation von den Verpflichtungen „freizuzeichnen", so wäre die EMRK im EG-Raum nur eine leere Hülle.

Handelt ein Staat aufgrund einer Verordnung der EG (siehe Rechtssache *Bosphorus*), so liegt sowohl ein nationaler Anknüpfungspunkt vor, als auch die Besonderheit des Rechts der EG. Dieses Spannungsverhältnis wird dadurch gelöst, dass sich der betroffene Staat zu Rechtfertigung auf seine Verpflichtung aus dem EG-Vertrag berufen kann, solange die EG einen äquivalenten Grundrechtsschutz gewährt und die Vermutung dieses Standards im konkreten Fall nicht widerlegt wird. Die Mitgliedstaaten sind nach dieser Rechtsprechung dazu angehalten, für einen vergleichbaren Standard zu sorgen bzw. ihn aufrechtzuerhalten.

3. Gemeinschaftsunmittelbarer Vollzug durch die EG-Organe

Noch nicht abschließend geklärt ist die Konstellation des gemeinschaftsunmittelbaren Vollzugs (vgl. Rechtssache *Senator Lines* und *Emesa Sugar*). Dies betrifft die Fälle, in denen die Organe der EG selbst handeln, sei es die Kommission oder der *EuGH* durch Urteile und Beschlüsse. Gegen die Organe der EG kann genauso wenig wie gegen die EG selbst Beschwerde erhoben werden, da die EG eben nicht Mitglied der EMRK und kein Staat ist. Zu diskutieren bleibt aber, ob eine „Folgeverantwortung" der Konventionsstaaten besteht, die sich ihrer Verantwortung durch die Übertragung von Hoheitsrechten nicht entziehen sollen. Hier ist zunächst festzuhalten, dass in allen Fällen, in denen sich diese Frage stellte, der *EGMR* sich nicht direkt geäußert hat, er eine Verantwortung der Konventionsstaaten aber auch nicht ausgeschlossen hat. Denn in den bisherigen Rechtssachen hat er stets einen anderen Grund vorgefunden, aus dem die Beschwerden unzulässig waren. Daraus kann man schließen, dass eine „Folgeverantwortung" möglich ist, was im Sinne eines effektiven Grundrechtsschutzes notwendig ist.

Problematisch ist die Bestimmung des Beschwerdegegenstands, der nicht das Handeln der EG-Organe selbst sein kann. Es muss wiederum an ein Handeln oder Unterlassen der Mitgliedstaaten angeknüpft werden. In Betracht kommt der Gründungsakt, durch den die betreffende primärrechtliche Norm geschaffen wurde, auf deren Grundlage das EG-Organ handelt. Eine Aktualisierung findet auch hier durch jeden Mitwirkungsakt im Rat statt. Handelt ein EG-Organ aufgrund einer Verordnung selbst, so ist in diesem Fällen nur auf den Mitwirkungsakt im Rat abzustellen. Beschwerdegegner müssen immer alle Staaten gemeinsam sein, da es an einem einzelnen mitgliedstaatlichen Akt mangelt. Einem Staat allein kann der Hoheitsakt nicht zugerechnet werden. Aber auch hier ist die Formel der *„equivalent protection"* zu beachten, da der Betroffene im Regelfall gegen die Entscheidung des EG-Organs vorgehen kann.

Der *EGMR* kann demnach in den Fällen des gemeinschaftsunmittelbaren Vollzugs mittelbar seine Jurisdiktion über das Recht der Gemeinschaft und die Organe der Gemeinschaft ausüben.

Somit wären alle angesprochenen Konstellationen lösbar und der *EGMR* würde sich als zuständig in allen Fällen erweisen, wenn nicht der *EuGH* in bestimmten Sachlagen einen gleichwertigen Grundrechtsschutz gewährleistet. Dies ist eine Frage des materiellen und nicht des formellen Grundrechtsschutzes, bei dem es eine Rolle spielt, wie der *EuGH* „seine" Grundrechte entwickelt hat und ob die Kontrollmechanismen ausreichen. Dem *EGMR* käme mithin eine Letztentscheidungsbefugnis in den Fällen zu, die eine Grundrechtsverletzung für möglich erscheinen lassen. Ansonsten ist im Rahmen der Gemeinschaft der *EuGH* das einzige gerichtliche Kontrollorgan. Es bleibt abzuwarten, wie der *EGMR* die noch ausstehende Fallkonstellation entscheiden wird.

C. Materielle Divergenz

Bisher gibt es eine überschaubare Anzahl von Fällen bestehender oder möglicher Divergenz, die hier im Überblick dargestellt werden sollen. Zum Teil wurden diese Fälle in der Literatur schon analysiert.[549] Da sie aber für das Gesamtbild der vorliegenden Arbeit von Bedeutung sind und das Verhältnis der Gerichtshöfe untereinander verdeutlichen können, sind sie hier in der gebotenen Kürze zu behandeln. Hinsichtlich des materiellen Gehalts der Artikel soll in dieser Arbeit keine Aussage darüber getroffen werden, ob die Gerichte ihrer Ansicht nach „richtig" entschieden haben. Denn ob z.B. Art. 6 EMRK tatsächlich den nemo tenetur Grundsatz enthält, ist für die Analyse des Verhältnisses der Gerichtshöfe zueinander ohne Bedeutung.[550]

I. Divergierende materielle Entscheidungen im Überblick

Die divergierenden materiellen Entscheidungen beziehen sich bisher auf Art. 6, 8 und 10 EMRK.

1. Entscheidungen zu Art. 6 EMRK

Beginnend mit Art. 6 EMRK ist zunächst die vom *EuGH* entschiedene Rechtssache *Orkem*[551] zu nennen, in der sich die Frage stellte, ob sich aus der Norm ein Recht ergibt, sich in einem Verfahren nicht selbst belasten zu müssen (nemo tenetur Grundsatz).

Die Firma *Orkem* war von der Kommission aufgefordert worden, bestimmte Auskünfte, die in Zusammenhang mit einem möglichen Verstoß gegen Art. 81 EG standen, zu erteilen, die zum Nachweis der Zuwiderhandlung verwendet werden konnten. Der *EuGH* war der Auffassung, dass Art. 6 EMRK zwar auch auf Unternehmen anwendbar sei, aber weder der Wortlaut der Norm noch die Rechtsprechung des *EGMR* eine Auslegung dahingehend zulassen, dass es ein Recht gebe, nicht gegen sich selbst aussagen zu müssen.

Die entsprechende Rechtsprechung folgte erst über drei Jahre später mit der Entscheidung des *EGMR* in der Rechtssache *Funke*.[552] Auch eine Entscheidung der Menschenrechtskommission fiel erst nach dem Urteil des *EuGH* in der Sache *Orkem*.[553] Der Beschwerdeführer *Funke* sollte im Rahmen eines Verfahrens der Steuerbehörden ihn möglicherweise belastende Unterlagen zur Verfügung stel-

---

[549] Eine ausführliche und detaillierte Darstellung findet sich bei *Busch*, Bedeutung der EMRK, S. 129 ff. wie auch bei der zeitlich früheren Darstellung von *Philippi*, ZEuS 2000, 97, 107 ff.; kürzer *Dippel*, Kompetenzabgrenzung, S. 69 ff. Siehe auch *Stieglitz*, Allgemeine Lehren im Grundrechtsverständnis, S. 215 ff. und insbesondere zu Art. 8 EMRK *Ress/ Ukrow*, EuZW 1990, 499, 502 f.

[550] Siehe dazu die nachfolgende Entscheidung.

[551] *EuGH*, Rs. 374/87, Slg. 1989, S. 3283 – Orkem/Kommission.

[552] *EGMR*, Rs. 10828/84, Urt. v. 25.2.1993 –Funke/Frankreich.

[553] *EKMR*, Rs. 10828/84, Bericht v. 6.10.1988 –Funke/Frankreich.

len. Der *EGMR* sah in Art. 6 EMRK das Recht enthalten, sich nicht selbst zu belasten.[554] Damit lag zu diesem Zeitpunkt eine eindeutige Divergenz in der Rechtsprechung der beiden Gerichtshöfe vor. Zu beachten ist dabei, dass der *EuGH* vor dem *EGMR* entschieden hatte.

Das *EuG* hat 2001 in einem ähnlich gelagerten Fall in seiner Begründung, obwohl von der Partei vorgebracht, nicht auf die Entscheidung des *EGMR* in der Rechtssache *Funke* Bezug genommen, sondern sich an das Urteil des *EuGH* in der Rechtssache *Orkem* gehalten.[555] Insoweit besteht eine Divergenz bei Art. 6 EMRK und dem Recht sich nicht selbst zu bezichtigen fort, da das *EuG* keine Revidierung der Rechtsprechung vorgenommen hat.

Weiter folgt aus Art. 6 EMRK ein Anspruch auf rechtliches Gehör. Hierzu stellte sich beiden Gerichtshöfen die Frage, inwieweit dies ein Recht begründet, auf die Stellungnahme eines Generalanwalts beim *EuGH* bzw. beim belgischen Cour de Cassation oder portugiesischem Supremo Tribunal de Justiça antworten zu dürfen. In den Rechtssachen *Lobo Machado*[556] und *Vermeulen*[557] entschied der *EGMR* am 22. Januar 1996, dass es mit Art. 6 EMRK nicht vereinbar sei, wenn der Betroffene auf die abschließenden Stellungnahmen des Generalanwaltes nicht erwidern könne. Der *EuGH* hingegen erklärte in der schon bei den formellen Divergenzen erwähnten Rechtssache *Emesa Sugar*[558], dass die Rechtsprechung des *EGMR* in den oben genannten Fällen nicht auf den am *EuGH* tätigen Generalanwalt zu übertragen sei. Daher gebiete es das Grundrecht des rechtlichen Gehörs nicht, dass der Beschwerte auf die Stellungnahmen antworten könne. Somit liegt auch hier ein Fall der Divergenz vor. Es handelte sich auch um vergleichbare Fälle, da die Figur des Generalanwalts am *EuGH* dem des belgischen Avocat Général am belgischen Cour de Cassation (und auch dem französischen) nachempfunden wurde.

---

554 In *EGMR*, Rs. 18731/91, Urt. v. 8.2.1996, Rn. 45 – Murray/Vereinigtes Königreich nimmt der *EGMR* auf die Rs. *Funke* (Rs. 10828/84, Urt. v. 25.2.1993) Bezug und bestätigt eindeutig, dass das Recht, sich nicht selbst zu belasten, zweifellos einen international anerkannten Grundsatz darstellt, der den Kern eines Verfahrens nach Art. 6 EMRK ausmacht, auch wenn dieser Grundsatz in dem Artikel nicht ausdrücklich erwähnt ist.

555 *EuG*, Rs. T-112/98, Slg. 2001, II-729 – Mannesmannröhren-Werke AG/Kommission. Inzwischen ist ein von der Salzgitter Mannesmann GmbH (ehemals Mannesmannröhren-Werke AG) eingelegtes Rechtsmittel beim *EuGH* anhängig, über welches bis dato nicht entschieden ist (Rs. C-411/04 P); die Meinung des Generalanwaltes Gelelhoed wurde am 12.9.2006 abgegeben.

556 *EGMR*, Rs. 15764/89, Urt. v. 20.2.1996 – Lobo Machado/Portugal.

557 *EGMR*, Rs. 19075/91, Urt. v. 20.2.1996 – Vermeulen/Belgien.

558 *EuGH*, Rs. C-17/98, Slg. 2000, I-675 – Emesa Sugar NV/Aruba.

2. Entscheidungen zu Art. 8 EMRK

Neben Art. 6 EMRK ist bei Art. 8 EMRK ein Unterschied in der Rechtsprechung viel diskutiert wurden. Umstritten ist, ob Art. 8 Abs. 1 EMRK nur Privaträume oder auch Geschäftträume vor staatlichen Durchsuchungen schützen kann. Hier entschied zunächst der *EGMR* in der Rechtssache *Chappell*, dass die Durchsuchung der Geschäftsräume und des privaten Schlafzimmers des Beschwerdeführers, das im gleichen Gebäude lag, einen Eingriff in Art. 8 Abs. 1 EMRK darstellte.[559] Eine Verletzung lag jedoch nicht vor, da die Voraussetzungen des Absatzes 2 gegeben waren, der Rechtfertigungsgründe enthält. Der *EGMR* diskutierte hier nicht, ob zwischen Privat- und Geschäftsräumen ein Unterschied zu machen sei. Dies problematisierte er erst 1992 in der Rechtssache *Niemietz*[560], in der es um eine Durchsuchung einer Anwaltskanzlei ging. Der *EGMR* beschäftigte sich in diesem Urteil ausführlich mit der Auslegung der Begriffe „*Privatleben*" und „*Wohnung*" in Art. 8 Abs. 1 EMRK und ging schließlich davon aus, dass es zum einen oftmals schwer sei, Privates von Geschäftlichem deutlich zu trennen, und zum anderen, dass Art. 8 Abs. 1 EMRK in der französischen Fassung von „domicile" und nicht wie im Englischen von „home" spreche, so dass eine weite Auslegung ohne weiteres möglich sei. Würde man eine enge Auslegung bevorzugen, so bestünde das Risiko einer Ungleichbehandlung.

Der *EuGH* hatte 1989 einen ähnlich gelagerten Fall im Wege einer Nichtigkeitsklage zu entscheiden.[561] In dem Urteil erläuterte der *EuGH*, dass es zwar ein Recht auf Unverletzlichkeit der Wohnungen für Privatleute gebe, dieses Recht aber nicht auf Unternehmen und die Geschäftsräume zu übertragen sei und sich aus Art. 8 EMRK auch nichts anderes ergebe. Der *EuGH* betonte hier sogar, dass es zu dieser Fragestellung keine Rechtsprechung des *EGMR* gebe.[562] Der *EuGH* hat damit die Entscheidung *Chappell* des *EGMR* übersehen und mit der Rechtssache *Niemietz* wurde diese schon bestehende Divergenz noch verstärkt.[563]

---

559 *EGMR*, Rs. 10461/83, Urt. v. 30.3.1989 – Chappell/Vereinigtes Königreich.

560 *EGMR*, Rs. 13710/88, Urt. v. 16.12.1992 – Niemietz/Deutschland. Die Menschenrechtskommission hatte eine Verletzung von Art. 8 EMRK bejaht: *EKMR*, Rs. 13710/88, Bericht v. 29.5.1991 – Niemietz/Deutschland.

561 *EuGH*, Rs. 46/87 u. 227/88, Slg. 1989, S. 2859 - Hoechst AG/Kommission.

562 *EuGH*, Rs. 46/87 u. 227/88, Slg. 1989, S. 2859, Rn. 17 f. - Hoechst AG/Kommission.

563 Die Urteile des *EuGH* in den Rechtssachen *Dow Benelux* und *Dow Chemical Ibérica* bestätigten die Auffassung des *EuGH* nochmals, siehe *EuGH*, Rs. C- 85/87, Slg. 1989, 3137 – Dow Benelux und *EuGH*, Rs. C-97 bis 99/87, Slg. 1989, 3165 – Dow Chemical Ibérica/Kommission.

In dieselbe Richtung ging auch das Urteil des *EuG* vom 20. April 1999.[564] Das Gericht nahm zwar auf die Rechtssache *Niemietz* Bezug, rückte aber von der Rechtsprechung des *EuGH* in der Rechtssache *Hoechst* nicht ab und erklärte, dass die Weiterentwicklung der Rechtsprechung des *EGMR* für die Richtigkeit der Entscheidungen des *EuGH* keinen direkten Einfluss hätte.[565] Erst nachdem der *EGMR* sich erneut mit dem Problem beschäftigte,[566] entschied der *EuGH* in der Rechtssache *Roquette Frères*, dass die inzwischen ergangene Rechtsprechung des *EGMR* zum Schutz von Geschäftsräumen zu beachten sei, aus der sich ergebe, dass Geschäftsräume unter bestimmten Umständen ebenfalls von Art. 8 EMRK erfasst würden.[567]

3. Entscheidungen zu Art. 10 EMRK

Schließlich gibt es zu Art. 10 EMRK divergierende Entscheidungen, welche zum einen die Informationsfreiheit zum anderen die Rundfunkfreiheit betreffen.

1991 urteilte der *EuGH* im Wege einer Vorabentscheidung, dass bei der Frage, ob ein Fernsehmonopol nach nationalem Recht zulässig sei, bei der Auslegung des Rechtfertigungstatbestandes des Art. 55 i.V.m. Art. 46 EG die in Art. 10 EMRK niedergelegten allgemeinen Grundsätze zu beachten seien.[568] Nähere Angaben zur Auslegung oder zur Bedeutung des Art. 10 EMRK machte der Gerichtshof jedoch nicht, so dass es letztlich dem betroffenen Mitgliedstaat überlassen blieb, zu entscheiden, ob das entsprechende Fernsehmonopol aufrechtzu-

---

564 *EuG*, verb. Rs. T-305/94 u.a., Slg. 1999, II-931 – Limburgse Vinyl Maatschappij NV u.a./Kommission.

565 *EuG*, verb. Rs. T-305/94 u.a., Slg. 1999, II-931, Rn. 420 – Limburgse Vinyl Maatschappij NV u.a./Kommission.

566 *EGMR*, Rs. 37971/97, Urt. v. 16.4.2002 – Société Colas Est u.a./Frankreich.

567 *EuGH*, Rs. C- 94/00, Slg. 2002, I-9011, Rn. 29 – Roquette Frères. Der *EuGH* nimmt hier auch ausdrücklich auf die Rechtssachen *Société Colas Est* und *Niemietz* des *EGMR* Bezug. *Weber*, Menschenrechte, S. 220, zweifelt daran, dass bei Hoechst tatsächlich eine Divergenz vorliegt, da es dort nicht um den Schutz von beruflich genutzten Privaträumen ging. Indem der *EuGH* in Rn. 19 des Urteils *Hoechst* Ausführungen zur Rechtfertigung macht, sieht er wohl im Einklang mit der Rechtsprechung des *EGMR* solche Räume als grundsätzlich schützenswert an. Ansonsten wären die Darlegungen des *EuGH* unverständlich. Bevor sich die Frage der Rechtsfertigung stellen kann, muss ja zunächst der Schutzbereich eröffnet sein. Hierzu ist anzumerken, dass der *EuGH* aber bei seiner restriktiven Rechtsprechung geblieben ist, so dass sich in Nachhinein eine deutliche Divergenz ergeben hat. Auch *Philippi*, ZEuS 2000, 97, 109 f., versucht eine Erklärung zu finden, warum der *EuGH* anders als in der Rechtssache *Chappell* entschieden hat. Sie bemerkt aber gleichzeitig, dass der *EGMR* eindeutig in der Rechtssache *Chappell* die Geschäftsräume nicht vom Schutz ausnehmen wollte. Der *EuGH* hätte dies erkennen können.

568 *EuGH*, Rs. C-260/89, Slg. 1991, I-2925, Rn. 45 – ERT.

erhalten war. Dagegen sah der *EGMR* in der Rechtssache *Informationsverein Lentia* in dem österreichischen Fernsehmonopol einen Verstoß gegen Art. 10 EMRK.[569] Bei diesen beiden Entscheidungen ist mithin keine eindeutige Divergenz festzustellen, da der *EuGH* sich nicht explizit zur Frage der Vereinbarkeit eines Fernsehmonopols mit der Rundfunkfreiheit geäußert hat. Man kann allerdings spekulieren, dass der *EuGH* der Ansicht war, dass ein solches Monopol auch nach Art. 10 EMRK grundsätzlich zulässig wäre. Diese Annahme lässt sich aber nicht eindeutig der Begründung des Urteils des *EuGH* entnehmen.

Ebenfalls 1991 hatte sich der *EuGH* im Wege der Vorabentscheidung damit auseinanderzusetzen, ob die Informationsfreiheit auch einer irischen Studentenvereinigung zusteht, die über Abtreibungsmöglichkeiten und Kliniken außerhalb Irlands informierte.[570] Die Vereinigung stand in keiner wirtschaftlichen Verbindung zu den betreffenden Kliniken. Der Gerichtshof äußerte sich zu einem möglichen Eingriff in die Informationsfreiheit dahingehend, dass er in diesem Fall keine Zuständigkeit hätte, Kriterien für die Auslegung der Gemeinschaftsgrundrechte zu geben, da die hier betroffene nationale Regelung nicht in den Anwendungsbereich des EG-Rechts falle. Er begründete dies damit, dass die wirtschaftliche Verbindung der Beschwerdeführer zu den Kliniken fehlte. Das irische Verbot, Informationen durch die Studentenvereinigung zu verbreiten, wurde daher mit dem EG-Recht für vereinbar erklärt.

Den *EGMR* beschäftigte zu dieser Zeit ein vergleichbarer Sachverhalt.[571] Zwei irische Gesellschaften (*Dublin Well Women* und *Open Door*), die schwangere Frauen berieten, informierten ebenfalls über Abtreibungsmöglichkeiten im Ausland, was ihnen von den irischen Behörden untersagt wurde. Der Menschenrechtsgerichtshof sah in diesem Verbot eine Verletzung von Art. 10 EMRK, da er es im Ergebnis für unverhältnismäßig und somit nicht in einer demokratischen Gesellschaft für notwendig hielt. Da es inhaltlich um vergleichbare Sachverhalte ging, kann man einen Unterschied in der Rechtsprechung der beiden Gerichtshöfe sehen, auch wenn der *EuGH* hier vor dem *EGMR* entschieden hat. Allerdings ist zu berücksichtigen, dass der *EuGH* keine Aussagen in der Sache gemacht hat, so dass es eher spekulativ ist, einen deutlichen Unterschied anzunehmen.

---

569 *EGMR*, Rs. 13914/88 u.a., Urt. v. 24.11.1993 – Informationsverein Lentia u.a./Österreich.

570 *EuGH*, Rs. C-159/90, Slg. 1991, I-4685, Rn. 30 f. – The Society for the Protection of Unborn Children Ireland Ltd./Stephen Grogan.

571 *EGMR*, Rs. 14234/88 u.a., Urt. v. 29.10.1992 – Open Door und Dublin Well Woman/Irland.

II. Bewertung und Folgen der Entscheidungen der materiellen Divergenz für das Verhältnis der Gerichtshöfe

Bei der Analyse der oben genannten Entscheidungen ergeben sich zwei zentrale Fragestellungen. Zum einen ist zu untersuchen, inwieweit es für das Verhältnis der Gerichtshöfe zueinander von Bedeutung ist, ob die Entscheidung des *EuGH* vor oder nach einer vergleichbaren Entscheidung des *EGMR* ergangen ist. Damit verbunden stellt sich das Problem, warum es überhaupt zu einer materiellen Divergenz kommt. Und zum anderen ist zu diskutieren, ob es von Relevanz ist, festzustellen, ob die Divergenzen gering oder schwerwiegend sind.

Zunächst bleibt festzuhalten, dass es Fälle gibt, bei denen der *EuGH* zeitlich nach dem *EGMR* entschieden hat (siehe Rechtssachen *Emesa Sugar* und *Hoechst*). In dieser Konstellation ist zu unterscheiden, ob der *EuGH* die Rechtsprechung des *EGMR* kannte und somit wissentlich abgewichen ist oder ob er keine Kenntnis hatte, dass eine vergleichbare Sache vom *EGMR* entschieden worden ist. Wenn der *EuGH* wissend ein Grundrecht anders auslegt, so bedeutet dies zunächst, dass der *EuGH* sich bewusst in Widerspruch zum *EGMR* setzt. Da aber keine rechtliche Verpflichtung besteht, sich an die Rechtsprechung des *EGMR* zu halten und für den *EuGH* die Ziele der Gemeinschaft maßgeblich sind, muss dies nicht zwingend als Auseinandersetzung des *EuGH* mit dem *EGMR* verstanden werden. Ein „offener Kampf" muss demnach nicht stattfinden. Vielmehr kann diese Konfrontation auch Folge der Grundrechtssprechung des *EuGH* sein, d.h. er kann nach seinen eigenen Vorgaben nicht anders entscheiden.

Insoweit sind Wertungsdifferenzen zwischen den beiden Gerichtshöfen eigentlich nicht überraschend.[572] Sie operieren zunächst in ganz unterschiedlichen Strukturen (Stichworte: wirtschaftliche Ziele des EG-Rechts und umfassende Freiheitsgarantien auf Seiten des *EGMR*) und weiter handelt es sich bei den Grundrechten um lebendige Rechte, die sich laufend fortentwickeln.[573] Ein Gleichklang ist auch aus diesem Grund schwer zu erzielen. Gegen eine gezielte Konfrontation spricht auch, dass der *EuGH* bislang versucht, Widersprüche im Nachhinein auszuräumen, indem er seine Rechtsprechung im Sinne einer Annäherung an die Rechtsprechung des *EGMR* revidiert.[574] Deshalb gehen auch einige davon aus, dass der *EuGH* nicht den ersten Schritt zu einer Divergenz ma-

---

[572] Vgl. *Krüger/Polakiewicz*, EuGRZ 2001, 92, 98; *Polakiewicz*, in: Marauhn (Hrsg.), Die Rechtsstellung des Menschen im Völkerrecht, S. 37, 49.

[573] Siehe *Skouris*, in: Blankenagel/Pernice/Schulze-Fielitz (Hrsg.), FS Häberle, S. 261, 271.

[574] So *Rodriguez Iglesias*, in: Beyerlin/Bothe/Hofmann/Petersmann (Hrsg.), FS Bernhardt, S. 1269, 1277. Dies hat der *EuGH* in der Rs. Roquette Frères schließlich getan (siehe oben Fn. 567).

chen wird. Die Beziehung sei auf Kooperation und nicht auf Konfrontation angelegt[575] (zu dem Kooperationsgedanken siehe unten 3. Kapitel).

Andererseits könnte man auch annehmen, dass sich eine wachsende Distanz des *EuGH* zum *EGMR* entwickelt.[576] Im Gegensatz zu einer Annäherung blieb nämlich der *EuGH* in Bezug auf Art. 6 EMRK (siehe Rechtssachen *Orkem* und *Mannesmannröhren-Werke*) bei seiner eigenen Linie. Außerdem tendiert der *EuGH* nach Ansicht von *Rosakis* dazu, sich von den Zwängen der Rechtsprechung anderer Gerichte zu befreien und allein seinen eigenen Weg der Auslegung und Anwendung der Menschenrechte zu gehen.[577]

Deutlich hervorzuheben ist aber, dass der *EuGH* in den Rechtssache *ERT* und *Grogan* sehr vorsichtig in der Entscheidungsfindung vorgegangen ist. Er urteilte hier ganz nach seinen eigenen Vorgaben, nämlich die Gemeinschaftsgrundrechte in die Ziele und Strukturen des EG-Vertrages einzupassen. Dies könnte man aber auch als Kooperation auslegen, indem der *EuGH* dem *EGMR* „eine Tür offen gelassen" hat, damit dieser spezielle Fragen der Auslegung zeitlich vor dem *EuGH* beantworten kann.[578] Der *EuGH* könnte dann freiwillig, da es keine rechtliche Verpflichtung gibt, sich diese Fälle als Präzedenzfälle zu Eigen machen. Auf diesem Wege würden zwar mögliche Konflikte umgangen, doch könnte dies auf Kosten einer klaren am Recht orientierten Rechtsprechung gehen.[579]

Die unterschiedliche Zielsetzung wird insbesondere bei der oben genannten Rechtsprechung zu Art. 10 EMRK (Informationsfreiheit) klar.[580] Es liegen vergleichbare Sachverhalte vor. Der *EuGH* sieht wegen des fehlenden wirtschaftlichen Bezugs kein Gemeinschaftsrecht für eröffnet an, so dass er unter dieser Voraussetzung auch keine Gemeinschaftsgrundrechte prüfen kann. Somit liegt

---

575 *Alber/Widmaier*, EuGRZ 2000, 497, 505; *Drzemczewski*, HRLJ Vol. 22 (2001), 14, 28, der betont, dass man das Verhältnis der divergierenden Entscheidungen zu denen in Kooperation sehen muss.

576 Hierzu *Ress*, in: Haller/Kopetzki/Novak/Paulson/Raschauer/Ress/Wiederin (Hrsg.), FS Winkler, S. 897, S 917. *Busch*, Bedeutung der EMRK, S. 140 spricht von einer gewissen Abkehr von der bestehenden „*Entscheidungsharmonie*".

577 *Rosakis*, ZEuS 1998, 475, 486.

578 So hat wohl der *EuGH* in der Rechtssache *Grogan* gerade auf das Urteil in der parallel beim *EGMR* anhängigen Rechtssache *Dublin Well Woman und Open Door* gewartet, dann aber doch anders entschieden. Die Rechtssachen waren bei der Menschenrechtskommission bereits im August 1988, also vor Einreichung der Vorlagefrage an den *EuGH* eingegangen. Hierzu *Drzemczewski*, HRLJ Vol. 22 (2001), 14, 28.

579 *Ress*, in: Mahoney/Matscher/Petzold/Wildhaber (eds.), GS Ryssdal, S. 1173, 1195.

580 Auch bei der Rechtsprechung zum nemo tenetur Grundsatz sieht man diese Unterschiede. Hier sucht der *EuGH* die Balance zwischen Wettbewerbsrecht und Fairness im Verfahren. So *Busch*, Bedeutung der EMRK, S. 134.

in diesem Fall kein ausreichender Grundrechtsschutz vor, wenn auch der nationale Grundrechtsschutz nicht ausreicht. Die Grundrechte auf Ebene der Gemeinschaft müssen sich nach der Rechtsprechung des *EuGH* in die Struktur des EG-Vertrages einpassen. Wenn dies mangels Eröffnung des EG-Vertrages nicht möglich ist, besteht für den Rechtssuchenden keine Chance, eine nationale Maßnahme an übergeordneten gemeinschaftsrechtlichen Maßstäben prüfen zu lassen, auch wenn im weiteren Sinne doch eine Grundfreiheit des EG-Vertrages in Anspruch genommen wird. Dagegen hält sich der *EGMR* allein an die Garantien der EMRK und kann somit einen möglichst weiten und umfassenden effektiven Grundrechtsschutz gewährleisten.

Weicht der *EuGH* von der Rechtsprechung des *EGMR* ab, ohne diese zu kennen, so ist eine Divergenz nicht verwunderlich, da er nur den von ihm aufgestellten Voraussetzungen zur Grundrechtsrechtsprechung folgt. Für den Bürger ist dies jedoch wenig befriedigend, da ihm so ein unterschiedlicher Rechtsschutz zugute kommen kann.

Der *EuGH* hat aber in der Mehrzahl der Fälle zeitlich vor dem *EGMR* entschieden. Stets besteht dann grundsätzlich die Möglichkeit, dass eine Divergenz vorliegen wird, wenn der *EGMR* einen vergleichbaren Sachverhalt anders im Sinne der größtmöglichen Grundrechtsgarantie für den Rechtssuchenden beurteilt. In dieser Sachlage kann es sogar vorkommen, dass der *EuGH* die Rechtsprechung des *EGMR* untersucht, aber keine vergleichbare Situation zu erkennen vermag (die auch noch nicht gegeben ist) und erst dann in seinem Sinne entscheidet. Man kann dem *EuGH* daher in diesem Fällen schwerlich unterstellen, dass er sich in Widerspruch zum *EGMR* setzen möchte.

Man könnte auch daran denken, dass sich der *EGMR* in Konfrontation zum *EuGH* setzt, wenn er nach einer grundrechtsrelevanten Entscheidung des *EuGH* anders urteilt. Dagegen spricht aber, dass der *EGMR* sich in diesem Fällen nicht in Bezug zum Gemeinschaftsrecht setzt, sondern lediglich den Sachverhalt anhand der EMRK beurteilt. Auch muss der vor dem *EGMR* anhängige Fall nicht im Zusammenhang mit dem europäischen Gemeinschaftsrecht an sich stehen, wenn es sich z.B. um einen beklagten Staat handelt, der nicht Mitglied der EG ist. Da der *EGMR* in diesen Fällen einen weiteren Schutz gewährt, ist dies von Vorteil für den Betroffenen, der als Beschwerdeführer im Mittelpunkt des Verfahrens steht. Der *EGMR* untersucht aber nicht die Rechtsprechung des *EuGH* zu einem bestimmten Grundrecht, da diese auf der Methode der wertenden Rechtsvergleichung beruhende Rechtsprechung für ihn keine Bedeutung haben kann.

Teilweise wird im Übrigen davon ausgegangen, dass der *EuGH* in den Fällen, in denen er vor dem *EGMR* entscheidet, vermutlich bereit gewesen wäre, die

Rechtsprechung des *EGMR* mit einzubeziehen.[581] Dies kann aber nur eine Vermutung sein, da es schließlich immer darauf ankommt, ob der *EuGH* die in einer bestimmten Art ausgelegten Grundrechte in die ihm vorgegebenen Strukturen einpassen kann.

Insoweit steht fest, dass nur in den Fällen, in denen der *EuGH* nach dem *EGMR* entscheidet, sich die Frage des Verhältnisses der Gerichtshöfe zueinander stellt. Erst dann besteht die Möglichkeit, dass der *EuGH* wissentlich und gewollt von der Rechtsprechung des *EGMR* abweicht. Eine klare Tendenz des *EuGH* ist insofern derzeit nicht erkennbar, da es sowohl ein Beispiel dafür gibt, in dem der *EuGH* seine Rechtsprechung revidiert hat, wie auch ein Beispiel dafür, in dem nicht im Sinne der Rechtsprechung des *EGMR* entschieden wurde. Allerdings spielen bei der Beantwortung dieser Frage gerade auch die Fälle der Kooperation, die im nächsten Kapitel behandelt werden, eine wichtige Rolle.

Unabhängig vom Verhältnis der Gerichtshöfe zueinander ist diese ungeklärte Rechtslage aus Sicht der Rechtssuchenden unbefriedigend, die möglicherweise besser gestellt sind, wenn es bereits eine gefestigte Rechtsprechung des *EGMR* zu einem Grundrecht gibt, als wenn über den Fall zeitlich vorher vom *EuGH* entschieden wird.

Neben dem zeitlichen Aspekt wird diskutiert, ob die jeweiligen Divergenzen gering oder schwerwiegenden, also überhaupt für den Rechtssuchenden von Bedeutung sind.[582] Dabei stellt sich die Frage, ob diese Unterscheidung überhaupt Relevanz besitzt.

Sicherlich stimmt es, dass es sich bei den betreffenden Entscheidungen nur um eine Handvoll Urteile handelt, die im Verhältnis zur Vielzahl der Entscheidungen mit Grundrechtsbezug verschwindend gering ist. Auch ist zuzugeben, dass es zumeist um Abweichungen in Detailfragen bei der Auslegung eines bestimmten Grundrechts geht.[583] Gleichzeitig besteht aber wegen der strukturellen Unterschiede, der Ausweitung der grundrechtsrelevanten Bereiche im Rahmen des EG-Rechts und der Charta der Grundrechte der Europäischen Union (hierzu unten 4. Kapitel) die Gefahr, dass es zu mehr divergierenden Rechtssachen kommen wird.[584] Im Grundrechtsschutz werden vermehrt Detailfragen auftreten,

---

581 *Philippi*, Charta, S. 68.

582 Z.B. *Philippi*, Charta, S. 66; *Ruffert*, AVR 38. Bd. (2000), 129, 134; *Skouris*, in: Blankenagel/Pernice/Schulze-Fielitz (Hrsg.), FS Häberle, S. 261, 271; *Alber/Widmaier*, EuGRZ 2000, 497, 505.

583 *Ruffert*, AVR 38. Bd. (2000), 129, 134; *Philippi*, Charta, S. 66.

584 Hierzu *Krüger/Polakiewicz*, EuGRZ 2001, 92, 98; *Skouris*, in: Blankenagel/Pernice/Schulze-Fielitz (Hrsg.), FS Häberle, S. 261, 272 und *Ruffert*, AVR 38. Bd.

wenn es einen geschriebenen Grundrechtskatalog, bzw. eine langjährige Praxis des *EuGH* gibt. Für den Einzelnen spielt es im Übrigen keine Rolle, ob die unterschiedliche Beurteilung seines Falles von einem Grundsatzproblem oder einem speziellen Einzelaspekt abhängt. Daher kann diese Unterscheidung weder für das Verhältnis der Gerichtshöfe zueinander noch für den Einzelnen relevant sein. Insofern ist es nur von Bedeutung, dass es Divergenzen gibt, wie sie entstehen, ob sie in Zukunft weiter auftreten werden und ob es für sie eine Lösungsmöglichkeit gibt.

III. Zusammenfassung der materiellen Divergenzen

Die Anzahl der Fälle, in denen es zu einer divergierenden Entscheidung gekommen ist, ist überschaubar. Dies soll aber nicht darüber hinwegtäuschen, dass zwar Detailfragen betroffen sind, es gerade aber im Rahmen einer langjährigen Grundrechtspraxis genau um diese Fragen geht. Liegt eine divergierende Entscheidung vor, so stellt sie sich für den Betroffenen niemals als theoretisch dar. Auch für das Verhältnis der Gerichtshöfe zueinander bedeutet dies, dass sie entweder willentlich auf Konfrontation gehen, um zu beweisen, wer politisch gesehen beim Grundrechtsschutz in Europa den Ton angibt oder dass es ohne ihren Willen zur Konfrontation kommen kann, da die Grundrechtsrechtsprechung wegen der auf die Verwirklichung der Vertragsziele ausgerichteten Struktur des EG-Rechts nur in dieser Form Anwendung finden kann. Es zeigt sich hierbei, dass eine Kohärenz des Grundrechtsschutzes[585] im Interesse der Bürger wesentlicher Bestandteil einer immer enger zusammenwachsenden Gemeinschaft sein muss. Da auch ein Bemühen des *EuGH*, die Rechtsprechung des *EGMR* zu berücksichtigen, die Gefahr divergierender Entscheidungen nicht ausschließt,[586] ist ein rechtlicher Weg zu finden, diese Divergenzen zu vermeiden.

D. Zusammenfassung des dritten Kapitels

1. Die EMRK verbietet den Staaten nicht, Hoheitsrechte auf internationale Organisationen zu übertragen. Allein die Übertragung schließt aber die Verantwortung der Konventionsstaaten für die Wahrung der Rechte der Konvention bei der Ausübung dieser übertragenen Hoheitsrechte nicht aus. Die Verantwortlichkeit nach der EMRK geht nicht auf die internationale Organisation über.

2. Einen Ausgleich bei der Verantwortung erzielt man dadurch, dass eine Maßnahme eines Konventionsstaates, die er in Erfüllung seiner ihm nach

(2000), 129, 134, der Divergenzen nicht nur nicht ausschließt, sondern sogar als vorprogrammiert ansieht.

585 Vgl. *Drzemczewsi*, HRLJ Vol. 22 (2001), 14, 28.

586 *Philippi*, Charta, S. 69.

der internationalen Organisation obliegenden Pflichten erlässt, gerechtfertigt sein kann, wenn diese Organisation grundsätzlich einen mit der EMRK vergleichbaren Grundrechtsschutz bietet. Dabei behält sich der *EGMR* vor, zu überprüfen, ob der Grundrechtsschutz durch die internationale Organisation im Einzelfall offensichtlich mangelhaft gewesen ist.

3. Die für die Konventionsstaaten zu überwindende Schwelle für die Freizeichnung wird durch diese Rechtsprechung des *EGMR* sehr niedrig angesetzt.

4. Die EG bietet zum jetzigen Zeitpunkt einen mit den Standards der EMRK vergleichbaren Grundrechtsschutz an.

5. Die Mitgliedstaaten sind indirekt zu verpflichtet, dafür Sorge zu tragen, dass der Grundrechtsschutz äquivalent ist, also auch dass im konkreten Fall die Vermutung des gleichwertigen Grundrechtsschutzes nicht widerlegt wird. Mit welchen Mitteln sie dies erreichen, steht in ihrem Ermessen.

6. Nach Art. 1 EMRK spielt der rechtliche Ursprung einer Maßnahme für den *EGMR* keine Rolle. Da Hoheitsakte der EG auf die Betroffenen die gleiche Wirkung haben wie nationale Hoheitsakte, ist insoweit umfassender Rechtsschutz durch den *EGMR* zu gewährleisten.

7. Beschwerden gegen die Konventionsstaaten für umgesetztes Gemeinschaftsrecht sind zulässig. Anknüpfungspunkt ist allein die nationale Maßnahme, so dass die Frage des äquivalenten Grundrechtsschutzes in der Gemeinschaft keine Rolle spielt.

8. Vollzugsakte der Konventionsstaaten, die auf Entscheidungen der Gemeinschaftsorgane beruhen, können vom *EGMR* überprüft werden. Hier kann der *EuGH* einen effektiven Grundrechtsschutz ausüben, so dass der *EGMR* seine Jurisdiktion auf die Prüfung des äquivalenten Schutzes und der Widerlegung der oben genannten Vermutung beschränkt.

9. Verordnungen der EG sind Gemeinschaftsrecht und werden gleichzeitig Bestandteil der innerstaatlich geltenden Rechtsordnung. Somit können sie als gesetzliche Grundlage für einen nationalen Akt dienen, der dann vom *EGMR* überprüft werden kann. Wegen des direkten Bezugs zum Gemeinschaftsrecht ist auch hier die Formel des äquivalenten Grundrechtsschutzes anzuwenden.

10. Beim konventionswidrigen Primärrecht liegt eine Ausübung der Hoheitsgewalt eines Konventionsstaates vor. Es besteht keine Möglichkeit auf der

Ebene der EG Rechtschutz zu erlangen, da der *EuGH* nicht zuständig ist. Somit kommt hier die Formel der „*equivalent protection*" nicht zur Anwendung, der *EGMR* ist umfassend zuständig. Umstritten ist der Beschwerdegegenstand.

11. Beschwerden gegen die EG selbst oder ihre Organe können ratione personae nie zulässig sein, solange die Gemeinschaften nicht der EMRK beigetreten sind.

12. Beschwerdegegner ist grundsätzlich der handelnde Mitgliedstaat. Eine kollektive Verantwortung aller Mitgliedstaaten ließe sich aber über eine weite Auslegung des Begriffs „Zusicherung" in Art. 1 EMRK begründen.

13. Zur Konstellation des gemeinschaftsunmittelbaren Vollzugs gibt es bisher keine Rechtsprechung. Man kann aber nach den Grundsätzen der bisherigen Rechtsprechung eine „Folgeverantwortung" der Konventionsstaaten annehmen, so dass der *EGMR* unter Anwendung der Formel des äquivalenten Grundrechtsschutzes zuständig ist.

14. Der *EGMR* behält sich in Grundrechtsfragen eine Letztentscheidungsbefugnis vor.

15. Wertungsdifferenzen zwischen den beiden Gerichtshöfen sind wegen ihrer strukturellen Unterschiede nicht überraschend.

16. In den Fällen, in denen der EuGH zeitlich nach dem EGMR entscheidet, stellt sich die Frage des Verhältnisses der Gerichtshöfe zueinander. Erst dann besteht die Möglichkeit, dass der EuGH wissentlich und gewollt von der Rechtsprechung des EGMR abweicht.

17. Allein ein Bemühen des *EuGH*, die Rechtsprechung des *EGMR* zu berücksichtigen, schließt die Gefahr divergierender Entscheidungen nicht aus. Es ist eine rechtliche Lösung zu finden.

4. Kapitel: Kooperation zwischen EuGH und EGMR

Im vorherigen Kapitel wurden Divergenzen zwischen den beiden Gerichtshöfen aufgezeigt. Es stellt sich daher die Frage, ob es nicht als Gegenstück Formen der Zusammenarbeit gibt. Kooperationen zwischen Gerichtshöfen sind zum einen dadurch möglich, dass beide Gerichte die Rechtsprechung des anderen Gerichts mit einbeziehen und sich darauf berufen, zum anderen kann dies durch einen regelmäßigen Austausch der Richter erfolgen. Da vorliegend die Zusammenarbeit zwischen den Gerichtshöfen in der Grundrechtsrechtsprechung untersucht wird, interessieren hier die Kooperationen, die sich in den Urteilen der Gerichtshöfe sichtbar niedergeschlagen haben.

Da insbesondere die Anzahl der Urteile des *EuGH* und des *EuG*, die die EMRK oder die Rechtsprechung des *EGMR* erwähnen, zahlreich sind[587], beschränkt sich die vorliegende Arbeit auf wesentliche Urteile des *EuGH*. Weiter werden keine Urteile erwähnt, die nur auf die EMRK als solche Bezug nehmen, ohne die hierzu ergangene Rechtsprechung des *EGMR* zu berücksichtigen. Die Mehrzahl der hier besprochenen Entscheidungen ist in den Berichten des Generalsekretariats des Europarates in der Zeit von 2001 bis 2005 genannt.[588] Bei den Urteilen des *EGMR* handelt es sich ebenfalls um in diesen Berichten erwähnte Urteile, wie auch um Entscheidungen der Großen Kammer des neuen Gerichtshofs, demnach seit 1998.

A. Bezugnahme auf Urteile des EGMR durch den EuGH

Der *EuGH* hat wiederholt in seiner Rechtsprechung auf Urteile des *EGMR* Bezug genommen, so dass man bereits davon ausgeht, dass Bezugnahmen auf die Rechtsprechungspraxis des *EGMR* zum so genannten Standardrepertoire des *EuGH* gehören.[589] Um dies systematisch darzustellen, werden die Urteile nach den Artikeln gegliedert, die für die Entscheidung maßgeblich sind.

I. Bezugnahme auf Urteile des EGMR zu Art. 6 EMRK

1. Rechtssache Baustahlgewebe

In der Rechtssache *Baustahlgewebe*[590] vom 17. Dezember 1998 legte die Klägerin Rechtsmittel gegen ein Urteil des *EuG* ein, um dieses aufheben und Teile der ursprünglichen Entscheidung der Kommission nach Art. 85 EG (jetzt Art. 81

587 Vgl. *Dremczewski*, HRLJ Vol. 22 (2001), 14, 18 siehe Fußnote 46.

588 Generalsekretariat Europarat SG/Inf (2001) 10, SG/Inf (2003) 16, SG/Inf (2004) 7 und SG/Inf (2005) 9.

589 *Ruffert*, EuGRZ 2004, 466, 471.

590 *EuGH*, Rs. C-185/95, Slg. 1998, I-8417 – Baustahlgewebe GmbH/Kommission.

EG) für nichtig erklären zu lassen. Die Klägerin berief sich u.a. auf die überlange Verfahrensdauer beim Gericht der ersten Instanz, die mit Art. 6 Abs. 1 EMRK unvereinbar sei.

Der *EuGH* stellte hierzu fest, dass der hier maßgebliche Zeitraum fünf Jahre und sechs Monate betragen hatte. Dann erläuterte er, dass *„die Angemessenheit einer Verfahrensdauer nach den Umständen jeder einzelnen Rechtssache, insbesondere nach den Interessen, die in dem Rechtsstreit für den Betroffenen auf dem Spiel stehen, nach der Komplexität der Rechtssache sowie nach dem Verhalten des Klägers und dem der zuständigen Behörden, zu beurteilen"* sei.[591] Der *EuGH* verwies insofern auf die Rechtsprechung des *EGMR* in der Rechtssache *Erkner* und *Hofauer*[592], in den Rechtssachen *Kemmache*[593], *Phocas*[594] sowie in der Rechtssache *Garyfallou*[595]. Dabei stimmt die zitierte Urteilspassage mit den Auszügen aus den genannten Entscheidungen des *EGMR* überein. Im Ergebnis sah er die zulässige Verfahrensdauer als überschritten an.

Der *EuGH* bezog sich in seiner Entscheidung alleine auf die Begründung des *EGMR* zu Art. 6 EMRK und setzte keine weiteren Erwägungen hinzu. Er prüfte den Fall nur anhand dieser vorgegebenen Kriterien.

2. Rechtssache Dieter Krombach

Im nächsten Verfahren vom 28. März 2000, in dem Art. 6 EMRK eine Rolle spielte, ging es um das Recht auf Verteidigung.[596]

Der *BGH* hatte dem *EuGH* zwei Fragen zur Auslegung des Übereinkommens vom 27. September 1968 über die gerichtliche Zuständigkeit und die Vollstreckung gerichtlicher Entscheidungen in Zivil- und Handelssachen vorgelegt.

Der Kläger des nationalen Rechtsstreits beschwerte sich gegen die Erteilung einer Vollstreckungsklausel zu einem Urteil eines französischen Gerichts, nach dem der Kläger Schadensersatz wegen der Tötung eines Kindes zu leisten hatte. In dem Verfahren vor dem französischen Gericht wurde er in Abwesenheit verurteilt und seine von ihm bevollmächtigten Verteidiger nicht gehört. Daher stellte sich für den *BGH* nun u.a. die Frage, ob das Gericht des Vollstreckungsstaates (hier Deutschland) im Rahmen der Ordre-Public-Klausel des Art. 27 Nr. 1 des Übereinkommens im Falle eines Beklagten, der seinen Wohnsitz in diesem Staat

---

591 *EuGH*, Rs. C-185/95, Slg. 1998, I-8417, Rn. 29 – Baustahlgewebe GmbH/Kommission.

592 *EGMR*, Rs. 9616/81, Urt. v. 23.4.1987, Rn. 66 – Erkner, Hofauer/Republik Österreich.

593 *EGMR*, Rs. 12325/86 u. 14992/89, Urt. v. 27.11.1991, Rn. 66 – Kemmache/Frankreich.

594 *EGMR*, Rs. 17869/91, Urt. v. 23.4.1996, Rn. 71 – Phocas/Frankreich.

595 *EGMR*, Rs. 18996/91, Urt. v. 24.9.1997, Rn. 39 – Garyfallou/Griechenland.

596 *EuGH*, Rs. C-7/98, Slg. 2000, I-1935 – Dieter Krombach/André Bamberski.

hat und wegen einer vorsätzlich begangenen Straftat angeklagt worden ist, berücksichtigen durfte, dass das Gericht des verurteilenden Staates ihm das Recht versagt hatte, sich (ohne persönlich zu erscheinen) verteidigen zu lassen.[597]

Bei dieser Auslegung waren die Grundrechte des Gemeinschaftsrechts zu beachten, zu denen nach Ansicht des *EuGH* das Recht auf einen Verteidiger gehört. Dieses begründete der *EuGH* mit der Rechtsprechung des *EGMR* in den Rechtssachen *Poitrimol*[598], *Pelladoah*[599] und *Van Geyseghem*[600]: *„So hat auch der EGMR in mehreren Entscheidungen zu Strafverfahren festgestellt, dass das – wenngleich nicht absolut gegebene – Recht jedes Angeklagten, sich von einem ihm erforderlichenfalls von Amts wegen beizuordnenden Rechtsanwalt tatsächlich verteidigen zu lassen, zu den grundlegenden Merkmalen eines fairen Prozessen gehört und dass ein Angeklagter diese Rechte nicht bereits dadurch verliert, dass er nicht in der Hauptverhandlung zugegen ist.*“[601]

Der *EuGH* folgerte aus dieser Rechtsprechung – ohne eine eigene weitere Begründung zu liefern –, dass das nationale Gericht es als eine Grundrechtsverletzung ansehen kann, wenn die Verteidiger nicht gehört werden. Damit sei die Anwendung der Ordre-Public-Klausel in diesen Ausnahmefällen zulässig.

3. Rechtssache Limburgse Vinyl Maatschappij NV u.a.

Das Urteil in der Rechtssache *Limburgse Vinyl Maatschappij NV u.a.*[602] vom 15. Oktober 2002 erging in einem Rechtsmittelverfahren gegen ein Urteil des *EuG*, in welchem die Parteien die Nichtigerklärung einer Entscheidung der Kommission, die im Verfahren nach Art. 81 EG ergangen war, beantragt hatten.

Im Rahmen der Prüfung der verschiedenen Rechtsmittelgründe setzte sich der *EuGH* auch mit der Rechtsprechung des *EGMR* auseinander.

Zunächst ging es um die Rüge der überlangen Verfahrensdauer und dabei um die Frage, ob es zulässig sei, das Verfahren der Kommission in einzelne Abschnitte zu unterteilen. Der *EuGH* verglich die seiner Auffassung nach zulässige Untergliederung mit der in strafrechtlichen Ermittlungen erfolgten Aufteilung,

---

597 *EuGH*, Rs. C-7/98, Slg. 2000, I-1935, Rn. 35 – Dieter Krombach/André Bamberski.

598 *EGMR*, Rs. 14032/88, Urt. v. 23.11.1993, Rn. 34 ff. – Poitrimol/Frankreich.

599 *EGMR*, Rs. 16737/90, Urt. v. 22.9.1994, Rn. 37 – Pelladoah/Niederlande. In diesem Urteil wird wiederum auf die Entscheidung des *EGMR* in der Rs. Poitrimol verwiesen.

600 *EGMR*, Rs. 26103/95, Urt. v. 21.1.1999, Rn. 28 ff. – van Geyseghem/Belgien.

601 *EuGH*, Rs. C-7/98, Slg. 2000, I-1935, Rn. 39 – Dieter Krombach/André Bamberski.

602 *EuGH*, Rs. C-238/99 P u.a., Slg. 2002, I-8375 – Limburgse Vinyl Maatschappij NV u.a./Kommission.

wie es der *EGMR* in den Rechtssachen *Ringeisen*[603], *Corigliano*[604] und *Hozee*[605] angenommen hatte.[606]

Über Art. 6 EMRK hinaus beschäftigte sich der *EuGH* mit der angemessenen Frist nach Art. 5 Abs. 3 EMRK und Art. 6 Abs. 1 EMRK und stellte wiederum einen Vergleich mit den Urteilen des *EGMR* in den Rechtssachen *Wemhoff*[607] und *Neumeister*[608] her.[609]

Ferner wurde in der Entscheidung Art. 8 EMKR angesprochen. Der EuGH machte hier deutlich, dass die „*Rechtsprechung des EGMR zu den in Artikel 8 Absatz 2 EMRK behandelten Eingriffen von Behörden, auf die sich die Rechtsmittelführerin stützt, [...] Handlungen dieser Behörde [betrifft], die zwangsweise gegen den Willen eines Verdächtigen vorgenommen wurden*",[610] so dass das hierauf gestützte Rechtsmittel zurückzuweisen war, da diese Voraussetzungen nicht vorlagen. Hier bezog sich der EuGH allerdings auf keine konkrete Entscheidung des EGMR.

Schließlich hatte sich der *EuGH* mit dem Recht, sich nicht selbst zu bezichtigen, auseinanderzusetzen. Dabei ging er zunächst auf sein Urteil in der Rechtssache *Orkem* ein, um dann festzustellen, dass „*im Anschluss an dieses Urteil bei der Rechtsprechung des EGMR, der die Gemeinschaftsgerichte bei ihrer Auslegung von Grundrechten Rechnung zu tragen haben, mit dem von den Rechtmittelführerinnen angeführten Urteil Funke sowie den Urteilen Saunders/Vereinigtes Königreich vom 17.12.1996 neue Entwicklungen eingetreten sind. Das Urteil Orkem/Kommission und die jüngste Rechtsprechung des EGMR stimmen jedoch darin überein, dass auf den Verdächtigen Zwang ausgeübt worden sein muss, um von ihm bestimmte Informationen zu erlangen, und dass geprüft werden muss, ob das Recht, um das es in diesen Entscheidungen geht, tatsächlich beeinträchtigt wurde. Bei einer Prüfung des Rechtsmittelgrundes eines Verstoßes gegen das Recht, sich nicht selbst zu belasten, im Licht dieser Feststellung und der konkreten Umstände des vorliegenden Falles geben die Entwicklungen der*

---

603 *EGMR*, Rs. 2614/65, Urt. v. 16.7.1973, Rn. 110 – Ringeisen/Österreichische Republik.

604 *EGMR*, Rs. 8304/78, Urt. v. 10.12.1982, Rn. 34 – Corigliano/Italien.

605 *EGMR*, Rs. 21961/93, Urt. v. 22.5.1998, Rn. 43 – Hozee/Niederlande.

606 *EuGH*, Rs. C-238/99 P u.a., Slg. 2002, I-8375, Rn. 182 – Limburgse Vinyl Maatschappij NV u.a./Kommission.

607 *EGMR*, Rs. 2122/64, Urt. v. 27.6.1968, Rn. 17 – Wemhoff/Deutschland.

608 *EGMR*, Rs. 1936/63, Urt. v. 27.6.1968, Rn. 21 – Neumeister/Republik Österreich.

609 *EuGH*, Rs. C-238/99 P u.a., Slg. 2002, I-8375, Rn. 234 – Limburgse Vinyl Maatschappij NV u.a./Kommission.

610 *EuGH*, Rs. C-238/99 P u.a., Slg. 2002, I-8375, Rn. 249 – Limburgse Vinyl Maatschappij NV u.a./Kommission.

Rechtsprechung des EGMR keinen Anlass, das angefochtene Urteil zu beanstanden.“[611]

Im Ergebnis wurde das Urteil des *EuG* nur in wenigen Teilen aufgehoben, im Übrigen wurden die Rechtsmittel zurückgewiesen.

4. Rechtssache Joachim Steffensen

Das letzte hier zu erwähnende Urteil zu Art. 6 EMRK erging am 10. April 2003.[612] In einem Bußgeldverfahren wegen des verbotenen Inverkehrbringens von Lebensmitteln legte das Amtsgericht Schleswig dem *EuGH* zwei Fragen zur Auslegung von Art. 7 der Richtlinie 89/397/EWG des Rates vom 14. Juni 1989 über die amtliche Lebensmittelüberwachung vor.

Problemtisch war, ob Lebensmittelproben, die unter Verstoß gegen die genannte Richtlinie zustande kamen, als zulässige Beweismittel in einem Verfahren dienen können, wenn sich die zu überprüfende Entscheidung hauptsächlich auf diese Proben stützt. Die Anforderungen an Beweisregeln ergeben sich aus den Grundrechten und hier insbesondere aus Art. 6 Abs. 1 EMRK.

Nun stellte der EuGH fest: „*[...], dass nach der Rechtsprechung des EGMR Artikel 6 Absatz 1 EMRK das Beweisrecht als solches nicht regelt und dass die Zulässigkeit eines Beweises, der ohne Beachtung der Vorschriften des nationalen Rechts gewonnen wurde, nicht grundsätzlich und abstrakt ausgeschlossen werden kann. Nach dieser Rechtsprechung ist es Sache des nationalen Gerichts, die von ihm erhobenen Beweise zu würdigen und die Erheblichkeit der Beweisangebote einer Partei zu prüfen. Allerdings betrifft nach derselben Rechtsprechung die nach Artikel 6 Absatz 1 EMRK vom EGMR ausgeübte Kontrolle der Fairness des Verfahrens – die vor allem gebietet, dass die Parteien am Verfahren vor dem Gericht angemessen beteiligt werden – das Verfahren insgesamt, einschließlich der Art und Weise der Beweiserhebung. Schließlich hat der EGMR festgestellt, dass die Anforderungen von Artikel 6 Absatz 1 EMRK an ein faires Verfahren nur dann erfüllt sind, wenn es sich bei dem Recht für die betroffenen Parteien, sich vor dem Gericht zu einem Beweismittel zu äußern, um eine echte Möglichkeit wirksamer Stellungnahme zu dem Beweismittel handele. Eine Prüfung dieses Punktes sei insbesondere dann geboten, wenn das Beweismittel aus einem technischem Bereich stamme, in dem das Gericht nicht über Sachkenntnis*

611 *EuGH*, Rs. C-238/99 P u.a., Slg. 2002, I-8375, Rn. 274 ff. – Limburgse Vinyl Maatschappij NV u.a./Kommission.

612 Siehe *EuGH*, Rs. C-276/01, Slg. 2003, I-3735 – Joachim Steffensen.

verfüge, und geeignet sei, die Würdigung der Tatsachen durch das Gericht maßgeblich zu beeinflussen.“[613]

Die hier vom *EGMR* aufgestellten Grundsätze übernahm der *EuGH* und gab sie an das vorlegende Gericht weiter, welches anhand dieser Faktoren prüfen musste, ob die Zulassung der Proben zu einer Verletzung des Rechts auf einen fairen Prozess führten.

II. Bezugnahme auf Urteile des EGMR zu Art. 7 EMRK

Zu Art. 7 EMRK ist das Urteil des *EuGH* vom 12. Dezember 1996 in dem Vorabentscheidungsverfahren im Strafverfahren gegen *X.*[614] von Bedeutung.

Die Procura della Repubblica presso la Pretura circondariale Turin und die Pretura circondariale Turin hatten dem *EuGH* im Wege des Vorabentscheidungsverfahrens Fragen zur Auslegung der Richtlinie 90/270/EWG des Rates vom 29. Mai 1990 über die Mindestvorschriften bezüglich der Sicherheit und des Gesundheitsschutzes bei der Arbeit an Bildschirmgeräten vorgelegt, die sich in einem Strafverfahren gegen Unbekannt stellten.

Da es im Ausgangsverfahren um den Umfang der strafrechtlichen Verantwortung ging, die sich aus zur Durchführung einer Richtlinie erlassenen Rechtsvorschriften ergab, stellte sich die Frage, ob der Grundsatz „nulla poena sine lege“ ausreichend beachtet worden war. Der *EuGH* sah diesen Grundsatz u.a. in Art. 7 EMRK verankert und verwies dabei auf die Urteile des *EGMR* in den Rechtssachen *Kokkinakis*[615] und *S.W.*[616],[617] ohne aber den Inhalt dieser Urteile oder die genaue Bedeutung des Grundsatzes in der Rechtsprechung des *EGMR* zu erläutern. Der *EuGH* beantwortete im Ergebnis die Vorlagefragen unter Berücksichtigung dieses Grundsatzes.

III. Bezugnahme auf Urteile des EGMR zu Art. 8 EMRK

Bei der Bezugnahme des *EuGH* auf Urteile des *EGMR* zu Art. 8 EMRK können diese thematisch in drei Gruppen unterteilt werden, wobei in der zweiten und dritten Gruppe jeweils nur ein Urteil untersucht wird. Die erste Gruppe betrifft

---

613 *EuGH*, Rs. C-276/01, Slg. 2003, I-3735, Rn. 75 ff. – Joachim Steffensen mit Vergleich zu den Urteilen des *EGMR* in den Rechtssachen *Mantovanelli* (Rs. 21497/93, Urt. v. 18.3.1997 – Manotvanelli/Frankreich) und *Pélissier* und *Sassi* (Rs. 25444/94, Urt. 25.3.1999 – Pélissier und Sassi/Frankreich).

614 *EuGH*, Rs. C-74/95 und C-129/95, Slg. 1996, I-6609 – Strafverfahren gegen X.

615 *EGMR*, Rs.14307/88, Urt. v. 25.5.1993 – Kokkinakis/Griechenland.

616 *EGMR*, Rs. 20166/92, Urt. v. 22.11.1995 – S.W./Vereinigtes Königreich.

617 *EuGH*, Rs. C-74/95 und C-129/95, Slg. 1996, I-6609, Rn. 25 – Strafverfahren gegen X.

das Recht auf Achtung des Familienlebens, in der zweiten Gruppe geht es um den Schutz von Geschäfträumen und in der dritten Gruppe um das Recht auf Achtung des Privatlebens.

1. Recht auf Achtung des Familienlebens

Zum Recht auf Achtung des Familienlebens sind folgende Urteile von Bedeutung: Rechtssache *Mary Carpenter*[618], Rechtssache *Hacene Akrich*[619], Rechtssachen *Georgios Orfanopoulos*[620] sowie *Europäisches Parlament/Rat*[621].

a) Rechtssache Mary Carpenter

Wegweisend für die folgenden Urteile zum Recht auf Achtung des Familienlebens war die Entscheidung in der Rechtssache *Mary Carpenter* vom 11. Juli 2002.[622]

Dabei ging es in einem Vorabentscheidungsverfahren um die Auslegung des Art. 49 EG sowie von Bestimmungen der Richtlinie 73/148/EWG des Rates vom 21. Mai 1973 zur Aufhebung der Reise- und Aufenthaltsbeschränkungen für Staatsangehörige der Mitgliedstaaten innerhalb der Gemeinschaft auf dem Gebiet der Niederlassung und des Dienstleistungsverkehrs.

Mary Carpenter, philippinische Staatsangehörige, heiratete einen britischen Staatsbürger, während sie sich ohne gültiges Visum in Großbritannien aufhielt. Ihr Ehemann übte seine Geschäfte im Inland wie auch im europäischen Ausland aus. Da Frau *Carpenter* ausgewiesen werden sollte, ging sie zunächst erfolglos gerichtlich gegen die Entscheidung vor. Im Rahmen ihres eingelegten Rechtsmittels stellten sich verschiedene Fragen zur Auslegung des Gemeinschaftsrechts.

Der *EuGH* berief sich in seiner Antwort auch auf die Grundrechte des Gemeinschaftsrechts und zwar auf das Recht der Achtung des Familienlebens. Zur Bestimmung des Eingriffs und der Rechfertigung zog er die Rechtsprechung des *EGMR* in der Rechtssache *Boultif*[623] heran und prüfte die dort vom *EGMR* aufgestellten Voraussetzungen, wann eine Ausweisung nach Art. 8 Abs. 2 EMRK

---

618 *EuGH*, Rs. C-60/00, Slg. 2002, I-6279 – Mary Carpenter/Secretary of State for the Home Department.

619 *EuGH*, Rs. C-109/01, Slg. 2003, I-9607 – Hacene Akrich.

620 *EuGH*, Rs. C-482/01 und C-493/01, Slg. 2004, I-5257 – Georgios Orfanopoulos u.a./Land Baden-Württemberg.

621 *EuGH*, Rs. C-540/03, noch unveröffentlicht – Europäisches Parlament/Rat.

622 Siehe *EuGH*, Rs. C-60/00, Slg. 2002, I-6279 – Mary Carpenter/Secretary of State for the Home Department und hierzu ausführlich *Britz*, NVwZ 2004, 173.

623 *EGMR*, Rs. 54273/00, Urt. v. 2.8.2001, Rn. 46 ff. – Boultif/Schweiz.

verhältnisgemäß ist.[624] Weitere eigene Faktoren zur Bestimmung der Verhältnismäßigkeit stellte der *EuGH* nicht auf. Er hielt die Ausweisung in diesem Fall für nicht verhältnisgemäß.

b) Rechtssache Hacene Akrich

In dem Rechtsstreit in der Rechtssache *Hacene Akrich*[625] vom 23. September 2003 ging es wie im vorangegangenen Fall *Mary Carpenter* um die Ausweisung eines EG-Ausländers, der mit einer EG-Inländerin verheiratet ist. In diesem Vorlageverfahren stellte sich auch die Frage nach den Grenzen des Artikels 8 EMRK. Dazu nahm der *EuGH* auf den *EGMR* Bezug und führte diesbezüglich aus: „*Die Grenzen dessen, was in einer demokratischen Gesellschaft notwendig ist, wenn der Ehegatte rechtsbrüchig geworden ist, sind vom EGMR in seinen Urteilen Boultif/Schweiz vom 2. August 2001 [...] und Amrollahi/Dänemark vom 11. Juli 2002 [...] herausgearbeitet worden.*“[626] Der *EuGH* stellte auch hier keine eigenen Erwägungen hinsichtlich der Grenzen in einer demokratischen Gesellschaft an.

c) Rechtssachen Georgios Orfanopoulos u.a.

In einem weiteren Fall zur Achtung des Familienlebens bezog der *EuGH*[627] zum dritten Mal das Urteil des *EGMR* in der Rechtssache *Boultif*[628] zur Begründung heran.

In diesem Rechtsstreit vom 29. April 2004 beschäftigte sich der EuGH erneut mit einer Ausweisung, diesmal jedoch der Ausweisung eines straffälligen EG-Inländers innerhalb der EG, der mit einer EG-Inländerin des ausweisenden Staates verheiratet war und Kinder hatte. Auch hier mussten die Grundrechte bei der Prüfung, ob eine staatliche Regelung die Freizügigkeit des EG-Vertrages einschränken darf, beachtet werden. Damit ging es erneut um die Grenzen des Artikels 8 EMRK.

Der *EuGH* wiederholte die im Urteil des *EGMR* in der Rechtsache *Boultif*[629] aufgestellten Grundsätze und machte sie sich zu Eigen.[630] Das vorlegende nationale Gericht war damit verpflichtet, diese Grundsätze zu beachten.

---

624 *EuGH*, Rs. C-60/00, Slg. 2002, I-6279 – Mary Carpenter/Secretary of State for the Home Department.

625 *EuGH*, Rs. C-109/01, Slg. 2003, I-9607 – Hacene Akrich.

626 *EuGH*, Rs. C-109/01, Slg. 2003, I-9607, Rn. 60 – Hacene Akrich.

627 *EuGH*, Rs. C-482/01 und C-493/01, Slg. 2004, I-5257 – Georgios Orfanopoulos u.a./Land Baden-Württemberg.

628 *EGMR*, Rs. 54273/00, Urt. v. 2.8.2001 – Boultif/Schweiz.

2. Rechtssache Europäisches Parlament/Rat

Die Rechtssache *Europäisches Parlament/Rat*[631] vom 27. Juni 2006 fällt im Verhältnis zu den vorhergehenden drei Rechtssachen insoweit aus der Reihe, als hier ein Streit zwischen zwei Organen der EG um die Nichtigerklärung von Bestimmungen der Richtlinie 2003/86/EG des Rates vom 22. September 2003 betreffend das Recht auf Familienzusammenführung[632] vorlag und nicht direkt natürliche Personen in ihren Grundrechten betroffen waren.

Inhaltlich ging es um die Auslegung von Art. 8 EMRK, wobei auf die Urteile *Carpenter*[633] und *Akrich*[634] Bezug genommen wurde.[635] Zur Begründung, inwieweit ein Staat dafür verantwortlich sei, Verwandten die Einreise zu ihren Angehörigen zu gestatten, zitierte der *EuGH* den *EGMR*:

„*Wie der Europäische Gerichtshof für Menschenrechte in seinem Urteil Sen/Niederlande vom 21. Dezember 2001, § 31, entschieden hat, kann im Übrigen „Artikel 8 [EMRK] positive Verpflichtungen erzeugen, die untrennbar mit einer tatsächlichen ‚Achtung' des Familienlebens verbunden sind. Die auf diese Verpflichtungen anwendbaren Grundsätze sind mit denen vergleichbar, die für die negativen Verpflichtungen gelten. In beiden Fällen ist der angemessene Ausgleich zu berücksichtigen, der zwischen den einander gegenüberstehenden Interessen des Einzelnen und der Gesellschaft insgesamt herbeizuführen ist, und in beiden Fällen steht dem Staat ein gewisser Ermessensspielraum zu (Urteile Gül/Schweiz vom 19. Februar 1996, Recueil des arrêts et décisions 1996-I, S. 174, § 38, und Ahmut/Niederlande vom 28. November 1996, Recueil des arrêts et décisions 1996-VI, S. 2030, § 63)*".[636]

Weiter übernimmt er die Grundsätze des *EGMR* aus den oben zitierten Entscheidungen *Gül* und *Ahmut*:

„*a) Der Umfang der Verpflichtung eines Staates, in seinem Hoheitsgebiet Verwandte von Einwanderern aufzunehmen, hängt von der Situation der Betroffenen und vom Allgemeininteresse ab.*

---

629 *EGMR*, Rs. 54273/00, Urt. v. 2.8.2001, Rn. 46 ff. – Boultif/Schweiz.

630 *EuGH*, Rs. C-482/01 und C-493/01, Slg. 2004, I-5257, Rn. 99 – Georgios Orfanopoulos u.a./Land Baden-Württemberg.

631 *EuGH*, Rs. C-540/03, noch unveröffentlicht – Europäisches Parlament/Rat.

632 ABl. EG Nr. L 251 v. 3.10.2003, S. 12.

633 *EuGH*, Rs. C-60/00, Slg. 2002, I-6279 – Mary Carpenter/Secretary of State for the Home Department.

634 *EuGH*, Rs. C-109/01, Slg. 2003, I-9607 – Hacene Akrich.

635 *EuGH*, Rs. C-540/03, noch unveröffentlicht, Rn. 52 – Europäisches Parlament/Rat.

636 *EuGH*, Rs. C-540/03, noch unveröffentlicht, Rn. 54 – Europäisches Parlament/Rat.

b) Nach einem gefestigten Grundsatz des Völkerrechts sind die Staaten vorbehaltlich der sich für sie aus Verträgen ergebenden Verpflichtungen berechtigt, die Einreise von Personen, die nicht ihre Staatsangehörigen sind, in ihr Staatsgebiet zu kontrollieren.

c) Im Bereich Einwanderung ist Artikel 8 nicht dahin auszulegen, dass er für einen Staat die allgemeine Verpflichtung mit sich brächte, die Entscheidung verheirateter Paare für ihren gemeinsamen Wohnort zu respektieren und die Familienzusammenführung in seinem Hoheitsgebiet zu gestatten."[637]

Anhand dieser Vorgaben sowie dem Übereinkommen über die Rechte des Kindes und der Charta der Grundrechte prüfte der *EuGH* schließlich die Vereinbarkeit des Art. 4 Abs. 1 letzter Unterabsatz der Richtlinie mit Art. 8 EMRK und erklärte ihn für nicht nichtig. Abschließend hatte sich der *EuGH* mit Art. 8 der Richtlinie auseinanderzusetzen und sah auch hier keinen Verstoß „*gegen das insbesondere in Art. 8 EMRK niedergelegte Recht auf Achtung des Familienlebens in seiner Auslegung durch den Europäischen Gerichtshof für Menschenrechte.*"[638]

3. Schutz der Geschäftsräume

In der Rechtssache *Roquette Frères* vom 22. Oktober 2002 ging es um den Schutz der Geschäfträume.[639] Interessant hieran ist, dass es gerade in diesem Bereich, wie im zweiten Kapitel dargestellt, materielle Divergenzen gibt. Insoweit ist es beachtlich, dass der *EuGH* sich offensichtlich sehr detailliert mit der Rechtsprechung des *EGMR* auseinandersetzt.

Der französische Cour de cassation hatte dem *EuGH* zwei Fragen nach der Auslegung von Art. 14 der Verordnung Nr. 17 des Rates vom 16. Februar 1962, Erste Durchführungsverordnung zu den Artikeln 85 und 86 des Vertrages und des Urteils vom 21. September 1989 in den Rechtssachen 46/87 und 227/88 (Rechtssache *Hoechst*[640]) zur Vorabentscheidung vorgelegt. Im nationalen Rechtsstreit ging es um einen Beschluss, mit dem Durchsuchungen und Beschlagnahme in den Geschäfträumen der *Roquette Frères SA* genehmigt wurden, um Beweise für einen möglichen Verstoß gegen Art. 85 EG (jetzt Art. 81 EG) zu beschaffen.

Bevor der *EuGH* mit der eigentlichen Beantwortung der Vorlagefragen begann, machte er allgemeine Aussagen zu den Auswirkungen der allgemeinen Grund-

---

637 *EuGH*, Rs. C-540/03, noch unveröffentlicht, Rn. 55 – Europäisches Parlament/Rat.

638 *EuGH*, Rs. C-540/03, noch unveröffentlicht, Rn. 98 – Europäisches Parlament/Rat.

639 *EuGH*, Rs. C-94/00, Slg. 2002, I-9011 – Roquette Frères.

640 *EuGH*, Rs. 46/87 u. 227/88, Slg. 1989, S. 2859 - Hoechst AG/Kommission.

sätze des Gemeinschaftsrechts. Er nahm dabei auf sein Urteil in der Rechtssache *Hoechst*[641] Bezug und legte dar, dass „*das Erfordernis eines Schutzes vor willkürlichen oder unverhältnismäßigen Eingriffen der öffentlichen Gewalt in die Sphäre der privaten Betätigung einer natürlichen oder juristischen Person einen allgemeinen Grundsatz des Gemeinschaftsrechts darstellt*",[642] den die Behörden der Mitgliedstaaten bei Unterstützungsersuchen der Kommission nach Art. 14 Abs. 6 der VO Nr. 17 zu beachten haben.

Nach dieser Feststellung erwähnte der *EuGH* die nach der Rechtssache *Hoechst* ergangene Rechtsprechung des *EGMR* in der Rechtssache *Colas Est*[643] in Hinblick auf den erweiterten Schutzbereich (Einbeziehung von Geschäfträumen) des Art. 8 EMRK und die Rechtssache *Niemietz*[644] dahingehend, dass bei Art. 8 Abs. 2 EMRK der Eingriffsvorbehalt bei „*beruflichen oder geschäftlichen Tätigkeiten oder Räumen sehr wohl weiter gehen könnte als in anderen Fällen*". Der *EuGH* war sogar der Ansicht, dass diese Rechtsprechung des *EGMR* zu „*berücksichtigen*" sei.[645]

Bei der Beantwortung der Vorlagefragen zog der *EuGH* weitere Aussagen aus den Rechtssachen *Colas Est*[646] und *Funke*[647] heran, um zu verdeutlichen, dass die nationalen Gerichte bei der Genehmigung von Zwangsmaßnahmen dazu verpflichtet sind, sich zu vergewissern, dass die zu treffende Zwangsmaßnahme nicht willkürlich oder unverhältnismäßig ist.[648] In diesem Sinne beantwortete er auch die Vorlagefrage.[649]

4. Recht auf Achtung des Privatlebens

Das Urteil der dritten Gruppe beschäftigt sich mit der Weitergabe von personenbezogenen Daten.[650] Gerade dieser Komplex wird in Zukunft eine größere Rolle spielen, so dass weitere Urteile hierzu zu erwarten sind, in denen der *EuGH* entweder „nur" auf die EMRK Bezug nimmt oder sogar den *EGMR* anführen wird.

---

641 *EuGH*, Rs. 46/87 u. 227/88, Slg. 1989, S. 2859 - Hoechst AG/Kommission.

642 *EuGH*, Rs. C-94/00, Slg. 2002, I-9011, Rn. 27 – Roquette Frères.

643 *EGMR*, Rs. 37971/97, Urt. v. 16.4.2002, Rn. 41 – Colas Est/Frankreich.

644 *EGMR*, Rs. 13710/88, Urt. v. 16.12.1992, Rn. 31 – Niemietz/Deutschland.

645 *EuGH*, Rs. C-94/00, Slg. 2002, I-9011, Rn. 29 – Roquette Frères.

646 *EGMR*, Rs. 37971/97, Urt. v. 16.4.2002, Rn. 47 – Colas Est/Frankreich.

647 *EGMR*, Rs. 10828/84, Urt. v. 25.2.1993, Rn. 55 – Funke/Frankreich.

648 *EuGH*, Rs. C-94/00, Slg. 2002, I-9011, Rn. 52 – Roquette Frères.

649 *EuGH*, Rs. C-94/00, Slg. 2002, I-9011, Rn. 99 – Roquette Frères.

650 *EuGH*, verb. Rs. C-465/00, C-138/01 und C-139/01, Slg. 2003, I-4989 – Österreichischer Rundfunk. Hierzu umfassend *Ruffert*, EuGRZ 2004, 466 ff., *Siemen*, EuR 2004, 306 ff.

In der Rechtssache *Österreichischer Rundfunk* vom 20. Mai 2003 ging es um die Auslegung der Richtlinie 95/46/EG des Europäischen Parlaments und des Rates vom 24. Oktober 1995 zum Schutz natürlicher Personen bei der Verarbeitung personenbezogener Daten und zum freien Datenverkehr. Nach nationalem Recht war u.a. der Österreichische Rundfunk dazu verpflichtet, dem Rechnungshof Daten über die von ihm an die Arbeitnehmer und Ruhegehaltsempfänger gezahlten Bezüge und Ruhebezüge, soweit sie eine bestimmte Höhe überschritten, einschließlich des Namens der Begünstigten mitzuteilen. Der hieraus erstellte Jahresbericht des Rechnungshofes wurde dem Nationalrat, dem Bundesrat und den Landtagen übermittelt sowie der Allgemeinheit zugänglich gemacht.

Da die betreffende Richtlinie im Lichte der Grundrechte auszulegen ist, kam hier eine Prüfung des Art. 8 EMRK in Betracht. Bei der Bestimmung, was unter dem Begriff „*Privatleben*" zu verstehen ist, griff der *EuGH* auf die Rechtsprechung des *EGMR* in den Rechtssachen *Amann*[651] und *Rotaruc*[652] zurück, aus denen hervorgeht, dass der Begriff weit zu verstehen ist und dass grundsätzlich berufliche Tätigkeiten nicht auszunehmen sind.[653] Auch bei der Frage des Eingriffs erwähnte der *EuGH* das Urteil *Amann*[654]. Bei der Feststellung eines Eingriffs durch die Weitergabe von personenbezogenen Daten an Dritte komme es nicht darauf an, ob diese Daten als sensibel anzusehen seien oder dem Betroffen dadurch Nachteile entstünden.[655] Schließlich wurden auch die Voraussetzungen für die Rechtfertigung des Eingriffs mit Hilfe der Rechtsprechung des *EGMR* festgelegt. Zum einen müsse die streitige nationale Regelung so formuliert sein, dass die Rechtfolgen für die Adressaten vorhersehbar sind (Vergleich zur Rechtssache *Rekvényi*[656]).[657] Zum anderen müsse das Erfordernis der Notwendigkeit in einer demokratischen Gesellschaft vorliegen, welches ebenfalls vom *EGMR* präzisiert wurde (Vergleich zur Rechtsache *Gillow*[658]), wobei die nationalen Behörden über ein bestimmtes Ermessen verfügten (Vergleich zur Rechtssache *Leander*[659]).[660]

---

651 *EGMR*, Rs. 27798/95, Urt. v. 16.2.2000, Rn. 65 – Amann/Schweiz.

652 *EGMR*, Rs. 28341/95, Urt. v. 4.5.2000, Rn. 43 – Rotaruc/Rumänien.

653 *EuGH*, verb. Rs. C-465/00, C-138/01 und C-139/01, Slg. 2003, I-4989, Rn. 73 – Österreichischer Rundfunk.

654 *EGMR*, Rs. 27798/95, Urt. v. 16.2.2000, Rn. 65 – Amann/Schweiz.

655 *EuGH*, verb. Rs. C-465/00, C-138/01 und C-139/01, Slg. 2003, I-4989, Rn. 75 – Österreichischer Rundfunk.

656 *EGMR*, Rs. 25390/94, Urt. v. 20.5.1999, Rn. 34 – Rekvény/Ungarn.

657 *EuGH*, verb. Rs. C-465/00, C-138/01 und C-139/01, Slg. 2003, I-4989, Rn. 77 – Österreichischer Rundfunk.

658 *EGMR*, Rs. 9063/80, Urt. v. 24.11.1986, Rn. 55 – Gillow/Vereinigtes Königreich.

659 *EGMR*, Rs. 9248/81, Urt. v. 26.3.1987, Rn. 59 – Leander/Schweden.

Der *EuGH* kam zu dem Schluss, dass die nationale Regelung nur dann mit Art. 8 EMRK zu vereinbaren ist, wenn die Offenlegung der Daten hinsichtlich des Ziels einer sachgerechten Begrenzung der Bezüge notwendig und angemessen ist, was die nationalen Gerichte zu überprüfen hatten.

IV. Bezugnahme auf Urteile des EGMR zu Art. 10 EMRK

Gerade zu Art. 10 EMRK liegen mehrere Urteile des *EuGH* vor. Dies lässt sich zum Teil damit erklären, dass bei der Beschränkung der Grundfreiheiten das Recht der freien Meinungsäußerung mit dem Bereich der Werbung verknüpft werden kann. Außerdem wurde als zwingendes Erfordernis im Sinne der *Cassis-de-Dijon*-Rechtsprechung des *EuGH* der Schutz der Medienvielfalt, der sich aus Art. 10 EMRK ergibt, anerkannt.

1. Rechtssache Vereinigte Familiapress Zeitungsverlags und -vertriebs GmbH

Das Handelsgericht Wien legte dem *EuGH* eine Frage nach der Auslegung des Art. 30 EG zur Vorabentscheidung vor, die sich einem Rechtsstreit der *Vereinigte Familiapress Zeitungsverlags und -vertriebs GmbH* gegen den *Heinrich Bauer Verlag* stellte.[661] Inhaltlich ging es um eine nationale Norm des UWG, die es verbot, den Verbrauchern periodische Druckwerke mit Teilnahmemöglichkeiten an einer Verlosung zu verkaufen. Dies konnte sich als Beschränkung des freien Warenverkehrs darstellen.

Bei der Frage der Rechtfertigung mittels zwingender Erfordernisse sind Grundrechte zu beachten. Hier kam Art. 10 EMRK in Betracht, der seinerseits einschränkbar ist, wenn der Zweck der Einschränkung die Aufrechterhaltung der Medienvielfalt ist, soweit dies durch Gesetz geregelt und in einer demokratischen Gesellschaft erforderlich ist. An dieser Stelle verwies der *EuGH* auf das Urteil des *EGMR* in der Rechtssache *Informationsverein Lentia*[662].[663] Weitere Bezüge zum *EGMR* stellte der *EuGH* nicht her. Im Ergebnis sei es Sache des nationalen Gerichts zu beurteilen, ob die oben genannten Voraussetzungen erfüllt sind.

---

660 *EuGH*, verb. Rs. C-465/00, C-138/01 und C-139/01, Slg. 2003, I-4989, Rn. 83 – Österreichischer Rundfunk.

661 *EuGH*, Rs. C-368/95, Slg. 1997, I-3689 – Vereinigte Familiapress Zeitungsverlags- und -vertriebs GmbH/ Heinrich Bauer Verlag.

662 *EGMR*, Rs. 13914/88 u.a., Urt. v. 24.11.1993 – Informationsverein Lentia u.a./Österreich.

663 *EuGH*, Rs. C-368/95, Slg. 1997, I-3689, Rn. 26 – Vereinigte Familiapress Zeitungsverlags- und -vertriebs GmbH/ Heinrich Bauer Verlag.

2. Rechtssache Bernard Connolly

In der Rechtssache *Connolly*[664] vom 6. März 2001 ging es um ein Rechtmittel gegen ein Urteil des *EuG*. Der Kläger war Beamter der Kommission und wurde im Wege einer Disziplinarstrafe aus dem Dienst ohne Anerkennung des Ruhegehaltsanspruches entfernt, da er ein Buch mit dem Titel *„The Rotten Heart of Europe"* ohne Genehmigung veröffentlichte. Da außerdem die im Buch vertretene Meinung von der der Kommission stark abwich, wurde dem Kläger zur Last gelegt, dass er die Interessen der Gemeinschaft schwer verletzt und das Ansehen der Kommission geschädigt habe. Gegen diese Entscheidung legte der Kläger zunächst Beschwerde beim Generalsekretariat der Kommission und dann Klage beim *EuG* ein. Gegen dessen Urteil wandte er sich nun an den *EuGH* im Wege des Rechtsmittels.

In seinem ersten Rechtsmittelgrund machte er geltend, dass sein Recht auf Meinungsäußerungsfreiheit verletzt worden sei.

Der *EuGH* zitiert die Urteile *Handyside*[665], *Müller u.a.*[666] und *Vogt*[667] des *EGMR*: *„Die Freiheit der Meinungsäußerung [...] [ist] eines der wesentlichen Fundamente einer [demokratischen Gesellschaft] und eine der wichtigsten Voraussetzungen für den Fortschritt und für die Verwirklichung jedes einzelnen Individuums. Gemäß Art. 10 Abs. 2 [EMRK] gilt sie nicht nur für Informationen und Ideen, die Zustimmung erfahren oder die als harmlos oder unerheblich betrachtet werden, sondern auch für sämtliche Informationen und Ideen, die den Staat oder einen Bereich der Bevölkerung beleidigen, aus der Fassung bringen oder stören. Dies erfordern nämlich die pluralistische Gesellschaft, die Toleranz und die Weite des Geistes, ohne die eine demokratische Gesellschaft nicht zu haben ist.*"[668]

Nachdem der *EuGH* demnach den Schutzbereich durch die Rechtsprechung des *EGMR* geklärt hatte, machte er Ausführungen zur Einschränkbarkeit der Freiheit. Auch hier zog er die Auslegung des *EGMR* heran. Gerade bei der Frage, was unter dem Begriff *„notwendig in einer demokratischen Gesellschaft"* zu verstehen sei, übernahm er die Aussagen des *EGMR* aus den Rechtssachen *Vogt*[669], *Wille*[670] und *Wingrove*[671]: Insofern *„bedeutet das Eigenschaftswort „un-*

---

664 *EuGH*, Rs. C-274/99 P, Slg. 2001, I-1611 – Bernard Connolly/Kommission.

665 *EGMR*, Rs. 5493/72 Urt. v. 7.12.1976, Rn. 49 – Handyside/Vereinigtes Königreich.

666 *EGMR*, Rs. 10737/84, Urt. v. 24.5.1988, Rn. 33 – Müller u.a./Schweiz.

667 *EGMR*, Rs. 17851/91, Urt. v. 26.9.1995, Rn. 52 – Vogt/Deutschland.

668 *EuGH*, Rs. C-274/99 P, Slg. 2001, I-1611, Rn. 39 – Bernard Connolly/Kommission.

669 *EGMR*, Rs. 17851/91, Urt. v. 26.9.1995, Rn. 52 – Vogt/Deutschland.

670 *EGMR*, Rs. 28396/95, Urt. v. 28.10.1999, Rn. 61-63 – Wille/Liechtenstein.

entbehrlich" [...] ein zwingendes gesellschaftliches Bedürfnis; danach verfügen die Mitgliedstaaten zwar über einen gewissen Ermessensspielraum bei der Entscheidung, ob ein derartiges Bedürfnis vorliegt, doch muss der Eingriff im rechten Verhältnis zu dem verfolgten berechtigten Zweck stehen, und die Gründe, auf die sich die nationalen Behörden für seine Rechtfertigung berufen, müssen zutreffend und ausreichend sein. Zudem bedarf jede vorherige Einschränkung einer besonderen Prüfung."[672]

Der *EuGH* beließ es jedoch nicht allein bei dieser Bezugnahme und bestimmte die Voraussetzungen der Einschränkung durch Rechtsnormen ebenfalls anhand der Rechtssache *Sunday Times*[673] des *EGMR*.[674]

Da es im Ausgangsfall um einen Beamten der Kommission ging, prüfte der *EuGH* weiter, in wieweit es legitim sei, Beamte in einer demokratischen Gesellschaft besonderen Verpflichtungen zu unterwerfen. Auch hier berief er sich auf den *EGMR und die EKMR*, diesmal in den Rechtsachen *Wille*[675] und *Glasenapp*[676], nämlich, dass „*der Umfang der Verpflichtungen von der Natur des Amtes, das der Betroffene ausübt, oder der Stellung [...], die er in der dienstlichen Hierarchie einnimmt*", abhänge.[677]

Schließlich wurden bei der Frage der Verhältnismäßigkeit, wenn es um die Freiheit der Meinungsäußerung von Beamten geht, die Rechtssachen *Vogt*[678], *Ahmed u.a.*[679] und *Wille*[680] herangezogen.[681] Im Ergebnis sah der *EuGH* keine Verletzung des Grundrechts. Auch die anderen Rechtmittelgründe hatten keinen Erfolg, so dass das Rechtsmittel zurückgewiesen wurde.

---

671 *EGMR*, Rs. 17419/90, Urt. 25.11.1996, Rn. 58 u. 60 – Wingrove/Vereinigtes Königreich.

672 *EuGH*, Rs. C-274/99 P, Slg. 2001, I-1611, Rn. 41 – Bernard Connolly/Kommission.

673 *EGMR*, Rs. 6538/74, Urt. v. 26.4.1979, Rn. 49 – Sunday Times/Vereinigtes Königreich.

674 *EuGH*, Rs. C-274/99 P, Slg. 2001, I-1611, Rn. 42 – Bernard Connolly/Kommission.

675 *EGMR*, Rs. 28396/95, Urt. v. 28.10.1999, Rn. 63 – Wille/Liechtenstein.

676 *EKMR*, Rs. 9228/80, Entsch. v. 11.5.1984, Rn. 124 – Glasenapp/Deutschland.

677 *EuGH*, Rs. C-274/99 P, Slg. 2001, I-1611, Rn. 45 – Bernard Connolly/Kommission.

678 *EGMR*, Rs. 17851/91, Urt. v. 26.9.1995 – Vogt/Deutschland.

679 *EGMR*, Rs. 22954/93, Urt. v. 2.9.1998, Rn. 56 – Ahmed u.a./Vereinigtes Königreich.

680 *EGMR*, Rs. 28396/95, Urt. v. 28.10.1999, Rn. 62 – Wille/Liechtenstein.

681 *EuGH*, Rs. C-274/99 P, Slg. 2001, I-1611, Rn. 49 – Bernard Connolly/Kommission.

3. Rechtssache Eugen Schmidberger

In der viel beachteten Rechtssache *Schmidberger* vom 12. Juni 2003 ging es um die Auslegung von Art. 28, 29 und 30 EG.[682]

Auf der Brenner Autobahn fand im Juni 1998 eine ca. 30 Stunden andauernde Vollblockade durch den Verein zum „Schutz des Lebensraumes in der Alpenregion" statt, die von den zuständigen Behörden nicht untersagt sondern vielmehr öffentlich bekannt gemacht worden war. Da die Firma *Eugen Schmidberger* die Autobahn an besagtem Datum nicht benutzen konnte, machte sie erfolglos beim Landgericht gegen die Republik Österreich Schadensersatz geltend. Das Berufungsgericht hielt es für erforderlich den *EuGH* anzurufen.

Der *EuGH* prüfte daher eine mögliche Beschränkung des freien Warenverkehrs und kam bei der Rechtfertigung zu der Frage des Verhältnisses der Grundfreiheiten zu den Grundrechten der Gemeinschaft. Er stellte fest, dass auch die Rechte aus Art. 10 und 11 EMRK bestimmten Beschränkungen unterworfen werden könnten, wenn die Voraussetzungen der jeweiligen Absätze 2 der Artikel gegeben seien. Hier führte er zum einen seine eigene Rechtsprechung an, zitierte aber auch das Urteil des *EGMR* in der Rechtssache *Steel*[683].[684]

Im Ergebnis nahm der *EuGH* eine Abwägung ähnlich der praktischen Konkordanz im deutschen Verfassungsrecht vor,[685] wobei er ein bestehendes Ermessen der zuständigen nationalen Stellen bei dieser Abwägung anerkannte.[686] Er kam daher zu dem Schluss, dass hier angesichts des weiten Ermessens des Mitgliedstaates, dieser vernünftigerweise annehmen konnte, dass die Grundrechte gegenüber der Grundfreiheit überwogen.[687]

---

682 *EuGH*, Rs. C-112/00, Slg. 2003, I-5659 – Eugen Schmidberger, Internationale Transporte und Planzüge /Republik Österreich.

683 *EGMR*, Rs. 24838/94, Urt. v. 23.9.1998, Rn. 101 – Steel/Vereinigtes Königreich.

684 *EuGH*, Rs. C-112/00, Slg. 2003, I-5659, Rn. 79 – Eugen Schmidberger, Internationale Transporte und Planzüge/Republik Österreich.

685 Siehe hierzu *Dörr*, in: Bayrische Landeszentrale für neue Medien (Hrsg.), BLM Symposium Medienrecht 2003, S. 73, 85f.

686 *EuGH*, Rs. C-112/00, Slg. 2003, I-5659, Rn. 82 – Eugen Schmidberger, Internationale Transporte und Planzüge/Republik Österreich.

687 *EuGH*, Rs. C-112/00, Slg. 2003, I-5659, Rn. 93f. – Eugen Schmidberger, Internationale Transporte und Planzüge/Republik Österreich.

4. Rechtssache Herbert Karner

In der Rechtssache *Herbert Karner* vom 25. März 2004 ging es in einem Vorabentscheidungsverfahren um die Auslegung des Art. 28 EG.[688] Es stellte sich die Frage, ob eine nationale Regelung des österreichischen UWG, die unter bestimmten Voraussetzungen jede Bezugnahme auf die Herkunft der Ware aus einer Konkursmasse verbietet, mit Art. 28 EG vereinbar ist.[689] Da diese Beschränkung das Grundrecht auf Meinungsäußerungsfreiheit verletzen könnte, wandte sich der *EuGH* der Prüfung des Art. 10 EMRK zu, der aber seinerseits beschränkt werden kann.[690]

Zur Bestimmung, wie weit der Entscheidungsspielraum der zuständigen nationalen Behörden bei der nach Art. 10 Abs. 2 EMRK vorzunehmenden Abwägung reicht, führte der *EuGH* aus: „*Der Entscheidungsspielraum, über den die zuständigen Stellen bei der Abwägung zwischen der Freiheit der Meinungsäußerung und den oben genannten Zielen verfügen, ist je nach dem Ziel, das eine Beschränkung dieses Rechts rechtfertigt, und je nach der Art der Tätigkeit, um die es geht, unterschiedlich. Trägt die Ausübung der Meinungsfreiheit nichts zu einer Debatte von allgemeinem Interesse bei und erfolgt sie darüber hinaus in einem Kontext, in dem die Staaten einen gewissen Entscheidungsspielraum haben, beschränkt sich die Kontrolle auf die Prüfung, ob der Eingriff in einem angemessenen Verhältnis zu den verfolgten Zielen steht. Das gilt namentlich für den Gebrauch der Meinungsfreiheit im Geschäftsverkehr, besonders in einem Bereich, der so komplex und wandelbar ist, wie die Werbung.*“[691]

Anhand dieser Kriterien stellte der *EuGH* im Ergebnis fest, dass hier das Verhältnis zwischen Werbebeschränkungen und Verbraucherschutz sowie Lauterkeit des Handels gewahrt sei.

---

688 *EuGH*, Rs. C-71/02, Slg. 2004, I-3025 – Herbert Karner/Troostwijk GmbH.

689 Siehe *EuGH*, Rs. C-71/02, Slg. 2004, I-3025, Rn. 17 – Herbert Karner/Troostwijk GmbH.

690 *EuGH*, Rs. C-71/02, Slg. 2004, I-3025, Rn. 50 – Herbert Karner/Troostwijk GmbH.

691 Vergleich zur Rechtsprechung des *EGMR* in den Rechtssachen *Markt intern Verlag GmbH* (Rs. 10572/83, Urt. v. 20.11.1989, Rn. 33 – Markt intern Verlag GmbH und Beermann/Deutschland)und *VGT Verein gegen Tierfabriken* (Rs. 24699/94, Urt. 28.6.2001, Rn. 69f. – VGT Verein gegen Tierfabriken/Schweiz)). Siehe *EuGH*, Rs. C-71/02, Slg. 2004, I-3025, Rn. 51 – Herbert Karner/Troostwijk GmbH.

5. Rechtssache RTL Television

Auch in dem Urteil in der Rechtssache *RTL Television*[692] vom 23. Oktober 2003 spielte die Bestimmung der Weite des Entscheidungsspielraums der Mitgliedstaaten bei Art. 10 Abs. 2 EMRK eine Rolle.

In dem Rechtsstreit zwischen *RTL Television* und der Niedersächsischen Landesmedienanstalt ging es um die Auslegung der Richtlinie 89/552/EWG des Rates vom 3. Oktober 1989 zur Koordinierung bestimmter Rechts- und Verwaltungsvorschriften der Mitgliedstaaten über die Ausübung der Fernsehtätigkeit in der Fassung der Richtlinie 97/36/EG des Europäischen Parlamentes und des Rates vom 30. Juni 1997. Umstritten war, ob *RTL Television* bei der Ausstrahlung zweier Filme gegen § 26 Abs. 4 S. 1 Rundfunkstaatsvertrag verstoßen hatte. Für die Auslegung der Richtlinie war auch die Meinungsfreiheit, wie sie in Art. 10 Abs. 1 EMRK geschützt wird, von Bedeutung. Bei der Frage der Rechtfertigung nach Art. 10 Abs. 2 EMRK und insbesondere bei der Verhältnismäßigkeit und dem den Behörden zustehenden Ermessenspielraum ging der *EuGH* auf die Rechtsprechung des *EGMR* in der Rechtssache *VGT Verein gegen Tierfabriken*[693] ein.[694] Im Ergebnis hielt er die Regelung für vereinbar.

V. Bezugnahme auf Urteile des EGMR zu Art. 12 EMRK

Direkt zu Art. 12 EMRK liegt im engeren Sinne nur das nachstehende Urteil in der Rechtssache *K.B.*[695] vor. Da sich aber die Rechtssache *P.*[696] thematisch im gleichen Umfeld bewegt, wird sie ebenfalls hier behandelt.

1. Rechtssache K.B.

Im nationalen Rechtsstreit, der zu der Entscheidung des *EuGH* in der Rechtssache *K.B.*[697] vom 7. Januar 2004 führte, ging es um die Weigerung der National Health Service Pensions Agency dem transsexuellen Partner des Mitglieds in der Rentenkasse *K.B.* Witwerrente im Todesfall zu zahlen. Da der Partner von *K.B.*

---

692 *EuGH*, Rs. C-245/01 Slg. 2003, I-2489 – RTL Television/Niedersächsische Landesmedienanstalt für privaten Rundfunk.

693 *EGMR*, Rs. 24699/94, Urt. 28.6.2001, Rn. 66-70 – VGT Verein gegen Tierfabriken/Schweiz

694 *EuGH*, Rs. C-245/01 Slg. 2003, I-2489, Rn. 73 – RTL Television/Niedersächsische Landesmedienanstalt für privaten Rundfunk.

695 *EuGH*, Rs. C-117/01, Slg. 2004, I-541 – K.B./ National Health Service Pensions Agency und Secretary of State for Health.

696 *EuGH*, Rs. C-13/94, Slg. 1996, I-2143 – P./S und Cornwall County Council.

697 *EuGH*, Rs. C-117/01, Slg. 2004, I-541 – K.B./ National Health Service Pensions Agency und Secretary of State for Health.

als Frau geboren wurde und sich zum Mann operieren ließ, diese Änderung aber nach nationalen Recht nicht in der Geburtsurkunde eintragen konnte, stand ihm kein Anspruch auf Witwerrente zu, da die Partner als gleichgeschlechtliche nicht heiraten durften. Nach zunächst erfolglosen Rechtsbehelfen brachte *K.B.* den Rechtsstreit zum Court of Appeal (England and Wales), der dem *EuGH* Fragen zur Auslegung des Art. 141 EG vorlegte.

Bei der Prüfung, ob eine Diskriminierung vorliegt, spielte das Recht auf Eheschließung nach Art. 12 EMRK eine Rolle. Hier bezog sich der *EuGH* direkt auf den *EGMR* in den Rechtssachen *Goodwin*[698] und *I.*[699]: „*der Umstand, dass es einem Transsexuellen nicht möglich ist, eine Person des Geschlechts zu heiraten, dem er vor der Geschlechtsumwandlung angehörte, der darauf beruht, dass sie personenstandsrechtlich gleichen Geschlechts sind, da das Recht des Vereinigten Königreichs die rechtliche Anerkennung seiner neuen sexuellen Identität nicht ermöglicht, [stellt] eine Verletzung seines Rechts auf Eheschließung im Sinne des Artikels 12 der EMRK dar.*“[700]

Der *EuGH* hielt daher eine Regelung wie im Ausgangsverfahren, die es den Beteiligten unmöglich macht zu heiraten, für einen Verstoß gegen die EMRK und auch mit Art. 141 EG für unvereinbar.

2. Rechtssache P.

Die Entscheidung in der Rechtssache *P.*[701] erging zeitlich vor der Entscheidung *K.B.* (am 30. April 1996). Ein betroffenes Grundrecht wurde nicht explizit genannt. Die in der Entscheidung des *EGMR* zitierte Rechtsprechung beschäftigte sich mit Art. 8 EMRK. Beide Entscheidungen haben jedoch gemeinsam, dass es um Diskriminierung wegen Transsexualität geht.

Im Rahmen dieses nationalen Rechtsstreit um die Entlassung einer transsexuellen Person stellten sich Fragen zur Auslegung der Richtlinie 76/207/EWG des Rates vom 9. Februar 1976 zur Verwirklichung des Grundsatzes der Gleichbehandlung von Männer und Frauen hinsichtlich des Zugangs zur Beschäftigung, zur Berufsbildung und zum beruflichen Aufstieg sowie in Bezug auf die Arbeitsbedingungen.

---

698 *EGMR*, Rs. 28957/95, Urt. v. 11.7.2002, Rn. 97-104 – Goodwin/Vereinigtes Königreich.

699 *EGMR*, Rs. 25680/94, Urt. 11.7.2002, Rn. 77-84 – I./Vereinigtes Königreich.

700 *EuGH*, Rs. C-117/01, Slg. 2004, I-541, Rn. 33 – K.B./ National Health Service Pensions Agency und Secretary of State for Health.

701 *EuGH*, Rs. C-13/94, Slg. 1996, I-2143 – P./S und Cornwall County Council.

Um zu bestimmen, was unter einer transsexuellen Person zu verstehen ist, griff der *EuGH* auf die Rechtsprechung des *EGMR* in der Rechtssache *Rees*[702] zurück und übernahm die dort gegebene Definition.[703] Er legte die Richtlinie so aus, dass auch dann eine Diskriminierung vorliegt, wenn Ursache der Ungleichbehandlung eine Geschlechtsumwandlung ist.

VI. Bezugnahme auf Urteile des EGMR zu Art. 41 EMRK

Aus der Reihe fällt das Urteil des *EuGH* vom 30. September 2003 in der Rechtssache *Gerhard Köbler*[704], da es kein Grundrecht der EMRK sondern Art. 41 EMRK betrifft, so dass der Zusammenhang zum Recht der EG nicht offensichtlich ist. Art. 41 EMRK regelt unter bestimmten Voraussetzungen den Anspruch auf eine gerechte Entschädigung für die Folgen der Grundrechtsverletzung.

In diesem Vorabentscheidungsverfahren ging es u.a. um Auslegungsfragen bezüglich der Staatshaftung der Mitgliedstaaten für Verstöße gegen das Gemeinschaftsrecht, wenn diese auf einem letztinstanzlichen Urteil beruhen.

Für den *EuGH* war es eindeutig, dass der Schutz der Rechte des Einzelnen verlange, dass diesem das Recht zustehen müsse, vor einem nationalen Gericht Schadensersatz zu verlangen, wenn seine Rechte durch eine Entscheidung eines letztinstanzlichen Gerichts verletzt wurden.[705] Den Einwänden der nationalen Regierungen, die auf den Grundsatz der Rechtskraft oder der richterlichen Unabhängigkeit verwiesen, setzte er entgegen, dass zum einen „*in der einen oder anderen Form den meisten Mitgliedstaaten [...], wenn auch unter engen und verschiedenartigen Voraussetzungen*" die Geltung des Grundsatzes der Staatshaftung für Gerichtsentscheidungen bekannt ist.[706] Zum anderen „*kann auch der EGMR insbesondere nach Art. 41 EMRK einen Staat, der ein Grundrecht verletzt hat, zur Entschädigung der verletzten Partei verpflichten. Nach der Rechtsprechung dieses Gerichtshofes kann er eine solche Entschädigung auch zusprechen, wenn die Verletzung auf einer Entscheidung eines nationalen letztinstanzlichen Gerichts beruht.*"[707] Diese Argumente reichten dem *EuGH* für die Begründung seiner oben angegeben Ansicht aus.

---

[702] *EGMR*, Rs. 9532/81, Urt. V. 17.10.1986, Rn. 38 – Rees/Vereinigtes Königreich.

[703] *EuGH*, Rs. C-13/94, Slg. 1996, I-2143, Rn. 16 – P./S und Cornwall County Council.

[704] *EuGH*, Rs. C-224/01, Slg. 2003, I-10239 – Gerhard Köbler/Republik Österreich.

[705] *EuGH*, Rs. C-224/01, Slg. 2003, I-10239, Rn. 36 – Gerhard Köbler/Republik Österreich.

[706] *EuGH*, Rs. C-224/01, Slg. 2003, I-10239, Rn. 48 – Gerhard Köbler/Republik Österreich.

[707] Mit Verweis auf *EGMR*, Rs. 34553/97, Urt. 21.3.2000 – Dulaurans/Frankreich siehe *EuGH*, Rs. C-224/01, Slg. 2003, I-10239, Rn. 49 – Gerhard Köbler/Republik Österreich.

B. Bezugnahme auf Urteile des EuGH durch den EGMR

So wie der *EuGH* den *EGMR* in seiner Rechtsprechung zitiert, so beobachtet auch der *EGMR* die Entwicklungen in den Entscheidungen des *EuGH* und nimmt für ihn relevante Rechtsprechung in seine Urteile auf.[708] Dabei kann man drei Gruppen von Bezugnahmen unterscheiden. In der ersten Gruppe kann man davon sprechen, dass der *EGMR* die Rechtsprechung des *EuGH* auf seine Entscheidung überträgt, in der zweiten Gruppe zieht er die Rechtsprechung des *EuGH* zur Bestätigung in den Gründen heran und in der dritten Gruppe beobachtet er dessen Urteile und zitiert für ihn wichtig erscheinende Passagen.

I. Übertragung der Rechtsprechung des EuGH

In der ersten Gruppe sind die Urteile des *EGMR* in den Rechtssachen *Pellegrin*[709], *Frydlender*[710] und *Castanheira Barros*[711] zu nennen, die sich alle mit der Anwendbarkeit von Art. 6 Abs. 1 EMRK auf Beamte oder Angestellte im Öffentlichen Dienst beschäftigen. Das Urteil in der Rechtssache *Pellegrin* fungiert dabei als „Leiturteil".

1. Rechtssache Pellegrin

Der Beschwerdeführer in der Rechtssache *Pellegrin*[712] vom 8. Dezember 1999 war als technischer Berater im französischen Ministerium für Zusammenarbeit und Entwicklung angestellt und arbeitete für dieses im Ausland. Im Rahmen dieser Tätigkeit hatte er u.a. beträchtliche finanzielle Verantwortung inne. Nachdem sein Arbeitsvertrag nicht verlängert wurde, ging er ohne Erfolg gerichtlich dagegen vor. In diesen Verfahren sah der Beschwerdeführer eine Verletzung seines Rechts aus Art. 6 Abs. 1 EMRK (überlange Verfahrensdauer).

Im Rahmen der Zusammenstellung des für den Fall einschlägigen Rechts zitierte der *EGMR* die Rechtsprechung des *EuGH* zur Auslegung des Art. 48 Abs. 4 EG (jetzt Art. 39 Abs. 4 EG)[713], in der der *EuGH* erläutert, unter welchen Voraussetzungen eine Beschäftigung in der öffentlichen Verwaltung vorliegt, die dazu führt, dass diese von der Freiheit der Arbeitnehmerfreizügigkeit ausgenommen wird: „*[...] the derogation concerned only posts which involved direct or indi-*

---

708 Angesichts der hier untersuchten Fälle kann nicht davon gesprochen werden, dass der *EGMR* nur selten auf Urteile des *EuGH* Bezug nimmt. So aber *Stender*, Überschneidungen im internationalen Menschenrechtsschutz, S. 145.

709 EGMR, Rs. 28541/95, Urt. v. 8.12.1999 – Pellegrin/Frankreich.

710 *EGMR*, Rs. 30979/96, Urt. v. 27.6.2000 – Frydlender/Frankreich.

711 *EGMR*, Rs. 36945/97, Urt. v. 26.10.2000 – Castanheira Barros/Portugal.

712 EGMR, Rs. 28541/95, Urt. v. 8.12.1999 – Pellegrin/Frankreich.

713 *EuGH*, Rs. C-149/79, Slg. 1980, S. 3881 – Kommission/Belgien.

rect participation in the exercise of powers conferred by public law and duties designed to safeguard the general interests of the State or of other public authorities, and which thus presumed on the part of those occupying them the existence of a special relationship of allegiance to the State and reciprocity of rights and duties which formed the foundation of the bond of nationality."[714]

In den Gründen stellte sich für den *EGMR* die Frage der Anwendbarkeit des Art. 6 Abs. 1 EMRK, da es sich um eine zivilrechtliche Streitigkeit handeln müsste, hier aber ein Beamter des Staates in einem verwaltungsgerichtlichen Verfahren geklagt hatte. Der *EGMR* erklärte nun, dass er ein funktionelles Kriterium zu entwickeln habe, um zu bestimmen, ob Art. 6 Abs. 1 EMRK auf Beamte und Angestellte des öffentlichen Dienstes anwendbar ist. Demnach werden Streitigkeiten von Angehörigen des öffentlichen Dienstes, deren Dienstpflichten für den besonderen Bereich der öffentlichen Verwaltung charakteristisch sind und an der Ausübung der Staatsgewalt beteiligt sind, nicht von Art. 6 EMRK erfasst. In der Praxis bedeute dies: „*[...] the Court will ascertain, in each case, whether the applicants post entails – in the light of the nature of the duties and responsibilities appertaining to it – direct or indirect participation in the exercise of powers conferred by public law and duties designed to safeguard the general interests of the State or of other public authorities.*"[715] Der *EGMR* stellte schließlich klar, dass er die von der Europäischen Kommission aufgestellten Kategorien von Aktivitäten und Anstellungen sowie die Rechtsprechung des *EuGH* zur Information oder als Hinweis berücksichtigen werde.[716]

Da der Beschwerdeführer wegen seiner besonderen Verantwortung unter diese neuen Kriterien fiel, wurde Art. 6 Abs. 1 EMRK nicht für anwendbar erklärt, so dass keine Verletzung der Konvention vorlag.

2. Rechtssache Frydlender

Auch die Rechtssache *Frydlender*[717] vom 27. Juni 2000 beschäftigte sich mit dem Recht auf eine Entscheidung innerhalb einer angemessenen Frist (Art. 6 EMRK). Bei dem Beschwerdeführer handelte es sich um einen technischen Berater, der im französischen Wirtschaftsministerium angestellt war und dessen Arbeitsvertrag nicht verlängert wurde. Hiergegen ging er erfolglos gerichtlich vor. Das Verfahren zog sich über einen Zeitraum von ca. 9 Jahren und acht Monaten.

---

714 *EGMR*, Rs. 28541/95, Urt. v. 8.12.1999, Rn. 38 – Pellegrin/Frankreich. Siehe *EuGH*, Rs. C-149/79, Slg. 1980, S. 3881, Rn. 10 – Kommission/Belgien.

715 *EGMR*, Rs. 28541/95, Urt. v. 8.12.1999, Rn. 66 – Pellegrin/Frankreich.

716 *EGMR*, Rs. 28541/95, Urt. v. 8.12.1999, Rn. 66 – Pellegrin/Frankreich.

717 *EGMR*, Rs. 30979/96, Urt. v. 27.6.2000 – Frydlender/Frankreich.

Wie in der oben genannten Entscheidung führte auch hier der *EGMR* die Rechtsprechung des *EuGH* bei der Prüfung, ob Art. 6 EMRK einschlägig sei, an. Seine Ausführungen waren wortgleich zur Entscheidung in der Rechtssache *Pellegrin*,[718] wie auch die weiteren Bezüge.[719] Im Ergebnis sah er hier allerdings einen Verstoß gegen Art. 6 Abs. 1 EMRK als gegeben an.

3. Rechtssache Castanheira Barros

In der Entscheidung *Castanheira Barros*[720] vom 26. Oktober 2000 ging es ebenfalls inhaltlich um die überlange Verfahrensdauer eines Verwaltungsverfahrens in Portugal. Der Beschwerdeführer, der zum Zeitpunkt der nationalen Verfahren als Beamter im Institut für Kriminologie von Coimbra und dann im nationalen Institut für Kriminologie angestellt war, hatte sich gegen die Nichtgewährung einer Gratifikation durch das Justizministerium gerichtlich gewehrt. Das nationale Verfahren dauerte neun Jahre.

Wie in den vorangegangenen Entscheidungen führte der *EGMR* die Rechtsprechung des *EuGH* zunächst beim einschlägigen Recht an (wortgleich zur Rechtssache *Pellegrin*).[721] In den Gründen nahm er ebenfalls auf den *EuGH* Bezug, wobei auch diese Ausführungen identisch sind mit denen in der Rechtssache *Pellegrin*.[722] Im Ergebnis wurde eine Verletzung des Art. 6 Abs. 1 EMRK bejaht.

II. Bestätigung durch die Rechtsprechung des EuGH

Bei den Urteilen in der zweiten Gruppe wird deutlich, dass der *EGMR* die Entwicklungen des EG-Rechts genau verfolgt und auch die Verschränkungen zwischen dem Recht der Mitgliedstaaten und dem EG-Recht berücksichtigt. Zum Teil zieht der *EGMR* das EG-Recht und die dazugehörende Rechtsprechung des *EuGH* zur Bestätigung seiner eigenen Ergebnisse heran. Dies bleibt jedoch innerhalb des *EGMR* nicht ohne Kritik (vgl. abweichende Meinung einiger Richter in der Rechtssache *Kress*[723]).

---

718 *EGMR*, Rs. 30979/96, Urt. v. 27.6.2000, Rn. 17 – Frydlender/Frankreich.

719 *EGMR*, Rs. 30979/96, Urt. v. 27.6.2000, Rn. 33 – Frydlender/Frankreich.

720 *EGMR*, Rs. 36945/97, Urt. v. 26.10.2000 – Castanheira Barros/Portugal.

721 *EGMR*, Rs. 36945/97, Urt. v. 26.10.2000, Rn. 16 – Castanheira Barros/Portugal.

722 *EGMR*, Rs. 36945/97, Urt. v. 26.10.2000, Rn. 31 – Castanheira Barros/Portugal.

723 *EGMR*, Rs. 39594/98, Urt. v. 7.6.2001 – Kress/Frankreich.

1. Rechtssache Kress

In der Rechtssache *Kress*[724] vom 7. Juni 2001 ging es inhaltlich um eine Verletzung des Rechts auf ein faires Verfahren nach Art. 6 Abs. 1 EMRK.

Die Beschwerdeführerin klagte vor den französischen Gerichten erfolglos auf Schadensersatz wegen eines medizinischen Fehlers bei einer Operation im Krankenhaus von Straßburg. Im Rahmen dieses gerichtlichen Verfahrens wurden ihr zum einen die Stellungnahmen des Generalanwaltes nicht vor den Verhandlungen zugestellt, sie durfte in der Verhandlung nicht darauf antworten und nicht sie, sondern der Generalanwalt hatte das letzte Wort. Zum anderen war der Generalanwalt bei den nicht-öffentlichen Beratungen des Gerichts ohne Stimmrecht anwesend.

Der *EGMR* nahm auf die Rechtsprechung des *EuGH* ausführlich bei der Darstellung des einschlägigen Rechts Bezug. Er zitierte die wichtigsten Passagen des schon im zweiten Kapitel besprochenen Urteils *Emesa Sugar*[725], da es dort ebenfalls um die Stellung eines Generalanwalts ging.[726]

Fraglich war, ob durch die Anwesenheit des unabhängigen Generalanwalts in den Beratungen des Gerichts, die Fairness des Verfahrens nicht mehr gegeben war. Hier kam der *EGMR* zu dem Schluss, dass der Vorteil der rein technischen Anwesenheit des Generalanwalts in den Beratungen mit den schwerwiegenderen Interessen der Beschwerdeführerin abzuwägen sei. Es müsse garantiert werden, dass der Generalanwalt keinen Einfluss auf die Beratungen nehmen könnte – auch nicht durch seine reine Anwesenheit. Gerade diese Garantie war aber durch das französische System nicht gegeben. Der *EGMR* sah sich in dieser Annahme durch den *EuGH* bestätigt, da der Generalanwalt, dessen Figur ähnlich dem des französischen und belgischen Generalanwalts aufgebaut ist, nicht an den Beratungen teilnimmt.[727]

Er nahm daher in diesem Punkt eine Verletzung des Art. 6 Abs. 1 EMRK an, nicht aber hinsichtlich des anderen Beschwerdegrundes. Darüber hinaus verstieß die Länge des Verfahrens gegen die EMRK.

Zu dem Urteil gibt es eine gemeinsame zum Teil abweichende Meinung der Richter *Wildhaber*, *Costa*, *Pastor Ridruejo*, *Kuris*, *Bîrsan*, *Botoucharova* und *Ugrekhelidze*, die gerade auch die Argumentation des *EGMR* in Bezug auf den

---

[724] *EGMR*, Rs. 39594/98, Urt. v. 7.6.2001 – Kress/Frankreich.

[725] *EGMR*, Rs. 62023/00, Entsch. v. 13.1.2005 – Emesa Sugar N.V./Belgien. Siehe hierzu auch oben 3. Kapitel:C.I.1.

[726] *EGMR*, Rs. 39594/98, Urt. v. 7.6.2001, Rn. 53 – Kress/Frankreich.

[727] *EGMR*, Rs. 39594/98, Urt. v. 7.6.2001, Rn. 86 – Kress/Frankreich.

EuGH angriffen: „*The Advocate General at the Court of Justice of the European Communities was indeed „closely modelled" on the Government Commissioner at the French Conseil d'Etat. But it is inappropriate to attach any decisive importance to the differences. The mere fact that in its order in the Emesa Sugar case the Court of Justice held that the office of Advocate General, whose holder does not take part in the deliberations, was compatible with fundamental rights does not mean that our Court had to hold that the Commissioner's presence at the deliberations of administrative courts breaches Article 6 § 1 of the Convention.*"[728]

2. Rechtssache S.A. Dangeville

In der Rechtssache *S.A. Dangeville*[729] vom 16. April 2002 machte die Beschwerdeführerin eine Verletzung des Art. 1 ZP Nr. 1 (Schutz des Eigentums) geltend, da sie vom französischen Staat eine Erstattung ihrer Steuern erwartete, die ihr verweigert wurde. Sie berief sich dabei auf eine Richtlinie des Rates der EG, die auf die Beschwerdeführerin anwendbar, vom französischen Staat aber noch nicht in nationales Recht umgesetzt worden war.[730]

Auch hier zählte der *EGMR* beim einschlägigen Recht und der einschlägigen Praxis Entscheidungen des *EuGH* zum Vorrang des Gemeinschaftsrechts, zur unmittelbaren Anwendbarkeit von Richtlinien und Haftung der Mitgliedstaaten sowie zur Rückwirkung von Richtlinien auf und führte wiederum die wichtigsten Randnummern an.[731]

In den Gründen nahm der *EGMR* erneut Bezug auf den *EuGH* und urteilte, dass sich u.a. aus dessen Rechtsprechung[732] ergebe, dass die französische Gesetzgebung nicht mit den Bestimmungen der einschlägigen Richtlinie, die seit dem 1. Januar 1978 direkt anwendbar war, in Einklang stand.[733] Insgesamt hatte daher

728 *EGMR*, Rs. 39594/98, Urt. V. 7.6.2001 – Kress/Frankreich, Sondervotum der Richter Wildhaber, Costa, Pastor Ridruejo, Kuris, Bîrsan, Botoucharova und Ugrekhelidze, Rn. 11.

729 *EGMR*, Rs. 36677/97, Urt. 16.7.2002 – S.A. Dangeville/Frankreich.

730 Ausführlich zu diesem Urteil siehe *Breuer*, JZ 2003, 433.

731 *EGMR*, Rs. 36677/97, Urt. 16.7.2002, Rn. 31 ff. – S.A. Dangeville/Frankreich.

732 Verweis und Zitate stammen aus folgenden Urteilen: *EuGH*, Rs. C-309/85, Slg. 1988, S. 355, Rn. 17f. – Barra/Belgischer Staat und Stadt Lüttich; *EuGH*, Rs. 8/81, Slg. 1982, S.53, Rn. 19f., 24 – Becker/Finanzamt Münster-Innenstadt; *EuGH*, verb. Rs. C-178/94 u.a., Slg. 1996, I-4845, Rn. 29 – Erich Dillenkofer u.a./BRD; *EuGH*, verb. Rs. C- 6/90 u. C-9/90, Slg. 1991, I-5357, Rn. 36 – Frankovich u. Bonifaci/Italienische Republik; *EuGH*, Rs. C-188/95, Slg. 1997, I-6783, Rn. 42, 48 u. 52 – Fantask u.a./Industriministeriet; *EuGH*, Rs. 70/83, Slg. 1984, S. 1075, Rn. 11-14 – Kloppenburg/Finanzamt Leer.

733 *EGMR*, Rs. 36677/97, Urt. 16.7.2002, Rn. 46 – S.A. Dangeville/Frankreich.

die Beschwerdeführerin einen tatsächlich existierenden Anspruch gegen den französischen Staat und letztlich lag auch eine Verletzung des Art. 1 ZP Nr. 1 vor.

3. Rechtssache Meftah u.a.

Alle drei Beschwerdeführer in der Rechtssache *Meftah u.a.*[734] vom 26. Juli 2002 wurden in gerichtlichen Verfahren strafrechtlich verurteilt. Sie hielten diese Verfahren für unvereinbar mit Art. 6 EMRK, da ihnen die Stellungnahmen des Generalanwaltes nicht zugänglich gemacht wurden und sie darauf nicht antworten konnten. Außerdem wurden sie nicht über das Datum der Verhandlung informiert und durften sich nicht im Cour de Cassation ohne besondere Vertretung äußern.

Der *EGMR* zählte im Rahmen des einschlägigen Rechts die Richtlinie 98/5/EG des Europäischen Parlaments und des Rates vom 16. Februar 1998 zur Erleichterung der ständigen Ausübung des Rechtsanwaltsberufs in einem anderen Mitgliedstaat als dem, in dem die Qualifikation erworben wurde, auf. Art. 5 Abs. 3 Unterabs. 2 bestimmt: „*Um das ordnungsgemäße Funktionieren der Rechtspflege sicherzustellen, können die Mitgliedstaaten jedoch besondere Regeln für den Zugang zu den höchsten Gerichten vorsehen und zum Beispiel nur spezialisierte Rechtsanwälte zulassen.*" Zu dieser Richtlinie erwähnte er das Urteil des *EuGH* in der Rechtssache *Großherzog von Luxemburg*[735].

Der *EGMR* hatte daraufhin zu prüfen, ob Art. 6 EMRK verletzt wurde. Bei der Frage, ob die Tatsache, dass die Beschwerdeführer keine mündlichen Vorträge in der Verhandlung vor dem Cour de Cassation halten durften, das Recht auf ein faires Verfahren verletzten, berücksichtigte der *EGMR* zum einen, dass die Argumente der Beschwerdeführer in den vorangegangenen Verfahren gehört wurden und dass diese Verfahren konform mit den Anforderungen der Konvention waren. Zum anderen bezieht der Menschenrechtsgerichtshof die oben genannte Richtlinie und die dazugehörende Rechtsprechung des *EuGH*[736] mit ein, nach der die Mitgliedstaaten besondere Regeln für den Zugang zu den höchsten Gerichten erlassen können.[737] Der *EGMR* sah daher im Ergebnis keinen Verstoß gegen die Konvention bezüglich dieses Grundes, hinsichtlich des anderen bejahte er eine Verletzung.

---

734 *EGMR*, Rs. 32911/96 u.a., Urt. 26.7.2002, Rn. 45 – Meftah u.a./Frankreich.

735 *EuGH*, Rs. C-168/98, Slg. 2000, I-9131 – Großherzog von Luxemburg/Europäisches Parlament und Rat.

736 *EuGH*, Rs. C-168/98, Slg. 2000, I-9131 – Großherzog von Luxemburg/Europäisches Parlament und Rat.

737 *EGMR*, Rs. 32911/96 u.a., Urt. 26.7.2002, Rn. 45 – Meftah u.a./Frankreich.

4. Rechtssache Posti und Rahko

In der Entscheidung *Posti und Rahko*[738] vom 24. September 2002 ging es um die Angreifbarkeit eines finnischen Dekrets, welches den beiden Beschwerdeführern, finnischen Fischern, verboten hatte, in staatlichen, von ihnen geleasten Gewässern zu fischen. Sie machten geltend, dass sie keine Möglichkeit hatten, gegen das Dekret gerichtlich vorzugehen, wie es in Art. 6 Abs. 1 EMRK grundsätzlich vorgesehen ist.

Der *EGMR* stellte sich zunächst die Frage der Anwendbarkeit der Norm, da das Dekret an sich nicht formal an die Beschwerdeführer adressiert war, ihr Recht aber doch seinem Inhalt nach beeinträchtigte. Art. 6 Abs. 1 EMRK verlange daher auch, dass der Inhalt einer solchen Entscheidung oder Maßnahme in einem Gericht[739] von der betroffenen Person angegriffen werden könne. Hier verglich der *EGMR* seinen Standpunkt mit dem des *EuGH* zur Angreifbarkeit von Verordnungen, die unter bestimmten Voraussetzungen im Verfahren nach Art. 230 EG vom *EuGH* überprüft werden: „*The Court's position in this respect resembles that adopted in the law of the European Community, where a general measure such as a regulation can, in certain circumstances, be of individual concern so as to be open to an action for annulment before the Court of Justice.*"[740]

Im Ergebnis war daher Art. 6 Abs. 1 EMRK für den bestimmten Zeitraum, in dem das Fischen untersagt wurde, anwendbar und es lag eine Verletzung des Artikels vor.

5. Rechtssache Goodwin

Die Rechtssache *Goodwin*[741] vom 11. Juli 2002 ist bereits im ersten Teil dieser Untersuchung zur Sprache gekommen (siehe 4. Kapitel:A.V.1), da der *EuGH* sie im Urteil *K.B.*[742] zitiert hat. Umso anschaulicher für die vorliegende Untersuchung ist, dass der *EGMR* seinerseits in diesem Urteil auf den *EuGH* Bezug nimmt.

---

738 *EGMR*, Rs. 27824/95, Urt. v. 21.5.2003 – Posti und Rahko/Finnland.

739 Der *EGMR* setzte hier den Begriff des „tribunal" in Anführungszeichen (*EGMR*, Rs. 27824/95, Urt. v. 21.5.2003, Rn. 53 – Posti und Rahko/Finnland).

740 *EGMR*, Rs. 27824/95, Urt. v. 21.5.2003, Rn. 54 – Posti und Rahko/Finnland mit Verweis auf *EuGH*, C-358/89, Slg. 1991, I-2501 – Extramet Industrie SA/Rat.

741 *EGMR*, Rs. 28957/95, Urt. v. 11.7.2002 – Goodwin/Vereinigtes Königreich.

742 *EuGH*, Rs. C-117/01, Slg. 2004, I-541 – K.B./ National Health Service Pensions Agency und Secretary of State for Health.

Die Beschwerdeführerin hatte als Transsexuelle eine Geschlechtsumwandlung vornehmen lassen. Die vollständige Anerkennung dieser Umwandlung wurde ihr durch das nationale britische Recht verweigert, so dass es zu einer Reihe von Diskriminierungen kam.[743] Die Beschwerdeführerin sah darin einen Verstoß gegen Art. 8 EMRK, nämlich ihrem Recht auf Achtung ihres Privatlebens.

Im Rahmen des einschlägigen Rechts und der einschlägigen Praxis führte der *EGMR* unter der Überschrift „Beschäftigung" den vom *EuGH* entschiedenen Fall *P. v. S. and Cornwall County Council*[744] an, in dem der Europäische Gerichtshof zu dem Ergebnis kam, dass eine Diskriminierung auch ihre Ursache in einer Geschlechtsumwandlung haben kann. „*Würde eine solche Diskriminierung toleriert, so liefe dies darauf hinaus, dass gegenüber einer solchen Person gegen die Achtung der Würde und der Freiheit verstoßen würde, auf die sie Anspruch hat und die der Gerichtshof schützen muss.*"[745] Auch hier ist zu beachten, dass der *EuGH* in diesem vom *EGMR* angesprochenen Urteil selbst den *EGMR* mit der Rechtssache *Rees*[746] zitiert hat.

Der Menschenrechtsgerichtshof hatte sich zunächst damit auseinandersetzen müssen, ob es der Staat versäumt hatte, den Betroffenen die volle rechtliche Anerkennung ihrer Geschlechtsumwandlung zukommen zu lassen. Seit 1986 hatte der Gerichtshof nachdrücklich betont, dass entsprechende rechtliche Maßnahmen zu ergreifen seien, um mit den wissenschaftlichen und sozialen Gegebenheiten Schritt zu halten. Er stellte fest, dass seitdem keine effektiven Mittel in die Wege geleitet wurden, um diesen Anforderungen nachzukommen. Die einzige rechtliche Reform, die erfolgt war, war der Entscheidung des *EuGH* in der oben genannten Rechtssache zu verdanken.[747]

Art. 8 EMRK wie auch Art. 12 EMRK sah der *EGMR* schließlich als verletzt an.

6. Rechtssache I.

Wie in der gerade angeführten Rechtssache *Goodwin*[748] hatte die Beschwerdeführerin *I.* als Transsexuelle ebenfalls eine Geschlechtsumwandlung vornehmen lassen, deren vollständige Anerkennung ihr durch das nationale britische Recht

---

[743] Siehe hierzu ausführlicher den in der Entscheidung dargestellten Sachverhalt: *EGMR*, Rs. 28957/95, Urt. v. 11.7.2002, Rn. 12 ff. – Goodwin/Vereinigtes Königreich.

[744] *EuGH*, Rs. C-13/94, Slg. 1996, I-2143 – P/S und Cornwall County Coucil.

[745] *EGMR*, Rs. 28957/95, Urt. v. 11.7.2002, Rn. 43 – Goodwin/Vereinigtes Königreich. Vgl. *EuGH*, Rs. C-13/94, Slg. 1996, I-2143, Rn. 20 f. – P/S und Cornwall County Coucil.

[746] *EGMR*, Rs. 9532/81, Urt. v. 17.10.1986 – Rees/Vereinigtes Königreich.

[747] *EGMR*, Rs. 28957/95, Urt. v. 11.7.2002, Rn. 92 – Goodwin/Vereinigtes Königreich.

[748] *EGMR*, Rs. 28957/95, Urt. v. 11.7.2002 – Goodwin/Vereinigtes Königreich.

verweigert wurde. Auch hier kam es zu verschiedenen Diskriminierungen.[749] Das Urteil vom 11. Juli 2002 ist wortgleich zu dem in der Rechtssache *Goodwin*, so dass es keine weiteren Erkenntnisse mit sich bringt.[750]

Auch hier wurde ein Verstoß gegen Art. 8 und 12 EMRK bejaht.

7. Rechtssache Matthews

Das Urteil des *EGMR* in der Rechtssache *Matthews*[751] vom 18. Februar 1999 ist bei den Divergenzen im zweiten Kapitel ausführlich besprochen worden. Es spielt jedoch auch bei den Kooperationen eine Rolle. Zum Sachverhalt wird auf oben verwiesen (siehe 3. Kapitel:B.III.3).

Bei der Frage, ob Art. 3 ZP Nr. 1 auf ein Organ wie das Europäische Parlament anwendbar ist, hatte der *EGMR* zu klären, was unter dem Begriff der „*gesetzgebenden Körperschaft*" zu verstehen ist. Er betonte, dass die EMRK ein lebendes Instrument und im Lichte der jeweiligen Zeitumstände auszulegen sei. Da sich der Begriff nicht ausschließlich auf das nationale Parlament beziehe, müsste der Begriff unter Berücksichtigung der verfassungsmäßigen Strukturen des betroffenen Staates ausgelegt werden. Dabei erläutert er, dass „*nach der Rechtsprechung des EuGH [...] zum Wesen des Gemeinschaftsrechts die Koexistenz mit dem innerstaatlichen Recht [gehört], gegebenenfalls hat das Gemeinschaftsrecht Vorrang vor dem nationalen Recht (vgl. z.B.* Rechtssache *6/64 Costa/ENEL, Slg. 1964, 585, und* Rechtssache *106/77, Amministrazione delle Finanze dello Stato/Simmenthal, Slg. 1978, 629). In dieser Hinsicht befindet sich Gibraltar in derselben Lage wie die anderen Teile der Europäischen Union.*"[752] Der Gerichtshof sah letztlich keinen Grund, warum das Europäische Parlament nicht in den Anwendungsbereich des Art. 3 ZP Nr. 1 fallen sollte.

III. Beobachtung der Rechtsprechung des EuGH

Die dritte Gruppe kann man als insoweit „schwächste" Gruppe der Kooperation bezeichnen, da hier nur Urteile des *EuGH* zitiert werden, in den Gründen jedoch keine weitere Erwähnung finden.

---

[749] Siehe hierzu ausführlicher den in der Entscheidung dargestellten Sachverhalt: *EGMR*, Rs. 25680/94, Urt. 11.7.2002, Rn. 12 ff. – I./Vereinigtes Königreich.

[750] Siehe *EGMR*, Rs. 25680/94, Urt. 11.7.2002, Rn. 26 und 72 – I./Vereinigtes Königreich.

[751] *EGMR*, Rs. 24883/94, Urt. v. 18.2.1999 – Matthews/Vereinigtes Königreich.

[752] *EGMR*, Rs. 24883/94, Urt. v. 18.2.1999, Rn. 41 – Matthews/Vereinigtes Königreich.

1. Rechtssache Michael Cantoni

Die Rechtssache *Cantoni*[753] vom 15. November 1996 wurde bereits bei den formellen Divergenzen behandelt (siehe 3. Kapitel:B.III.1.b)), so dass auf den dort dargestellten Sachverhalt und die wesentlichen Punkte der Entscheidung verwiesen wird (siehe 3. Kapitel:B.III.1).

In dem Urteil stellte der *EGMR* die Rechtsprechung des *EuGH*[754] zur Auslegung der Richtlinie 65/65 des Rates der Europäischen Wirtschaftsgemeinschaft dar. Er beließ es hier nicht dabei nur ein Urteil zu benennen, sondern zitierte aus mehreren Entscheidungen die relevanten Passagen.[755] Allerdings nahm er auf diese Urteile in den Gründen bei der Prüfung des Art. 7 EMRK keinen Bezug mehr.

2. Rechtssache Société Colas Est u.a.

In der Rechtssache *Société Colas Est u.a.*[756] vom 16. April 2002, in dem es inhaltlich um eine mögliche Verletzung des Art. 8 EMRK wegen der Durchsuchung von Geschäftsräumen ging, nahm der *EGMR* zwar in den Gründen selbst nicht auf die Urteile des *EuGH* Bezug, er führte diese aber ausführlich innerhalb des einschlägigen Rechts und der einschlägigen Praxis an.

So ging er zum einen auf das Urteil in der Rechtssache *Hoechst*[757] ein und zitierte es in den für ihn wesentlichen Teilen, zum anderen bemerkte er, dass der *EuGH* seine dort vertretene Ansicht in den Urteilen *Dow Benelux*[758] und *Dow Chemical Ibérica u.a.*[759] aufrechterhalten hatte. Schließlich gab er noch das Urteil des *EuG* in der Rechtssache *Limburgse Vinyl Maatschappij NV u.a.*[760] an.[761] In seinem Tenor bejahte der Gerichtshof eine Verletzung des Grundrechts.

---

753 *EGMR*, Rs. 17862/91, Urt. v. 15.11.1996 – Cantoni/Frankreich.

754 Es werden folgende Urteile zitiert: EuGH, Rs. 227/82, Slg. 1983, S. 3883, Rn. 18-20 u. 28 f. – van Bennekom; *EuGH*, Rs. C-369/88, Slg. 1991, I-1487, Rn. 41 – Delattre; *EuGH*, Rs. C-60/89, Slg. 1991, I-1457, Rn. 23 f., 29, 43-45 – Montail u. Samanni; *EuGH*, Rs. C-112/89, Slg. 1991, I-1703 – Farzoo Inc u.a.; *EuGH*, Rs. C-219/91, Slg. 1992, I-5485, Rn. 21 u. 26 – Ter Voort.

755 *EGMR*, Rs. 17862/91, Urt. v. 15.11.1996, Rn. 13 ff. – Cantoni/Frankreich.

756 *EGMR*, Rs. 37971/97, Urt. v. 16.4.2002 – Société Colas Est u.a./Frankreich.

757 *EuGH*, Rs. 46/87 u. 227/88, Slg. 1989, S. 2859, Rn. 17-19 - Hoechst AG/Kommission.

758 *EuGH*, Rs. C-85/87, Slg. 1989, S. 3137, Rn. 28-30 – Dow Benelux/Kommission.

759 *EuGH*, verb. Rs. C-97-99/87, Slg. 1989, S. 3165, Rn. 14-16 – Dow Chemical Ibérica/Kommission.

760 *EuG*, verb. Rs. T-305/94 u.a., Slg. 1999, II-931, Rn. 398, 403f., 417 u. 419f. – Limburgse Vinyl Maatschappij NV u.a./Kommission.

761 *EGMR*, Rs. 37971/97, Urt. v. 16.4.2002, Rn. 26f. – Société Colas Est u.a./Frankreich.

3. Rechtssache van Kück

Auch in der Rechtssache *van Kück*[762] vom 12. Juni 2003 spielen die Urteile des *EuGH* in den Gründen keine tragende Rolle bei der Grundrechtsprüfung. Nur im einschlägigen Recht werden sie erwähnt.

Die Beschwerdeführerin machte einen Verstoß gegen Art. 6 EMRK geltend, da sie der Ansicht war, dass das von ihr angestrebte Verfahren wegen Erstattung von Ausgaben für eine medizinische Versorgung (die Beschwerdeführer ließ eine Geschlechtumwandlung vornehmen), unfair gewesen sei. Außerdem sei ihre sexuelle Identität durch das Berufungsgericht verletzt worden.

Wegen des Bezugs zur Geschlechtsumwandlung zitierte der *EGMR* die entscheidenden Gründe aus dem schon mehrfach angesprochenen Urteil *P. gegen S. und Cornwall County Council*[763] sowie aus dem Urteil *Lisa Jacqueline Grant*[764], in welchem der *EuGH* seine Position genauer erklärt hatte.[765] Diese Urteile bezog er aber in seiner Rechtsfindung bezüglich der Grundrechtsverletzung in den Gründen nicht mehr ein. Im Ergebnis lag in diesem Fall eine Verletzung von Art. 6 und von Art. 8 EMRK vor.

C. Kooperationsgedanken der beiden Gerichtshöfe

Es ist deutlich geworden, dass die beiden Gerichtshöfe jeweils die Rechtsprechung des anderen beobachten und auch etwaige Entwicklungen verfolgen. Dabei geht der *EuGH* noch weiter als der *EGMR*.

Bei der Bestimmung des Schutzbereiches übernimmt der *EuGH* die Voraussetzungen, die der *EGMR* zu dem jeweiligen Grundrecht im Laufe seiner Rechtsprechung entwickelt hat. Er fügt keine eigenen Kriterien hinzu, sondern beachtet nur das, was der *EGMR* vorgegeben hat. Hierbei fehlen sogar Aussagen dazu, ob das vom *EGMR* ausgebildete Grundrecht sich in das System der EG einfügt. Ist demnach ein Schutzbereich eines Grundrechts zu bestimmen, zu dem der *EuGH* noch keine eigene Rechtssache entschieden hat, so greift er auf den *EGMR* zurück und bedient sich dessen Entscheidungen. Damit scheint der *EuGH* eine Kompetenz des *EGMR* anzuerkennen, den Schutzbereich eines Grundrechts herauszuarbeiten, so dass dem *EuGH* nur verbleibt, die Rechtsprechung des *EGMR* zu verfolgen, die für ihn leitentscheidend wirkt. Mit dieser

---

762 *EGMR*, Rs. 35968/97, Urt. 12.9.2003 – van Kück/Deutschland.

763 *EuGH*, Rs. C-13/94, Slg. 1996, I-2143 – P./S und Cornwall County Council.

764 *EuGH*, Rs. C-249/96, Slg. 1998, I-621 – Lisa Jacqueline Grant/South-West Trains Ltd.

765 *EGMR*, Rs. 35968/97, Urt. 12.9.2003, Rn. 36 f. – van Kück/Deutschland.

Methode stellt der *EuGH* eine gewisse Einheitlichkeit des Grundrechtsstandards sicher.[766]

Er belässt es aber nicht dabei, dem *EGMR* die Befugnis einzuräumen, den Schutzbereich eines Grundrechts näher zu bestimmen, vielmehr geht der *EuGH* soweit, die Rechtsprechung des *EGMR* heranzuziehen, um einen Teilaspekt eines Grundrechts überhaupt als geschützt anzusehen. So führte der *EuGH* aus, dass das Recht auf Verteidigung zu den Merkmalen eines fairen Prozesses und damit zu beachtenden Grundrechten gehört, da dies der *EGMR* so anerkannt hatte. Somit entsteht durch die Rechtsprechung des *EGMR* ein neuer Aspekt des Grundrechtsschutzes auf der Ebene des Gemeinschaftsrechts.

Auch bei den Voraussetzungen und Grenzen der Rechtfertigung wirken die Urteile des *EGMR* für den *EuGH* wie Leitentscheidungen. So werden insbesondere anhand der Rechtsprechung des *EGMR* die Kriterien der Verhältnismäßigkeit und der Reichweite des Entscheidungsspielraumes der Mitgliedstaaten festgelegt. Damit erkennt der *EuGH* auch bei der Bestimmung der Schranken den *EGMR* als übergeordnet an. Eine eigene Richtschnur oder eigene Merkmale entwickelt er nicht.

Dafür spricht weiter, dass der *EuGH* in seinen Urteilen davon ausgeht, dass die Gemeinschaftsgerichte bei der Auslegung der Grundrechte der Rechtsprechung des *EGMR* Rechnung zu tragen haben. Daraus könnte man eine Berücksichtigungspflicht des *EuGH* begründen. Diese könnte aber nur in Form einer Selbstverpflichtung erfolgen, da eine solche rechtlich nach dem EG-Vertrag nicht vorgesehen ist. Ginge man von einer Pflicht aus, so bestünde das Problem, dass der *EuGH* damit auch die anderen Organe indirekt verpflichten würde, die sich sonst im Falle einer Zuwiderhandlung einer Verurteilung durch den *EuGH* ausgesetzt sehen. Eine solche Verpflichtung wäre nicht mit dem EG-Vertrag zu vereinbaren. Möglich ist daher nur eine freiwillige Beachtung, mit der der *EuGH* sich bemüht, die Mitgliedstaaten nicht zu einem konventionswidrigen Verhalten zu drängen, indem er die Entscheidungen im Grundrechtsbereich aneinander angleicht. Auch der ehemalige Generalsekretär des Europarates, *Walter Schwimmer*, geht davon aus, dass die Urteile des *EGMR* nicht mehr nur als bloße Auslegungshilfe dienen, sondern dass sie vollinhaltlich beachtet werden.[767] Von einer rechtlich einklagbaren Pflicht des *EuGH* kann aber keine Rede sein.

---

[766] Siehe *Polakiewicz*, in: Marauhn (Hrsg.), Die Rechtsstellung des Menschen im Völkerrecht, S. 37 ff., *Krüger/Polakiewicz*, EuGRZ 2001, 92, 97.

[767] Zitiert nach *Alber/Widmaier*, EuGRZ 2000, 497, 505. Siehe auch *Bergmann*, EuGRZ 2004, 620, 624, der bemerkt, dass bei der Prüfung der Grundrechte durch den *EuGH* die Rechtsprechung des *EGMR* immer an erster Stelle steht. Man merke dem *EuGH* an, dass

Teilweise wird die Bezugnahme auf die Rechtsprechung des *EGMR* durch den *EuGH* damit begründet, dass der *EuGH* wegen eines möglichen zukünftigen Beitritts der EG zur EMRK bereits jetzt signalisieren möchte, dass seine eigene Rechtsprechung mit der des *EGMR* konform ist. Damit könnte der *EuGH* einen "*mildernden Einfluss auf die Gestaltung des Kontrollmechanismus*" nehmen.[768] Fraglich ist aber, wie dieser mildernde Einfluss aussehen kann. Im Falle eines Beitritts würde der *EuGH* wie die nationalen Gerichte behandelt werden und unterstünde somit in Fällen mit Grundrechtsbezug dem *EGMR*. Durch eine EMRK-konforme Grundrechtssprechung kann der *EuGH* es allerdings vermeiden, indirekt vom *EGMR* verurteilt zu werden. Auf die Gestaltung des Kontrollmechanismus kann er dadurch jedoch keinen Einfluss nehmen. Hierfür spricht auch das Urteil in der Rechtssache *Bosphorus*[769], wonach der *EuGH* bei einem gleichwertigen Grundrechtsschutz vom *EGMR* nunmehr eingeschränkt kontrolliert wird. Die Entscheidung zeigt, dass der *EGMR* die Voraussetzungen seiner Überprüfungsbefugnisse selbst definiert.

Zum anderen wird der *EuGH* als „Reservehüter" für die EMRK angesehen, da er an der Zukunftsfähigkeit des *EGMR* zweifelt. Dagegen ist einzuwenden, dass die Zukunft des *EGMR* rechtlich nicht gefährdet ist. Vielmehr sind sein Bekanntheitsgrad und auch seine Akzeptanz in den letzten Jahren, insbesondere seit 1998, stark gestiegen. Darüber hinaus wäre es systemwidrig, den *EuGH* als Hüter der EMRK anzusehen. Vielmehr kommt dem *EGMR* eine Reservefunktion für die Fälle zu, in denen sowohl die verfassungsrechtlichen wie auch die gemeinschaftsrechtlichen Rechtsschutzmöglichkeiten bei einem Verstoß gegen das Gemeinschaftsrecht versagen.[770]

Weiter vergleicht der *EuGH* die Entwicklung der Rechtsprechung des *EGMR* mit der eigenen, beobachtet sie und verweist, falls notwendig, in den Gründen auf diese.

Schließlich gibt es den Sonderfall in der Rechtssache *Köbler*[771]. Hier geht es primär nicht um Schutzbereich oder Schranken von Grundrechten, sondern um

---

er bestrebt sei, beim Grundrechtsschutz kein „*Quäntchen Raum zwischen sich und Straßburg zu lassen*".

768 *Ruffert*, EuGRZ 2004, 466, 471.

769 *EGMR*, Rs. 45036/98, Urt. v. 30.6.2005 – Bosphorus Hava Yollari Turizm Ve Ticaret AS/Irland.

770 So zutreffend Breuer, JZ 2003, 433, 439 und auch Szczekalla, GPR 2005, 176, 178, der „angesichts zum Teil besorgniserregender Fälle (nicht nur) aus den neuen Mitgliedstaaten des Europarates" es als gut ansieht, dass es noch „eine allerletzte, gemeineuropäisch-spezialisierte Grundrechtsinstanz gibt, [...] die Rechtsfrieden [bzw.] [...] Rechtsklarheit schaffen kann".

771 *EuGH*, Rs. C-224/01, Slg. 2003, I-10239 – Gerhard Köbler/Republik Österreich.

die Frage, ob es einen Staatshaftungsanspruch für judikatives Unrecht gibt. Einen Entschädigungsanspruch auch bei grundrechtsverletzenden Entscheidungen letztinstanzlicher Gerichte sieht Art. 41 EMRK vor, womit den Mitgliedstaaten dies zumindest nicht fremd ist. Dies reicht dem *EuGH* zusätzlich zur sehr knappen Begründung aus. Der Vergleich zum System der EMRK, obwohl es sich hierbei um eine Rechtsordnung handelt, die für den *EuGH* nur bezüglich des Grundrechtsteils einschlägig ist, dient ihm zur Begründung eines gemeinschaftsrechtlichen Rechtsinstituts. Hieran erkennt man ebenfalls die bestehenden Überschneidungen der beiden Rechtskreise. Allein durch die doppelte Mitgliedschaft der Staaten in beiden Verträgen, entsteht eine gegenseitige Beachtung der bestehen Rechtsinstitute, die dazu führen kann, dass diese weiterentwickelt und einander angepasst werden.

Die Beobachtung der Rechtsprechung beruht auf Gegenseitigkeit. So verweist auch der *EGMR* in Urteilen mit Bezug zum Gemeinschaftsrecht auf Urteile des *EuGH* und zitiert die seines Erachtens nach maßgeblichen Stellen. Beide Gerichtshöfe bemühen sich demnach offensichtlich, substantielle Divergenzen zu vermeiden.[772]

Bemerkenswert ist, dass der *EGMR* sogar wörtlich die Gründe eines *EuGH*-Urteils in seine Entscheidung übernommen hat. Bei der Frage der Anwendbarkeit von Art. 6 EMRK auf den öffentlichen Dienst bedient er sich der vom *EuGH* entwickelten Kriterien ohne eigene herauszuarbeiten. Dies lässt sich nur damit begründen, dass der *EGMR* eine Auslegung finden wollte, die den Konventionsstaaten – oder zumindest den Mitgliedstaaten der EG – geläufig ist. Damit werden Divergenzen vermieden. Sollte es im Rahmen des Gemeinschaftsrechts auch zu der Frage der Anwendbarkeit des Grundrechts auf im öffentlichen Dienst Beschäftigte kommen, so wird durch eine Angleichung des *EGMR* erreicht, dass der *EuGH* nicht den Begriff der „*Beschäftigung in der öffentlichen Verwaltung*" anders auslegen muss als im Rahmen der Grundfreiheiten. Der *EGMR* versucht somit, das System der EG zu berücksichtigen und darauf einzugehen. Eine Pflicht hierzu gibt es nicht. Dies geschieht wohl, um die Konventionsstaaten vor einer Konventionsverletzung zu bewahren. Da die Auslegung des *EuGH* autonom erfolgt und nicht die Bedeutung des Begriffs in einem Mitgliedstaat übernimmt, lässt sich diese Auslegung auch übertragen, solange sie nicht nur an die Ziele des EG-Vertrages angepasst ist.

In diese Richtung geht auch, dass der *EGMR* berücksichtigt, ob das Recht der EG es den Mitgliedstaaten ermöglicht, besondere Regeln aufzustellen, die man als Beschränkungen von Grundrechten auffassen könnte (hier besondere Regeln für die Anwaltszulassung an Höchstgerichten). Der *EGMR* versucht in diesem

---

772 *Skouris*, in: Blankenagel/Pernice/Schulze-Fielitz (Hrsg.), FS Häberle, S. 261 ff.

Fall einen Weg zu finden, mit dem die Verpflichtungen aus beiden völkerrechtlichen Verträgen miteinander kompatibel werden.

Der *EGMR* spricht von einer Berücksichtigung der Rechtsprechung des *EuGH* als Hinweis oder zur Information. Dies ist eindeutig ein „Weniger" im Vergleich zur Auffassung des *EuGH*, der eher von einer Pflicht zur Berücksichtigung ausgeht. Indem der *EGMR* die Entscheidung des *EuGH* als Hinweis ansieht, wird erkennbar, dass er sie nicht direkt übernehmen möchte. Für den *EGMR* reicht es offensichtlich aus, die Urteile des *EuGH* zu kennen und sich zu bemühen, einen gleichen Ansatz bei systemübergreifenden Bereichen zu finden.

So zieht der *EGMR* weiter das Gerichtssystem des *EuGH* zur Bestätigung der eigenen Ergebnisse heran. Gerade der Bereich der Generalanwälte zeigt, wie verwoben die beide völkerrechtlichen Verträge schon jetzt im tatsächlichen Bereich sind. Sowohl im Rahmen der Divergenzen, als auch bei den Kooperationen ist dies von Bedeutung. Der *EGMR* ist der Ansicht, dass die geltenden Regeln am *EuGH* auf die nationalen Generalanwälte übertragen werden müssten, damit eine Grundrechtsverletzung ausgeschlossen werden kann. Dieser Ansatz des *EGMR* wird sogar innerhalb des Gerichtshofes kritisiert. Allein die Tatsache, dass nach dem Gerichtsystem des *EuGH* und dessen Urteil keine Grundrechtsverletzung stattgefunden haben soll, kann nicht dazu führen, dass der *EGMR* ein unterschiedliches System in einem Konventionsstaat für grundrechtswidrig hält. Der *EGMR* hätte hier eigene Maßstäbe ansetzen müssen. Das System des *EuGH* lässt sich nicht eins zu eins auf die Gerichtssysteme der Mitgliedstaaten übertragen.

Positiv zu werten ist, dass der *EGMR* die Entscheidungen des *EuGH* beachtet, um festzustellen, ob nationales Recht im Einklang mit dem EG-Recht steht und ob gegebenenfalls das EG-Recht wie nationales Recht wirkt. Dies kann der *EGMR* nicht entscheiden, da er nicht dazu befugt ist, über dieses Recht zu richten. Wegen der Besonderheiten des EG-Rechts (unmittelbare Anwendbarkeit und Anwendungsvorrang) findet in Streitfällen eine Vernetzung der Verträge und der Gerichte statt.

Schließlich ist eine Verschränkung besonders in den Rechtssachen auffällig, in denen der *EuGH* Urteile des *EGMR* zitiert, die wiederum auf Passagen aus Entscheidungen des *EuGH* Bezug nehmen und umgekehrt. Man sieht daran, dass die Systeme der EMRK und der EG nicht nebeneinander, sondern überlappend bestehen.

Somit kann man von einer Zusammenarbeit in dem Sinne sprechen, dass beide Gerichtshöfe zwar nicht gemeinsam eine Judikatur entwickeln, sich aber gegenseitig in ihrer Rechtsprechung beeinflussen und aufeinander eingehen. Das Verhältnis der Gerichtshöfe zueinander stellt sich mithin tatsächlich weniger konflikreich dar, als es zunächst den Anschein hat, so dass die im vorherigen Kapitel herausgearbeiteten Divergenzen mit Abstand zu betrachten sind.[773] Vielmehr ist eine deutliche Tendenz dahingehend zu erkennen, dass der *EuGH* dem *EGMR* mehr Kompetenz zuspricht und ihn auch als leitentscheidend ansieht.

Umgekehrt ist dies weniger der Fall, obwohl auch hier hervorzuheben ist, dass sich der *EGMR* bemüht, die Verwirklichung des Systems, in das einige der Konventionsstaaten eingebunden sind, für diese nicht unmöglich erscheinen zu lassen. Die Staaten sollen beiden Systemen gerecht werden können. Da diese Art der Kooperation nicht rechtlich festgeschrieben ist,[774] beruht sie auf dem Willen der Richter. Dies führt zwar nicht zu verlässlichem Rechtsschutz, zeigt aber auf, dass es möglich sein müsste, beide Systeme rechtlich verbindlich zueinander zu bringen.[775]

D. Zusammenfassung des vierten Kapitels

1. Der Gedanke der Zusammenarbeit der beiden Gerichtshöfe schlägt sich in ihren Urteilen nieder.

2. *EuGH* und *EGMR* zitieren sich gegenseitig und nehmen die jeweils für den zu entscheidenden Fall relevante Rechtsprechung in ihren Urteilen auf.

3. Der *EuGH* übernimmt die Rechtsprechung des *EGMR* zur Bestimmung einzelner Schutzbereiche und der Voraussetzungen und Grenzen der Rechtfertigung sowie zur Herleitung einzelner Grundrechte.

4. Die Rechtsprechung des *EGMR* wirkt für den *EuGH* oft letztentscheidend; seine Urteile werden zumeist vollinhaltlich beachtet.

5. Der *EGMR* fungiert als "Reservehüter" bei einem Grundrechtsverstoß mit gemeinschaftsrechtlichen Bezug, wenn nationale und gemeinschaftsrechtliche Kontrollmechanismen versagen.

6. Durch das gegenseitige Beobachten und Beachten wird eine gewisse Einheitlichkeit der Grundrechtsstandards gesichert.

---

773 So *Dremczewski*, HRLJ Vol. 22 (2001), 14, 28.

774 Siehe hierzu *Hilf*, in: Beyerlin/Bothe/Hofmann/Petersmann (Hrsg.), FS Bernhardt S. 1193, 1195, der in der Tendenz der Gerichte der EG EMRK-konforme Schutzstandards zu entwickeln und aufrecht zu erhalten eine Entwicklung zu einer bisher institutionell nicht abgesicherten Konkordanz sieht.

775 So verliert auch der Streit über eine materielle Bindung nicht an Bedeutung, indem nun eine faktische Bindung eingetreten ist (so aber *Kühling*, EuGRZ 1997, 296, 297), da nur die rechtliche Verbindlichkeit Rechtssicherheit gewähren kann.

7. Der *EGMR* ist bemüht Divergenzen zu vermeiden, um die Konventionsstaaten vor Verletzungen der EMRK zu bewahren.

8. Bei systemübergreifenden Bereichen versucht der *EGMR* einen dem *EuGH* vergleichbaren Ansatz zu finden.

9. Die rechtlichen Systeme, in die *EuGH* und *EGMR* eingebunden sind, stehen nicht nebeneinander, sondern überlappen und verschränken sich sogar.

10. Der faktisch bestehenden Kooperation steht keine rechtliche Verpflichtung gegenüber.

5. Kapitel: Einfluss der Charta der Grundrechte der Union

Wie festgestellt, weist die Auslegung der EMRK durch die beiden Gerichtshöfe bei weitgehender Konvergenz teils erhebliche Divergenzen auf. Daran anknüpfend stellt sich die Frage, ob und wenn ja, in welchem Maße die Charta der Grundrechte der Europäischen Union sich auf diese rechtlichen Begebenheiten auswirkt. Da Teile der Charta nach der hier vertretenen Auffassung zu den Verfassungsüberlieferungen der Mitgliedstaaten gehören und der *EuGH* sie somit über Art. 6 Abs. 2 EU in seine Grundrechtssprechung einzubeziehen hat (siehe oben 2. Kapitel:B.VI.3), besteht schon jetzt die Möglichkeit, dass die Charta das Verhältnis von *EGMR* und *EuGH* beeinflusst.

Die Artikel der Charta werden so zitiert, wie sie sich im Verfassungsvertrag wieder finden. Dort sollen sie Bestandteil des Teiles II werden, so dass z.B. Art. II-112 des Verfassungsvertrages Art. 52 der ursprünglichen Charta entspricht. Die Arbeit geht somit von der Charta und den Erläuterungen in der Fassung des 2. Konvents aus, da sie – wenn überhaupt – in dieser Form verbindlich werden.[776] Diese Charta stellt darüber hinaus gleichsam die aktualisierte Fassung des Grundrechtskonsenses der Mitgliedstaaten als Teil der gemeinsamen Verfassungsüberlieferungen dar.

A. Verhältnis zwischen Charta der Grundrechte und EMRK/EGMR

Um einen möglichen Einfluss feststellen zu können, ist zunächst aus der Sicht der Gemeinschaft vom Text der Charta und den dort verankerten Bestimmungen, die das Verhältnis der Charta zu EMRK regeln sollen, auszugehen. Gleichzeitig könnten die EMRK und die Rechtsprechung des *EGMR* über das Verhältnis aus Sicht des *EGMR* Auskunft geben.

I. Bestimmungen der Charta der Grundrechte

Die Charta enthält in Art. II-112 Abs. 3 und in Art. II-113 (sog. horizontale Klauseln oder Bestimmungen[777]) verbunden mit der Präambel Regelungen, die das Verhältnis zur EMRK betreffen.[778]

---

776 Im Hinblick auf die weitgehend an die ursprüngliche Nummerierung anknüpfende Kommentierung wird auf die Synopse in Basistexte Öffentliches Recht (Beck-Texte im dtv), 6. Aufl. 2006, Ordnungsnummer 17 verwiesen.

777 Statt vieler *Grabenwarter*, VVDStRL 60 (2001), S. 290, 340.

778 Art. 52 Abs. 1 bis Abs. 7 und Art. 53 CGR sollen das Verhältnis aller Grundrechtsquellen der EG zueinander klären. Da dies bezogen auf die hier vorlegende Arbeit nicht relevant ist, wird auf den ausführlichen Beitrag von *Weiß*, ZEuS 2005, 323 ff. verwiesen.

1. Art. II-112Abs. 3 Charta der Grundrechte

Beginnend mit Art. II-112 Abs. 3 CGR ist zunächst dessen Zielsetzung zu untersuchen. So soll der Artikel für Kohärenz zwischen Charta und EMRK sorgen,[779] indem die materiellen Bestimmungen der EMRK im Ganzen in die Charta übertragen werden.[780] Dies wird dadurch erreicht, dass die Rechte, welche sich in der Charta und der EMRK entsprechen, die „*gleiche Bedeutung und Tragweite*" wie in der EMRK erhalten sollen. Weiter soll der Artikel dazu dienen, die EMRK als Mindestschutzniveau anzusehen, welches nicht unterschritten werden darf[781], über das die Charta jedoch im Verhältnis zur EMRK hinausgehen kann.[782] Dies entspricht auch dem System der EMRK, die nur subsidiär als Korrektiv eingreifen soll.[783] Die Charta baut mithin auf der EMRK auf, hat Menschenrechte von ihr übernommen, aber auch neue hinzugefügt und sie „moderner" formuliert. Schließlich ist der Grundgedanke dieser Regelungen darin zu sehen, Pflichtenkollisionen der Mitgliedstaaten zu vermeiden,[784] die sich verschiedenen Grundrechtssystemen unterworfen haben und allen gerecht werden müssen.

Der in Art. II-112 Abs. 3 CGR gewählten Formulierung gelingt es jedoch nicht – wie zum Teil angenommen[785] – dieses Ziel vollständig umzusetzen. Vielmehr bietet der Artikel genügend Anlass für Kritik und Auslegungsprobleme, so dass

---

779 *Tettinger*, NJW 2001, 1010, 1011 f.; *Grabenwarter/Pabel*, in: Stern/Tettinger (Hrsg.), Die Europäische Grundrechte-Charta im wertenden Verfassungsvergleich, S. 81, 91; *Borowsky*, in: Meyer (Hrsg.), Kommentar zur CGR, Art. 52 Rn. 8. Hierzu auch *Calliess*, in: Ehlers (Hrsg.); Europäische Grundfreiheiten und Grundrechte, § 20 Rn. 14 ff. So auch explizit Erklärung Nr. 12 betreffend die Erläuterungen zur Charta der Grundrechte, ABl. EG Nr. C 310 v. 16.12.2004, S. 424, 464. Zur rechtlichen Bedeutung der Erläuterungen siehe unten S.245.

780 So *Borowsky*, in: Meyer (Hrsg.), Kommentar zur CGR, Art. 52 Rn. 12, 30.

781 *Grabenwarter/Pabel*, in: Stern/Tettinger (Hrsg.), Die Europäische Grundrechte-Charta im wertenden Verfassungsvergleich, S. 81, 83, 92.

782 So zu Recht *Thym*, in: Mahler/Weiß (Hrsg.), Menschenrechtsschutz im Spiegel von Wissenschaft und Praxis, S. 110, 141; *Callewaert*, EuGRZ 2003, 198, 199.

783 Vgl. *Callewaert*, EuGRZ 2003, 198, 199.

784 Vgl. *Grabenwarter/Pabel*, in: Stern/Tettinger (Hrsg.), Die Europäische Grundrechte-Charta im wertenden Verfassungsvergleich, S. 81, 91, die dies erst im Falle eines Beitritts zur EMRK annehmen. Dabei bestehen mögliche Pflichtenkollisionen wie im zweiten Kapitel aufgezeigt schon jetzt.

785 So *Skouris*, in: Blankenagel/Pernice/Schulze-Fielitz (Hrsg.), FS Häberle, S. 261, 269. In diese Richtung – obwohl sie auf die bestehenden Probleme hinweisen – *Krüger/Polakiewicz*, EuGRZ 2001, 92, 99, die die Klauseln im „*Grundsatz als klar und befriedigend*" ansehen. Ebenso *Polakiewicz*, in: Marauhn (Hrsg.), Die Rechtsstellung des Menschen im Völkerrecht, S. 37, 51.

eher von einer missglückten Vorschrift zu sprechen ist,[786] die es gerade nicht vermag die oben angesprochenen Divergenzen zu vermeiden.

Zunächst ist unklar, wann sich Rechte der Charta und der EMRK *„entsprechen"*, denen dann gleichsam als Rechtsfolge die *„gleiche Bedeutung und Tragweite"* wie in der EMRK zukommen soll. Weiter ist zu klären, ob Art. II-112 Abs. 3 S. 1 CGR einen eigenen Gehalt hat und verbunden mit diesen Aspekten, ob die Rechtsprechung des *EGMR* bei der Auslegung der Charta verbindlich zu beachten ist.

a) Begriff des „Entsprechens" in Art. II-112 Abs. 3 Charta der Grundrechte

Einfach ist das *„Entsprechen"* nur in den Fällen zu bestimmen, in denen die Garantien der EMRK wörtlich übernommen wurden bzw. nur eine geringfügige Änderung des Wortlauts vorgenommen wurde. Schwieriger wird es bereits dann, wenn der Wortlaut der Charta weit über die EMRK hinausgeht, da die Charta auch neuere Entwicklungen des Grundrechtsschutzes, die durch die Rechtsprechung des *EGMR* entstanden sind, in ihren Text aufgenommen hat. Drittens stellt sich die Frage, wie mit den Menschenrechten zu verfahren ist, die nur durch die Straßburger Rechtsprechung Gestalt angenommen haben und nicht im Text der EMRK enthalten sind.[787]

Nach zutreffender Auffassung kann *„entsprechen"* demnach allein dahingehend auszulegen sein, dass der gleiche Lebenssachverhalt von den jeweiligen Garantien erfasst sein muss,[788] da ansonsten nur die wörtlichen Wiederholungen in den Anwendungsbereich des Art. II-112 Abs. 3 CGR fallen und diesen damit stark einschränken würden. Es kommt mithin nicht auf den Grad des Entsprechens an, sondern darauf, dass sich eine durch die EMRK gewährleistete Garantie ebenfalls in der Charta wieder findet.[789] Für diese weite Auslegung sprechen auch die Erläuterungen des Präsidiums zu Art. II-112 Abs. 3 CGR, die zwei Listen von

---

786 *Borowsky*, in: Meyer (Hrsg.), Kommentar zur CGR, Art. 52 Rn. 1 spricht von einem *„wenig transparenten, unästhetischen und überladenen Text"*.

787 Hierzu insbesondere *Grabenwarter*, in: Cremer/Giegerich/Richter/Zimmermann (Hrsg.), FS Steinberger, S. 1129, 1136; *Alber/Widmaier*, EuGRZ 2006, 113, 117.

788 *Grabenwarter*, in: Cremer/Giegerich/Richter/Zimmermann (Hrsg.), FS Steinberger, S. 1129, 1135; *Weiß*, ZEuS 2005, 323, 329. Auch im deutschen Recht gibt es eine ähnliche Regelung im Grundgesetz mit Art. 142, die sich auf die Grundrechte in den Landesverfassungen bezieht. Hier geht man davon aus, dass Bestimmungen der Landesverfassungen dann in *„Übereinstimmung"* mit den Grundrechten des GG stehen, wenn diese den gleichen Gegenstand im gleichen Sinne, mit gleichem Inhalt und in gleichem Umfang regeln. Eine Wortgleichheit wird ebenfalls nicht gefordert, so dass auf die Inhaltsgleichheit abzustellen ist. Siehe hierzu ausführlich und grundlegend *Stern*, Staatsrecht der BRD, Band III/2, S. 1455 ff.

789 Vgl. *Molthagen*, Verhältnis der EU-Grundrechte zur EMRK, S. 77.

Rechten enthalten, auf die Art. II-112 Abs. 3 CGR anwendbar ist.[790] Vergleicht man anhand dieser Listen den Wortlaut von EMRK und Charta, so stellt man fest, dass nur einige wenige Artikel wortlautidentisch sind (z.B. Art. II-64 CGR mit Art. 3 EMRK). Die Mehrzahl der Artikel ist an den Wortlaut angelehnt, geht aber darüber hinaus. Bei einer engen Auslegung des Begriffs „Entsprechens" müsste die Auffangregel des Art. II-112 Abs. 1 CGR eingreifen, so dass kaum Kohärenz mit der EMRK hergestellt werden könnte.

Zu beachten ist bei dieser Auslegung, dass den Erläuterungen des Präsidiums keine rechtliche Verbindlichkeit zukommt, sie aber als Anleitung für die Auslegung der Charta verfasst worden sind (vgl. Art. II-112 Abs. 7 CGR neu eingefügt durch den 2. Konvent).[791] Die Listen sind insoweit nicht als abschließend zu verstehen, die dort genannten Rechte entsprechen aber sicher denen der EMRK.

Aus dieser weiten Auslegung folgt jedoch auch, dass die oben genannte dritte Gruppe von Menschenrechten, die keinen Bezugspunkt zum Wortlaut der EMKR aufweisen, nicht von Art. II-112 Abs. 3 CGR erfasst werden.[792] In der Liste befindet sich nicht nur **ein** Recht, bei dem ausdrücklich auf die Rechtsprechung des *EGMR* Bezug genommen wird. Art. II-79 Abs. 2 CGR (Verbot der Auslieferung oder Abschiebung in einen Staat, in dem die Todesstrafe oder Folter droht) soll Art. 3 EMRK in der Auslegung durch den *EGMR* entsprechen. Art. 3 EMRK selbst enthält alleine seinem Wortlaut nach dieses Recht nicht. Wenn nun die Liste in diesem speziellen Fall einen Rückgriff auf ein Recht der EMKR vorsieht, welches allein durch die Rechtsprechung des Menschenrechtsgerichtshofes Gestalt angenommen hat, so spricht dies dafür, dass dies die Ausnahme und nicht der Regelfall sein soll.

Garantien der Charta, die keinen Wortlautbezug aufweisen, lassen sich darüber hinaus nicht der EMRK selbst entnehmen, ohne die gesamte Rechtsprechung

---

790 Erklärung Nr. 12 betreffend die Erläuterungen zur Charta der Grundrechte, ABl. EG Nr. C 310 v. 16.12.2004, S. 424, 464 ff.; auch abgedruckt bei *Borowsky*, in: Meyer (Hrsg.), Kommentar zur CGR, Art. 52 Rn. 32.

791 Hierzu statt vieler *Borowsky*, in: Meyer (Hrsg.), Kommentar zur CGR, Art. 52 Rn. 47 f.; *Brecht*, ZEuS 2005, 355, 372 f. und *Hummer*, Status der EU-Grundrechtecharta, S. 68. Im übrigen stellen die Erläuterungen am Anfang klar, dass sie *„als solche keinen rechtlichen Status"* haben und als *„nützliche Interpretationshilfe"* fungieren. Siehe Erklärung Nr. 12 betreffend die Erläuterungen zur Charta der Grundrechte, ABl. EG Nr. C 310 v. 16.12.2004, S. 424, 432.

792 So auch ohne weitere Begründung *Borowsky*, in: Meyer (Hrsg.), Kommentar zur CGR, Art. 52 Rn. 31 und *Grabenwarter*, in: Cremer/Giegerich/Richter/Zimmermann (Hrsg.), FS Steinberger, S. 1129, 1136.

des *EGMR* zu untersuchen. Die Rechte der Charta würden intransparenter erscheinen und es würde zu erheblichen Rechtsunsicherheiten führen.[793]

In diesem Kontext ist auch umstritten, ob neben der EMRK in Art. II-112 Abs. 3 CGR (und Art. II-113 CGR) auch ihre Zusatzprotokolle einbezogen werden sollen und wenn ja, wie mit jenen Protokollen zu verfahren ist, die nicht von allen Konventionsstaaten unterzeichnet wurden.[794] Das gleiche gilt für die EMRK-Rechte, zu denen einige Konventionsstaaten Vorbehalte angebracht haben.

Aus der 5. Präambelerwägung ergibt sich, dass die Charta die Rechte bekräftigt, die sich aus den „*gemeinsamen Verpflichtungen der Mitgliedstaaten, aus der EMRK, [...]*" ergeben. Zwar werden wie hier die Protokolle nicht ausdrücklich genannt, doch können sie unter die gemeinsamen Verpflichtungen der Mitgliedstaaten fallen. Dann müsste man allerdings davon ausgehen, dass es sich nur um die Protokolle handeln kann, die von allen Konventionsstaaten unterzeichnet wurden.[795] *Weiß* hingegen sieht alle Zusatzprotokolle erfasst, unabhängig von ihrer Ratifizierung durch die Konventionsstaaten, da die Grundrechtecharta sich von vornherein nicht auf den „*gemeinsamen Nenner der Grundrechte aller Mitgliedstaaten*" beschränke.[796] Für diese Ansicht wiederum sprechen die Erläuterungen des Präsidiums, die in den Listen auch auf das 4. und 7. Zusatzprotokoll verweisen.[797] Beide wurden nicht von allen Konventionsstaaten unterzeichnet.[798] Differenzierter trennt die Auffassung von *Borowsky* zwischen der Bindung der Union und der Mitgliedstaaten.[799] Für die EU soll Art. II-112 Abs. 3 CGR auch auf alle Zusatzprotokolle verweisen und eine umfassende und unbeschränkte Bindungswirkung entfalten. Gleiches gelte für Garantien der EMRK, die mit Vorbehalten versehen sind. Diese hätten keine Auswirkungen auf die EU. Hier greift *Borowsky* das Argument von *Weiß* auf, dass sich der Rechtsschutz gegenüber der EU nicht nach dem „*kleinsten gemeinsamen Nenner*" richte. Bei den Mitgliedstaaten hingegen könne eine Bindung nur soweit erfolgen, wie sie als

---

793 Dies ist ebenfalls unabhängig davon, ob man in der Rechtsfolge davon ausgeht, dass die Rechtsprechung des *EGMR* verbindlich zu beachten ist, da erst der Tatbestand des „*Entsprechens*" erfüllt sein muss.

794 Hierzu u.a. *Schmitz*, JZ 2001, 833, 839; *v. Danwitz/Röder*, in: Stern/Tettinger (Hrsg.), Die Europäische Grundrechte-Charta im wertenden Verfassungsvergleich, S. 31, 51.

795 So *Grabenwarter*, DVBl. 2001, 1, 2; *Schmitz*, JZ 2001, 833, 839.

796 *Weiß*, ZEuS 2005, 323, 331.

797 In der historischen Entwicklung der Charta wurden ebenfalls die Zusatzprotokolle mit einbezogen. Siehe hierzu ausführlich *Molthagen*, Verhältnis der EU-Grundrechte zur EMRK, S. 80 ff.

798 Siehe zum Stand der Ratifizierungen http://conventions.coe.int.

799 *Borowsky*, in: Meyer (Hrsg.), Kommentar zur CGR, Art. 52 Rn. 35. Hier ist von der Union die Rede, da nach dem Vertrag über eine Verfassung von Europa die Säulenstruktur aufgehoben werden soll und folglich nur die Union bestehen bleibt.

Vertragsparteien durch die EMRK und die Zusatzprotokolle vertraglich verpflichtet sind. Ansonsten würden die Vorbehalte der Staaten über die Grundrechtscharta verloren gehen. Hierzu führt *Borowsky* zutreffend aus, dass diese Ansicht zu einem Grundrechtsschutz à la carte im Verhältnis zu den Mitgliedstaaten führt.[800] Dies ist sicherlich einer der entscheidenden Kritikpunkte an dieser Auffassung. Transparenz und Rechtssicherheit werden so nicht erzielt.

Systematisch ist hier Art. II-111 CGR einzubeziehen, der den Anwendungsbereich der Charta festlegt. Hiernach gilt die Charta für die Mitgliedstaaten ausschließlich bei der Durchführung des Rechts der Union. Dann muss aber der gleiche Grundrechtsschutz wie gegenüber den Organen der Union im Verhältnis zu den Mitgliedstaaten gelten, wenn die Charta Anwendung findet. Daraus folgt, dass Stand der Ratifizierungen und Vorbehalte hier keine Rolle spielen können. Art. II-112 Abs. 3 CGR bezieht die Gesamtheit der Zusatzprotokolle der EMRK ein und ist gegenüber mitgliedstaatlichen Vorbehalten zu einzelnen EMRK-Garantien im Anwendungsbereich der Charta „blind“. Die Mitgliedstaaten haben sich bei der Erarbeitung der Charta und auch der zu Art. II-112 Abs. 3 CGR gehörenden Listen in den Erläuterungen auf eine Einbeziehung der EMRK geeinigt und, wie insbesondere die Listen zeigen, das Problem der Zusatzprotokolle gesehen, letztere aber nicht ausgeschlossen. Die Mitgliedstaaten werden nach der hier vertretenen Ansicht daher nicht gegen ihren Willen gebunden, denn auf der nationalen Ebene bleibt es bei den Vorbehalten und dem unterschiedlichen Stand der Ratifizierungen. Ebenso wenig steht der Wortlaut der Präambel dem entgegen, da diese nur als Auslegungshilfe wirkt, aber keine rechtliche Bindung erzeugt. Sie schließt die hier vertretene Lösung nicht aus, da sie weder die Zusatzprotokolle noch die Vorbehalte erwähnt. Unter die *„gemeinsamen Verpflichtungen“* lassen sich die Zusatzprotokolle nicht fassen, da die EMRK nach diesen Verpflichtungen erwähnt wird. Erst im Anschluss hätte man die Protokolle vom systematischen Ansatz her nennen dürfen.

b) Begriffe „gleiche Bedeutung und Tragweite“ in Art. II-112 Abs. 3 Charta der Grundrechte

Hat man nun die Rechte der Charta bestimmt, die denen der EMRK entsprechen, so stellt sich die Folgefrage, was unter *„gleiche Bedeutung und Tragweite“* zu verstehen ist.

---

800 *Borowsky*, in: Meyer (Hrsg.), Kommentar zur CGR, Art. 52 Rn. 35.

aa) „Bedeutung und Tragweite"

Zum einen geht man davon aus, dass die Begriffe den Schutzbereich und die Schranken der Grundrechte erfassen,[801] wobei mit „*Bedeutung*" der Schutzbereich und mit „*Tragweite*" die Schrankenebene gemeint sei.[802] Zieht man für die Auslegung die Erläuterungen des Präsidiums heran, so wird deutlich, dass diese zwischen den beiden Bereichen keine klare Trennung wie in der deutschen Grundrechtslehre vornehmen. So bestimmt die erste Liste, dass die dort genannten Artikel der Charta, die nur aus dem Schutzbereich bestehen, Bedeutung und Tragweite wie die entsprechenden EMRK-Rechte haben, wobei hier Schutzbereich und Schranken einbezogen sind. In der zweiten Liste stehen die Rechte der Charta, die die dieselbe Bedeutung haben, deren Tragweite aber umfassender sein soll. Gerade hier wird der Unterschied zwischen den Begriffen aber nicht klar. So soll danach Art. II-69 CGR z.B. Art. 12 EMRK abdecken, der Anwendungsbereich könne aber auf andere Formen der Eheschließung ausgedehnt werden. Dies ist jedoch eine Frage des Schutzbereiches und nicht der Schranken.

Vor den Listen steht in den Erläuterungen, dass mit Art. II-112 Abs. 3 „*die Regel aufgestellt wird, dass in dieser Charta enthaltene Rechte, die den durch die EMRK garantierten Rechten entsprechen, die gleiche Bedeutung und Tragweite,* ***einschließlich der zugelassenen Einschränkungen****, besitzen, wie sie ihnen in der EMRK verliehen wird*"[803]. Dieser Formulierung kann man somit keine eindeutige Trennung entnehmen. Doch sind auch die Erläuterungen in sich nicht konsequent,[804] wie die Listen zeigen, die darüber hinaus vom „*Anwendungsbereich*" sprechen, ohne diesen neuen Begriff zu definieren.[805]

Man könnte auch der Ansicht sein, dass nur der Schutzbereich der EMRK-Rechte in die Charta zu übertragen sei.[806] Hiergegen ist systematisch einzuwenden, dass Art. II-112 Abs. 1 CGR eine Regelung über die Einschränkbarkeit der Charta-Rechte enthält, so dass es sich bei Art. II-112 Abs. 3 CGR zumindest auch um eine Schrankenregelung handeln muss. Weiter bestimmt die Überschrift des Artikels, dass es um die "*Tragweite und Auslegung der Rechte und*

---

801 *Schmitz*, JZ 2001, 833, 838, der sich auf *Grabenwarter* bezieht. Ebenso *Dorf*, JZ 2005, 126, 128.

802 Ausführlich *Grabenwarter*, in: Cremer/Giegerich/Richter/Zimmermann (Hrsg.), FS Steinberger, S. 1129, 1137.

803 Erklärung Nr. 12 betreffend die Erläuterungen zur Charta der Grundrechte, ABl. EG Nr. C 310 v. 16.12.2004, S. 424, 464 (Hervorhebung der Verfasserin).

804 So auch *Weber*, DVBl. 2003, 220, 224, der weiter die anderen Sprachversionen zum Vergleich heranzieht.

805 Siehe dazu *Alber/Widmaier*, EuGRZ 2006, 113, 119 f.

806 So *Philippi*, Charta, S. 44.

Grundsätze" gehen soll. Zur Auslegung eines Grundrechtes gehören auch immer die Schranken, da ohne sie nicht der genaue Regelungsinhalt des Rechts bestimmt werden kann. Es sollte demnach historisch gesehen mit Art. II-112 Abs. 3 CGR eine Normierung der Schranken der Charta erfolgen, die sich nur vereinzelt bei einigen Grundrechten direkt finden.[807]

Schließlich wird vertreten, dass man die Begriffe nicht exakt definieren und voneinander abgrenzen müsse, da es allein darauf ankomme, dass die EMRK-Rechte in die Charta hinsichtlich Schutzbereich und Rechtfertigung von Eingriffen inkorporiert werden.[808] Daraus folgt aber, dass auch hier sehr wohl zwischen Schutzbereich und Rechtfertigungsebene differenziert wird, so dass es sachgerechter erscheint, die von *Grabenwarter* vorgenommene Unterscheidung zu übernehmen. Letzterer Ansicht ist eingeschränkt dahingehend zuzustimmen, dass es Ziel des Artikels ist, die EMRK materiell zu übernehmen, soweit ein „*Entsprechen*" vorliegt.

bb) „Gleich"

Ferner ist zu klären, ob mit „*gleich*" „deckungsgleich" gemeint ist und ob hier die Rechtsprechung des *EGMR* bindend ist. Dies ist entscheidend für die Auslegung des Art. II-112 Abs. 3 S. 2 CGR, der in Folge einer Bindungswirkung und Identität der Rechte keine eigenständige Bedeutung hätte. Denn ein Mehr an Grundrechtsschutz könnte die Charta in diesem Fall nicht gewährleisten. Versteht man den Art. II-112 Abs. 3 CGR hingegen so, dass er jedenfalls das Schutzniveau der EMRK sichern soll, so bliebe Raum für die Entfaltung einer eigenen Dogmatik der Charta-Rechte.[809]

Vergleicht man die deutsche Fassung mit den englischen und französischen Sprachfassungen („*the same*" und „*les mêmes*"), die vor der endgültigen Fassung den Wortlaut „*similar*" und „*similaires*" hatten, so ergibt sich daraus, dass nunmehr Ähnlichkeit gerade nicht ausreichen soll.[810] Auch der deutsche Wortlaut „*gleich*" spricht für das Erfordernis der Identität.

---

807 So hatte Art. II-112 auch zunächst die Überschrift „*Einschränkung der gewährleisteten Rechte*". Siehe hiezu *Bernsdorff/Borowsky*, CGR – Sitzungsprotokolle, S. 233 ff.

808 *Borowsky*, in: Meyer (Hrsg.), Kommentar zur CGR, Art. 52 Rn. 30 a.

809 Hierzu *Schmitz*, JZ 2001, 833, 838 f.

810 Siehe hierzu *Molthagen*, Verhältnis der EU-Grundrechte zur EMRK, S. 79; *Borowsky*, in: Meyer (Hrsg.), Kommentar zur CGR, Art. 52 Rn. 31; *Schmitz*, JZ 2001, 833, 839; *ders.*, EuR 2004, 691; *Dippel*, Kompetenzabgrenzung, S. 135.

cc) Verbindlichkeit der Rechtsprechung des *EGMR*

Um Identität mit den Rechten der EMRK zu erreichen, müsste die Rechtsprechung des *EGMR* verbindlich zu beachten sein und sie müsste „eins-zu-eins" in das Recht der Charta übertragen werden. Verbindlicher Interpret der Charta-Rechte, die denen der EMRK Rechte entsprechen, wäre dann der *EGMR* und nicht der *EuGH*.

Hierfür spricht, dass mit dem *EGMR* ein Gericht geschaffen worden ist, welches den völkerrechtlichen Vertrag verbindlich für die Konventionsstaaten auslegen soll.[811] Die EG ist bisher kein Mitglied der EMRK, so dass sie, wie bereits am Anfang der Arbeit festgestellt wurde, nicht an die EMRK gebunden sein kann. Für die Mitgliedstaaten, die die Charta bei der Durchführung des Rechts der Union anzuwenden haben, könnte etwas anderes gelten. Sie sind nach Art. 1 EMRK verpflichtet, allen ihrer Hoheitsgewalt unterstehenden Personen, die Recht und Freiheiten der EMRK zuzusichern, wobei die Staaten verpflichtend die Auslegung des *EGMR* zu beachten haben (siehe oben 2. Kapitel:A.III.3). Da die Staaten bei der Durchführung des Unionsrechts Hoheitsgewalt anwenden, steht der Anwendung des Art. 1 EMRK zunächst auch nichts entgegen.

Fraglich ist damit, ob allein über Art. 1 EMRK die Rechtsprechung des *EGMR* in die Charta-Rechte hineinzulesen ist. Denn Art. 1 EMRK gilt nur für die EMRK selbst, nicht für andere Grundrechte. Damit wäre nicht davon auszugehen, dass die Mitgliedstaaten verpflichtet sind, die Rechte der Charta entsprechend denen der EMRK auszulegen. Gleichzeitig bleibt aber ihre Verpflichtung aus Art. 1 EMRK bestehen. Hieraus folgt, dass sie bei der Ausübung von Hoheitsgewalt das Schutzniveau der EMRK nicht unterschreiten dürfen, um sich keines Verstoßes gegen die Konvention schuldig zu machen. Um dies zu vermeiden, werden die Staaten faktisch die Rechtsprechung beobachten und auch beachten. Käme es zu einem Rechtsstreit vor dem *EuGH*, der als Organ der EG nach dem bisherigen Ergebnis nicht an die Lesart des *EGMR* gebunden wäre, könnte es zu einer neuen Pflichtenkollision der Mitgliedstaaten kommen.

Möglich ist jedoch, dass sich aus dem Wortlaut und der Entstehungsgeschichte des Art. II- 112 Abs. 3 CGR sowie dem Zweck dieser Norm ein anderes Ergebnis ergibt.

Allein der Wortlaut der Norm gibt bisher keinen Anlass dafür, anzunehmen, dass eine Beachtung der Rechtsprechung zu erfolgen hat.[812] Man könne dies je-

---

[811] So ist wohl auch *Öhlinger*, in: Karl (Hrsg.), Internationale Gerichtshöfe und nationale Rechtsordnung, S. 123, 137 zu verstehen, der keine weitere Begründung folgen lässt.

[812] Vgl. *Thym*, in: Mahler/Weiß (Hrsg.), Menschenrechtsschutz im Spiegel von Wissenschaft und Praxis, S. 110, 140; kurz *Schwartmann*, AVR 43. Bd. (2005), 129, 136.

doch der Präambel der Charta und den Erläuterungen entnehmen.[813] Richtig ist, dass die Präambel auf die Rechtsprechung des *EGMR* verweist. Davor nennt sie allerdings ebenfalls die Rechtsprechung des Gerichtshofes der Europäischen Union, so dass auch dessen Auslegung für die Bestimmung der Rechte der Charta maßgeblich sein soll.[814] Da die Präambel eine Interpretationshilfe darstellt, kann sie keine rechtliche Bindungswirkung an die Auslegung des *EGMR* herstellen. Nach zutreffender Auffassung sind die Bestimmungen der Präambel als Leitlinien für die Auslegung anzusehen und daraus zu folgern, dass diese dafür Sorge tragen sollen, dass sich die „*volle Miterwägung der Rechtsprechung des EGMR verstetigt*".[815] Diese Lesart bestätigt die bisherige Praxis des *EuGH*, bei der Auslegung der Grundrechte die Rechtsprechung des *EGMR* mit einzubeziehen und sie teilweise zu übernehmen (siehe ausführlich 4. Kapitel:A). Ein „Mehr" an Verbindlichkeit lässt sich der Präambel nicht entnehmen.

Auch in den Erläuterungen wird nicht nur der *EGMR* erwähnt, sondern auch der *EuGH*. Diese gehen sogar exakter als die Präambel davon aus, dass „*die Bedeutung und Tragweite der garantierten Rechte [...] auch durch die Rechtsprechung des EGMR und durch den Gerichtshof der Europäischen Union bestimmt*" werden. Daraus kann man gerade keine Bindung dergestalt herleiten, dass der *EGMR* zum alleinigen authentischen Interpret der entsprechenden Charta-Rechte wird. Weiter sind die Erläuterungen, wie schon gesehen, rechtlich unverbindlich und dienen wie die Präambel der Auslegung. Hinzutritt, dass z.B. die Erläuterungen zu Art. II-107 CGR (Recht auf einen wirksamen Rechtsbehelf und ein unparteiisches Gericht) ausdrücklich auf die Rechtsprechung des *EGMR*

---

813 So *v. Danwitz/Röder*, in: Stern/Tettinger (Hrsg.), Die Europäische Grundrechte-Charta im wertenden Verfassungsvergleich, S. 31, 51. Ebenfalls *Grabenwarter/Pabel* in: Stern/Tettinger (Hrsg.), Die Europäische Grundrechte-Charta im wertenden Verfassungsvergleich, S. 81, 83, die aber nur davon ausgehen, dass die Rechtsprechung des *EGMR* mit in die Auslegung der Charta einbezogen wird, dabei offen lassend, ob dies verbindlich geschehen soll. So auch *Griller*, in: Duschanek/Griller (Hrsg.), Grundrechte für Europa, S. 131, 158, der von der Bedeutung der Urteile des *EGMR* im Anwendungsbereich der Charta spricht. Ebenfalls ohne nähere Begründung *Stern*, in: ders./Tettinger (Hrsg.), Die Europäische Grundrechte-Charta im wertenden Verfassungsvergleich, S. 13, 23; *Vranes*, in: Mantl/Puntscher Riekmann/Schweitzer (Hrsg.), Konvent zur Zukunft der EU, S. 57, 65 ff.

814 *Ress*, in: Duschanek/Griller (Hrsg.), Grundrechte für Europa, S. 183, 206, entnimmt der Charta, dass der *EGMR* als authentischer Interpret der Charta anerkannt wird und dass die Erwähnung des *EuGH* dieser Linie nicht abträglich sei. Offen bleibt seine Begründung, da er gleichfalls davon ausgeht, dass sich dies nicht explizit aus der Charta ergibt, bestimmt aber nicht woraus dann. Anders aber *ders.*, Vortrag an der Humboldt-Universität zu Berlin am 11. April 2002, FCE 2/02, S. 1, 4, wo er von einer Orientierungswirkung ausgeht.

815 *Rodríguez Iglesias*, EuGRZ 2002, 206, 207. In diese Richtung auch *Bernsdorff*, NdsVBl. 2001, 177, 183; *Alber/Widmaier*, EuGRZ 2006, 113, 120.

verweisen: „*In Bezug auf Absatz 3 sei darauf hingewiesen, dass nach der Rechtsprechung des Europäischen Gerichtshofs für Menschenrechte eine Prozesskostenhilfe zu gewähren ist, wenn mangels einer solchen Hilfe die Einlegung eines wirksamen Rechtsbehelfs nicht gewährleistet wäre (Urteil EGMR vom 9.10.1979, Airey, Serie A, Band 32, S. 11).*“ Diese Auslegungsvorgabe hätten die Erläuterungen nicht geben müssen, wenn man grundsätzlich davon ausgehen würde, dass die entsprechenden Grundrechte anhand der Rechtsprechung des *EGMR* zu interpretieren seien und alleine dessen Auslegung für die Charta verbindlich wäre. Vielmehr folgt hieraus, dass zwar die Rechtsprechung zu beachten oder auch zu berücksichtigen ist, sie aber mit Ausnahme der Fälle in denen sie durch die Erläuterungen einbezogen wird, nicht verbindlich ist. Nehmen die Erläuterungen auf Urteile des *EGMR* Bezug, so werden diese Urteile originäre Auslegungsvorgaben zur Charta.

Weiter könnte die Entstehungsgeschichte des Art. II-112 Abs. 3 CGR Aufschluss über eine mögliche Bindung an die Rechtsprechung des *EGMR* geben. In den vorbereitenden Sitzungen war dieses Thema diskutiert worden und es wurde gefordert, einen Verweis auf die Entscheidungen des Menschenrechtsgerichtshofes einzufügen.[816] Schließlich konnten sich die Vertreter nicht auf einen solchen Verweis in den horizontalen Bestimmungen einigen, so dass der jetzige, bewusst gewählte Wortlaut maßgeblich ist.[817] Gegen diesen Wortlaut und die Geschichte der Norm kann man demnach keine Bindungswirkung der Urteile des *EGMR* in den Artikel hineinlesen, auch wenn dies wünschenswert wäre.

Allerdings könnten Sinn und Zweck der horizontalen Bestimmung des Art. II-112 Abs. 3 CGR dafür sprechen, dass die Rechtsprechung aus Straßburg maßgeblich und verbindlich sein soll. Mit Art. II-112 CGR soll eine Kohärenz im Grundrechtsschutz in Europa erzielt werden.[818] Dieses Ergebnis ist nur dann zu erreichen, wenn die jeweiligen Grundrechte gleich ausgelegt werden. Dafür müsste ein Gericht letztverbindlich zuständig sein. Daraus könnte man folgern, dass die Staaten sich damit einverstanden erklärt haben, dass im Recht der EU – denn dort ist die Charta angesiedelt – der *EGMR* soweit authentischer Interpret

---

816 Siehe *Bernsdorff/Borowsky* (Hrsg.), CGR – Sitzungsprotokolle, S. 236 und 300 ff. und hierzu ausführlich *Molthagen*, Verhältnis der EU-Grundrechte zur EMRK, S. 139 ff.

817 Vgl. *Ress*, Vortrag an der Humboldt-Universität zu Berlin am 11. April 2002, FCE 2/02, S. 1, 4. *Callewaert*, EuGRZ 2003, 198, 199 sieht diesen Aspekt und geht trotzdem davon aus, dass allein durch Präambel und Erläuterungen die Absichten des Konvents ohne Zweifel sein dürften. Dann hätte dies aber gerade in den Artikel selbst aufgenommen werden müssen.

818 Dieser Wunsch nach Kohärenz steht wohl auch hinter der Argumentation einiger Autoren. Z.B. *Borowsky*, in: Meyer (Hrsg.), Kommentar zur CGR, Art. 52 Rn. 37; *Dorf*, JZ 2005, 126, 128. Dabei wird jedoch übersehen, dass die Norm dieses Ziel in der jetzigen Fassung nicht erfüllen kann.

sein soll, wie sich die Rechte von Charta und EMRK entsprechen. Dies hieße aber, dass dem *EuGH* diesbezüglich die Kompetenz genommen wäre. Dagegen spricht jedoch wie eben gesehen die Entstehungsgeschichte des Art. II-112 Abs. 3 CGR, nach der die Staaten zwar Kohärenz herstellen wollten, eine Bindung an die Rechtsprechung aber bewusst nicht festgelegt haben. Auch Präambel und Erläuterungen gehen nicht von einer alleinigen Interpretationshoheit des *EGMR* aus. Sie beziehen jeweils den *EuGH* mit ein. Daraus folgt, dass zwar ein einheitlicher Grundrechtsschutz in Europa gewünscht war und auch Ziel des Artikels sein sollte, aber in letzter Konsequenz eine Bindung an das Straßburger Organ erst durch einen Beitritt der EG zur EMRK erfolgen kann.[819]

Somit ergibt sich nach einer Auslegung des Art. II-112 Abs. 3 S. 1 CGR, dass die „*gleiche Bedeutung und Tragweite*" nicht verbindlich durch den *EGMR* bestimmt wird, sondern dass dessen Entscheidungen eine zu beachtende Orientierungshilfe geben.[820] Identität kann mithin nur insoweit erzielt werden, wie dem *EGMR* freiwillig gefolgt wird. Daran zeigt sich erneut, dass die Norm in dieser Form missglückt und in sich nicht schlüssig ist und daher überarbeitet werden sollte. Die wichtige Grundfrage der Kohärenz wurde nicht zufriedenstellend gelöst.[821] Zu erwarten ist also, dass der *EuGH* die Bestimmungen der Charta auslegen und sich dabei an der Rechtsprechung des *EGMR* orientieren wird. Schutzbereich und Schranken der EMRK werden daher nur ihrem Wortlaut nach übernommen. Zuletzt lässt allein diese Lösung dem Art. II-112 Abs. 3 S. 2 CGR einen eigenen Anwendungsbereich.

dd) Art. II-112 Abs. 3 S. 2 Charta der Grundrechte

Nach Art. II-112 Abs. 3 S. 2 CGR soll Art. II-112 Abs. 3 S. 1 CGR dem nicht entgegenstehen, dass das Recht der Union einen weiter gehenden Schutz als die EMRK gewährt. Einen solchen kann die Union nur gewähren, wenn dem *EuGH* die Kompetenz bleibt, auch die Grundrechte, die denen der EMRK entsprechen, eigenständig auszulegen. Wäre er an die Auslegung des *EGMR* gebunden, so könnte die Union in ihrem Schutzniveau nicht über das der EMRK hinausgehen.[822] Demzufolge spricht auch Satz 2 dafür, dass in Satz 1 keine Bindung an

---

819 Dies kann man auch *Fischbachs* Äußerung in der 13. Sitzung des Konvents entnehmen, indem er ausführt, dass ein Verweis alleine nicht ausreiche, um Kohärenz herzustellen, sondern dass man sich vielmehr über einen Beitritt Gedanken machen müsse. Siehe *Bernsdorff/Borowsky* (Hrsg.), CGR – Sitzungsprotokolle, S. 301.

820 So auch im Ergebnis *Molthagen*, Verhältnis der EU-Grundrechte zur EMRK, S. 154.

821 *Ress*, Vortrag an der Humboldt-Universität zu Berlin am 11. April 2002, FCE 2/02, S. 1, 4.

822 So *Schmitz*, JZ 2001, 833, 839. Ebenfalls in diese Richtung *Borowsky*, in: Meyer (Hrsg.), Kommentar zur CGR, Art. 52, Rn. 39, der dem *EuGH* Zurückhaltung auferlegen will,

das Straßburger Gericht erfolgen sollte. Sonst wäre die Norm überflüssig. Vielmehr kann man davon ausgehen, dass die sog. Öffnungsklausel der Orientierung an der Rechtsprechung des *EGMR* entgegensteht.[823] Aus der Regelung ergibt sich eher, dass dem *EuGH* die Möglichkeit gegeben werden soll, die Charta umfassender zu verstehen und die Autonomie des Gemeinschaftsrechts zu bewahren. Die Orientierung an der EMRK und der Rechtsprechung des *EGMR* bewirkt dabei nur, dass deren Schutzniveau zum Grundstandard wird, dessen Unterschreitung verboten ist.[824] Gleichzeit wird so der Gefahr vorgebeugt, dass sich der durch die EMRK gewährte Schutz verschlechtern könnte, sollte sich die Rechtsprechung ändern (was im Grunde nicht zu erwarten ist). Mittels dieser Regelung steht der EU zukünftig die Möglichkeit offen, die weitere Entwicklung des Grundrechtsschutzes voranzutreiben.[825]

2. Art. II-113 Charta der Grundrechte

Die zweite horizontale Klausel befindet sich in Art. II-113 CGR, die in Art. 53 EMRK ihr Vorbild hatte. Auch hier wird auf die EMRK Bezug genommen, so dass dieser Artikel ebenfalls für das Verhältnis der Gerichtshöfe zueinander Relevanz haben könnte.

Nach Art. II-113 CGR ist keine Bestimmung der Charta als eine Einschränkung oder Verletzung der Menschenrechte und Grundfreiheiten auszulegen, die in dem jeweiligen Anwendungsbereich u.a. durch das Recht der Union und das Völkerrecht, insbesondere durch die EMRK anerkannt werden. Zweck der Regelung ist mithin, das bestehende Schutzniveau aufrechtzuerhalten.[826] Dieser Zweck basiert auf dem Grundgedanken, dass sich die Charta in die bestehenden

---

wenn dieser weitergehenden Schutz gewähren möchte. Für eine solche geforderte Zurückhaltung gibt es hingegen keine rechtlichen Anhaltspunkte.

823 So *Bernsdorff*, NdsVBl. 2001, 177, 183; *Dippel*, Kompetenzabgrenzung, S. 162.

824 Vgl. Erklärung Nr. 12 betreffend die Erläuterungen zur Charta der Grundrechte, ABl. EG Nr. C 310 v. 16.12.2004, S. 424, 464; ähnlich *Alber/Widmaier*, EuGRZ 2006, 113, 119. Die *Venice Commission* des Europarates sieht die EMRK ebenfalls als „minimum standard" an. Siehe CDL-AD (2003) 92, Opinion No. 256/2003, Nr. 32.

825 Dazu *Grabenwarter/Pabel*, in: Stern/Tettinger (Hrsg.), Die Europäische Grundrechte-Charta im wertenden Verfassungsvergleich, S. 81, 92.

826 So Erklärung Nr. 12 betreffend die Erläuterungen zur Charta der Grundrechte, ABl. EG Nr. C 310 v. 16.12.2004, S. 424, 467. Die Vorschrift ist besonders wichtig für das Verhältnis zu den nationalen Grundrechten, was für die vorliegende Arbeit jedoch nicht relevant ist und daher nicht weiter erläutert wird. Siehe hierzu mit weiteren Hinweisen *Borowsky*, in: Meyer (Hrsg.), Kommentar zur CGR, Art. 53. Auch der Frage, wie das Verhältnis der horizontalen Klauseln in mehrpoligen Grundrechtsverhältnissen zu behandeln ist, wird hier nicht nachgegangen, da es für das Ergebnis der Arbeit kein Rolle spielt. Siehe dazu *Grabenwarter*, in: Cremer/Giegerich/Richter/Zimmermann (Hrsg.), FS Steinberger, S. 1129, 1142 ff.

Schutzsysteme möglichst schonend einfügen und keinesfalls zu einem Absinken des Niveaus beitragen soll.[827] Damit lässt sich auch das zweite Ziel des Artikels erklären, nämlich Völkerrechtsverletzungen durch die Mitgliedstaaten, insbesondere Verstöße gegen die EMRK, zu vermeiden.[828] Deswegen spricht man von einer Günstigkeitsklausel, nicht aber von einer Transferklausel, da Art. 53 CGR nicht bewirkt, dass das jeweils höchste Schutzniveau in die Charta hineingelesen oder von ihr übernommen wird.[829] Dies ist zwar für die EMRK der Fall, ergibt sich für diese aber nur aus Art. II-112 Abs. 3 CGR.

Da Art. II-113 CGR umfassend gilt, darf auch die Anwendung des Art. II-112 Abs. 3 CGR nicht zu einer Einschränkung oder Verletzung des Schutzes durch die EMRK führen. Fraglich ist hier wiederum, wer das betreffende Schutzniveau festlegt, ob also die Rechtsprechung des *EGMR* hier verbindlich zu beachten ist. Dann würden Art. II-112 Abs. 3 CGR und Art. II-113 CGR im Widerspruch zueinander stehen. Einmal könnte der *EuGH* die Rechte der EMRK so auslegen, wie er es für geboten hält, andererseits darf die Auslegung nicht andere Rechte der EMRK verletzen oder einschränken, so wie sie der *EGMR* als gewährleistet ansieht.

Im Konvent war die Einbeziehung der Rechtsprechung des *EGMR* wie auch bei Art. II-112 Abs. 3 CGR im Rahmen des Art. II-113 CGR hoch umstritten, so dass sich zuerst ein solcher Verweis in einer der Fassungen befand.[830] Dieser wurde letztlich wieder gestrichen. Damit konnten sich die Vertreter nicht darauf einigen, die Rechtsprechung des *EGMR* in die Charta verbindlich einzubeziehen. In einer der Diskussionen machte der französische Vertreter *Braibant* am Ende die Bemerkung, dass es nicht Aufgabe des Konvents sei, die Kompetenzen der beiden europäischen Gerichtshöfe zu regeln. Es solle weiterhin eine Inspiration des *EuGH* durch den *EGMR* erfolgen und schließlich *„habe derjenige Gerichtshof das „Prä", der zuerst entscheide"*.[831] Daran erkennt man, dass zwar Kohärenz geschaffen werden sollte, es aber keinen Konsens über den Weg hierzu gab und die Regelung des Kompetenzgefüges auch nicht als Auftrag des Grundrechtekonvents angesehen wurde. Ansonsten gelten dieselben Argumente

---

827 Vgl. *Borowsky*, in: Meyer (Hrsg.), Kommentar zur CGR, Art. 53 Rn. 7.

828 *Grabenwarter*, in: Cremer/Giegerich/Richter/Zimmermann (Hrsg.), FS Steinberger, S. 1129, 1143; *ders.*, EuGRZ 2004, 563, 566.

829 Siehe u.a. *Grabenwarter/Pabel*, in: Stern/Tettinger (Hrsg.), Die Europäische Grundrechte-Charta im wertenden Verfassungsvergleich, S. 81, 92; *Weiß*, ZEuS 2005, 323, 334; *Borowsky*, in: Meyer (Hrsg.), Kommentar zur CGR, Art. 53 Rn. 9; *Dippel*, Kompetenzabgrenzung, S. 143.

830 Siehe *Bernsdorff/Borowsky* (Hrsg.), CGR – Sitzungsprotokolle, S. 300 ff. und *Borowsky*, in: Meyer (Hrsg.), Kommentar zur CGR, Art. 53 Rn. 3 ff.

831 *Braibant*, in: Bernsdorff/Borowsky (Hrsg.), CGR – Sitzungsprotokolle, S. 304.

wie bei Art. II-112 Abs. 3 CGR (siehe oben 5. Kapitel:A.I.1.b)cc)). Mithin ist der *EuGH* auch im Rahmen des Art. II-113 CGR frei, die Bestimmung autonom auszulegen, wobei er vermutlich wie bei Art. II-112 Abs. 3 CGR die Entscheidungen des *EGMR* in seine Erwägungen einstellen wird. Sicherlich wäre es für die Kohärenz der Grundrechtsschutz von Vorteil gewesen, wenn ein verbindlicher Verweis eingefügt worden wäre, doch dann hätte auch Art. II-112 Abs. 3 CGR anders formuliert sein müssen.[832] Diese Bestimmung der Charta trägt also ebenfalls nicht zu einer Klärung des Verhältnisses der Gerichtshöfe zueinander bei, sondern sorgt einzig dafür, den status quo des Grundrechtsschutzes in Europa nicht zu unterschreiten.

II. Bestimmung der EMRK und Bezugnahme durch den EGMR

Nachdem die Bestimmungen der Charta betrachtet wurden, ist zu untersuchen, ob die EMRK Regelungen enthält, die das Verhältnis der Gerichtshöfe zueinander betreffen und wie sich der *EGMR* in seiner Rechtsprechung zur Charta stellt.

1. Art. 53 EMRK

Zunächst findet sich in der Charta Art. 53 EMRK, der wie bei Art. II-113 CGR erwähnt, dessen Vorbild gewesen ist. Die Vorschrift bestimmt, dass die EMRK nicht so auszulegen ist, als beschränke oder beeinträchtige sie Menschenrechte, die in den Gesetzen oder anderen völkerrechtlichen Übereinkünften der Konventionsstaaten anerkannt werden. Damit ist auch in der Konvention ein Günstigkeitsprinzip verankert, aus dem folgt, dass es sich bei der EMRK um den Mindeststandard handeln soll, nationale Regelungen – nicht nur Verfassungen – und andere völkerrechtliche Verträge, an denen die Konventionsstaaten beteiligt sind, aber weitergehende Schutzstandards aufstellen können.[833]

Art. 53 EMRK gilt nicht für den *EGMR*, sondern verpflichtet die Konventionsstaaten, so dass der *EGMR* nur überwacht, ob diese die Verpflichtung beachten.[834] Die Staaten müssen demnach, wenn sie die EMRK im nationalen Recht auslegen, darauf achten, dass sie den Individuen den günstigeren Schutz zukommen lassen.

Die Charta ist wie oben gesehen noch kein völkerrechtlich verbindlicher Vertrag (2. Kapitel:B.VI.3), so dass sie allenfalls unter „*Gesetze*" iSd Art. 53 EMRK fal-

---

[832] Vgl. *Philippi*, Charta, S. 45, die eine Erwähnung der Rechtsprechung für wünschenswert erachtet, dabei jedoch nicht das Verhältnis zu Art. II-112 Abs. 3 CGR im Auge behält.

[833] Siehe hierzu allgemein *Grabenwarter*, EMRK, § 2 Rn. 14 ff.; *Frowein/Peukert*, in: dies. (Hrsg.), EMRK Kommentar, Art. 60.

[834] *De Meyer*, in: Matscher/Petzold (eds.), FS Wiarda, S. 125f.; *Grabenwarter*, in: Busek/Hummer (Hrsg.), Europäischer Konvent und sein Ergebnis, S. 71, 80.

len könnte. Wenn ihr Inhalt Teil der Verfassungsüberlieferungen der Mitgliedstaaten ist, so zählt sie insoweit zum Begriff der Gesetze. Denn unter „*Gesetzen*" werden nicht nur die Verfassungen an sich verstanden.[835] Die Charta kann daher in den Teilen, in denen sie den Verfassungsüberlieferungen der Konventionsstaaten entspricht, bzw. aus denen abgeleitet wird, in den Tatbestand von Art. 53 EMRK hineingelesen werden. Daraus folgt, dass die Mitgliedstaaten, wenn sie die Charta anwenden, auch nach der EMRK nicht hinter deren Schutzniveau zurückbleiben dürfen.

Diese Auslegung korrespondiert mithin mit Art. II-112 Abs. 3 und Art. 53 CGR. Der *EGMR* kann also überprüfen, ob die Konventionsstaaten die Rechte der Charta umfassend beachtet haben und dem jeweiligen Betroffenen das günstigere Recht gewähren. Insoweit muss der *EGMR* die Charta auslegen, um festzustellen, welches Recht günstiger ist. Dabei wird er wohl – wenn der *EuGH* die Charta heranziehen wird – dessen Entscheidungen freiwillig einbeziehen. Dies könnte zu einem „umgekehrten" Divergenzproblem führen, doch ist dieses zu vernachlässigen, da nicht zu erwarten ist, dass die Mitgliedstaaten einen geringeren Schutz gewähren werden, so dass Art. 53 EMRK praktisch keine Rolle spielen dürfte. Es handelt sich um ein rein theoretisches Problem. Einzig folgt hieraus, dass die Charta, ohne völkerrechtlich verbindlich zu sein, schon jetzt Relevanz im Rahmen der Rechtsprechung des *EGMR* besitzt. Das Verhältnis zwischen *EuGH* und *EGMR* löst Art. 53 EMRK nicht zu Gunsten bzw. zu Lasten eines der Gerichtshöfe.

2. Entscheidungen des EGMR zur Charta der Grundrechte

Dass die Charta trotzdem bereits jetzt rechtliche Relevanz für den *EGMR* besitzt, zeigt sich an verschiedenen seit Vorliegen der Charta ergangenen Urteilen.

So geht der *EGMR* in der Rechtssache *Bosphorus* (siehe zu dieser Entscheidung ausführlich oben unter 3. Kapitel:B.III.8) davon aus, dass die Charta noch nicht vollständig verbindlich ist („*also not fully binding*").[836] Daraus könnte man demnach folgen, dass er sie teilweise als verbindlich ansieht und sie deswegen auch in seinen Entscheidungen zitieren wird und auch schon zitiert hat. Oder aber er sieht die Charta insgesamt auf einer „Vorstufe" zur Verbindlichkeit und damit als zumindest nicht irrelevant an.

---

[835] Hierzu *Grabenwarter*, EMRK, § 2 Rn. 15.

[836] *EGMR*, Rs. 45036/98, Urt. v. 30.6.2005, Rn. 159 – Bosphorus Hava Yollari Turizm Ve Ticaret AS/Irland.

Zum Teil nimmt er nur bei der Aufzählung der für den Rechtsstreit relevanten internationalen Texte auf die Charta Bezug,[837] zum Teil zieht er sie aber zur Begründung eines Wandels in der Rechtsüberzeugung der Konventionsstaaten heran. Wie in den Rechtssachen *Goodwin* und *I.* liest der *EGMR* aus dem Wortlaut des Art. II-69 CGR – dem Recht eine Ehe einzugehen – heraus, dass sich in den Mitgliedstaaten ein Wandel vollzogen hat und damit auch Art. 12 EMRK so ausgelegt werden müsse, dass Transsexuellen ein Recht auf Eheschließung zukomme. Schließlich sei der Text der Charta „*wohlüberlegt*" unterschiedlich zu dem der EMRK gefasst und nehme keinen Bezug mehr auf „*Frauen und Männer*".[838] Auch in der schon erwähnten Rechtssache *Hatton* haben die Richter der abweichenden Meinung die Charta zur Auslegung des Art. 8 EMRK herangezogen. Mit Art. II-97 CGR hätten die Mitgliedstaaten gezeigt, dass sie im Umweltschutz ein hohes Schutzniveau anstreben.[839] Weiter erklärte der *EGMR* in der Rechtssache *Zigarella*, dass der „*non bis in idem-Grundsatz*", welcher in der Konvention in Art. 4 des 7. Protokolls verankert ist, auch in der Charta in Art. II-110 niedergelegt wurde.[840] Dabei geht er nicht darauf ein, ob diese nun einen verbindlichen Rechtstext darstellt oder nicht, nennt aber im direkten Anschluss an die Charta Art. 14 Abs. 7 IPbpR, der ohne Zweifel in Kraft getreten ist und seine Mitgliedstaaten bindet.

Die Charta besitzt demnach für den *EGMR* dergestalt rechtliche Relevanz, dass er sie schon jetzt als zu beachtenden Rechtstext nennt und seine Auslegung der EMRK-Rechte mit der Charta vergleicht und diese zur Unterstützung der von ihm gefundenen Ergebnisse heranzieht. Schließlich ist die Entwicklung der Charta für ihn u.a. ein Zeichen für den vergleichbaren Grundrechtsschutz im Rahmen der EG, so dass allein deswegen ihr Wert nicht zu unterschätzen ist.

B. Rechtsfolgen für den Grundrechtsschutz

Charta und EMRK stehen wie gesehen nicht unabhängig nebeneinander, sondern sind rechtlich miteinander verschränkt, auch ohne dass die Charta völkerrechtliche Verbindlichkeit erlangt hätte. Da sie zumindest teilweise als Verfassungsüberlieferung der Mitgliedstaaten zu beachten ist, könnte sie Auswirkun-

---

[837] So *EGMR*, Rs. 5222562/99 u. 52620/99, Urt. v. 11.1.2006 – Sörensen und Rasmussen/Dänemark; *EGMR*, Rs. 45036/98, Urt. v. 30.6.2005, Rn. 80 – Bosphorus Hava Yollari Turizm ve Ticaret Anonim Sirketi/Irland.

[838] Siehe jeweils *EGMR*, Rs. 28957/95, Urt. v. 11.7.2002, Rn. 100 – Goodwin/Vereinigtes Königreich und *EGMR*, Rs. 25680/94, Urt. v. 11.7.2002, Rn. 80 – I./Vereinigtes Königreich.

[839] Gemeinsame abweichenden Meinung der Richter *Costa*, *Ress*, *Türmen*, *Zupančič*, *Steiner* zu *EGMR*, Rs. 36022/97, Urt. v. 8.7.2003, Rn. 37 – Hatton u.a./Vereinigtes Königreich.

[840] *EGMR*, Rs. 48154/99, Entsch. v.3.10.2002 – Zigarella/Italien.

gen auf den Rechtsschutz, also die Verfahren vor dem *EuGH* wie auch vor dem *EGMR* haben. Zu klären ist ebenfalls, wie sie sich auf mögliche Divergenzen auswirkt.

I. Verfahren

Die Auswirkungen auf die Verfahren vor *EuGH* und *EGMR* ergeben sich zum einen aus den horizontalen Bestimmungen, zum anderen aus einer möglichen Auslegung der bestehenden Individualrechtsschutzmöglichkeiten nach Art. 230 Abs. 4 EG.

1. Gefahr des Grundrechtsschutzes „à la carte"

Die horizontalen Bestimmungen der Charta sollen ihrer Idee nach für einen kohärenten Grundrechtsschutz sorgen. Die in ihnen aufgestellten Günstigkeitsprinzipien mögen im zweipoligen Grundrechtsverhältnis, d.h. Bürger gegen Staat, wirksam sein. Schwieriger wird es hingegen im mehrpoligen Grundrechtsverhältnis, d.h. es stehen zwei unterschiedliche Rechtspositionen beteiligter Bürger dem Staat gegenüber. Als Beispiel hierfür kann man die schon fast als „klassisch" zu bezeichnende Entscheidung des *EuGH* in der Rechtssache *Schmidberger*[841] anführen.[842] Inhaltlich ging es um die Gewährleistung der Warenverkehrsfreiheit der Transportunternehmer einerseits, die sich evtl. auch auf die Berufsfreiheit nach Art. II-75 CGR hätten berufen können, und der Versammlungsfreiheit von Umweltschützern auf der anderen Seite. Versucht man diesen Fall des *EuGH* mit Hilfe der Regeln der Charta zu lösen, so ergibt sich das folgende Bild:[843]

Die versammelten Bürger könnten sich auf Art. II-72 CGR berufen, der nach Art. II-112 Abs. 3 CGR im Sinne von Art. 11 EMRK zu interpretieren ist. Ungünstigeres EG-Recht dürfte im Verhältnis zu ihnen wegen Art. II-112 Abs. 3 S. 2 CGR keine Anwendung finden. Die Transportunternehmer hingegen können sich nach Art. II-112 Abs. 3 S. 2 CGR auf das günstigere EG-Recht, nämlich auf die Warenverkehrsfreiheit oder aber auch auf die Berufsfreiheit nach Art. II-75 CGR stützen. Insoweit ist die EMRK defizitär. Nun stellt sich für den *EuGH* die Frage, wie dieser Konflikt zu bewältigen ist.

---

841 *EuGH*, Rs. C-112/00, Slg. 2003, I-5659 – Eugen Schmidberger, Internationale Transporte und Planzüge/Republik Österreich.

842 Dieses Beispiel wurde von *Grabenwarter*, in: Cremer/Giegerich/Richter/Zimmermann (Hrsg.), FS Steinberger, S. 1129, 1140 mit der Abwandlung, dass es hier um die Dienstleistungsfreiheit ging, in die Diskussion eingebracht und dann von weiteren Autoren übernommen.

843 Hierzu allein *Grabenwarter*, in: Cremer/Giegerich/Richter/Zimmermann (Hrsg.), FS Steinberger, S. 1129, 1140 ff.

Hier könnte Art. II-113 CGR die entscheidende Rolle spielen, je nachdem, wie man ihn auslegt. So kann man zunächst festhalten, dass Art. II-113 CGR auch für Art. II-112 CGR gilt, da der Artikel vorsieht, dass „*keine Bestimmung der Charta als eine Einschränkung*“ zu sehen ist (hierzu schon oben 5. Kapitel:A.I.2). Fraglich ist aber, ob die EMRK nach Art. II-113 CGR Vorrang genießt, weil sie hier gesondert genannt wurde.[844] Den Erläuterungen des Präsidiums ist zu entnehmen, dass sie aufgrund ihrer Bedeutung explizit Erwähnung findet.[845] Folgt man dieser Ansicht, so würde es für die versammelten Bürger keinen Grund geben, den *EGMR* mit der Sache zu befassen, da sie vor dem *EuGH* Recht erhielten. Damit könnte der gesplittete Rechtsweg und so formelle Divergenz vermieden werden.[846]

Allein die besondere Erwähnung der EMRK in dem Artikel ist jedoch kein schlüssiges Argument dafür, ihn als Kollisionsnorm zu verstehen. Neben der EMRK nennt Art. II-113 CGR auch das Recht der Union, welches das Gemeinschaftsrecht zweifelsfrei mit einbezieht. Zum Gemeinschaftsrecht gehören gerade die Grundfreiheiten, die hier auf der „anderen Seite“ stehen. Zweck des Art. II-113 CGR ist es daher auch, den acquis communautaires zu erhalten. Mithin kann aus dem eindeutigen Wortlaut des Art. II-113 CGR im Kollisionsfall keine vorrangige Bedeutung der Menschenrechtskonvention gefolgert werden.[847] Für den oben geschilderten Beispielsfall lässt sich daher allein aus der horizontalen Bestimmung des Art. II-113 CGR keine Lösung ableiten.

Der *EuGH* hat – dem deutschen Grundsatz der praktischen Konkordanz ähnlich – eine Abwägung der Rechte im Einzelfall vorgenommen und ist so zu einem ausgewogenen Ergebnis gekommen.[848] Eine andere Möglichkeit stünde ihm auch nach der Charta nicht zu.

Wären die versammelten Bürger in diesem Fall unterlegen, so hätten sie die Möglichkeit, sich anschließend an den *EGMR* zu wenden. Dies könnte zu einem

---

844 So *Borowsky*, in: Meyer (Hrsg.), Kommentar zur CGR, Art. 53 Rn. 20; früher *Grabenwarter*, in: Cremer/Giegerich/Richter/Zimmermann (Hrsg.), FS Steinberger, S. 1129, 1140 ff. und *ders.*, VVDStRL 60, S. 290, 342, der inzwischen zu Recht die gegenteilige Auffassung vertritt; *Dippel*, Kompetenzabgrenzung, S. 154, der dann aber die falschen Konsequenzen zieht.

845 Erklärung Nr. 12 betreffend die Erläuterungen zur Charta der Grundrechte, ABl. EG Nr. C 310 v. 16.12.2004, S. 424, 459.

846 Insoweit inkonsequent *Dippel*, Kompetenzabgrenzung, S. 154, der die Ansicht vertritt, dann aber das Problem weiter als gegeben ansieht.

847 So nun auch *Grabenwarter/Pabel*, in: Stern/*Tettinger* (Hrsg.), Die Europäische Grundrechte-Charta im wertenden Verfassungsvergleich, S. 81, 93.

848 *EuGH*, Rs. C-112/00, Slg. 2003, I-5659 – Eugen Schmidberger, Internationale Transporte und Planzüge/Republik Österreich.

Fall der formellen Divergenz führen. Allerdings ist im Lichte der Rechtsprechung in der Rechtssache *Bosphorus* zu beachten, dass der *EuGH* hier Grundrechte geprüft hätte und sich nur die Frage stellen würde, ob die Vermutung des vergleichbaren Grundrechtsschutzes in der EG in diesem Einzelfall zu widerlegen wäre, was in Anbetracht der kursorischen Prüfung in der Rechtssache *Bosphorus* eher zu bezweifeln ist. Eine Verletzung der EMRK würde somit durch den *EGMR* wohl nicht festgestellt werden. Damit bleibt jedoch das Problem des zweigleisigen Rechtsweges bestehen. Die Betroffenen könnten geneigt sein, jeweils den Gerichtshof anzurufen, der ihnen eher Recht geben wird.[849] Die Charta trägt also nicht per se dazu bei, den Rechtsschutz vor einem Gerichtshof zu bündeln.

2. Art. 230 Abs. 4 EG und die Charta

Im Zusammenhang mit der Entwicklung der Charta wurde die Einführung einer Grundrechtsbeschwerde zum *EuGH* diskutiert.[850] Hintergrund dieser Forderungen war die Tatsache, dass zwar Art. 6 und Art. 13 EMRK und nun auch Art. II-107 CGR eine Rechtsschutzgarantie vorsehen, die der *EuGH* auch in den Urteilen *Johnston*[851], *Heylens*[852] und *Borelli*[853] anerkannt hatte, diese Garantie sich aber nicht im Rechtsschutzsystem des EG-Vertrages wieder fand. Da Grundrechte nur effektiv geschützt werden können, wenn es entsprechende Verfahren zu ihrer Durchsetzung gibt, sollte zusammen mit der Charta, das gemeinschaftsrechtliche Rechtsschutzsystem um eine Grundrechtsbeschwerde erweitert werden. Hierzu wurde vorgeschlagen, Art. 230 EG um einen Abs. 6 zu erweitern, der für eine solche Beschwerdemöglichkeit sorgen sollte.[854] Diese Überlegungen konnten sich allerdings nicht durchsetzen. Die Charta wurde schließlich proklamiert, ohne dass es zu einer Einführung der Grundrechtsbeschwerde kam.

Auch im Rahmen des Konvents zur Zukunft Europas wurde eine Grundrechtsbeschwerde weder in die Charta, noch in Art. III-365 EUVV (neuer Art. 230 EG) eingefügt. Allerdings wird in Bezug auf Art. III-365 Abs. 4 EUVV diskutiert, ob das Tatbestandsmerkmal der individuellen Betroffenheit nicht immer dann gegeben sei, wenn die in Rede stehende Handlung Grundrechte des Klä-

---

849 Vgl. *Grabenwarter*, in: Cremer/Giegerich/Richter/Zimmermann (Hrsg.), FS Steinberger, S. 1129, 1141.

850 Hierzu statt vieler *Reich*, ZRP 2000, 375 ff. und nachträglich *Schwarze*, DVBl. 2002, 1313 f.

851 *EuGH*, Rs. 222/84, Slg. 1986, S. 1651 – Johnston/Chief Constable of the Royal Ulster Constabulary.

852 *EuGH*, Rs. 222/86, Slg. 1987, 4097 – Heylens.

853 *EuGH*, Rs. C-97/91, Slg. 1992, I-6313 – Borelli/Kommission.

854 Vgl. den Vorschlag für einen neuen Absatz 6 von *Reich*, ZRP 2000, 375, 378.

gers betrifft.[855] Da der neue Artikel des EUVV mit Art. 230 Abs. 4 EG korrespondiert, kann man diese Frage auch angesichts der proklamierten Charta de lege lata stellen.[856] Grundsätzlich wird das Merkmal der individuellen Betroffenheit nach der sog. *Plaumann*-Formel restriktiv interpretiert.[857] Aus zwei Urteilen des *EuGH*[858] ließe sich zwar ableiten, dass Grundrechtseingriffe dem Merkmal genügen könnte, doch wurde diese Rechtsprechung im Folgenden nicht wiederholt.[859] Vor dem Hintergrund, dass die Charta einen wirksamen Rechtsbehelf gewährleisten will, müsste das Tatbestandsmerkmal grundrechtsfreundlich oder besser gesagt rechtsschutzfreundlich ausgelegt werden, da ansonsten ein Widerspruch zwischen den garantierten Grundrechten und dem Rechtsschutzsystem der EG entstünde. Die Erläuterungen des Präsidiums gehen gleichwohl davon aus, dass weder *„das in den Verträgen vorgesehene Rechtsschutzsystem und insbesondere nicht die Bestimmungen über die Zulässigkeit direkter Klagen beim Gerichtshof der EU"* durch die Einführung des Art. II-107 CGR geändert werden sollen.[860] Gegen eine weite Auslegung des Merkmals der individuellen Betroffenheit spricht weiter, dass das Rechtsschutzsystem der EG nicht allein auf den Klagen zum *EuGH* basiert, sondern dass auch die nationalen Gerichte einen Großteil dazu beitragen. Gewähren mithin die Gerichte der Mitgliedstaaten wirksame Rechtsbehelfe, so ist dem Erfordernis des Art. II-107 CGR Genüge getan.[861] Die Gemeinschaft kann sich daher darauf berufen, dass es wirksamen Rechtsschutz gibt, sofern dieser durch die Mitgliedstaaten garantiert wird.

Dieses Zusammenspiel hat auch der *EGMR* in der Rechtssache *Bosphorus* zur Begründung des gleichwertigen Grundrechtsschutzes in der Gemeinschaft herangezogen.[862] Gerade dieser Aspekt wurde aber von den Richtern des Votum 1 (siehe ausführlich oben 3. Kapitel:B.III.8.b)) in Frage gestellt, die ein Vorabentscheidungsverfahren vor den nationalen Gerichten nicht als wirksamen Ersatz

---

855 Dazu umfassend *Haukeland Fredriksen*, ZEuS 2005, 100, 129 ff.

856 So schon *Schwarze*, DVBl. 2002, 1297, 1313 f.

857 *EuGH*, Rs. 25/62, Slg. 1963, S. 211, 238 – Plaumann/Kommission.

858 Siehe *EuGH*, Rs. C-309/89, Slg. 1994, I-1853, Rn. 21 f. – Codorniu SA/Rat und *EuGH*, Rs. C-306/93, Slg. 1994, I-5555, Rn. 24 – Winzersekt GmbH/Land Rheinland-Pfalz.

859 Vgl. *Cremer*, in Calliess/Ruffert (Hrsg.), Art. 230 EG, Rn. 54, Fn. 197 m.w.N.

860 Erklärung Nr. 12 betreffend die Erläuterungen zur Charta der Grundrechte, ABl. EG Nr. C 310 v. 16.12.2004, S. 424, 450 f.

861 Vgl. *Haukeland Fredriksen*, ZEuS 2005, 100, 130.

862 *EGMR*, Rs. 45036/98, Urt. v. 30.6.2005, Rn. 164 – Bosphorus Hava Yollari Turizm Ve Ticaret AS/Irland.

für eine nachträgliche Kontrolle ansehen.[863] Sollte nun Art. 230 Abs. 4 EG im Sinne der Charta weit ausgelegt werden, so wären die Anforderungen an den Grundrechtsschutz in der EG auch nach dem Votum 1 erfüllt. Ein effektiver Rechtsschutz durch Zugang zum *EuGH* wäre die Folge. Man kann demnach mutmaßen, dass die Charta maßgeblich dazu beigetragen hat, dass der *EGMR* in der Rechtssache *Bosphorus* die dort aufgestellten Grundsätze für das Verhältnis zum Recht der EG und zu seinem Prüfungsumfang entwickelt hat. Der *EGMR* könnte ein tatsächliches „Kooperationsverhältnis“ zum *EuGH* annehmen.

Wird das Tatbestandsmerkmal der individuellen Betroffenheit– wie es die Erläuterungen des Präsidiums vorgesehen ist – jedoch in Zukunft nicht grundrechtsfreundlich ausgelegt, so ist vor dem Hintergrund der *Bosphorus*-Entscheidung erneut darüber nachzudenken, ob die EG tatsächlich einen vergleichbaren Grundrechtsschutz gewährleistet. Ändert die Gemeinschaft die Charta bzw. den EUVV nicht, was in der momentanen Diskussion nicht gefordert wird, so sollte der *EGMR* die von ihm aufgestellten Voraussetzungen eines gleichwertigen Grundrechtsschutzes im nächsten Rechtsstreit, der einen Bezug zum Recht der EG aufweist, genau prüfen und konsequenterweise verneinen. Eine Verurteilung des Mitgliedstaates wäre die Folge, der sich dann im Zwiespalt zwischen den von ihm eingegangen völkerrechtlichen Verpflichtungen sähe.

Schließlich merkt *Schwarze* an, dass Art. 230 Abs. 4 *„viel von seiner Filterfunktion verlieren“* würde, wenn das Merkmal weiter ausgelegt würde. Dies folgt daraus, dass in den Fällen, die in den Bereich der Wirtschaftsregulierung fallen und gegen die Rechtsschutz ersucht wird, das Grundrecht der Berufsfreiheit regelmäßig berührt würde. Eine Überlastung des *EuG* und gegebenenfalls des *EuGH* wäre unvermeidlich. [864] Ob die Befürchtung der Überlastung eines Gerichtshofes ausreichen kann, Rechtsschutz zu verweigern, erscheint allerdings mehr als fraglich. Vielmehr wäre der Gemeinschaftsgesetzgeber dann dazu aufgefordert, für eine entsprechende Ausstattung der Gemeinschaftsgerichte zu sorgen.

II. Materielle Divergenzen und Charta der Grundrechte

Zum Abschluss dieses Kapitels bleibt zu klären, ob das im 2. Kapitel untersuchte Problem der materiellen Divergenzen (siehe 3. Kapitel:C) durch die Charta gelöst oder verstärkt wird. Auch wenn die Charta unverbindlich ist, so ist sie nach der hier vertretenen Auffassung als Teil der Verfassungsüberlieferungen der Mitgliedstaaten über Art. 6 Abs. 2 EU vom *EuGH* mit heranzuziehen. Sollte

---

[863] Siehe die abweichende Meinung der Richter *Rozakis*, *Tulkens*, *Traja*, *Botoucharova*, *Zagrebelsky* und *Garlicki* zu *EGMR*, Rs. 45036/98, Urt. v. 30.6.2005, Rn. 3 – Bosphorus Hava Yollari Turizm Ve Ticaret AS/Irland.

[864] *Schwarze*, DVBl. 2002, 1297, 1313.

die Charta Rechtskraft erlangen, ohne dass es parallel zu einem Beitritt der EG zur EMRK kommt, so stellt sich diese Frage ohne den Umweg über die Verfassungsüberlieferungen.[865] Der *EuGH* als Interpret der Charta wird auch Art. II-112 Abs. 3 CGR zu beachten haben, da sich Rechte aus der EMRK ebenfalls in den Verfassungsüberlieferungen der Mitgliedstaaten wieder finden (als Beispiel siehe nur das Recht auf Leben). So entsteht eine Schnittmenge. Bei seiner Auslegung ist der *EuGH* rechtlich nicht an die Interpretation des *EGMR* gebunden, gleichwohl er sie beachten und möglicherweise auch freiwillig berücksichtigen wird.[866] Doch selbst bei Beachtung ist wegen der unterschiedlichen Struktur der Gerichtshöfe keine absolute Übereinstimmung zu erzielen.[867] Folge ist, dass die entsprechenden Grundrechte unterschiedliche Schutzbereiche oder Schranken erhalten können. Dies ist auch wahrscheinlich, da nicht zu erwarten ist, dass der *EuGH* die Charta ohne Zusammenhang zum wirtschaftlich geprägten EG-Vertrag auslegen wird. Die Konzeption des Grundrechtsschutzes durch den *EuGH* und *EGMR* ist eben nicht gleich. Sollte es noch keine Rechtsprechung des *EGMR* zu einem bestimmten Sachverhalt geben oder ist sie dem *EuGH* schlicht nicht bekannt (was eher seltener der Fall sein wird), so kann letzterer sich auch nicht freiwillig am *EGMR* orientieren.[868] Der Weg für Divergenzen ist damit frei. Die horizontalen Klauseln vermögen es wie gezeigt nicht, das Problem zu lösen. Dies gilt umso mehr, wenn der *EGMR* die Konvention durch Urteile und Entscheidungen weiterentwickelt (oder sogar die Konventionsstaaten die EMRK ändern würden), diese Änderungen jedoch mangels Bindungswirkung keinen Eingang mehr in die geschriebene Charta finden können, bzw. weil die EG nicht der EMRK beigetreten ist.

Die Charta führt zu keiner Verbesserung des jetzigen Zustandes, sondern schafft mehr Verwirrung für die Betroffenen. Mittelbar werden Rechte der EMRK in das geschriebene Recht der EG einfließen, so dass die Charta keinen transparenten Grundrechtskatalog darstellt. Schutzbereich und Schranken werden somit

---

865 *Skouris*, in: Blankenagel/Pernice/Schulze-Fielitz (Hrsg.), FS Häberle, S. 261, 272 ist der Ansicht, dass sich das Risiko der Divergenzen verschlimmern kann, wenn der *EuGH* nicht mehr direkt die Konvention, aber die Charta interpretieren wird.

866 Geht man wie *Eisner*, Schrankenregelung der Charta, S. 119, davon aus, dass nach Art. II-112 Abs. 3 CGR die Rechtsprechung des *EGMR* genau ermittelt werden muss, so merkt sie zu Recht an, dass sich auch dann Raum für Divergenzen eröffnet. Dies könnte daraus folgen, dass die Rechte nicht exakt die gleiche Bedeutung haben und auch die Rechtsprechung des *EGMR* nicht immer konsequent ist (vgl. z.B. die Entscheidungen zu Art. 6 EMRK, siehe *Meyer-Ladewig*, EMRK Handkommentar, Art. 6.

867 Vgl. *Venice Commission* des Europarates, CDL-AD (2003) 92, Opinion No. 256/2003, Nr. 43.

868 Auch bei einer rechtlichen Bindung des *EuGH* an die Auslegung des *EGMR* liegt hier eine Gefahr für Divergenzen vor. Vgl. *Stender*, Überschneidungen im internationalen Menschenrechtsschutz, S. 83.

nicht klar ohne Kenntnis der EMRK erkennbar. Hierin ist kein Vorteil für den Rechtsuchenden zu sehen, zumal sich die Kompetenzen der EU in grundrechtssensiblen Bereichen eher erweitern werden (z.B. Asyl, Polizeiliche Zusammenarbeit) und daher mit mehr Verfahren zu rechnen ist, die einen Grundrechtsbezug aufweisen.[869]

Neben den Divergenzen, die in der Rechtsprechung des *EuGH* entstehen können, gibt es Auswirkungen auf die Gerichte der Mitgliedstaaten. Nach Art. II-111 CGR sind die Mitgliedstaaten bei der Durchführung des Rechts der Union an die Charta gebunden. Demgegenüber haben die Mitgliedstaaten nach der Rechtsprechung des *EGMR* bei allen nationalen Maßnahmen die EMRK zu gewährleisten, auch wenn der Ursprung der Maßnahme im Gemeinschaftsrecht liegt (vgl. Rechtssachen *Cantoni*, *Matthews* und *Bosphorus*, siehe oben 3. Kapitel:B.III). Damit überschneiden sich der Anwendungsbereich der Charta und der EMRK für die Mitgliedstaaten,[870] die folglich beide Verpflichtungen zu beachten haben.[871] Wegen der möglichen materiell unterschiedlichen Auslegungen können sich diese Verpflichtungen widersprechen. Die Mitgliedstaaten werden dann entweder die EMRK oder das Gemeinschaftsrecht verletzen müssen.

Als Beispiel für mögliche Divergenzen können verschiedene Grundrechte dienen.

So legt zunächst Art. II-67 CGR fest, dass jede Person das Recht auf Achtung ihrer Kommunikation hat. Das Recht soll Art. 8 EMRK entsprechen, der als Wortlaut die „*Achtung der Korrespondenz*" festschreibt. Ausweislich der Erläuterungen des Präsidiums soll der Begriff der „*Kommunikation*" der technischen Entwicklung Rechnung tragen.[872] Dann ändert sich jedoch der Schutzbereich erheblich. Die unterschiedlichen Wortlaute werden zwangsläufig zu unterschiedlichen Auslegungen führen müssen.[873]

Auch Art. II-69 CGR (Recht, eine Ehe einzugehen und Recht, eine Familie zu gründen) und der diesem Recht zugrunde liegende Art. 12 EMRK sind in ihrem Schutzumfang unterschiedlich. Nach Art. II-69 CGR sollen neue Formen der Familiengründung außerhalb der Ehe und auch gleichgeschlechtliche Ehen ein-

---

869 Vgl. *Venice Commission* des Europarates, CDL-AD (2003) 92, Opinion No. 256/2003, Nr. 49 f.; *Krüger/Polakiewicz*, EuGRZ 2001, 92, 99.

870 *Callewaert*, EuGRZ 2003, 198.

871 Vgl. *Venice Commission* des Europarates, CDL-AD (2003) 92, Opinion No. 256/2003, Nr. 51.

872 Erklärung Nr. 12 betreffend die Erläuterungen zur Charta der Grundrechte, ABl. EG Nr. C 310 v. 16.12.2004, S. 424, 430.

873 Vgl. *Rodríguez Iglesias*, EuGRZ 2002, 206, 207; *Venice Commission* des Europarates, CDL-AD (2003) 92, Opinion No. 256/2003, Nr. 47.

bezogen werden. Gerade hinsichtlich der Ehe, die in Art. 12 EMRK nur die zwischen Frau und Mann betrifft, besteht keine Übereinstimmung mehr. Je nachdem vor welchem Gericht gestritten wird, besteht Rechtsschutz.

Art. II-72 CGR soll Art. 11 EMRK, der Versammlungsfreiheit entsprechen, wobei der Wortlaut wiederum unterschiedlich gefasst ist. Art. II-72 CGR spricht von dem Versammlungsrecht „*insbesondere im politischen, gewerkschaftlichen und zivilgesellschaftlichen Bereich*", Art. 11 EMRK hingegen primär nur vom Recht, sich frei und friedlich mit anderen zusammenzuschließen. Ob den in Art. II-72 CGR genannten Bereichen im Hinblick auf Art. 11 EMRK eine eigenständige Bedeutung zukommen soll, wird nicht deutlich.[874] Der *EuGH* als Interpret der Charta ist jedoch frei, insoweit seine eigene Auslegung zu entwickeln.

Es gibt noch zahlreiche Artikel der Charta, die hier genannt werden könnten, doch sollen die Beispiele nur verdeutlichen, dass bereits die Abweichungen im Wortlaut erhebliche Probleme bergen, ohne hier weiter auf die Schrankenübertragung nach Art. II-112 Abs. 3 CGR einzugehen.

C. Zusammenfassung des fünften Kapitels

1. Die horizontalen Klauseln der Charta (Art. II-112 Abs. 3 und Art. II-113 CGR) verfehlen das Ziel, für Kohärenz im europäischen Grundrechtsschutz zu sorgen.

2. Insbesondere bei Art. II-112 Abs. 3 CGR handelt es sich um eine missglückt formulierte Regelung, die zu weiteren Diskussionen führen wird.

3. Die Rechtsprechung des *EGMR* ist nicht rechtlich verbindlich für die Auslegung der Charta-Rechte, auch soweit diese der EMRK entsprechen. Ein Verweis, der eine solche Bindung begründen könnte, wurde nicht aufgenommen und lässt sich aufgrund der bewussten Entscheidung der Vertragsstaaten nicht in die Artikel hineinlesen.

4. Für das Verhältnis der Gerichtshöfe zueinander enthalten weder die horizontalen Bestimmungen der Charta noch Art. 53 EMRK eine Regelung.

5. Der *EGMR* wird voraussichtlich auf die Charta Bezug nehmen, um zu überprüfen, ob die Konventionsstaaten die Rechte der Charta umfassend beachtet haben und dem jeweiligen Betroffenen das günstigere Recht gewähren. Schon jetzt bezieht er die Charta zur Begründung in seine Entscheidungen ein.

---

[874] Hierzu *Holoubek*, in: Duschanek/Griller (Hrsg.), Grundrechte für Europa, S. 25, 32.

6. In mehrpoligen Grundrechtsverhältnissen löst die Charta Kollisionen nicht. Der *EuGH* wird auf dem Weg der praktischen Konkordanz zu einer Entscheidung im Einzelfall kommen. Formelle Divergenzen – wenn auch im Lichte der Rechtsprechung des *EGMR* zur Rechtssache *Bosphorus* eingeschränkt – bleiben möglich.

7. Ein Grundrechtsschutz „à la carte“ ist durch die Charta nicht ausgeschlossen, sonder eher möglich.

8. Art. 230 Abs. 4 EG ist grundrechtsfreundlich auszulegen. Sollte der *EuGH* bei seiner restriktiven Rechtsprechung bleiben, muss der *EGMR* erneut darüber nachdenken, ob die EG einen gleichwertigen Grundrechtsschutz gewährt.

9. Die Gefahr der materiellen Divergenzen bleibt bestehen und könnte sich durch die Charta sogar verstärken.

10. Charta und EMRK sind rechtlich derart miteinander verschränkt, dass sie nicht zur Transparenz im europäischen Grundrechtsschutz beitragen. Es entsteht mehr Rechtsunsicherheit für die Betroffenen. Damit ist das Hauptziel der Charta, einen verständlichen Grundrechtskatalog für die Bürger zu schaffen, nicht erreicht worden.

6. Kapitel: Lösungsmöglichkeiten zur Vermeidung von Divergenzen

Im zweiten Kapitel wurde festgestellt, dass es zu formellen und materiellen Divergenzen im Grundrechtsschutz auf europäischer Ebene kommen kann. Dieses Problem stellt sich zwar an Hand der im dritten Kapitel gefundenen Ergebnisse – nämlich der vielfältigen Konvergenzen – als weniger erheblich dar, es ist aber dennoch nicht zu unterschätzen. Daher ist zu überlegen, welche Lösungsmöglichkeiten für diese Fragestellungen in Betracht kommen. In der Literatur werden verschiedene Wege aufgezeigt.[875] Diese sollen hier in Bezug auf ihre Effektivität, formelle und materielle Divergenzen zu vermeiden, und auf ihre tatsächlichen und rechtlichen Vorteile hin untersucht werden.

A. Prätorische Lösung

Zunächst wird vertreten, die prätorische Lösung des *EuGH* zu wählen, also den Status Quo beizubehalten.[876] Daraus würde folgen, dass der *EuGH* weiter im Wege der wertenden Rechtsvergleichung Grundrechte entwickelte und keine Bindung der EG an die EMRK bestünde. Sicherlich hätte dies den Vorzug, dass die beiden Rechtsordnungen voneinander getrennt blieben.[877] Den Vorteil dieser Lösung sieht man weiter darin, dass der *EuGH* flexibel auf die sich ändernden Umstände und die Fortentwicklung der Europäischen Gemeinschaft reagieren könnte.[878] Eindeutiger Nachteil dieser Lösung ist, dass es weiter zu formellen und materiellen Divergenzen kommen würde. Die materiellen Divergenzen ließen sich bei dieser Lösung nur verhindern, wenn die Richter des *EuGH* ihren guten Willen beibehielten und sich an der Rechtsprechung des *EGMR* orientier-

---

875 Neben den unten aufgezählten Vorschlägen wird eine Beteiligungsmöglichkeit des Europarates an den Verfahren vor dem *EuGH* sowie die Idee der Aussetzung der Verfahren durch den *EuGH* diskutiert. Siehe hierzu *Alber/Widmaier*, EuGRZ 2000, 497, 508 f., 510 und *Molthagen*, Verhältnis der EU-Grundrechte zur EMRK, S. 215 f. Hinsichtlich der Divergenzen sind diese Modelle nutzlos, so dass sie hier nicht weiter vertieft werden. Eine Verfahrensaussetzung kommt nur dann in Betracht, wenn zufällig zur gleichen Zeit *EuGH* und *EGMR* mit ähnlichen Fällen befasst sind. Eine solche zeitliche Koinzidenz wird eher selten sein. Im Übrigen ist dies bereits in der Rechtssache *Senator Lines* faktisch durch den *EGMR* erfolgt, der zunächst den *EuGH* entscheiden ließ, so dass anschließend die Beschwer im Verfahren vor dem *EGMR* weggefallen war (siehe 3. Kapitel:B.III.6).

876 Siehe hierzu *Theurer*, Das Verhältnis der EG zur EMRK, S. 39; *Klein*, in: Mosler/Bernhard/Hilf (Hrsg.), S. 160, 177; *Dippel*, Kompetenzabgrenzung, S. 208; *Mahlmann*, ZEuS 2000, 419, 424; *Schwarze*, EuGRZ 1986, 293, 299; *Dicke*, Menschenrechte und europäische Integration, S. 184 ff.; *Toth*, CML Rev. 1997, 491 ff.

877 *Klein*, in: Mosler/Bernhard/Hilf (Hrsg.), Grundrechtsschutz in Europa, S. 160, 177.

878 Vgl. *Chwolik-Lanfermann*, Grundrechtsschutz in der EU, S. 293

ten.[879] Eine rechtliche Verpflichtung gäbe es insofern nicht, so dass keine Rechtssicherheit gewonnen würde.[880] Außerdem würde dem *EuGH* hierbei auf Dauer eine fast gesetzgebende Kompetenz zukommen, die nach dem EG-Vertrag nicht vorgesehen ist. Da es sich um Grundrechte handelt, käme die Funktion des *EuGH* in diesem Bereich einer verfassungsgebenden Gewalt nahe, der jedoch die erforderliche demokratische Legitimation fehlt, was auf Dauer nicht hinnehmbar ist.[881] Mithin ist die Beibehaltung des Status Quo "*vielleicht doch die schlechteste Lösung*".[882]

B. Vorlageverfahren

Als zweite Lösungsmöglichkeit wird ein Vorlageverfahren zum *EGMR* vorgeschlagen.[883] Dieses soll sich in seiner Konstruktion an Art. 234 EG anlehnen, sich aber auch an Art. 100 Abs. 1 GG orientieren. Der *EuGH* könnte so dem *EGMR* bei Zweifeln eine Frage zur Auslegung eines Grundrechts vorlegen.

I. Vorlage des EuGH und des EuG

Hier ist zunächst zu überlegen, ob dieses Verfahren nur im Verhältnis *EuGH* zu *EGMR* oder auch *EuG* zu *EGMR* gelten soll.[884] Nach Art. 225 Abs. 1 EG ist das *EuG* die Eingangsinstanz für Klagen natürlicher oder juristischer Personen hinsichtlich Nichtigkeits-, Untätigkeits- und Schadensersatzklagen. Damit sind ge-

---

879 Vgl. *Hilf*, in: Beyerlin/Bothe/Hofmann/Petersmann (Hrsg.), FS Bernhardt S. 1193, 1210. *Bernhardt*, in: Due/Lutter/Schwarze (Hrsg.), FS Everling, S. 103, 105 f. wendet hierzu ein, dass das bloße Vertrauen in die Praxis und die Rechtsprechung erhebliche Probleme aufwerfen kann.

880 Vgl. *Bernhardt*, in: Due/Lutter/Schwarze (Hrsg.), FS Everling, S. 103, 105 f., der zu Recht darauf hinweist, dass Rechtssicherheit als wesentlicher Bestandteil des Grundrechtsschutzes anzusehen ist und es mit dieser nicht zu vereinbaren ist, weiter abzuwarten, um eine rechtlich verbindliche Lösung zu finden.

881 Vgl. *Chwolik-Lanfermann*, Grundrechtsschutz in der EU, S. 295 ff.; *Mahlmann*, ZEuS 2000, 419, 424.

882 Siehe hierzu *Kutscher*, in: ders./Rogge/Matscher (Hrsg.), Grundrechtsschutz im Europäischen Gemeinschaftsrecht, S. 35, 55, der die prätorische Lösung als „*vielleicht nicht die schlechteste Lösung*“ bezeichnet.

883 Hierzu schon *Klein*, in: Mosler/Bernhardt/Hilf (Hrsg.), Grundrechtsschutz in Europa, S. 160, 169 ff.; *Lenaerts*, ZfRV 1992, 291; *Busch*, Bedeutung der EMRK, S. 168 ff.; *Winkler*, Beitritt der EG zur EMRK, S. 106 ff.; *Dippel*, Kompetenzabgrenzung, S. 217 ff., wobei er schließlich die Vorlage in Verbindung mit einem Beitritt sieht. Auf die technischen Voraussetzungen, wie die jeweiligen Verträge geändert werden müssten, soll hier nicht weiter eingegangen werden. Siehe hierzu kurz *Busch*, Bedeutung der EMRK, S. 168. Das Vorlageverfahren wird auch in Verbindung mit einem Beitritt diskutiert.

884 Vgl. *Winkler*, Beitritt der EG zur EMRK, S. 107; *Alber/Widmaier*, EuGRZ 2000, 492, 508.

rade grundrechtssensible Bereiche beim *EuG* angesiedelt, so dass diesem ein Recht zur Vorlage zugesprochen werden müsste.

II. Vorlagerecht oder Vorlagepflicht

Zur Frage einer möglichen Vorlagepflicht wird vorgeschlagen, dass dem *EuGH* ein Recht zugesprochen wird, selbst zu entscheiden, wenn er eine Norm für EMRK-widrig hält.[885] Die Gefahr divergierender Entscheidungen bleibt, wenn sich der *EuGH* täuscht. Diese Gefahr sei aber zu tolerieren, da der *EuGH* sonst in allen Fragen mit Grundrechtsbezug den *EGMR* anrufen müsste. Eine Pflicht zur Vorlage sollte sowohl bei Zweifeln – um die Gefahr einer „falschen" Entscheidung so gering wie möglich zu halten – als auch dann gegeben sein, wenn der *EuGH* keine Konventionswidrigkeit feststellen kann, ein Verfahrensbeteiligter dies aber behauptet.[886] Dann besteht allerdings die Möglichkeit, dass das den Verfahrenbeteiligten eingeräumte Recht dazu ausgenutzt wird, Verfahren zu verschleppen. Deshalb wird gefordert, dass es ein „Gegenrecht" des *EuGH* geben müsste, den Antrag des Verfahrensbeteiligten einstimmig zurückzuweisen.[887] Darunter würden wiederum die Rechtssicherheit und der Rechtsschutz der Bürger leiden.[888] Ein Vetorecht müsste demnach auf die Gefahr hin, dass Vorlageanträge verschleppend wirken sollen, verneint werden. Im Übrigen aber könnte diese Gefahr durch eine Zulässigkeitsvoraussetzung des Verfahrens zum *EGMR* abgeschwächt werden. Dieser würde Vorlagefragen, die offensichtlich einen Missbrauch des Rechts darstellen oder nach der sog. acte-claire-Theorie keiner Erörterung bedürfen, als unzulässig abweisen.

Dass auch bei Zweifeln eine Pflicht zu verlangen ist, ergibt sich daraus, dass der *EuGH* bei Klagen natürlicher Personen als Rechtsmittelgericht fungiert und gegen seine Entscheidung mangels der Mitgliedschaft der EG in der EMRK keine direkte externe Kontrolle möglich ist. Ist der *EuGH* nach Art. 234 EG zuständig, so ist seine Antwort für die mitgliedstaatlichen Gerichte bindend. Diese sitzen dann bildlich gesprochen „zwischen den Stühlen", wenn der *EuGH* eine gegen die Garantien der EMRK gerichtete Entscheidung getroffen hat.

---

885 So *Klein*, in: Mosler/Bernhardt/Hilf (Hrsg.), Grundrechtsschutz in Europa, S. 160, 170.

886 *Alber/Widmaier*, EuGRZ 2000, 492, 508 gehen grundsätzlich von einer Pflicht des *EuGH* im Gegensatz zum *EuG* aus; *Klein*, in: Mosler/Bernhardt/Hilf (Hrsg.), S. 160, 170 nur in dem Fall, dass ein Verfahrensbeteiligter eine Konventionsverletzung sieht.

887 *Busch*, Bedeutung der EMRK, S. 168.

888 *Winkler*, Beitritt der EG zur EMRK, S. 111 sieht ohne das Recht der Verfahrenbeteiligten eine Vorlage herbeizuführen, keinen ausreichenden Individualrechtsschutz und wendet dies als Argument gegen das Verfahren ein.

III. Verbindlichkeit der Antwort des EGMR

Zu klären ist weiter, ob die Antwort des *EGMR* für den *EuGH* bindend sein muss. Zum Teil wird gefordert, dass die Entscheidung nur empfehlenden Charakter haben dürfe.[889] Sodann stellt sich die Frage, ob dies wirksam formelle und materielle Divergenzen verhindern könnte oder ob diese nicht weiter vorprogrammiert wären.[890]

1. Vermeidung von Divergenzen aufgrund der Verbindlichkeit

Die Beantwortung dieser Frage kann anhand konkreter Beispiele verdeutlicht werden.

Angenommen der *EuGH* würde im Rahmen eines Vorlageverfahrens nach Art. 234 EG mit der Gültigkeit oder Auslegung einer Richtlinie befasst und es stellte sich in diesem Zusammenhang die Frage nach der Auslegung der EMRK bezogen auf ein bestimmtes Grundrecht, so könnte der *EuGH* den *EGMR* anrufen. Ist dessen Antwort für ihn bindend und gibt er sie so an das nationale Gericht weiter, bleibt es dem Beschwerdeführer unbenommen, sich nachträglich an den *EGMR* zu wenden. Seine Beschwerde wäre unzulässig, da sie offensichtlich unbegründet wäre. Hier sind die Grundsätze aus der Rechtssache *Bosphorus* nicht zu beachten, denn es ginge im dem Verfahren vor dem *EGMR* nur um das nationale Recht, welches die Richtlinie umgesetzt hat. Läge dagegen keine Bindungswirkung der Entscheidung des *EGMR* vor und urteilte der *EuGH* abweichend, so wäre die Beschwerde des betroffenen Bürgers zum *EGMR* zulässig und begründet. Daraus folgt, dass eine formelle Divergenz nur im Fall des bindenden Vorlageverfahrens vermieden werden kann, soweit es die Begründetheit der Beschwerde betrifft. Der Rechtsweg zum *EGMR* bleibt in jedem Fall bestehen, da es hier trotz des gemeinschaftsrechtlichen Bezuges um nationales Recht geht.

Soll dagegen eine Verordnung vom *EuGH* überprüft werden, so kann sich der Beschwerdeführer unter den Voraussetzungen der Rechtssache *Bosphorus* an den *EGMR* wenden. Die Grundsätze dieser Entscheidung finden hier Anwendung, denn der Beschwerdegegenstand ist Gemeinschafsrecht und nationales Recht in einem. Ist dessen Antwort bindend, so wäre auch hier die Beschwerde unbegründet aber zulässig. Fehlt dagegen die Bindungswirkung, so besteht die Möglichkeit, dass die Beschwerde begründet ist, wenn die Vermutung des äquivalenten Grundrechtsschutzes im Einzelfall widerlegt worden ist. Zu beachten ist, dass sich der Beschwerdeführer in beiden Fällen gegen den Mitgliedstaat wenden müsste. Derselbe Sachverhalt könnte mithin weiterhin zu beiden Ge-

[889] *Golsong*, EuGRZ 1975, 476, 478.

[890] *Philippi*, Charta. S. 73 f.

richtshöfen gelangen. Der Unterschied besteht nur darin, dass im Fall des bindenden Vorlageverfahrens sich der *EuGH* mit Grundrechten beschäftigen wird, so dass es für den Beschwerdeführer unmöglich werden kann, im Verfahren vor dem *EGMR* die Vermutung des äquivalenten Grundrechtsschutzes zu widerlegen. Denn ohne Bindungswirkung setzt sich der *EuGH* mit den Grundrechten nicht immer auseinander.

Geht es in der Sache um Primärrecht, so bringt das Vorlageverfahren keinerlei Vorteil. Klagen zum *EuGH* wären nicht zulässig, solche zum *EGMR* ohne Beachtung der Grundsätze der Rechtssache *Bosphorus* schon.

Insgesamt ist das Vorlageverfahren – ob mit Bindungswirkung oder ohne - nicht geeignet, formelle Divergenzen zu vermeiden, so dass nach einer überzeugenderen Lösung zu suchen ist.

Materielle Divergenzen hingegen können bei bindender Vorlagefrage vermieden werden, bei nicht bindender besteht zumindest die Möglichkeit, dass der *EuGH* im Sinne der Antwort des *EGMR* entscheiden wird. Damit ist diese Lösung zumindest der prätorischen Lösung vorzuziehen, da es zu einer Kohärenz des Grundrechtsschutzes käme.

2. Nachteile und Vorteile der Verbindlichkeit

Im Rahmen eines Vorlageverfahrens müsste im Übrigen untersucht werden, ob die Verbindlichkeit der Antworten des *EGMR* sich in die Rechtssysteme der EG und der EMRK dogmatisch einfügt.

Gegen die Verbindlichkeit spricht, dass zwar keine „Unterwerfung" des *EuGH* unter den *EGMR* stattfindet, jedoch die EMRK für die EG bindend wäre, ohne dass diese ihr beitritt.[891] Man erzielt damit eine partielle Verflechtung zweier unterschiedlicher Rechtssysteme[892] ohne dass diese in ihrer Gesamtheit über einen völkerrechtlichen Vertrag miteinander verbunden sind. Damit blieben die Rechtskreise auch nicht weitgehend voneinander getrennt,[893] was als systemwidrig anzusehen ist.[894] Allerdings ist eine solche Konstruktion dem Völkerrecht nicht völlig fremd.[895] Vergleicht man die Regelung zur EFTA, so können die EFTA-Staaten nach dem Protokoll 34 zum EWR Abkommen[896] dem *EuGH* eine Frage zur Auslegung solcher EWR-Regelungen vorlegen, die mit solchen des

---

891 *Philippi*, Charta, S. 74.

892 Vgl. *Busch*, Bedeutung der EMRK, S. 169.

893 So aber *Dippel*, Kompetenzabgrenzung, S. 225.

894 *Alber/Widmaier*, EuGRZ 2000, 492, 508.

895 So *Dippel*, Kompetenzabgrenzung, S. 217.

896 BGBl. II 1993 S. 422.

EG-Vertrages übereinstimmen. Dennoch wäre es bezogen auf die Vermeidung von Divergenzen sinnvoller, einen Beitritt zu erwägen.

Außerdem käme es zu einer Beschränkung der Autonomie des *EuGH*, da im Wege der Vorabentscheidung abstrakte Fragen und nicht konkrete Einzelfälle beantwortet werden, wie dies im Rahmen eines Beitritts der Fall wäre.[897] Eine auf grundrechtliche Fragestellung konzipierte Vorlage wird jedenfalls ohne eine Gesamtwürdigung der europarechtlichen Aspekte kaum möglich sein. Dann läge eine Kollision mit Art. 220 EG vor, wonach allein der *EuGH* zu Auslegung des Gemeinschaftsrechts berufen ist.[898] In diesem Zusammenhang ist zu beachten, dass die EMRK subsidiär Anwendung finden soll. Der *EGMR* ersetzt nicht die innerstaatlichen Rechtsschutzmöglichkeiten, sondern ergänzt diese nur im Notfall. Er prüft Einzelfälle und beachtet dabei die Ermessensspielräume der Mitgliedstaaten. [899] Wird ihm nun eine abstrakte Vorlagefrage gestellt, so kommt dieses auf Subsidiarität und Einzelfälle bezogene System damit ins Wanken. Dies ist aus Sicht der EMRK nicht mit dieser zu vereinbaren.

Weiter ist der Maßstab der EMRK ein Mindeststandard, den die Mitgliedstaaten übertreffen sollen. Wirkt die Antwort des *EGMR* im Vorlageverfahren bindend, so wird dieser Mindeststandard verbindlich für die Gemeinschaft. Dies könnte zu einem Absinken des Gesamtniveaus führen.[900]

Der *EuGH* würde auch gegenüber den nationalen Gerichten eine Sonderstellung erlangen, da diese dem *EGMR* keine Fragen zu Auslegung vorlegen können.[901] Man könnte daher verlangen, dass für die nationalen Höchstgerichte ebenfalls ein solches Verfahren einzuführen ist, um den Rechten der EMRK zu mehr Wirksamkeit zu verhelfen.[902] Dies stünde wiederum im Gegensatz zum subsidiären System des Grundrechtsschutzes nach der EMRK. Außerdem soll das Vorlageverfahren des *EuGH* zum *EGMR* dazu dienen, Divergenzen zur vermeiden. Diese stellen sich im Verhältnis der nationalen Gerichte zum *EGMR* nicht, da diese die EMRK ohnehin zu beachten haben und nach der EMRK an die Ent-

897 *Winkler*, Beitritt der EG zur EMRK, S. 107; *Busch*, Bedeutung der EMRK, S. 168 f.; *Philippi*, Charta, S. 74.

898 Vgl. *Alber/Widmaier*, EuGRZ 2000, 492, 508; *Stieglitz*, Allgemeine Lehren im Grundrechtsverständnis, S. 233.

899 Hierzu *Winkler*, Beitritt der EG zur EMRK, S. 112 f.

900 *Klein*, in: Mosler/Bernhardt/Hilf (Hrsg.), Grundrechtsschutz in Europa, S. 160, 171.

901 Vgl. *Dippel*, Kompetenzabgrenzung, S. 222.

902 Siehe *Ress*, in: Duschanek/Griller (Hrsg.), Grundrechte für Europa, S. 183, 207.

scheidungen des *EGMR* gebunden sind.[903] Die Sonderstellung der Europäischen Gemeinschaft wäre mithin eher als nachteilig zu bewerten. Denn sie würde sich damit nicht wie die nationalen Gerichte einer externen Kontrolle unterstellen.[904]

Rechtspolitisch bringt die Lösung über ein Vorlageverfahren hingegen zum einen grundsätzlich den Vorteil mit sich, dass sie vom technischen Aspekt wie organisatorisch einfacher zu bewerkstelligen ist, als ein Beitritt.[905] Im Hinblick auf die praktischen Auswirkungen ist umstritten, ob die drohende Dauer des Verfahrens negativ zu bewerten ist. So könnte man davon ausgehen, dass es ohne großen Zeitverlust möglich wäre, eine strittige Frage der Auslegung der EMRK zu beantworten.[906] Andere wiederum sehen eine Verlängerung der Verfahren als Nachteil dieser Lösung.[907] Wird jedoch der *EGMR* nachträglich angerufen, so verlängern sich die Verfahren ebenfalls. Daher spricht die Länge der Verfahren weder für noch gegen diese Lösung.[908] Der einzige Unterschied besteht darin, dass beim Vorlageverfahren die Beteiligten es möglicherweise nicht in der Hand haben, wie lange das Ursprungsverfahren dauern wird.[909] Denn es läge bei ihnen zu entscheiden, ob sie das Verfahren verlängern wollen, wenn sie den *EGMR* in einer Individualbeschwerde anrufen.

Insgesamt bleibt festzuhalten, dass die oben genannten Nachteile überwiegen. Das Vorlageverfahren führt zu keinem befriedigenden Ergebnis zur Vermeidung von Divergenzen.

C. Gutachten und Stellungnahmen durch den EGMR im Auftrag des EuGH

Als weitere Lösung des Problems der Divergenzen wird ein dem Vorlageverfahren vergleichbares Gutachten- oder Stellungnahmeverfahren vorgeschlagen. Diesem Verfahren soll im Gegensatz zum Vorlageverfahren keine bindende,

---

903 Siehe hierzu zuletzt BVerfGE 111, 307 („*Görgülü*"). Weiter soll hier nicht auf das nach deutschem Recht bestehende Problem der Wirkung der EMRK im nationalen Recht und der Bindungswirkung der Urteile des *EGMR* eingegangen werden.

904 *Chwolik-Lanfermann*, Grundrechtsschutz in der EU, S. 309, 310; *Theurer*, Verhältnis der EG zur EMRK, S. 39.

905 Dazu *Baumgartner*, ZfV 1996, 319, 331.

906 *Grabenwarter*, EMRK, 1. Aufl., § 4 Rn. 17.

907 Eines der Argumente gegen ein Vorlageverfahren nach *Winkler*, Beitritt der EG zur EMRK, S. 111; *Baumgartner*, ZfV 1996, 319, 331; *Klein*, in: Mosler/Bernhardt/Hilf (Hrsg.), Grundrechtsschutz in Europa, S. 160, 171.

908 Vgl. *Busch*, Bedeutung der EMRK, S. 168.

909 Vgl. *Winkler*, Beritritt der EG zur EMRK, S. 111.

sondern nur informative oder empfehlende Bedeutung zukommen.[910] Dem *EuGH* soll die Möglichkeit eröffnet werden, dem *EGMR* Fragen zu Auslegung und Anwendung der EMRK zu stellen. Damit könnte dieses Verfahren dazu beitragen, materielle Divergenzen zu vermeiden, denn die Rechtsmeinung des *EGMR* könnte so bei der Entwicklung des Inhalts der allgemeinen Rechtsgrundsätze durch den *EuGH* berücksichtigt werden.[911] Rechtstechnisch könnte man dieses Verfahren auf der Basis der bestehenden Artikel 47 bis 49 EMRK regeln.[912] Dem *EGMR* ist insoweit eine Gutachtertätigkeit bereits heute nicht fremd. Als Vorteile dieses Verfahrens sieht man zum einen, dass materielle Divergenzen vermieden werden könnten, zum anderen, dass keine Über- oder Unterordnung des *EuGH* und des *EGMR* stattfindet.[913] Möglich wäre eine juristische Zusammenarbeit beider Rechtsschutzinstitutionen, ohne eine Bindung der EG über den *EuGH* an die EMRK zu bewirken. Zwar käme es auch hier zu einer faktischen Bindungswirkung der EMRK,[914] doch besteht diese bereits jetzt.

Gerade die Unverbindlichkeit des Verfahrens stellt allerdings den Hauptmangel dieses Ansatzes dar.[915] Hält sich der *EuGH* nicht an die Vorgaben des *EGMR*, zum Beispiel mit der Begründung, dass sich die Gemeinschaftsgrundrechte in die Ziele des EG Vertrages einpassen müssten, so kann der Beschwerdeführer den *EGMR* im Rahmen einer Individualbeschwerde anrufen. Entscheidet dieser nun im Sinne seines Gutachtens, kommt es zu einer materiellen Divergenz. Bereits vorher ist der Ansehensverlust des *EGMR* groß und das System der EMRK würde in seiner Autorität geschwächt.[916] Für zukünftige Rechtsfragen bringt diese Lösung keinen Vorteil.[917] Die Rechtssicherheit wird somit mit diesem Verfahren nicht verbessert. Außerdem könnte sich der *EuGH* auch ohne ein solches Verfahren über die bestehende Rechtsprechung des *EGMR* informieren.[918]

Da nach dieser Lösung sowohl der EG-Vertrag als auch die EMRK geändert werden müssten, könnte der rechtstechnisch notwendig zu betreibende Aufwand

---

910 Vgl. *Klein*, in: Mosler/Bernhardt/Hilf (Hrsg.), Grundrechtsschutz in Europa, S. 160, 173. Würde es verbindlich ausgestaltet werden, so gilt die oben zum Vorlageverfahren genannte Kritik. Siehe hierzu *Alber/Widmaier*, EuGRZ 2000, 497, 508.

911 Vgl. *Klein*, in: Mosler/Bernhardt/Hilf (Hrsg.), Grundrechtsschutz in Europa, S. 160, 173

912 Siehe *Winkler*, Beitritt der EG zu EMRK, S. 108; *Busch*, Bedeutung der EMRK, S. 169.

913 Vgl. *Klein*, in: Mosler/Bernhardt/Hilf (Hrsg.), Grundrechtsschutz in Europa, S. 160, 174; *Dippel*, Kompetenzabgrenzung, S. 215.

914 Siehe *Dippel*, Kompetenzabgrenzung, S. 216.

915 *Busch*, Bedeutung der EMRK, S. 169; *Alber/Widmaier*, EuGRZ 2000, 497, 508.

916 *Busch*, Bedeutung der EMRK, S. 170; *Dippel*, Kompetenzabgrenzung, S. 215.

917 Vgl. *Alber/Widmaier*, EuGRZ 2000, 497, 508.

918 Siehe *Alber/Widmaier*, EuGRZ 2000, 497, 508; *Dippel*, Kompetenzabgrenzung, S. 215 f.; *Winkler*, Beitritt der EG zur EMRK, S. 108.

mit der Zahl der zu vermeidenden Rechtsprechungsdivergenzen in einem unvernünftigen Verhältnis stehen.[919] Nachteilig ist weiter, dass dem *EGMR* nur abstrakte Fragen gestellt würden, er mithin keine konkrete Einzelfallentscheidung treffen könnte. Dies steht wie schon oben beim Vorlageverfahren erwähnt im Gegensatz zum System der EMRK. Schließlich würden die Parteien des Ausgangsverfahrens im Rahmen des Gutachtenverfahrens nicht beteiligt.[920] Dies ist sicherlich, wenn es um Menschenrechte geht, nicht begrüßenswert.

Selbst wenn das Gutachtenverfahren in vielen Fällen materielle Divergenzen wohl vermeiden könnte, so stellt es doch keine Lösung für die formellen Divergenzen dar. Der Beschwerdeführer könnte sich weiterhin, gegebenenfalls eingeschränkt durch die Kriterien der Rechtssache *Bosphorus*, im Anschluss an das Verfahren vor dem *EuGH* an den *EGMR* wenden (hier gilt das oben beim Vorlageverfahren Ausgeführte entsprechend, siehe 6. Kapitel:B). Auch dieses Verklammerungsmodell erzielt demnach keine befriedigende Lösung des Divergenzproblems.

D. Gemeinsame Kammer oder Gemeinsamer Ausschuss

Auch die vorgeschlagene Gemeinsame Kammer oder der Gemeinsame Ausschuss vermögen es nicht, das Problem der formellen Divergenzen zu lösen.[921]

Der Gemeinsame Ausschuss soll der Überwachung der Einheitlichkeit der Rechtsprechung dienen. Einen ähnlichen Ausschuss gibt es im Rahmen des EWR-Abkommens in den dortigen Art. 92 ff.[922] Der Sinn des Ausschusses besteht darin, eine homogene Regelung zu erzielen und bei möglichen Divergenzen ein Streitbeilegungsverfahren einzuleiten. Da wie im dritten Kapitel gesehen der *EuGH* schon jetzt die Rechtsprechung des *EGMR* heranzieht, sie verfolgt und teilweise beachtet, ist es nicht nötig, einen solchen gemeinsamen Ausschuss einzurichten. Er würde vielmehr im Gerichtssystem des EG-Vertrages einen Fremdkörper darstellen.[923]

Als Vorbild für die Gemeinsame Kammer soll der Gemeinsame Senat der obersten Gerichtshöfe der Bundesrepublik Deutschland dienen. Dieses Modell würde den geringst möglichen Eingriffen in die nebeneinander bestehenden Rechtsord-

---

919 Vgl. *Klein*, in: Mosler/Bernhardt/Hilf (Hrsg.), Grundrechtsschutz in Europa, S. 160, 174.

920 *Busch*, Bedeutung der EMRK, S. 170; *Alber/Widmaier*, EuGRZ 2000, 497, 508.

921 Vgl. zu beiden *Alber/Widmaier*, EuGRZ 2000, 497, 509 f. Der Bf. kann sich weiterhin an den *EGMR* wenden und hier auch mangels der Bindungswirkung obsiegen. Vgl. hierzu die Ausführungen beim Vorlageverfahren, die hier entsprechend geltend (6. Kapitel:B).

922 BGBl. II 1993, 267 ff.

923 Siehe hierzu *Alber/Widmaier*, EuGRZ 2000, 497, 509.

nungen darstellen, da man zu einer Rechtslösung käme, die nicht auf Subordination aufgebaut ist.[924]

Einen Vorteil brächte das System nur hinsichtlich der bereits bestehenden Rechtsprechung des *EGMR*, wenn der *EuGH* von dieser abzuweichen gedenkt. Künftige Divergenzen wären weiterhin möglich.[925] Die Korrektur einer nicht EMRK-konformen Rechtsauffassung des *EuGH*, zu der es noch keine Präzedenzfälle vor dem *EGMR* gibt, könnte erst bei der nächsten ähnlichen Fallkonstellation durch die gemeinsame Kammer erfolgen.[926] Ob dies geschieht, hinge davon ab, dass eine solche überhaupt eintritt. Wenn nicht, bleibt die Divergenz über eine unbestimmte Zeit in der Welt. Des Weiteren besteht auch hier der Konflikt mit Art. 220 EG, da sich die in der Gemeinsamen Kammer gestellte Fragen nicht losgelöst vom Gemeinschaftsrecht behandeln lassen können. Zwar wird davon ausgegangen, dass der *EGMR* es auch in der Vergangenheit verstanden habe, sich nicht in fremde Kompetenzbereiche einzumischen und ihm lediglich die Rolle eines auf Menschenrechtsfragen spezialisierten Gerichtshofs zukomme.[927] Dagegen spricht aber, dass es bisher auch keine Verschränkung zwischen der EMRK und einem anderen Rechtskreis gibt. Darüber hinaus besteht zwischen den nationalen Gerichten und dem *EGMR* keine vergleichbare Institution. Auch wenn der *EGMR* nur Fragen der Auslegung der EMRK zu klären hat, so hängen diese doch mit dem Gemeinschaftsrecht zusammen. Damit bringt auch dieses Modell nicht die gewünschte Rechtsicherheit und –klarheit.

E. Protokoll oder Vertragsbestimmung über die Beachtung der Rechtsprechung des EGMR

Eine verfahrenstechnische Verflechtung der beiden Gerichtshöfe vermeidet, insbesondere in Bezug auf Art. 220 EG, ein Protokoll zur Charta der Grundrechte oder eine Vertragsbestimmung zur Beachtung der Rechtsprechung des *EGMR* durch den *EuGH*.[928] Der *EuGH* wäre hiernach dazu verpflichtet, die Entscheidungen des *EGMR* zu verfolgen und sie gegebenenfalls bei seinen Urteilen zu berücksichtigen. Art. 220 EG wäre im Gegensatz zu den anderen Vorschlägen nicht tangiert, da es nur um die Auslegung von Grundrechten ginge und der *EGMR* nicht mit Vorschriften des EG-Vertrages in Berührung käme. Als Vorbild könnte das Verhältnis des EFTA-Gerichtshofes zum *EuGH* dienen. Art. 6

[924] Vgl. *Alber/Widmaier*, EuGRZ 2000, 497, 509.

[925] Vgl. *Alber/Widmaier*, EuGRZ 2000, 497, 509 f.; *Busch*, Bedeutung der EMRK, S. 177; *Dippel*, Kompetenzabgrenzung, S. 214.

[926] So *Busch*, Bedeutung der EMRK, S. 177.

[927] *Dippel*, Kompetenzabgrenzung, S. 213.

[928] Siehe hierzu *Alber/Widmaier*, EuGRZ 200, 497, 507 und *Busch*, Bedeutung der EMRK, S. 173 f.

EWR-Abkommen und Art. 3 Abs. 2 des Abkommens zwischen den EFTA-Staaten zur Errichtung einer Überwachungsbehörde und eines Gerichtshofes statuieren eine solche Pflicht.[929]

Damit könnte man materielle Divergenzen vermeiden, soweit bereits Präzedenzrechtsprechung des *EGMR* vorliegt. Für alle sonstigen Fälle löst auch dieses Modell den Konflikt nicht.

Ein Protokoll zur Charta der Grundrechte käme nur in Betracht, wenn diese verbindlich wird, was zurzeit offen ist, so dass diese Möglichkeit unabhängig von ihren sonstigen Mängeln derzeit nicht besteht.

Hinsichtlich der formellen Divergenz ist anzumerken, dass der Weg zum *EGMR* weiterhin offen stünde. Der *EuGH* käme rechtlich „in die Nähe" der nationalen Gerichte, die ebenfalls die Rechtsprechung des *EGMR* zu beachten haben. Allerdings könnte sich weiterhin kein Beschwerdeführer gegen die Organe der EG selbst wenden. Insoweit verbessert sich auch nach der Vertragsbestimmung zur Beachtung der Rechtsschutz nicht. Kritisch ist auch, wie im Falle der Nichtbeachtung durch den *EuGH* zu verfahren wäre. Zu klären wäre darüber hinaus, ob die Vertragsbestimmung justiziabel wäre, von wem und vor welchem Gerichtshof. Diese Folgeprobleme überwiegen deutlich den eingeschränkten Nutzen des Ansatzes, so dass er abzulehnen ist.

F. Kündigung der EMRK

Als weiterer Ausweg wird eine dreistufige Lösung vorgeschlagen, die mit der Kündigung der EMRK durch die EU-Staaten enden soll.[930] Erster und zweiter Schritt sind die Übernahme der materiellen Bestimmungen der EMRK in das Recht der EG und die Ausdehnung der Jurisdiktion des *EuGH* auf diese Bestimmungen. Ziel der Lösung ist es, ein einziges Schutzsystem mit einem Gerichtshof zu etablieren und so zwei nebeneinander herlaufende Systeme zu vermeiden.[931] Hiermit wären sicherlich alle Fragen in Bezug auf die formelle und materielle Divergenz beantwortet, da diese nicht mehr auftreten könnten. Die Kündigung soll nach der Erweiterung der EU auf 27 Staaten erfolgen – was seit 2007 der Fall wäre –, da dann zum Zeitpunkt des Vorschlages zwei Drittel der EMRK-Staaten Mitglieder der EU wären.

Allein dieser Aspekt der Lösung ist bereits äußerst bedenklich, da das übrige Drittel der Staaten wohl nie Mitglied der EG wird und somit außen vorstünde. Außerdem ist es unwahrscheinlich, dass die Charta der Grundrechte zugunsten

929 Vgl. *Alber/Widmaier*, EuGRZ 2000, 497, 507.

930 So nur *Toth*, CML Rev. 1997, 491, 512 ff.

931 *Toth*, CML Rev. 1997, 491, 519.

der Übernahme der materiellen EMRK Bestimmungen zurücktreten soll. Weiter würde sich das vorgeschlagene Modell nachteilig auf den Rechtsschutz der Individuen auswirken, da es keine dem *EGMR* vergleichbare Kontrollinstanz mehr gäbe.[932] Die supranationale Kontrolle durch den *EuGH* ist eben nicht gleich kompetent und effektiv,[933] da er kein speziell auf Menschenrechte ausgerichteter Gerichtshof ist. Es würde an einer externen Kontrolle sowohl in Bezug auf nationales Handeln als auch hinsichtlich des Handelns der EG fehlen. Darüber hinaus wäre dieser Weg ein falsches Zeichen an alle anderen Konventionsstaaten der EMRK, die nicht Mitglied der EU werden. Eine mögliche Vorbildfunktion, die die EU-Staaten innehaben, würde entfallen, so dass die anderen Staaten sich dazu entschließen könnten, ebenfalls die EMRK zu kündigen. Insgesamt würde demnach diese Lösung zu einer Verschlechterung des Menschenrechtsschutzes in Europa führen.

G. Beigliederung eines Menschenrechtsgerichtshofes zum EuGH und Individualgrundrechtsbeschwerde

Als weitere Ideen zur Verbesserung des Grundrechtsschutzes auf der Ebene der EG wird zum einen vorgeschlagen, dem *EuGH* einen Menschenrechtsgerichtshof beizuordnen, zum anderen, eine Individualgrundrechtsbeschwerde zum *EuGH* selbst einzuführen.[934]

Die Errichtung eines eigenen Gerichtshofes neben dem *EuGH*, der schon jetzt überlastet ist, wird für sinnvoll gehalten, um die politische Integration mit der erfolgten wirtschaftlichen Integration gleichzusetzen.[935] Sicherlich könnte es den Grundrechtsschutz des Einzelnen verbessern, wenn ihm die Möglichkeit offen stünde, Gemeinschaftsgrundrechte im Rahmen des Gemeinschaftsrechtes direkt geltend zu machen, doch würde es für die hier untersuchten Konflikte zwischen *EuGH* und *EGMR* keinen Mehrwert bringen. Darüber hinaus käme es zu einer „*Inflation der Gerichtshöfe*". Sollten sich der neue Gerichtshof und der *EuGH* über ihre Kompetenzen streiten, so bräuchte man wiederum ein den Streit beseitigendes Organ.[936]

---

932 Vgl. *Ress*, ZEuS 1999, 471, 474.

933 So aber *Toth*, CML Rev. 1997, 491, 522.

934 Zum Menschenrechtsgerichtshof *Di Fabio*, FAZ vom 17.11.1999, Nr. 268, S. 11. Zur Individualrechtsbeschwerde *Busch*, Bedeutung der EMRK, S. 170 ff.; *Rengeling*, in: Due/Lutter/Schwarze (Hrsg.), FS Everling, S. 1187 ff.; *Dippel*, Kompetenzabgrenzung, S. 241 ff. mit weiteren Nachweisen.

935 *Di Fabio*, FAZ vom 17.11.1999, Nr. 268, S. 11

936 *Doehring*, FAZ vom 8.12.1999, Nr. 286, S. 10 als direkte Antwort auf *Di Fabio* (Fn. 935).

Führte man eine Individualbeschwerde zum *EuGH* ein, so könnten zwar Gemeinschaftsgrundrechte direkt vor dem *EuGH* geltend gemacht werden, dessen Entscheidungen wären jedoch weiterhin einer Kontrolle durch den *EGMR* entzogen.[937] Auch dieser Vorschlag trägt nicht zur Lösung der hier behandelten Probleme bei. Unabhängig davon könnte die Individualbeschwerde zum *EuGH* im Rahmen des Gemeinschaftsrechts zu einem effektiveren Grundrechtsschutz beitragen. Schon eine Reform des Art. 230 Abs. 4 EG würde die Situation verbessern, so dass der *EGMR* nur mehr in Notfällen eingreifen müsste. Damit würde ein Schutzniveau ähnlich demjenigen auf der Ebene der Mitgliedstaaten erreicht.

Beide Anregungen ersetzen aber keinesfalls eine wie auch immer ausgestaltete Verklammerung der beiden Rechtssysteme EG-Vertrag/EU-Vertrag und EMRK, da sie die Divergenzen nicht zu beenden vermögen.

H. Beitritt

Schließlich kommt der Beitritt der Europäischen Gemeinschaften zur EMRK als Lösung der formellen und materiellen Divergenzen in Betracht. Dieser wird bereits seit den siebziger Jahren des letzten Jahrhunderts in der Literatur intensiv diskutiert und auch vom Europäischen Parlament und nach anfänglichem Zögern von der Europäischen Kommission gefordert.[938] Ohne dass es in der Zwischenzeit zu ernsthafteren Bemühungen kam, rief der Rat 1994 den *EuGH* nach Art. 300 Abs. 6 EG um ein Gutachten zur Frage eines möglichen Beitritts der EG zur EMRK an. Nach Ansicht des *EuGH* fehlte es der EG an einer ausgewiesenen Kompetenz, einem Vertrag zum Schutz der Menschenrechte wie der EMRK beizutreten. Dies ginge über die Grenzen des Art. 308 EG hinaus.[939]

---

937 *Busch*, Bedeutung der EMRK, S. 173.

938 Siehe hierzu umfassend *Winkler*, Beitritt der EG zur EMRK, S. 37 ff. *Busch*, Bedeutung der EMRK, S. 156 ff.; *Widmaier*, in: Haller/Krüger/Petzold (Hrsg.), FS Kebes, S. 239 f.; *Chwolik-Lanfermann*, Grundrechtsschutz in der EU, S. 287 ff.; *Feger*, Grundrechte im Recht der EG, S. 264 ff.; *Ehlermann/Nöel*, in: Bieber/Nickel (Hrsg.), GS Sasse, Band II, S. 685 ff.; *Beutler*, in: GTE, Kommentar, Grundrechtsschutz, Rn. 70; u.a. *Europäisches Parlament*, EuGRZ 1979, 257 ff., *Europäisches Parlament*, EuGRZ 1994, 191 ff.; *EG-Kommission*, EuGRZ 1979, 330 ff. Die Skizze eine Beitrittsprotokolls findet sich bereits bei *Golsong*, EuGRZ 1979, 70 ff.

939 *EuGH*, Gutachten 2/94 v. 28.3.1996, EuGRZ 1996, 197 ff., Rn. 35, 36. Zur Analyse des Gutachtens siehe umfassend *Strasser*, Grundrechtsschutz in Europa, S. 91 ff. Kürzer *Busch*, Bedeutung der EMRK, S. 156 ff.; *Alber/Widmaier*, EuGRZ 2000, 497, 505 f.; *Vedder*, EuGRZ 1996, 309; *Theurer*, Das Verhältnis der EG zur EMRK, S. 43 ff. *Rodriguez Iglesias* stellt in EuGRZ 2002, 206 klar, dass das Gutachten des *EuGH* nicht so zu verstehen sei, dass es eine negative Einstellung des *EuGH* zum Beitritt signalisieren soll, es mithin kein Ausdruck des Widerstrebens sei, eine dem *EGMR* untergeordnete Stellung einzunehmen.

Daraus folgt, dass ein Beitritt nur über eine Änderung des EG-Vertrages möglich wäre. So forderte die finnische Delegation auf der Regierungskonferenz im September 2000 erneut den Beitritt, und wies darauf hin, dass dieser nicht allein durch die Entwicklung einer Charta der Grundrechte der Union überflüssig geworden sei.[940] Abschließend zum Stand der Diskussion enthält der Vertrag über eine Verfassung in Europa in Art. I-7 Abs. 2 eine Bestimmung, dass die Europäische Union den Beitritt zur EMRK anstrebe. Anhand der Formulierung kann man davon ausgehen, dass sich die Mitgliedstaaten hiermit selbst verpflichten wollten, den Beitritt zu verwirklichen und dass diese Bestimmung die nach dem Gutachten 2/94 des *EuGH* erforderliche Kompetenznorm umfasst.[941] Gleichzeitig erhält die Union nach Art. I-6 des Verfassungsentwurfes Rechtspersönlichkeit, so dass dann diese selbst und nicht nur die Europäischen Gemeinschaften als solche beitreten könnten. Nach dem jetzigen Stand der Verträge kommt nur ein Beitritt der übrig gebliebenen zwei Gemeinschaften, der EG und der Euratom, in Betracht. Beide besitzen im Gegensatz zur Europäischen Union Rechtspersönlichkeit und damit die Befugnis, völkerrechtliche Verträge abzuschließen.

I. Nachteile eines Beitritts

Der Beitritt der Europäischen Gemeinschaften zur EMRK kann sich als vorteilhaft für den Grundrechtsschutz in Europa erweisen. Einige Stimmen in der Literatur lehnen ihn hingegen unter Hinweis auf verschiedene Nachteile ab.[942] Im Folgenden soll untersucht werden, ob diese Nachteile wirklich bestehen und ob sie gegenüber den weiter unten aufzuzeigenden Vorteilen überwiegen.

1. Unvereinbarkeit mit Art. 220 EG

Art. 220 EG sieht vor, dass der *EuGH* die Wahrung des Rechts bei der Auslegung und Anwendung dieses Vertrages sichert. Mithin kommt ihm das Rechtsprechungsmonopol hinsichtlich des EG-Vertrages zu, er gewährleistet die Autonomie dieser Rechtsordnung. Art. 220 EG könnte daher dem Beitritt entgegenstehen, wenn auch der *EGMR* nun über das Gemeinschaftsrecht befinden würde,[943] sei es auch nur über die Frage der Vereinbarkeit mit der EMRK.[944] Darüber hinaus werde der *EuGH* durch den Beitritt dazu verpflichtet, nach ei-

---

940 Regierungskonferenz 2000 – *Finnische Delegation*, EuGRZ 2000, 572.

941 Vgl. *Grabenwarter*, EuGRZ 2004, 563, 569; *ders.*, in: Busek/Hummer (Hrsg.), Der Europäische Konvent und sein Ergebnis, S. 71, 87; *Karl*, in: Busek/Hummer (Hrsg.), Der Europäische Konvent und sein Ergebnis, S. 89, 99.

942 Hierzu sogleich unten.

943 Vgl. *Callewaert*, EuGRZ 2003, 198, 202, der diesen Nachteil sogleich widerlegt. *Busch*, Bedeutung der EMRK, S. 161 f.

944 *Toth*, CML Rev. 1997, 491 ff.

nem Urteil des *EGMR* in nachfolgenden Fällen wie dieser zu entscheiden, womit die ausschließliche Zuständigkeit des *EuGH* beseitigt werde.[945]

Gegen diese Ansicht sprechen mehrere Argumente. Zunächst zeigt ein Vergleich mit den Mitgliedstaaten, dass deren Höchstgerichte durch den Beitritt zur EMRK mitnichten ihre Autonomie aufgegeben haben.[946] Der *EGMR* kann nationale Rechtsakte nicht aufheben oder für nichtig erklären.[947] Es bleibt den Konventionsstaaten vorbehalten, die entsprechenden Maßnahmen zu ergreifen. Nichts anderes würde für das Gemeinschaftsrecht gelten. Auch hier würden Urteile des *EuGH* nicht kassiert werden. Der bestehende Gestaltungsspielraum, den die EMRK vorsieht, gilt für alle ihre Vertragsparteien.[948]

Weiter entscheidet der *EGMR* nicht über Gemeinschaftsrecht, sondern nur über die EMRK, so dass er als spezielleres Gericht in Grundrechtsfragen anzusehen ist.[949] Das Gemeinschaftsrecht bliebe unberührt, denn der *EuGH* wäre für dieses weiterhin die alleinige und letzte Entscheidungsinstanz.[950] Nur dies ist auch von Art. 220 EG erfasst. Die Frage der Vereinbarkeit mit der EMRK tangiert zwar auch das Gemeinschaftsrecht, aber hier liegt es zunächst in der Hand des *EuGH*, darüber zu befinden. Der *EGMR* könnte in diese Autonomie nur eingreifen, wenn der *EuGH* in seinem Grundrechtsschutz hinter dem Standard der EMRK zurückbliebe. Insoweit stellte sich dieser Eingriff als Schutzmechanismus für die Grundrechte in Europa dar.

Da die Urteile des EGMR zwar wie oben gesehen (2. Kapitel:A.III.3) inter partes wirken, ihnen aber über Art. 1 EMRK eine weitere Bindungswirkung zukommt, bestünde eine Verpflichtung des EuGH, sich in neuen Fällen an die Rechtsprechung des EGMR zu halten. Sonst würde die EG eine erneute Verurteilung in Straßburg riskieren. Insoweit würde wie bei den nationalen Höchstgerichten die Autonomie des EuGH eingeschränkt zurücktreten. Beachtet man aber den engen Bereich, in dem dies der Fall wäre, nämlich dem Schutz der Grundrechte, so erscheint dies hinnehmbar.

---

945 *Glaesner*, in: Due/Lutter/Schwarze (Hrsg.), FS Everling, S. 327, 333.

946 *Karl*, in: Busek/Hummer (Hrsg.), Der Europäische Konvent und sein Ergebnis, S. 89, 98.

947 Siehe oben 2. Kapitel:A.III.3.; *Baumgartner*, ZfV 1996, 319, 330.

948 *Krüger/Polakiewicz*, EuGRZ 2001, 91, 100.

949 *Callewaert*, EuGRZ 2003, 198, 202;

950 *Krüger/Polakiewicz*, EuGRZ 2001, 92, 100; *Strasser*, Grundrechtsschutz in Europa , S. 123.

2. Subordination unter den EGMR

In engen Zusammenhang mit dem vorstehend diskutierten Aspekt steht die Frage, ob der Beitritt zu einer Subordination des *EuGH* unter den *EGMR* führen würde und ob dies das politisch richtige Signal wäre.[951]

Zunächst ist festzuhalten, dass eine Unterwerfung nur im Verhältnis ein und derselben Rechtsordnung erfolgen kann, ansonsten kann es nur um Koordination gehen.[952] Die Rechtsordnungen der EG und der EMRK würde sich bei einem Beitritt ebenso wenig miteinander vermengen, wie dies bei den Konventionsstaaten der Fall ist. Die EG würde nicht in eine ihr „*wesensfremde Rechtsordnung*" eingegliedert werden.[953] Ein voller Instanzenzug dergestalt, dass alle Urteile des *EuGH* einer Überprüfung durch den *EGMR* standhalten müssten, fände nicht statt. Der *EGMR* ist nach Art. 32 EMRK nur für die Auslegung und Anwendung der EMKR und ihrer Protokolle zuständig. Er kann daher nicht als allgemeines Rechtsmittelgericht zum *EuGH* fungieren.

Der *EGMR* ist im Verhältnis zum *EuGH* nur das speziellere Gericht, welches eine externe und zusätzliche Kontrolle hinsichtlich der nach der EMRK gewährten Rechte anbietet.[954] Die Autorität des *EuGH* bleibt dabei wie die der Gerichte der Mitgliedstaaten unangetastet.[955]

Außerdem gilt der Grundsatz der Subsidiarität der EMRK, so dass es zunächst Aufgabe des *EuGH* ist, Grundrechte effektiv zu schützen, bevor eine Zuständigkeit des *EGMR* angenommen werden kann.[956] Es würde mithin ein zweistufiger Grundrechtsschutz vergleichbar mit den nationalen Instanzen geschaffen.[957] Eine Subordination kann daher rechtlich gesehen nicht erfolgen. Ob sie sich politisch als solche darstellt, ist eine andere Frage.

---

951 Vgl. *Klein*, in: Mosler/Bernhardt/Hilf (Hrsg.), Grundrechtsschutz in Europa, S. 160, 166 f.; *Öhlinger*, in: Karl (Hrsg.), Internationale Gerichtshöfe und nationale Rechtsordnung, S. 123, 138 spricht davon, dass „*der EuGH faktisch der Kontrolle des EGMR unterworfen*" werde. Entscheidend ist aber nicht, ob eine faktische Unterwerfung, sondern ob eine rechtliche Subordination stattfindet.

952 Vgl. *Klein*, in: Mosler/Bernhardt/Hilf (Hrsg.), Grundrechtsschutz in Europa, S. 160, 167.

953 *Krüger/Polakiewicz*, EuGRZ 2001, 92, 100.

954 *Widmaier*, in: Haller/Krüger/Petzold (Hrsg.), FS Kebes, S. 239, 252 f.; *Schwartmann*, AVR 43. Bd. (2005), 129, 143; *Alber/Widmaier*, EuGRZ 2000, 497, 506; *Philippi*, Charta, S. 72.

955 *Jimenez de Parga*, in: Colneric/Edward/Puissochet/Ruiz-Jarabo Colomer (Hrsg.), FS Rodríguez Iglesias, S. 127, 135.

956 Vgl. *Krüger/Polakiewicz*, EuGRZ 2001, 92, 100; *Philippi*, Charta, S. 71 f.

957 *Grabenwarter*, EuGRZ 2004, 563, 569.

Angesichts der zunehmenden Bedeutung des Grundrechtsschutzes in der Europäischen Gemeinschaft und der Idee von Europa als Wertegemeinschaft scheint eine externe Kontrolle durch einen unabhängigen Gerichtshof heute politisch weit weniger abschreckend als noch vor einiger Zeit. Stellte sich der *EuGH* dieser externen Kontrolle, so könnte er beweisen, dass schon unter seiner Federführung den Grundrechten genügend Beachtung und Schutz zugute kommt. Die aufgeworfene Frage sollte somit dahingehend beantwortet werden, dass eine scheinbare Subordination dem *EuGH* seinem Ansehen nach außen nicht zum Nachteil, sondern vielmehr zum Vorteil gereicht.

3. Unvereinbarkeit mit Art. 292 EG

Weiter wird angenommen, dass ein Beitritt mit Art. 292 EG unvereinbar sei,[958] der bestimmt, dass sich die Mitgliedstaaten verpflichten, Streitigkeiten über die Auslegung oder Anwendung dieses Vertrages nicht anders als hierin vorgesehen, also nur über die Klagearten des EG-Vertrages, zu regeln. Dem könnte Art. 33 EMRK entgegenstehen, der eine Staatenbeschwerde wegen Verletzung der EMRK zum *EGMR* vorsieht (siehe dazu 2. Kapitel:A.III.1). Danach können die Mitgliedstaaten den *EGMR* und nicht den *EuGH* anrufen. Daher wird vorgeschlagen, der Beitritt könnte um ein Protokoll erweitert werden, welches diese Frage klärt[959] oder man sollte im Zweifel einen Vorbehalt nach Art. 57 EMRK anbringen.[960]

Hierzu ist zunächst festzuhalten, dass Art. 292 EG weder in Bezug auf Drittstaaten noch in Bezug auf die EG selbst Anwendung findet, so dass bei einem konventionswidrigen Verhalten der Staaten der *EGMR* ohne weiteres zuständig wäre. Nach Art. 292 EG geht es nur um Streitigkeiten in Zusammenhang mit dem EG-Vertrag, so dass Streitigkeiten anlässlich der EMRK, die im Rang unter dem Primärrecht stehen würde, nicht unter die Norm fallen würden. Die Beschwerde nach Art. 33 EMRK kann im Verhältnis der Staaten untereinander nur auf einen nationalen Hoheitsakt gerichtet sein, so dass sich die Anwendungsbereiche von Art. 292 EG und Art. 33 EMRK nicht berühren.[961] Selbst wenn man Art. 292 EG weit auslegt, so dass das Sekundärrecht umfasst ist und mithin nach einem Beitritt auch die zwischen Primärrecht und Sekundärrecht anzusiedelnde EMRK, so würde die Norm trotzdem Anwendung finden können. Denn man müsste dementsprechend auch Art. 292 EG: „*nicht anders als hierin [im Vertrag] vorgesehen*“ weit auslegen, so dass wiederum die EMRK und damit Art. 33 EMRK mit der Staatenbeschwerde greifen würde. Schon jetzt gilt aus Sicht der EMRK zwi-

---

958 Siehe *Glaesner*, in: Due/Lutter/Schwarze (Hrsg.), FS Everling, S. 327, 331 f.

959 *Winkler*, Beitritt der EG zur EMRK, S. 84 ff.

960 *Strasser*, Grundrechtsschutz in Europa , S. 126.

961 Vgl. *Busch*, Bedeutung der EMRK, S. 163.

schen den Konventionsstaaten, die gleichzeitig alle Mitglieder der Konvention sind, allein Art. 33 EMRK. Bisher hat dies nicht zu weiteren Problemen geführt, da die Staatenbeschwerde kaum Anwendung fand. Im Übrigen ist *Bernhardt* zuzustimmen, der für diese Frage wenig Verständnis aufzubringen vermag, da nichts dagegen spreche, dass ein Mitgliedstaat einen anderen wegen der Verletzung der EMRK, nicht des EG-Vertrages, vor den *EGMR* bringt.[962]

4. Verfahrensdauer

Träte die EG der EMRK bei, so könnte nach einem Verfahren beim *EuGH* eine Beschwerde zum *EGMR* eingereicht werden. Würde man zusätzlich zum Beitritt ein Vorlageverfahren des *EuGH* zum *EGMR* einführen, so könnten sich die Verfahren in beiden Fällen erheblich verlängern.[963] Da der *EGMR* sich schon jetzt am Rande seiner Kapazitäten befindet, wäre ein effektiver Rechtsschutz, der innerhalb der vom *EGMR* selbst vorgegebenen, angemessenen Dauer stattzufinden hat, gefährdet.

Allerdings bewirken die Verfahren vor dem *EGMR* keinen Suspensiveffekt, so dass alleinig der Beschwerdeführer von einer längeren Dauer seines von ihm eingelegten Rechtsbehelfes betroffen ist.[964] Insoweit ist zu überdenken, ob es dann nicht auch ihm zu überlassen ist, ob er einen weiteren Weg einschlagen möchte, um seinen Rechtsschutz zu erlangen oder man ihm diesen Weg nur deshalb vorenthalten kann, weil das Verfahren zu lange dauert. Prozessökonomische Bedenken sollten hier keinesfalls im Vordergrund stehen.[965] Vielmehr sollte man statt eines Ausschlusses der Beschwerdemöglichkeit darüber nachdenken, wie sich die Verfahrensdauer in einem erträglichen Rahmen halten kann. Es wurde bereits eine Reform des Verfahrens vor dem *EGMR* diskutiert (siehe schon oben 2. Kapitel:A.II.5). Parallel zur Änderung der EMRK, um den Beitritt zu ermöglichen, könnte man weitere Schritte in diese Richtung einleiten.[966] Ebenso ließe sich das Verfahren vor dem *EuGH* zeitlich straffen. Dass es sich länger hinziehen wird, bis ein endgültiges Urteil des *EGMR* vorliegen wird, lässt

---

962 *Bernhardt*, in: Due/Lutter/Schwarze (Hrsg.), FS Everling, S. 103, 110.

963 Vgl. *Callewaert*, EuGRZ 2003, 198, 204, der einen Beitritt allein deswegen nicht ablehnen möchte. *Theurer*, Das Verhältnis der EG zur EMRK, S. 28, die dies für ein rechtstechnisches Problem hält, das je nach Einstellung zu einem Beitritt oder dagegen als lösbar oder nicht lösbar betrachtet wird. *Toth*, CML Rev. 1997, 491, 505 lehnt den Beitritt u.a. wegen der Verfahrensdauer ab, da damit das Gegenteil eines effektiven Rechtsschutzes erzielt wird. *Iliopoulos-Strangas*, in: dies. (Hrsg.), Grundrechtsschutz im europäischen Raum S. 343, 350.

964 Vgl. *Winkler*, Beitritt der EG zur EMRK, S. 67, 69; *Peukert*, in: Mahoney/Matscher/Petzold/Wildhaber (Hrsg.), GS Ryssdal, S. 1107, 1121.

965 Vgl. *Alber/Widmaier*, EuGRZ 2000, 497, 507.

966 Vgl. *Chwolik-Lanfermann*, Grundrechtsschutz in der EU, S. 313.

sich gleichwohl nicht ausschließen. Deswegen den Rechtsschutz als solchen zu versagen, scheint aber keine Alternative zu sein.

5. Mangelnde Weiterentwicklung und Anpassungsfähigkeit der Grundrechte

Gegen den Beitritt wird weiter eingewandt, dass er zu keiner Weiterentwicklung des Grundrechtsschutzes gegenüber dem schon jetzt durch den *EuGH* gewährten Standard führen würde.[967] Materiell seien die Grundrechte der EMRK bereits gewährleistet, so dass sich das Schutzniveau nicht erhöhen ließe.[968] Man würde nur einen Austausch der Rechtsquellen erzielen. Insgesamt könnte sich ein festgeschriebener Grundrechtskatalog auf die dynamische Grundrechtsentwicklung durch den *EuGH* hemmend auswirken.[969] Darüber hinaus sei ein geschriebener Text nicht in gleicher Weise an die Ziele der Gemeinschaft anpassungsfähig, wie es die Rechtsprechung des *EuGH* sei.[970]

Dagegen spricht, dass erst durch die Kodifizierung die gewährleisteten Grundrechte für den einzelnen Bürger sichtbar und damit transparenter werden. Dem Bürger können so seine Rechte verdeutlicht werden. Schon dies ist eine positive Weiterentwicklung. Auch auf materiellrechtlicher Ebene wäre eine solche Entwicklung zu begrüßen, da die Grundrechte vom *EGMR* weiter ausgelegt werden als durch den *EuGH*, der im konkreten Rechtsstreit daran gebunden ist bzw. sich durch die Orientierungswirkung daran halten wird. Damit erhöht sich ebenfalls das Schutzniveau, da der *EGMR* in seinen Entscheidungen die wirtschaftlichen Ziele der EG nicht berücksichtigen muss. Gleichzeitig verbleibt der Gemeinschaft ein Gestaltungsspielraum, der auch allen Mitgliedstaaten zusteht, so dass eine Anpassung an das Gemeinschaftsrecht vorgenommen werden kann. Es kommt auch nicht zu einem Austausch der Rechtsquellen, da die EMRK bisher nur als Rechtserkenntnisquelle fungiert und erst durch einen Beitritt eine Rechtsquelle für die Rechtsprechung des *EuGH* werden kann.

Schließlich stehen geschriebene Grundrechte der weiteren Entwicklung des Grundrechtsschutzes keinesfalls hemmend gegenüber.[971] Betrachtet man die Grundrechte der EMRK und des Grundgesetzes in der Auslegung des *EGMR* und des *BVerfG*, so erkennt man zweifelsfrei, dass sich beide im Laufe der Zeit

---

967 Vgl. *Feger*, Grundrechte im Recht der EG, S. 284; *Bahlmann*, EuR 1982, 1, 13.

968 Siehe *Schwarze*, EuGRZ 1986, 293, 298; *Bahlmann*, in: Börner/Jahrreiß/Stern (Hrsg.), FS Carstens, S. 17, 27.

969 Hierzu *Bahlmann*, EuR 1982, 1, 13 f., der den Beitritt grundsätzlich nicht befürwortet.

970 *Losch/Radau*, ZRP 2000, 84, 86.

971 Vgl. ohne nähere Begründung *Chwolik-Lanfermann*, Grundrechtsschutz in der EU, S. 310.

weiterentwickelt haben.[972] Es ist nicht ersichtlich, weshalb dies auf gemeinschaftsrechtlicher Ebene anders sein sollte, zumal die EMRK nur Mindeststandards festschreibt, über die stets hinausgegangen werden darf.

6. Spaltung des Rechtsweges

Bahlmann[973] und *Losch/Radau*[974] vertreten die Ansicht, dass der Beitritt eine Spaltung des Rechtsweges mit sich bringen würde. So wäre der *EGMR* zwar letztentscheidungsberechtigt, wenn es um Grundrechte aus der EMRK ginge, doch läge die Zuständigkeit weiter beim *EuGH*, wenn sich die Beschwerde auf Grundrechte stützt, die allein vom *EuGH* im Wege seiner wertenden Rechtsvergleichung gewährleistet werden.

Diese Situation ist mit der in den Mitgliedstaaten vergleichbar. Sie garantieren über die EMRK hinausgehende Grundrechte im Rahmen ihrer jeweiligen Rechtsordnungen. Die EMRK ist insoweit der zu gewährleistende Mindeststandard. Die Gerichte der Mitgliedstaaten, und nach einem Beitritt der *EuGH*, beurteilen anhand eines höheren Schutzniveaus. Daher führt es nicht zu einem „*schwerwiegenden Dilemma*“[975], wenn je nach betroffenen Grundrechten der *EGMR* oder der *EuGH* die letzte „Instanz“ ist. Mit einem Beitritt soll nicht erreicht werden, dass in Europa das Mindestniveau als geltendes Recht etabliert wird. Vielmehr soll dieses Niveau als Grundstein dienen. Eine Spaltung des Rechtweges ist, soweit man überhaupt von *einem* Rechtweg sprechen kann, wie bei den Mitgliedstaaten zu akzeptieren.

7. Sachfremde Richter

Manche stehen dem Beitritt kritisch gegenüber, weil Richter aus Nicht-EG-Mitgliedstaaten über Angelegenheiten der EG urteilen würden.[976] Allerdings ist die hieraus resultierende Angst, dass sachfremde Richter die Besonderheiten des EG-Rechts nicht richtig einschätzen könnten, für unbegründet zu erachten. Die Richter am *EGMR* beschließen gerade nicht über das Gemeinschaftsrecht, sondern allein über die Frage einer möglichen Grundrechtsverletzung, die am Maßstab der Menschenrechtskonvention zu beurteilen ist. Hierzu sind alle am *EGMR* tätigen Richter gleichermaßen befähigt. Damit stellt auch dieser Einwand keinen Nachteil dar.

---

972 Siehe zur dynamischen Interpretation durch den *EGMR* oben 2. Kapitel:A.IV.5.

973 *Bahlmann*, EuR 1982, 1, 15.

974 *Losch/Radau*, ZRP 2000, 84, 86.

975 So *Bahlmann*, EuR 1982, 1, 15.

976 Darauf weist *Ress*, in: Juristische Gesellschaft Bremen (Hrsg.), Jahrbuch der Juristischen Gesellschaft Bremen, S. 17, 26 hin.

8. Technische Probleme bei der Umsetzung des Beitritts

Von den Gegnern des Beitritts werden zuletzt die technischen Probleme bei der Umsetzung des Beitritts ins Feld geführt. So müssten sowohl die EMRK als auch der EG-Vertrag geändert werden.[977]

Sicherlich ist es keine einfach zu bewerkstellende Aufgabe, den Beitritt rechtstechnisch vorzubereiten; es ist aber zweifelsfrei möglich.[978] Inwieweit die Verträge hierzu ergänzt bzw. geändert werden müssen, ist für die Suche nach den bestehenden Lösungsmöglichkeiten für formelle und materielle Divergenzen nicht von Belang, so dass in dieser Arbeit keine weiteren Ausführungen hierzu gemacht werden.[979]

II. Vorteile eines Beitritts

Als einziger relevanter Nachteil ist der Eingriff des *EGMR* in die Autonomie des Gemeinschaftsrechts in den Fällen, in denen der *EuGH* hinter dem Standard der EMRK zurückbleibt, zu beachten (siehe oben 6. Kapitel:H.I.1). Zu klären ist, in welchem Verhältnis dieser Nachteil zu den im Folgenden zu untersuchenden Vorteilen steht und ob er allein es rechtfertigen könnte, einen Beitritt abzulehnen.

1. Vermeidung formeller und materieller Divergenzen

Der Beitritt müsste dazu geeignet sein, die formellen und materiellen Divergenzen zu verhindern[980] oder zumindest die Gefahr ihrer Entstehung zu verringern.

a) Vermeidung formeller Divergenzen

Beginnend mit den formellen Divergenzen ist zunächst die völkerrechtliche von der gemeinschaftsrechtlichen Verpflichtung zu trennen.

Ein Beschwerdeführer würde sich bei Verletzung seiner Grundrechte durch eine Maßnahme, die in Zusammenhang mit dem Gemeinschaftsrecht steht, primär an den *EuGH* wenden. Dieser hätte auf der Grundlage des EG-Vertrages zu ent-

---

977 Vgl. *Schwarze*, EuGRZ 1986, 293, 299; *Toth*, CML Rev. 1997, 491, 504.

978 Siehe aus der Sicht der EMRK *Wildhaber*, HRLJ 2002, 161, 165; *Callewaert*, EuGRZ 2003, 198, 204;

979 Umfassend hierzu in der Literatur *Steering Committee for Human Rights*, Report CDDH (2002)010, Item 8; *Winkler*, Beitritt der EG zur EMRK, S. 46 ff.; *Benoit-Rohmer*, RUDH 2000, 57, 60 ff.; *Krüger/Polakiewicz*, EuGRZ 2001, 92, 102 ff.; *Busch*, Bedeutung der EMRK, S. 160 f.; *Chwolik-Lanfermann*, Grundrechtsschutz in der EU, S. 314 ff.

980 Hiervon gehen ohne weitere Begründung aus: *Kokott*, AöR 121 (1996), 599, 636; *Strasser*, Grundrechtsschutz in Europa, S. 117.

scheiden und bei seinem Urteil auch die EMRK, an die er völkerrechtlich gebunden wäre, zu beachten. Dabei hätte er die Artikel der EMRK als Organ der EG, welches über Art. 1 EMRK gebunden wäre, im Sinne der Rechtsprechung des *EGMR* auszulegen (siehe hierzu oben 2. Kapitel:A.III.3). Eine Verpflichtung nach Art. 46 EMRK bestünde dagegen nicht.

Gemeinschaftsrechtlich müsste sich der *EuGH* nicht an die Auslegung durch die Straßburger Richter halten. Art. 300 EG befasst sich mit den Abkommen, die die Gemeinschaft mit dritten Staaten oder Organisationen abschließt. Art. 300 Abs. 7 EG regelt, dass die Gemeinschaftsabkommen für die Organe der Gemeinschaft und für die Mitgliedstaaten verbindlich sind. Daher wäre die EMRK an sich nach dem EG-Vertrag für den *EuGH* verbindliches Recht, welches er auszulegen hätte. Da gemeinschaftsrechtlich betrachtet die rein völkerrechtliche Verpflichtung aus Art. 1 EMRK keine Rolle spielt, wäre der *EuGH* nicht an die Auslegung des *EGMR* gebunden und könnte damit die gemeinschaftsrechtliche Rechtsquelle EMRK autonom auslegen. Würde er mithin divergierend entscheiden, so würde sich das Luxemburger Gericht „nur“ in Widerspruch zur völkerrechtlichen Verpflichtung nach Art. 1 EMRK setzen.

Hielte der Beschwerdeführer im Anschluss an das Urteil des *EuGH*, seine Grundrechte weiterhin für verletzt, so stünde ihm der Rechtsweg zum *EGMR* in derselben Rechtssache offen. Der *EGMR* könnte alle Arten von Rechtsakten der Gemeinschaft überprüfen, wobei kein Umweg über eine mittelbare Verantwortlichkeit der Mitgliedstaaten mehr nötig wäre. Daraus folgt, dass sich der Beschwerdeführer gegen die Organe der EG selbst und ihre Rechtssetzung bzw. ihr Handeln wehren könnte. Mithin bestünde die Möglichkeit einer formellen Divergenz fort. Die Gefahr ihrer Entstehung würde sich jedoch dadurch verringern, dass zum einen der *EuGH* die Auslegung völkerrechtlich zu beachten hätte, zum anderen dadurch, dass der *EuGH* befürchten müsste, vom *EGMR* über die Gemeinschaft verurteilt zu werden, wenn sein Grundrechtsschutz ungenügend ist. Der *EuGH* wird den nationalen Gerichten gleichgestellt, bei denen ebenfalls die Gefahr formeller Divergenzen gegeben ist.

Klären würde sich in Bezug auf die formellen Divergenzen das Problem des unmittelbaren Vollzugs sowie der Verordnungen, ohne dass eine Verantwortlichkeit der Mitgliedstaaten wie in der Rechtssache *Bosphorus*[981] begründet werden müsste. Die Gemeinschaft könnte direkt wegen ihrer eigenen Rechtsakte Beschwerdegegner in Straßburg sein. Hinsichtlich aller nationalen auf EG-Recht beruhenden Maßnahmen würde ein Beitritt nichts ändern. Sie blieben weiterhin vom *EGMR* justiziabel.

---

981 *EGMR*, Rs. 45036/98, Urt. v. 30.6.2005 – Bosphorus Hava Yollari Turizm Ve Ticaret AS/Irland.

b) Vermeidung materieller Divergenzen

Fraglich ist auch, ob materielle Divergenzen vermieden werden können, welche gegeben sind, wenn *EuGH* und *EGMR* einen vergleichbaren Sachverhalt unterschiedlich beurteilen (siehe ausführlich oben 3. Kapitel:C). Dies hängt wiederum eng damit zusammen, ob der *EuGH* die Grundrechte der EMRK in der Auslegung des *EGMR* anzuwenden hat.[982] Völkerrechtlich besteht wie gerade erläutert eine Verpflichtung nach Art. 1 EMRK für alle Konventionsstaaten und damit auch für ihre Organe, der Rechtsprechung des *EGMR* zu folgen.[983] Gleiches würde mithin für die EG und ihre Organe, also auch den *EuGH* gelten. Trotzdem besteht die Möglichkeit, dass der *EuGH* anders entscheidet. Dann würde er sich aber wissend oder unwissend in Widerspruch zur völkerrechtlichen Verpflichtung der Europäischen Gemeinschaft setzen, so dass dieser eine Verurteilung vor dem *EGMR* drohte, wenn der Beschwerdeführer das Verfahren anschließend vor den Menschenrechtsgerichtshof bringt.[984] An dieser Fallkonstellation zeigt sich deutlich, dass nach einem Beitritt die Frage der formellen und materiellen Divergenzen eng miteinander verknüpft sind und nicht getrennt voneinander betrachtet werden können. Gemeinschaftsrechtlich besteht keine Verpflichtung, der Rechtsprechung aus Straßburg zu folgen.[985] Materielle Divergenzen können mithin nicht in letzter Konsequenz vermieden werden, ebenso wie sie auch in der Rechtsprechung der Konventionsstaaten nicht vermeidbar sind. Der Beitritt bewirkt aber eine Verpflichtung nach Art. 1 EMRK für die Europäische Gemeinschaft und ihre Organe. Dadurch verringert sich die Gefahr, dass es zu materiellen Divergenzen kommt, denn es ist davon auszugehen, dass der *EuGH* nicht wissentlich fortlaufende Verurteilungen der EG in Straßburg riskieren wird. Er würde sich dann darüber hinaus dem Vorwurf aussetzen, selbst die Grundrechte nicht genügend zu beachten und zu gewährleisten. Dies ist angesichts seiner fortschreitenden Bemühungen auf diesem Feld in den letzten Jahrzehnten nicht zu erwarten.

Damit bleibt festzuhalten, dass formelle und materielle Divergenzen nach einem Beitritt weiter möglich sind, sie aber unwahrscheinlicher werden und letztlich durch den *EGMR* eine Korrektur vorgenommen werden kann,[986] indem er die Gemeinschaft verurteilt. Spätestens dann sind wegen der Inter-partes-Wirkung der Urteile diese nach Art. 46 Abs. 1 EMRK zu beachten. Folgend bleibt das

---

982 Vgl. *Theurer*, Das Verhältnis der EG zur EMRK, S. 32.

983 Insoweit ist hier *Schwartmann*, AVR 43. Bd. (2005), 129, 144 nicht zuzustimmen, der allein auf die Verpflichtung nach Art. 46 EMRK abstellt.

984 So wiederum auch *Schwartmann*, AVR 43. Bd. (2005), 129, 145.

985 Siehe auch *Schwartmann*, AVR 43. Bd. 2005, 129, 144 ff.

986 Siehe ebenfalls *Karl*, in: Busek/Hummer (Hrsg.), Der Europäische Konvent und sein Ergebnis, S. 89, 97.

Problem bestehen, dass Verfahren vor dem *EuGH* nach einem Urteil des *EGMR* nicht wieder aufgenommen werden können.[987] Eine vergleichbare Regelung zur deutschen StPO/geplanten ZPO fehlt. Eine solche Wiederaufnahmeregelung sollte nicht nur in alle nationalen Verfahren (siehe oben 2. Kapitel:A.III.3), sondern gleichzeitig mit dem Beitritt auch in die Verfahrensordnungen des *EuGH*, *EuG* und *EuGöD* eingeführt werden.

2. Positive Aspekte eines Beitritts

Unabhängig von den Divergenzen gibt es weitere positive Aspekte eines Beitritts.

So würde zunächst die bestehende Rechtsschutzlücke geschlossen.[988] Wie oben angesprochen, kann die EG selbst vor dem *EGMR* verklagt werden. Eine Konstruktion über eine Gesamtschuld der Mitgliedstaaten würde sich erübrigen. Wenn ein Mitgliedstaat im Rat gegen einen EMRK-widrigen Rechtsakt gestimmt hat, müsste nach einem Beitritt nicht mehr geklärt werden, ob dieser Staat dann ebenfalls vor dem *EGMR* „gesamtschuldnerisch" verantwortlich gemacht werden kann. Alle Rechtsakte der Gemeinschaft unterlägen mithin einer externen Kontrollinstanz bezüglich ihrer Vereinbarkeit mit den gewährleisteten Grundrechten.[989] Dies stellt auch aus Sicht der Gemeinschaft einen Vorteil dar, da sie an den Verfahren, die das Gemeinschaftsrecht betreffen unmittelbar als Partei beteiligt wäre,[990] und nicht mehr nur angehört würde. Darüber hinaus würden auch Richter der EG am *EGMR* vertreten sein[991]. Diese können ihr gemeinschaftsrechtliches Fachwissen direkt bei den Entscheidungen anbringen.

Für den Bürger entstünde Rechtssicherheit in zweierlei Hinsicht. Erstens könnte er sich wie eben erläutert gegen Maßnahmen der EG direkt vor dem *EGMR* im Wege einer Individualbeschwerde zur Wehr setzen. Zweitens würde der *EuGH* die EMRK als Rechtsquelle heranziehen können, so dass mehr Transparenz durch einen geschriebenen Grundrechtskatalog bestünde. Dem Bürger würden seine Rechte deutlicher gemacht und die EG würde gleichzeitig beweisen, dass

987 Darauf weist zu Recht *Schwartmann*, AVR 43. Bd. (2005), 129, 149 ff. hin.

988 Siehe *Widmaier*, in: Haller/Krüger/Petzold (Hrsg.), FS Kebes, S. 239, 252; *Krüger/Polakiewicz*, EuGRZ 2001, 92, 97; *Theurer*, Das Verhältnis der EG zur EMRK, S. 31 ff.

989 Vgl. *Widmaier*, in: Haller/Krüger/Petzold (Hrsg.), FS Kebes, S. 239, 252; *Grabenwarter*, EuGRZ 2004, 563, 569.

990 Vgl. *Callewaert*, EuGRZ 2003, 198, 202; *Krüger/Polakiewicz*, EuGRZ 2001, 92, 97.

991 *Jimenez de Parga*, in: Colneric/Edward/Puissochet/Ruiz-Jarabo Colomer (Hrsg.), FS Rodríguez Iglesias, S. 127, 135.

sie den Grundrechtsschutz ernst nimmt.[992] Allerdings kommt es hier zu einem Folgeproblem, welches in engen Zusammenhang zum Rang, den die EMRK im Gemeinschaftsrecht nach einem Beitritt einnehmen würde, steht (hierzu sogleich unten 6. Kapitel:H.III.1, Rang der EMRK im Gemeinschaftsrecht). Für den Bürger wäre die Situation vergleichbar mit der seines Mitgliedstaates.[993]

Gerade dieser letzte Aspekt würde eine Einheitlichkeit des Grundrechtsschutzes herstellen. Da alle Mitgliedstaaten der EG auch der EMRK beitreten, wäre es konsequent, wenn die supranationale Organisation selber Mitglied wäre. Man könnte eine verbesserte Kohärenz des Grundrechtsschutzes in Europa erzielen.[994] Dies würde sich auch stabilisierend auswirken, da das Niveau der EMRK als Mindeststandard allgemein gültig etabliert werden würde.[995] Die EG könnte darüber hinaus ihren Mitgliedstaaten als Vorbild für einen effektiven Grundrechtsschutz dienen, so dass die EMRK auch in den Staaten noch mehr Beachtung finden würde.

III. Weitergehende Fragestellungen im Falle des Beitritts

Neben den genannten Vorteilen und Nachteilen ergeben sich bei einem Beitritt weitere rechtliche Fragestellungen, die dabei eine Rolle spielen können, festzustellen, ob der Beitritt als sinnvollste Lösung in Betracht kommt und ob zusätzliche Änderungen der EMRK oder der Gemeinschaftsverträge vorgenommen werden müssen.

1. Einordnung der EMRK in das Gemeinschaftsrecht und Änderung des Art. 6 Abs. 2 EU

Zunächst ist zu klären, wie die EMRK nach einem Beitritt in das Gemeinschaftsrecht einzuordnen wäre. Die Antwort gibt nicht die EMRK vor, sondern ist nach dem Recht der Vertragspartei zu bestimmen, somit hier aus dem Gemeinschaftsrecht. Art. 300 EG sieht vor, dass die Organe der Gemeinschaft und die Mitgliedstaaten an die Abkommen, welche die Gemeinschaft nach diesem Artikel schließt, gebunden sind, vgl. Art. 300 Abs. 7 EG. Welchen Rang diese Abkommen im Rahmen der Gemeinschaftsrechtsordnung einnehmen sollen, regelt Art. 300 EG hingegen nicht. Da das Primärrecht, hier demnach Art. 300 EG,

---

992 Vgl. *Kokott*, AöR 121 (1996), 599, 636; *Toth*, CML Rev. 1997, 491, 502. Zur Sichtbarkeit *Theurer*, Das Verhältnis der EG zur EMRK, S. 33.

993 *Grabenwarter/Pabel*, in: Stern/Tettinger (Hrsg.), Die Europäische Grundrechte-Charta im wertenden Verfassungsvergleich, S. 81, 95 heben die Gleichstellung mit den Mitgliedstaaten zu Recht als besonders positiv hervor.

994 Gerade die Kohärenz betonen *Wildhaber*, HRLJ Vol. 23 (2002), 161, 165; *Krüger/Polakiewicz*, EuGRZ 2001, 92, 95.

995 *Chwolik-Lanfermann*, Grundrechtsschutz in der EU, S. 310.

die Rechtsgrundlage für den Abschluss solcher Abkommen darstellt, hat es gegenüber diesen eine Vorrangstellung inne.[996] Dies bestätigt auch Art. 300 Abs. 6 EG, wonach der Gerichtshof ein Gutachten über die Vereinbarkeit des Abkommens mit dem EG-Vertrag erstellen kann. Das Abkommen muss demnach im Einklang mit dem geltenden Primärrecht stehen, um abgeschlossen werden zu können. Im Verhältnis zum Sekundärrecht ergibt sich aus Art. 300 Abs. 7 EG, dass die Organe der EG die Gemeinschaftsabkommen zu beachten haben und kein ihnen entgegenstehendes Recht setzen dürfen. Sie haben also das Sekundärrecht an den Vorgaben des Primärrechts und der Abkommen auszurichten. Damit gehen die Abkommen dem Sekundärrecht vor,[997] so dass ihnen letztlich ein „Zwischenrang" zukommt. Dann ist aber die EMRK nach einem Beitritt für die Organe der EG bindend, steht aber im Rang unter den allgemeinen Rechtsgrundsätzen.[998] Sie würde nur im Verhältnis zum Sekundärrecht als Maßstab relevant werden. Teilweise wird dies nicht als „*Rückschritt*" angesehen.[999] Dagegen spricht jedoch, dass ohne einen Beitritt die EMRK als Rechtserkenntnisquelle Eingang in die allgemeinen Rechtsgrundsätze der EG in Gestalt der Grundrechte findet. Da die allgemeinen Rechtsgrundsätze selbst Primärrecht darstellen, muss das sonstige, vertragliche Primärrecht im Einklang mit ihnen stehen. Die EMRK ist daher ohne einen Beitritt der EG Maßstab für das primäre EG-Recht. Insoweit wäre es ein doch ein „*Rückschritt*", wenn in Folge eines Beitritts nur noch das Sekundärrecht an der EMRK als Mindeststandard auszurichten wäre. Dies wäre jedenfalls dann der Fall, wenn Art. 6 Abs. 2 EU nach einem Beitritt die EMRK nicht mehr als Rechtserkenntnisquelle nennen würde. Denn sonst käme es zu der paradoxen Situation, dass zum einen die EMRK selbst einen Zwischenrang als Rechtsquelle einnehmen würde, sie gleichzeitig aber auf das Primärrecht als Rechtserkenntnisquelle einwirken würde. Die Betroffenen stünden wiederum vor dem Problem, dass es zwar einen geschriebenen Grundrechtskatalog gibt, dieser aber im Rang hinter den vom *EuGH* nach Art. 6 Abs. 2 EU herausgearbeiteten Grundrechten im Kollisionsfall zurücktritt. Ob damit mehr Transparenz geschaffen wird, ist fraglich. Daher ist zu überdenken, ob Art. 6 Abs. 2 EU nach einem Beitritt so bestehen bleiben könnte.

Würde man aus Art. 6 Abs. 2 EU den Verweis auf die Menschenrechtskonvention streichen, könnte der *EuGH* diese nicht mehr bei der Herleitung der primärrechtlichen Rechtsgrundsätze heranziehen. Gemeinschaftsrechtsrechtlich wäre er

---

996 Vgl. *Schweitzer/Hummer*, Europarecht, Rn. 688; *Strasser*, Grundrechtsschutz in Europa , S. 116 ff.

997 Siehe *Schmalenbach*, in: Calliess/Ruffert (Hrsg.), Kommentar EUV/EGV, Art. 300, Rn. 77; *Oppermann*, Europarecht, § 30 Rn. 33; *Schweitzer/Hummer*, Europarecht, Rn. 688; *Weber*, DVBl. 2003, 220, 226.

998 Siehe auch *Schwartmann*, AVR 43. Bd. (2005), 129, 144.

999 So *Strasser*, Grundrechtsschutz in Europa , S. 118.

nach Art. 300 Abs. 7 EG an sie gebunden, wenn es um die Überprüfung von Sekundärrecht geht. Dann entstünde tatsächlich eine den Mitgliedstaaten vergleichbare Situation, in denen die EMRK nicht Verfassungsrang einnimmt, die aber einen eigenen Grundrechtskatalog auf der Ebene ihrer Verfassung haben. Dies stellt im Verhältnis zur jetzigen Rechtslage einerseits einen Rückschritt dar, andererseits würde ein Stück mitgliedstaatlicher „Normalität" geschaffen. Dies vor allem, wenn zusätzlich zum Beitritt ein eigener Grundrechtskatalog der Gemeinschaft verbindlich würde. Art. 6 Abs. 2 EG ist mithin zu ändern, so dass die EMRK nur Rechtsquelle wird. Dass sie dann einen „niedrigeren" Rang einnimmt, schadet dem Grundrechtsschutz wegen der völkerrechtlichen Verpflichtung aus Art. 1 EMRK nicht.[1000]

2. Vorlageverfahren

Eine weitere mögliche Änderung wäre es, zusätzlich zum Beitritt ein Vorlageverfahren vom *EuGH* zum *EGMR* einzuführen.[1001] Damit erzielte man zum einen eine schnellere Entscheidung des Menschenrechtsgerichtshofes, da er sofort mit der zu lösenden Frage konfrontiert wäre und der Betroffene nicht nach Abschluss des Verfahrens vor dem *EuGH* ein weiteres Verfahren in Straßburg einleiten müsste. Zum anderen könnte die Gefahr der Divergenzen weiter vermindert werden, wenn der *EuGH* die Auffassung des *EGMR* zu einer spezifischen Grundrechtsfrage kennt und vergleichbar mit den mitgliedstaatlichen Gerichten nach Art. 234 EG an die Auslegung gebunden wäre. Gegen dieses Verfahren spricht aber, dass es zu einem Ungleichgewicht mit den anderen Vertragsparteien der EMRK käme, denen ein solches Verfahren nicht zur Verfügung steht.[1002] Die Gerichte der Konventionsstaaten haben nicht die Möglichkeit, den *EGMR* im Laufe eines Verfahrens anzurufen und so eine drohende Verurteilung ihres Staates zu vermeiden. Um einen effektiven Menschenrechtsschutz zu erhalten, ist dies auch nicht nötig. Die nachträgliche Überprüfbarkeit reicht aus, um der EMRK zu ihrer vollen Wirksamkeit zu verhelfen. Allein die drohende Verurteilung, die insbesondere politische Signale setzt, genügt, damit sich die Gerichte der Konventionsstaaten im Regelfall mit der EMRK auseinandersetzen und so Divergenzen vermieden werden können. Ob es tatsächlich zu einer Verkürzung der Verfahrensdauer käme, mag bezweifelt werden. Dies könnte nur durch die Errichtung einer speziell für die Vorlageverfahren zuständigen Kammer erzielt werden. Dann stellt sich im Anschluss die Frage, ob gegen die Entscheidung der

---

[1000] Siehe hierzu auch unten 6. Kapitel:H.IV zur Änderung des Art. I-9 Abs. 3 des Vertrages über eine Verfassung für Europa.

[1001] Vgl. *Steering Committee for Human Rights*, Report CDDH (2002), 010, Item 8.

[1002] So zu Recht *Steering Committee for Human Rights*, Report CDDH (2002), 010, Item 8. Dieses weist in seinem Report zusätzlich darauf hin, dass es zu einer Verlängerung der Verfahren in Luxemburg käme.

Kammer ein Rechtsmittel zur Großen Kammer zulässig sein sollte und welche Richter der Kammer angehören sollen. Da dieses System der EMRK bisher fremd ist, zu weiteren technischen Fragen führt sowie auf alle Konventionsstaaten im Sinne der Gleichbehandlung der Vertragsparteien übertragen werden müsste, dabei aber keine entscheidenden Vorteile mit sich bringt, ist ein solches Vorlageverfahren abzulehnen.

IV. Die Charta der Grundrechte und der Beitritt zur EMRK

Im 1. Kapitel wurde festgestellt, dass Teile der Charta der Grundrechte der EU von den Verfassungsüberlieferungen der Mitgliedstaaten herrühren, so dass der *EuGH* diese Teile unabhängig von der Rechtsverbindlichkeit der Charta nach Art. 6 Abs. 2 EU zu beachten hat (siehe oben 2. Kapitel:B.VI.3). Das 4. Kapitel hat dann gezeigt, dass die Charta in der jetzigen Form die Divergenzen nicht zu lösen vermag (siehe oben 5. Kapitel:B), so dass sich nun die Frage stellt, ob Charta und Beitritt der EG zur EMRK sich gegenseitig ausschließen oder vielmehr ergänzen können. Wenn es einen Unterschied macht, ob die Charta verbindlich ist oder nicht, so wird dies an der entsprechenden Stelle erläutert. Zunächst aber kann es dahingestellt bleiben.

Zentrale Frage ist, ob der Beitritt der EG zur EMRK Auswirkungen auf die Charta hat. Wie gesehen müsste die Gemeinschaft nach einem Beitritt die Garantien der EMRK beachten und gewährleisten. Im Falle einer Verurteilung wäre sie direkt an die Auslegung des *EGMR* nach Art. 46 EMRK gebunden, im Übrigen über Art. 1 EMRK. Als Folge dieser Verbindlichkeit wäre die Rechtsprechung des *EGMR* auch für den *EuGH* als Organ der EG völkerrechtlich bindend. Die Rechte der Charta würde der *EuGH* wie die nationalen Mitgliedstaaten ihre Verfassungen weiter autonom auslegen. Bei der Anwendung des Art. II-112 Abs. 3 CGR, wäre der *EuGH* aber nun an die Rechtsprechung des *EGMR* gebunden. Insoweit könnten materielle Divergenzen von vornherein vermieden werden, wenn es eine Rechtsprechung des *EGMR* zu den entscheidungserheblichen Rechtsfragen gibt. Bei allen anderen Rechten können, wenn sie nicht nach Art. II-112 Abs. 3 CGR zu behandeln sind oder es keine entsprechenden Entscheidungen des *EGMR* gibt, weiterhin wie im nationalen Recht Rechtsprechungsunterschiede auftauchen. Diese Divergenzen könnten durch eine spätere externe Kontrolle im Falle einer Verurteilung der EG durch den *EGMR* korrigiert werden. Die horizontale Klausel würde nun ihren Zweck erfüllen und für mehr Kohärenz sorgen. Zugunsten einer größeren Transparenz der Grundrechte wäre weiter zu überlegen, den Verweis auf die EMRK in der Charta zu streichen und eigene Schranken in der Charta – sichtbar für jeden Betroffenen – zu entwickeln. Gegen eine Streichung des Art. II-112 Abs. 3 CGR wird eingewandt, dass die Charta in sich schlüssig bleiben sollte.[1003] Dagegen spricht jedoch, dass die Charta seit ihrer Proklamation im 2. Konvent erneut ergänzt und geändert wurde und, da sie noch nicht verbindlich ist, auch ihre endgültige Form noch nicht gefunden hat. In sich schlüssig ist die Charta erst, wenn sie sich in die bestehenden und durch einen Beitritt neu entstehenden Gefüge nahtlos einfügen kann.

In den Fällen der mehrpoligen Grundrechtsverhältnisse könnte Art. II-113 CGR nach einem Beitritt dahingehend auslegt werden, dass die EMRK Vorrang vor der Charta genießt, womit wie oben gesehen formelle Divergenzen vermieden werden könnten (siehe 5. Kapitel:B.I.1). Indem die Gemeinschaft völkerrechtlich gebunden wird, enthält die EMRK eine Sonderstellung, die eine Bevorzugung rechtfertigen würde, auch wenn das Recht der Union in Art. II-113 CGR ebenfalls genannt ist.

Insgesamt wird daher davon ausgegangen, dass sich Charta und Beitritt gegenseitig nicht überflüssig machen[1004] und dass das eine weder das andere voraussetzt, noch verhindert.[1005] Vielmehr würden beide zusammen ein Zeichen dafür sein, dass die Europäische Union die Grundrechte uneingeschränkt achtet und trotz der Entwicklung eines eigenen Grundrechtskatalogs sich nicht scheut, sich der externen Kontrolle des *EGMR* zu unterstellen.[1006] Dabei verlöre die Charta keinesfalls an Bedeutung, sondern würde für mehr Rechtssicherheit und Transparenz sorgen, da sie den primären Grundrechtsschutz anhand eines geschriebenen Grundrechtskataloges der EU gewährleisten würde, die EMRK dagegen einen weiteren nachrangigen Schutz.[1007] Beide können zusammen ein sich ergänzendes System bilden, das im Vergleich zu den Mitgliedstaaten für die Bürger verständlicher wäre. Dies entspräche auch der fortgeschrittenen Integration der EG im Bereich des Grundrechtsschutzes.

Im Zusammenhang mit der Charta – und zwar einer verbindlichen – stellt sich auch die Frage, ob Art. 6 Abs. 2 EG bzw. der in den Vertrag über eine Verfas-

---

[1003] *Callewaert*, EuGRZ 2003, 198, 200.

[1004] *Europäisches Parlament*, Entschließung v. 23.10.2002, EuGRZ 2002, 670, 673, lit. Y; *Alber/Widmaier*, EuGRZ 2000, 497, 502. *Skouris*, in: Blankenagel/Pernice/Schulze-Fielitz (Hrsg.), FS Häberle, S. 261, 272 geht davon aus, dass „*alle potentiellen Probleme [...] automatisch gelöst werden*".

[1005] *Tettinger*, NJW 2001, 1010, 1012.

[1006] Vgl. *Europäischer Konvent*, Bericht der Gruppe II, CONV 354/02, S. 12; *Europäische Kommission*, Mitteilung v. 11.10.2000, CHARTE 4956/00, Nr. 9.

[1007] Vgl. *Schmitz*, in Blumenwitz/Gornig/Murswiek (Hrsg.), Die Europäische Union als Wertegemeinschaft, S. 73, 77.

sung für Europa eingeführte Art. I-9 Abs. 3 Bestand haben kann.[1008] Die Vorschrift würde dazu führen, dass die Charta verbindliche Rechtsquelle unter Bezugnahme auf die EMRK ist, die EMRK gemeinsam mit den Verfassungsüberlieferungen der Mitgliedstaaten und hierbei auch der Charta – denn diese ist nicht aus dem Artikel ausgenommen[1009] – als Rechtserkenntnisquellen zu den allgemeinen Rechtsgrundsätzen der Gemeinschaft wird und schließlich die EMRK alleine einen unter dem Primärrecht stehenden Rang einnimmt. Ob diese Vielschichtigkeit so sinnvollerweise bestehen bleiben sollte, ist mehr als fraglich.

In den Beratungen war das Schicksal der Regelung umstritten, man einigte sich jedoch am Ende, wie anhand des Textes erkennbar, für eine Beibehaltung. Teilweise wurde die Ansicht vertreten, dass die Norm überflüssig sei und für Verwirrung sorgen würde. Andererseits ging man davon aus, dass Art. I-9 Abs. 3 EVV dazu dienen könnte, den Grundrechtsschutz zu ergänzen und zu verdeutlichen.[1010] Denn damit werde gezeigt, dass das Recht der Union neben der Charta noch weitere Grundrechte als allgemeine Rechtsgrundsätze anerkenne. Dem *EuGH* stünde somit die Möglichkeit offen, zusätzliche Grundrechte zu bilden, wenn es zu einer Weiterentwicklung der EMRK oder der Verfassungsüberlieferungen der Mitgliedstaaten käme. Dies ergebe sich aus der „klassischen Verfassungslehre". Die Grundrechtskataloge in den nationalen Verfassungen seien nie abschließend, so dass weitere Grundrechte durch die Rechtsprechung hinzukommen können.[1011]

Hiergegen sprechen jedoch mehrere Aspekte. Zunächst lässt sich eine solche „klassische Lehre" nicht in den Mitgliedstaaten wieder finden.[1012] Art. 6 Abs. 2 EU stellt vielmehr eine Sondervorschrift des Gemeinschaftsrechts dar, die sich anhand der Entstehung des Grundrechtsschutzes in Europa erklären lässt (siehe hierzu ausführlich oben 2. Kapitel:B.III). Gäbe es vergleichbare Bestimmungen in den Verfassungen der Mitgliedstaaten, so müssten sich die Verfassungsgerichte nicht mit „*Schutzbereichabgrenzungen herumschlagen*", sondern könnten direkt ein neues Grundrecht entwickeln.[1013] Dies ist aber noch immer Aufgabe

---

[1008] Bleibt die Charta unverbindlich kann sie ja nur Wirkung entfalten, wenn es Art. 6 Abs. 2 EU oder eine andere entsprechende Norm gibt, so dass dieser Artikel dann sicherlich nicht abgeschafft werden darf.

[1009] Vgl. *Callewaert*, EuGRZ 2003, 198, 200.

[1010] Siehe zu diesem Absatz insgesamt *Europäischer Konvent*, Bericht der Gruppe II, CONV 354/02, S. 9.

[1011] Vgl. Erläuterung des *Europäischen Konvents*, CONVENT 528/03, EuGRZ 2003, 79, 83 zur Fassung des Art. 5 Abs. 3 (a.F. des heutigen Art. I-9).

[1012] *Grabenwarter*, EuGRZ 2004, 563, 568; vgl. auch *Epping*, JZ 2003, 821, 826.

[1013] *Grabenwarter*, EuGRZ 2004, 563, 568.

des Gesetzgebers und nicht der Judikative. Gleiches gilt auf der Ebene des Gemeinschaftsrechts. Auch hier müssten die Mitgliedstaaten im Falle einer Weiterentwicklung der Grundrechte in Europa, wenn der *EuGH* dieser mit seiner Auslegung der Charta nicht mehr gerecht werden kann, die Charta im Wege einer Vertragsnovellierung ergänzen oder ändern.[1014] Weiter könnte der *EuGH* dazu verleitet sein, die Charta nicht heranzuziehen, sondern weiter auf Basis des Art. 6 Abs. 2 EU zu richten.[1015] Nach einem Beitritt der EG zur EMRK erscheint erst recht fraglich, worin die zusätzlichen Grundrechte bestehen könnten,[1016] denn zumindest eine Weiterentwicklung der EMRK wird der *EuGH* nun in seine Auslegung der Bestimmungen einfließen lassen müssen. Nur hinsichtlich möglicher Änderungen der Verfassungsüberlieferungen der Mitgliedstaaten bestünde ein Mangel. Dieser ließe sich aber durch eine Anpassung der Charta durch den Gemeinschaftsgesetzgeber beheben.

Da demnach unklar bleibt, welchen „Mehrgewinn" Art. I-9 Abs. 3 EVV bringen soll, wird vertreten, diesen als rein deklaratorisches Bekenntnis zu den Wurzeln des Unionsrechts anzusehen, so dass der *EuGH* daraus keine Kompetenz zur weiteren Entwicklung von Grundrechten herleiten könne.[1017] Diese Annahme einer rein deklaratorischen Regelung lässt sich weder deren Wortlaut noch ihrer Entstehungsgeschichte entnehmen, so dass entgegen dieser Auffassung der Norm doch die eigenständige Bedeutung eines Kompetenztitels zukommt. Man könnte also davon ausgehen, dass Art. I-9 Abs. 3 EVV ein Mehrebenen-Modell europäischer Grundrechte etabliert, in dem unterhalb der kodifizierten Rechte eine weitere Ebene ungeschriebener Rechte existiert.[1018] Dies würde der besonderen „*verfassungsrechtlichen Situation der künftigen EU entsprechen, dem Willen der Bürger und Staaten zu entspringen*", so dass dafür plädiert wird, den Artikel in der aktuellen Form beizubehalten ist.[1019]

Es kann aber sicherlich nicht Wille der Bürger und auch nicht der Staaten sein, auf der Ebene der EG einen mehrschichtigen Grundrechtsschutz zu etablieren, der in seinen Verschränkungen (siehe Art. II-112 Abs. 3 CGR, Art. 1 EMRK) kaum verständlich ist und zu weniger Rechtssicherheit beiträgt. Hinzukäme die dritte Ebene der nationalen Grundrechte, wobei auch hier die EMRK zu beachten ist. Ein „Mehr" an Grundrechten führt nicht unweigerlich zu einem „Mehr" an Schutz. Geht man dagegen vom ursprünglichen Ziel des Art. 6 Abs. 2 EU aus, die Rechtsprechung des *EuGH* auf eine gesetzliche Basis zu stellen, so ist

---

1014 Vgl. *Grabenwarter*, EuGRZ 2004, 563, 569.

1015 Zutreffend *Pietsch*, ZRP 2003, 1, 4.

1016 So *Epping*, JZ 2003, 821, 826.

1017 Hierzu *Kingreen*, EuGRZ 2004, 570, 571.

1018 Siehe *Dorf*, JZ 2005, 126, 131; *Weiß*, ZEuS 2005, 323, 324.

1019 *Weiß*, ZEuS 2005, 323, 347.

dies im Fall einer verbindlichen Charta und eines Beitritts zur EMRK nicht mehr nötig. Der Absatz ist überflüssig und sollte gestrichen werden.

V. Ergebnis zum Beitritt

Die Rechtsordnung der EG und der EMRK vermischen sich bei einem Beitritt nicht miteinander, so dass zunächst jedem Gericht die im jeweiligen Vertrag vorgesehene Kompetenz zukommt. Vorteilhaft ist, dass der *EuGH* der externen Kontrolle des *EGMR* in Menschrechtsfragen unterstehen würde und sein Handeln mithin auch am Maßstab der EMRK zu messen wäre. Sowohl formelle als auch materielle Divergenzen könnten, letztere zumindest teilweise, vermieden werden. Dabei macht die Charta der Grundrechte den Beitritt nicht überflüssig, sondern wirkt ergänzend. Hier sollten bei einer Verbindlichkeitserklärung bestimmte Änderungen am Text der Charta und an Art. 6 Abs. 2 EU bzw. Art. I-9 Abs. 3 EVV vorgenommen werden, um Rechtssicherheit zu gewährleisten.

I. Zusammenfassung des sechsten Kapitels

1. Von den verschiedenen in der Diskussion befindlichen Lösungen zur Vermeidung von Divergenzen kommen nach näherer Prüfung nur ein Vorlageverfahren oder der Beitritt der EG zur EMRK in Betracht. Insbesondere die Kündigung der EMRK durch die Mitgliedstaaten der EG würde den Grundrechtsschutz in Europa verschlechtern.

2. Ein Vorlageverfahren zum *EGMR* müsste für den *EuGH* und das *EuG* gelten und die Antwort des *EGMR* auf die Vorlagefrage hat für den *EuGH* bindend zu sein, da so formelle Divergenzen teilweise wirksam beseitigt würden und es zu einem materiell kohärenten Grundrechtsschutz käme.

3. In Bezug auf das Primärrecht führt das Vorlageverfahren zu keiner Lösung.

4. Nachteilig ist auch, dass ein Vorlageverfahren die Autonomie des *EuGH* weit beschränkt, da der *EGMR* über abstrakte Fragen und nicht nur über konkrete Einzelfragen zu entscheiden hätte. Eine Einbeziehung des Gemeinschaftsrechts lässt sich hierbei nicht vermeiden. Dies ist dem System der EMRK ebenfalls fremd.

5. Der *EuGH* erhielte im Verhältnis zu den Mitgliedstaaten eine ihm nicht zustehende Sonderstellung.

6. Das Vorlageverfahren ist im Gegensatz zu Beitritt technisch einfacher umzusetzen.

7. Der Beitritt der EG zur EMRK stellt die rechtlich sinnvollste und umfassendste Lösung der bestehenden Probleme dar und sorgt für einen kohärenten Grundrechtsschutz in Europa.

8. Zusätzlich zum Beitritt ist eine verbindliche Charta der Grundrechte wünschenswert sowie eine Streichung des Art. 6 Abs. 2 EU, so dass auf der Ebene der EG ein den Mitgliedstaaten vergleichbares System des Grundrechtsschutzes geschaffen wird.

9. Der Beitritt festigt die Letztentscheidungskompetenz des *EGMR* in allen Grundrechtsfragen und ermöglicht eine externe Einzelfallkontrolle des Handelns der EG und ihrer Organe.

10. Mehr Richtsicherheit und Rechtsklarheit für die Bürger Europas wäre die Folge.

7. Kapitel: Vergleich zwischen BVerfG und EGMR im Verhältnis zum EuGH

Nachdem im vorigen Kapitel Lösungsmöglichkeiten für die Zukunft dargestellt wurden, soll abschließend untersucht werden, ob sich aus einem Vergleich des Verhältnisses des *BVerfG* zum *EuGH* nach der geltenden Rechtslage die Frage beantworten lässt, ob *EuGH* oder *EGMR* die Letztentscheidungskompetenz in Menschenrechtsfragen in Europa zusteht. Dieser Vergleich liegt nahe, da die Rechtsprechung des *BVerfG* beispielhaft für das Verhältnis eines mitgliedstaatlichen Verfassungsgerichts zum *EuGH* herangezogen werden kann[1020] und die Rechtsprechung des *EGMR* in ihrer Entwicklung ähnliche Züge aufweist, was zugleich aufzuzeigen ist. Sowohl beim *BVerfG* als auch beim *EGMR* handelt es sich um Gerichte, die für Fragen des Menschenrechtsschutzes zuständig und im Rahmen ihrer jeweiligen Rechtsordnung authentischer Interpret der jeweiligen Grundrechtskataloge sind. Möglicherweise ergibt sich aus diesem Vergleich ein Hinweis darauf, ob und in welcher Weise der *EGMR* im Verhältnis zum *EuGH* wie das *BVerfG* seine Prüfkompetenz zurückzunehmen hat. Weiter ist zu prüfen, ob die Unterschiede zwischen dem *BVerfG* und dem internationalen Menschenrechtsgerichtshof ein anderes Ergebnis erfordern, nachdem dem *EGMR* auf europäischer Ebene „das letzte Wort" in Fragen des Grundrechtsschutzes zustehen müsste.

A. Verhältnis des BVerfG zum EuGH

Bevor ein Vergleich zwischen *BVerfG* und *EGMR* angestellt werden kann, muss als Grundlage hierfür die Rechtsprechung des *BVerfG* betreffend das Verhältnis zum *EuGH* in Grundrechtsfragen dargestellt werden. Weder soll in dieser Arbeit die hierzu geführte umfangreiche Diskussion, wie diese Rechtsprechung in Einzelnen zu bewerten ist, wiederholt werden, noch soll auf das Problem der „ausbrechenden Rechtsakte" eingegangen werden.[1021] Vielmehr geht es hier darum, Parallelen und Unterschiede in der Rechtsprechung aufzuzeigen und diese für das vorliegende Problem fruchtbar zu machen.

1020 Zum Vorrang des Gemeinschaftsrechts in verschiedenen Mitgliedstaaten siehe *Pernice*, in: Dreier (Hrsg.), GG Kommentar, Art. 23 Rn. 15.

1021 Siehe hierzu umfassend die Literaturnachweise bei *Streinz*, in: Sachs (Hrsg.), GG Kommentar, Art. 23; *Scholz*, in: Maunz/Dürig, GG Kommentar, Art. 23 GG sowie zu Art. 24 GG die Hinweise bei *Randelzhofer*, in: Maunz/Dürig, GG Kommentar.

I. Entwicklung der Rechtsprechung bis zum Bananenmarktordnung-Beschluss

Die Entwicklung der Rechtsprechung des *BVerfG* zur Vorrangfrage von sekundärem Gemeinschaftsrecht gegenüber nationalem Verfassungsrecht und der damit verbundenen Frage nach der Vorrangstellung des *BVerfG* oder des *EuGH* begann in den siebziger Jahren des vorigen Jahrhunderts und endete vorläufig im Jahre 2000.

Noch 1974 hat das *BVerfG* in der sog. „Solange I"-Entscheidung[1022] geäußert, dass ihm eine Prüfungskompetenz in Bezug auf eine mögliche Verletzung von nationalen Grundrechten durch sekundäres Gemeinschaftsrecht zusteht. Grundlegend führte das Gericht in dem Beschluss aus, dass der europäische und der nationale Rechtskreis unabhängig voneinander und nebeneinander in Geltung stünden und sich daraus auch die Zuständigkeitsverteilung zwischen den nationalen und europäischen Organen ergebe. Aus dem durch die Gründung der Gemeinschaft entstandenen besonderen Verhältnis ergebe sich primär die Pflicht, *„sich um die Konkordanz beider Rechtsordnungen in ihrer Rechtsprechung zu bemühen*".[1023] Im Konfliktfall genüge es nicht, den Vorrang des Gemeinschaftsrechts vor nationalem Verfassungsrecht nur damit zu begründen, dass andernfalls das Gemeinschaftsrecht in Frage gestellt würde. Auch die Gemeinschaft müsse einen Beitrag leisten, einen möglichen Konflikt zu lösen.[1024] Sodann bestimmte das *BVerfG* die Grenzen der Übertragung von Hoheitsrechten mittels einer Auslegung des Art. 24 GG.[1025] Zu diesen Grenzen gehört nach Ansicht des *BVerfG* als *„Essentiale der geltenden Verfassung [...] der Grundrechtsteil des Grundgesetzes. Ihn zu relativieren, gestattet Art. 24 GG nicht vorbehaltlos. Dabei ist der gegenwärtige Stand der Integration der Gemeinschaft von entscheidender Bedeutung*".[1026] Diese Integration sei jedoch in Bezug auf den effektiven Schutz von Grundrechten noch nicht weit genug fortgeschritten. Insbesondere der Mangel eines geschriebenen Grundrechtskataloges würde dazu führen, dass kein Vergleich angestellt werden könne, ob der gemeinschaftsrechtliche Grundrechtsstandard auf die Dauer dem des Grundgesetzes *„derart adäquat ist*", dass die Grenze des Art. 24 GG nicht überschritten werde. Damit setze sich im Kollisionsfall die Grundrechtsgarantie des Grundgesetzes solange durch, wie nicht die zuständigen Organe der Gemeinschaft den Normenkonflikt durch Vertrags-

---

1022 *BVerfGE* 37, 271.

1023 *BVerfGE* 37, 271, 278.

1024 *BVerfGE* 37, 271, 279.

1025 *BVerfGE* 37, 271, 279 f.

1026 *BVerfGE* 37, 271, 280.

änderungen beigelegt haben.[1027] Daraus folge, dass das *BVerfG* nie über die Gültigkeit einer gemeinschaftsrechtlichen Norm, wohl aber über deren Anwendbarkeit im deutschen Recht zu entscheiden habe. Der Schutz der Grundrechte aus dem Grundgesetz obliege dem *BVerfG* kraft seiner ihm dort eingeräumten Kompetenz. „*Diese verfassungsrechtliche Aufgabe kann ihm kein anderes Gericht abnehmen.*"[1028] Zusammenfassend kommt das *BVerfG* zu dem als „Solange I-Formel" bekannten Leitsatz der Entscheidung:

„*Solange der Integrationsprozess der Gemeinschaft nicht so weit fortgeschritten ist, dass das Gemeinschaftsrecht auch einen von einem Parlament beschlossenen und in Geltung stehenden formulierten Katalog von Grundrechten enthält, der dem Grundrechtskatalog des Grundgesetzes adäquat ist, ist nach Einholung der in Art. 177 des Vertrages geforderten Entscheidung des Europäischen Gerichtshofs die Vorlage eines Gerichts der Bundesrepublik Deutschland an das Bundesverfassungsgericht im Normenkontrollverfahren zulässig und geboten, wenn das Gericht die für entscheidungserhebliche Vorschrift des Gemeinschaftsrechts in der vom Europäischen Gerichtshof gegebenen Auslegung für unanwendbar hält, weil und soweit sie mit einem der Grundrechte des Grundgesetzes kollidiert.*"

Dass dieser Beschluss erheblich kritisiert wurde, ist bekannt,[1029] spielt aber für die vorliegende Arbeit keine weitere Rolle, da die Entwicklung der Verfassungsrechtsprechung nicht auf diesem Stand stehen blieb.

Der *EuGH* hatte wie oben gesehen (2. Kapitel:B.II) gerade zwischen 1969 und 1984 große Fortschritte im Grundrechtsschutz gemacht, so dass vor diesem Hintergrund die Änderung in der Rechtsprechung des *BVerfG* in dem sog. „Solange II"-Beschluss[1030] nicht verwunderte. So wiederholte das Gericht zwar Teile seiner vorherigen Rechtsprechung,[1031] distanzierte sich dann aber deutlich von die-

[1027] *BVerfGE* 37, 271, 280 f.

[1028] *BVerfGE* 37, 271, 282.

[1029] Siehe hierzu nur *Streinz*, Bundesverfassungsrechtlicher Grundrechtsschutz, S. 144 ff. mit weiteren Nachweisen in Fn. 19.

[1030] *BVerfGE* 73, 339. Zu den als „Vielleicht"- und „Mittlerweile"-Beschluss bezeichneten Entscheidungen des BVerfG siehe nur *Schweitzer*, Staatsrecht III, Rn. 78.

[1031] Siehe z.B. *BVerfGE* 73, 339, 374 bzgl. der Rücknahme des ausschließlichen Herrschaftsanspruches der Bundesrepublik Deutschland und *BVerfGE* 73, 339, 375 f. hinsichtlich der Grenzen des Art. 24 GG.

ser allein aufgrund der neuen Ausgangslage.[1032] Die Situation des Grundrechtsschutzes hatte sich eben seit 1974 entscheidend geändert.

Nach Art. 24 Abs. 1 GG dürften die Rechtsprinzipien, die dem Grundrechtsteil des Grundgrundgesetzes zugrunde liegen und somit Essentiale der Verfassung sind, nicht vorbehaltlos relativiert werden. *„Sofern und soweit mithin einer zwischenstaatlichen Einrichtung im Sinne des Art. 24 Abs. 1 GG Hoheitsgewalt eingeräumt wird, die im Hoheitsbereich der Bundesrepublik Deutschland den Wesensgehalt der vom Grundgesetz anerkannten Grundrechte zu beeinträchtigen in der Lage ist, muss, wenn damit der nach Maßgabe des Grundgesetzes bestehende Rechtsschutz entfallen soll, statt dessen eine Grundrechtsgeltung gewährleistet sein, die nach Inhalt und Wirksamkeit dem Grundrechtsschutz, wie er nach dem Grundgesetz unabdingbar ist, im Wesentlichen gleichkommt.*“[1033] Ein solcher im Wesentlichen gleich zu achtender Grundrechtsstandard habe sich zwischenzeitlich auf der Ebene der Gemeinschaft etabliert, so dass er als hinreichend gefestigt und nicht nur als von vorübergehender Natur angesehen werden könnte.[1034] Das *BVerfG* nahm dann zur Begründung dieser Feststellung eine umfassende Analyse der Grundrechtsrechtsprechung des *EuGH* vor.[1035] Außerdem stützte es sich auf die Gemeinsame Erklärung des Europäischen Parlaments, des Rates und der Kommission vom 5. April 1977 und der Erklärung zur Demokratie des Europäischen Rates vom 7./8. April 1978.[1036] Das *BVerfG* stellt bei seinem Vergleich jedoch auch fest, dass der vom *EuGH* gewährte Grundrechtsschutz im Verhältnis zum nationalen deutschen noch Lücken insbesondere hinsichtlich Art, Inhalt oder Reichweite eines Grundrechts aufweist. Maßgeblich seien aber die prinzipielle Haltung des *EuGH* und die tatsächliche Bedeutung des Grundrechtsschutzes für das europäische Gericht.[1037] Folglich sei festzustellen: *„Solange die Europäischen Gemeinschaften, insbesondere die Rechtsprechung des Gerichtshofs der Gemeinschaften einen wirksamen Schutz der Grundrechte gegenüber der Hoheitsgewalt der Gemeinschaften generell gewährleisten, der dem vom Grundgesetz als unabdingbar gebotenen Grundrechtsschutz im Wesentlichen gleichzuachten ist, zumal den Wesensgehalt der Grundrechte generell verbürgt, wird das Bundesverfassungsgericht seine Gerichtsbarkeit über die Anwendbarkeit von abgeleitetem Gemeinschaftsrecht, das als Rechtsgrundlage für ein Verhalten deutscher Gerichte und*

[1032] Eindeutig *BVerfGE* 73, 339, 377 f. in Bezug auf den Stand der Integration sowie *BVerfGE* 73, 339, 385 in Bezug auf das Erfordernis eines demokratisch legitimierten, aus allgemeinen Wahlen hervorgegangenen Parlamentes.

[1033] *BVerfGE* 73, 339, 376.

[1034] *BVerfGE* 73, 339, 378.

[1035] *BVerfGE* 73, 339, 378 ff.

[1036] *BVerfGE* 73, 339, 382.

[1037] *BVerfGE* 73, 339, 383.

Behörden im Hoheitsbereich der Bundesrepublik Deutschland in Anspruch genommen wird, nicht mehr ausüben und diese Recht mithin nicht mehr am Maßstab der Grundrechte des Grundgesetzes überprüfen; entsprechende Vorlagen nach Art. 100 Abs. 1 GG sind somit unzulässig."[1038]

Folge dieser Rechtsprechung ist, dass nach Ansicht des *BVerfG* der *EuGH* dafür zuständig ist, Grundrechtsschutz gegenüber sekundärem Gemeinschaftsrecht zu gewährleisten. Das *BVerfG* nimmt seine eigene Prüfungskompetenz unter dem Vorbehalt des im Wesentlichen gleichwertigen Grundrechtsschutzes zurück und weist daher diesbezügliche Anträge bereits als unzulässig zurück ohne in die Begründetheitsprüfung „einzusteigen".[1039] Unter welchen Voraussetzungen genau die Prüfungskompetenz wieder auflebt, blieb nach dieser Entscheidung allerdings unklar.

Weniger für Klarheit als denn für „*Verwirrung*"[1040] sorgten die Ausführungen des *BVerfG* in der „Maastricht"-Entscheidung[1041], die sich auch mit dem Grundrechtsschutz in der EG und dem Verhältnis des *BVerfG* zum *EuGH* befasste.[1042] In diesem Urteil nahm das Gericht mehrfach Bezug auf seine „Solange I" und „Solange II"-Rechtsprechung[1043] und bemühte sich im Folgenden, am 7. Juni 2000 erlassenen Beschluss zu Bananenmarktordnung[1044] die durch den „Maastricht"-Beschluss entstandenen Missverständnisse auszuräumen.

Insbesondere die Ausführungen zum „Kooperationsverhältnis", die hier zum besseren Verständnis im Wortlaut wiedergegeben werden sollen, haben zu heftigen Diskussionen[1045] geführt: „*Allerdings übt das Bundesverfassungsgericht seine Gerichtsbarkeit über die Anwendbarkeit von abgeleitetem Gemeinschaftsrecht in Deutschland in einem „Kooperationsverhältnis" zum Europäischen Gerichtshof aus, indem der Europäische Gerichtshof den Grundrechtsschutz in jedem Einzelfall für das gesamte Gebiet der Europäischen Gemeinschaften garantiert, das Bundesverfassungsgericht sich deshalb auf eine generelle Gewähr-*

1038 *BVerfGE* 73, 339, 387.

1039 Siehe hierzu kurz *Schweitzer*, Staatsrecht III, Rn. 83.

1040 So *Schweitzer*, Staatsrecht III, Rn. 86.

1041 *BVerfGE* 89, 155.

1042 Insbesondere ging es in dieser Entscheidung um die Frage, wie mit „ausbrechenden Rechtsakten" zu verfahren sei. Auf diese Problemstellung soll hier nicht weiter eingegangen werden (siehe oben Fn. 1021).

1043 Siehe *BVerfGE* 89, 155, 174 f.

1044 *BVerfGE* 102, 147.

1045 Siehe hierzu *Schwarze*, in: Badura/Dreier (Hrsg.), FS 50 Jahre BVerfG, 1. Band, S. 223, 229 ff. und mit weiteren Nachweise Fn. 29 sowie umfassend *Selmer*, Gewährleistung der unabdingbaren Grundrechtsstandards, S. 31 ff.

leistung der unabdingbaren Grundrechtsstandards (vgl. BVerfGE 73, 339 [387]) beschränken kann."

In dem schon angesprochenen Bananenmarktordnung-Beschluss machte das *BVerfG* schließlich deutlich, dass der „Maastricht"-Entscheidung nicht entnommen werden könne, dass es seine Prüfungsbefugnis entgegen der Solange II-Entscheidung wieder ausübe. Seine diesbezügliche Rechtsprechung habe das *BVerfG* gerade nicht aufgegeben. „*Die Annahme eines Widerspruchs zwischen den Entscheidungen Solange II und Maastricht [ist] ohne tragfähige Grundlage.*"[1046] Wegen dieser klaren Aussagen des *BVerfG* kann nun dahinstehen, wie das Maastricht-Urteil auszulegen gewesen ist. Denn auch die Frage der Zuständigkeitsverteilung und des Grundrechtsschutzes auf europäischer Ebene wurden im Bananenmarktordnung-Beschluss verdeutlicht. Bezogen auf die Maastricht-Entscheidung führt das *BVerfG* aus, dass es „*erst und nur dann im Rahmen seiner Gerichtsbarkeit wieder tätig [werde], wenn der Europäische Gerichtshof den Grundrechtsstandard verlassen sollte, den der Senat in BVerfGE 73, 339 (378 bis 381) [Solange II] festgestellt hat.*"[1047] Weiter sei „*ein deckungsgleicher Schutz in den einzelnen Grundrechtsbereichen des Grundgesetzes durch das europäische Gemeinschaftsrecht und die darauf fußende Rechtsprechung des Europäischen Gerichtshofs [...] nicht gefordert. Den verfassungsrechtlichen Erfordernissen ist entsprechend den in BVerfGE 73, 339 (340, 387) genannten Voraussetzungen genügt, wenn die Rechtsprechung des Europäischen Gerichtshofs einen wirksamen Schutz der Grundrechte gegenüber der Hoheitsgewalt der Gemeinschaften generell gewährleistet, der dem vom Grundgesetz als unabdingbar gebotenen Grundrechtsschutz im Wesentlichen gleich zu achten ist, zumal den Wesengehalt der Grundrechte generell verbürgt.*"[1048]

Folglich beschloss das BVerfG, dass „*Verfassungsbeschwerden und Vorlagen von Gerichten von vornherein unzulässig [sind], wenn ihre Begründung nicht darlegt, dass die europäische Rechtsentwicklung einschließlich der Rechtsprechung des EuGH nach Ergehen der Solange II-Entscheidung (BVerfGE 73, 339 [378 bis 381]) unter den erforderlichen Grundrechtsstandard abgesunken sei. Deshalb muss die Begründung der Vorlage eines nationalen Gerichts oder einer Verfassungsbeschwerde, die eine Verletzung in Grundrechten des Grundgesetzes durch sekundäres Gemeinschaftsrecht geltend macht, im Einzelnen darlegen, dass der jeweils als unabdingbar gebotene Grundrechtsschutz generell nicht gewährleistet ist. Dies erfordert eine Gegenüberstellung des Grundrechtsschutzes auf nationaler und auf Gemeinschaftsebene in der Art und Weise, wie das*

[1046] *BVerfGE* 102, 147, 165. Siehe hierzu *Nicolaysen/Nowak*, NJW 2001, 1233, 1235 ff.
[1047] *BVerfGE* 102, 147, 163.
[1048] *BVerfGE* 102, 147, 164.

Bundesverfassungsgericht sie in BVerfGE 73, 339 (378 bis 381) geleistet hat."[1049] Zu Recht wird dieses prozessuale Erfordernis als hohe, praktisch kaum überwindbare Hürde bezeichnet.[1050] Der einmal in „Solange-II" aufgestellte Vorbehalt ist hingegen nicht aufgegeben worden, so dass theoretisch die Möglichkeit bleibt, dass das *BVerfG* bei einem generellen Absinken des Grundrechtsstandards in der Gemeinschaft wieder prüfen wird.

II. Rechtsprechung zum Europäischen Haftbefehlsgesetz

Von der oben genommenen Entwicklung der Rechtsprechung ist das Urteil des *BVerfG* vom 18. Juli 2005 zum Europäischen Haftbefehlsgesetz[1051] zu unterscheiden.

Inhaltlich ging es um die Frage ob das deutsche Gesetz, welches den Rahmenbeschluss über den Europäischen Haftbefehl umgesetzt hat, mit Art. 16 GG vereinbar ist. Dies wurde im Ergebnis verneint. Das Urteil wurde mit Spannung erwartet, da man darin eine Fortsetzung der Maastricht-Rechtsprechung sah.[1052] Zu bedenken ist aber, dass es hier um die sog. 3. Säule des Gemeinschaftsrechts, nämlich das Recht der Union, ging und nicht um das supranational ausgestaltete Gemeinschaftsrecht. Dies führt dazu, dass nicht direkt auf die oben entwickelten Grundsätze zurückgegriffen werden konnte. Insoweit kann man die Urteilsbegründung auf den ersten Blick für enttäuschend[1053] in Bezug auf klare Worte nach „Maastricht" ansehen, auf den zweiten Blick aber – und in Verbindung mit der Rechtsprechung des *EuGH* in der Rechtssache *Pupino*[1054] – hat das *BVerfG* eindeutig Stellung bezogen.

Zunächst bekräftigt das *BVerfG* erneut die Offenheit der nationalen Rechtsordnung für das Europa- und Völkerrecht, um u.a. das Zusammenwachsen der europäischen Völker in der Europäischen Union zu fördern.[1055] Gleichzeitig betont es, dass „*die in der „Dritten Säule" der Europäischen Union praktizierte Zusammenarbeit einer begrenzten gegenseitigen Anerkennung, die keine allgemeine Harmonisierung der mitgliedstaatlichen Strafrechtsordnungen vorsieht, [...] gerade auch mit Blick auf den Grundsatz der Subsidiarität (Art. 23 I GG) ein*

1049 *BVerfGE* 102, 147, 164.

1050 Vgl. *Streinz*, in: Sachs (Hrsg.), GG Kommentar, Art. 23 Rn. 41.

1051 *BVerfGE* 113, 273.

1052 Siehe hierzu *Darnstädt/Hipp*, Die Leviathan-Frage, Der Spiegel, Heft 11/2005, S. 56f.

1053 So *Tomuschat*, EuGRZ 2005, 453, der die Entscheidung insgesamt scharf kritisiert.

1054 *EuGH*, Rs. C-105/03, Slg. 2005, I-5285 – Pupino.

1055 *BVerfGE* 113, 273, 297.

Weg [ist], um die nationale Identität und Staatlichkeit in einem einheitlichen europäischen Rechtsraum zu wahren."[1056]

Im Gegensatz zu „Solange II" nimmt das *BVerfG* seine Prüfungskompetenz nicht zurück, sondern prüft eine mögliche Verletzung von nationalen Grundrechten.[1057] Der Gesetzgeber, der Grundrechte einschränken kann, darf dies nur unter dem Vorbehalt tun, dass er sich davon überzeugt hat, dass die rechtsstaatlichen Grundsätze von der Stelle beachtet werden, die Strafgewalt über einen Deutschen beansprucht. Selbst wenn alle Mitgliedstaaten die Grundsätze des Art. 6 Abs. 1 EU achten, so „*entbindet [dies] allerdings den Gesetzgeber nicht davon, bei nachhaltiger Erschütterung diese Vertrauens in die Rechtsstaatlichkeit der allgemeinen Verfahrensbedingungen in einem Mitgliedstaat zu reagieren, und zwar unabhängig von einem Verfahren gem. Art. 7 EU.*"[1058] Dem Gesetzgeber wurde schließlich vorgeworfen, die Umsetzungsspielräume des Rahmenbeschlusses in unverhältnismäßiger Weise nicht ausgeschöpft zu haben.[1059]

Das *BVerfG* nahm einen Vergleich zwischen europäischen Rahmenbeschluss und Umsetzung von Richtlinien vor und arbeitete die Unterschiede heraus. Dabei ist der Rahmenbeschluss gem. Art. 34 Abs. 2 lit. b EU im Hinblick auf das zu erreichende Ziel verbindlich, so dass diesbezüglich einerseits eine Ähnlichkeit zur Richtlinie nach Art. 249 EG besteht. Andererseits besteht der erhebliche Unterschied, dass Rahmenbeschlüsse nicht unmittelbar wirksam und damit auf die innerstaatliche Umsetzung angewiesen sind, um im nationalen Recht wirken zu können.

„*Als Handlungsform des Unionsrechts steht der Rahmenbeschluss außerhalb der supranationalen Entscheidungsstruktur des Gemeinschaftsrechts (vgl. zum Unterschied von Unions- und Gemeinschaftsrecht BVerfGE 89, 155, 196 [Maastricht]). Das Unionsrecht ist trotz des fortgeschrittenen Integrationsstands weiterhin eine Teilrechtsordnung, die bewusst dem Völkerrecht zugeordnet ist.*"[1060]

Mit dieser Entscheidung machte das *BVerfG* mithin deutlich, dass es im Bereich der „Dritten Säule", die es als Völkerrecht ansieht, nationale Grundrechte prüfen wird und nicht bereit ist, dem *EuGH* einen Vorbehalt einzuräumen. Angesichts der Rechtsprechung des *EuGH*, auf die einzig Richter *Gerhardt* in seiner abwei-

---

1056 *BVerfGE* 113, 273, 299.

1057 *V. Unger*; NVwZ 2005, 1266, 1268 sieht bereits hierin einen „*prekärenAnsatz*".

1058 *BVerfGE* 113, 273, 299.

1059 *BVerfGE* 113, 273, 304.

1060 *BVerfGE* 113, 273, 300f.

chenden Meinung verweist[1061], erscheint dieser Beschluss als Gegenposition zu „Solange-II“ für das Unionsrecht und auch als Gegenposition zum *EuGH*[1062].

In der Rechtssache *Pupino*[1063] hat der *EuGH* den Rahmenbeschlüssen nach Art. 34 Abs. 2 lit. b) EU zwingenden Charakter zugesprochen und die nationalen Gerichte dazu verpflichtet, das nationale Recht rahmenbeschlusskonform auszulegen. Er begründet dies zum einen damit, dass sich der Wortlaut des Art. 34 Abs. 2 lit. b) EU an den des Art. 249 Abs. 3 EG anlehne, zum anderen mit dem Grundsatz der loyalen Zusammenarbeit, der sich für das Unionsrecht aus Art. 1 Abs. 2 und 3 EU ergebe.[1064] Ein Zusammenhang mit einer möglichen unmittelbaren Anwendbarkeit des Unionsrechts, womit bei den Richtlinien argumentiert wurde, stellt der *EuGH* nicht her, so dass er diese Begründung wohl nicht auf die intergouvernementale Säule übertragen möchte.[1065]

Festzuhalten ist demnach, dass im Gegensatz zum Gemeinschaftsrecht das *BVerfG* im Unionsrecht keine „Reservefunktion“ ausübt,[1066] sondern umfassenden Grundrechtsschutz gewährt. Dies selbst unter dem Aspekt, dass es der Rechtsprechung des *EuGH* zuwiderläuft, welche die Trennlinie zwischen EG-Recht und EU-Recht scheint aufheben zu wollen.

B. Vergleich zwischen BVerfG und EGMR

Das *BVerfG* hat mithin im Wesentlichen in fünf Entscheidungen eindeutig Stellung bezogen, in welcher Position es sich zum *EuGH* in Grundrechtsfragen sieht. Im zweiten Kapitel ist im Rahmen der formellen Divergenzen die Rechtsprechung des *EGMR* im Verhältnis zum *EuGH* aufgezeigt worden. Nun sollen diese beiden Linien miteinander verglichen und Gemeinsamkeiten sowie Unterschiede herausgearbeitet werden. Im Anschluss stellt sich die Frage, woraus sich diese Gemeinsamkeiten oder Unterschiede ergeben und schließlich ist zu klären, welche Folgen für das Verhältnis *EuGH* und *EGMR* aus diesem Vergleich erwachsen können.

1061 BVerfGE 113, 273, 339, 342, abweichende Meinung des Richters Gerhardt: „Der Senat setzt sich in Widerspruch zur Rechtsprechung des EuGH.[...] Dass er weder begrifflich noch in einer Diskussion möglicher Konsequenzen auf das Urteil des Gerichtshofs in der Sache Pupino eingeht, dient dem Recht nicht.“

1062 Vgl. *Pernice*, in: Dreier (Hrsg.), GG Kommentar, Art. 23 Rn. 43 und 74.

1063 *EuGH*, Rs. C-105/03, Slg. 2005, I-5285 – Pupino.

1064 *EuGH*, Rs. C-105/03, Slg. 2005, I-5285, Rn. 33, 34, 41 f. – Pupino.

1065 Siehe hierzu auch *V. Unger*, NVwZ 2005, 1266, 1271.

1066 Daher ist auch *Lavranos*, EuR 2006, 79, 91 nicht zuzustimmen, der davon ausgeht, dass das *BVerfG* seine Reservejurisdiktion in der 3. Säule eher wahrnehmen wird. Der Beschluss liefert keinen Ansatz dafür, dass das *BVerfG* überhaupt von einer solchen ausgeht.

I. Vergleich der Rechtsprechung

Beginnend mit der „Solange-I“-Entscheidung bleibt festzuhalten, dass es eine vergleichbare Rechtsprechung auf Seiten des *EGMR* nicht gegeben hat. Für die folgende Untersuchung bedeutsam ist jedoch, dass das *BVerfG* hier festgestellt hatte, dass ihm der Schutz der Grundrechte aus dem Grundgesetz obliege und diese Aufgabe ihm von keinem anderen Gericht abgenommen werden könne.

Mit „Solange-II“ überließ das *BVerfG* dem *EuGH* für die Fälle mit Gemeinschaftsrechtsbezug diese Aufgabe. Vier Jahre später erging die parallele Entscheidung der *EKMR* in der Rechtssache *M. & Co.*, die wegen ihres Inhalts und ähnlicher Begründung auch als „Solange II-Entscheidung der *EKMR*“ bezeichnet wurde. Gemeinsam ist beiden Entscheidungen, dass sie die Integration der Mitgliedstaaten bzw. Konventionsstaaten in eine internationale bzw. supranationale Organisation ermöglichen wollten. Da dies mit der Übertragung von Hoheitsrechten einhergeht, stellt sich zwingend die Frage der Grundrechtsgewährleistung. Beide Organe bescheinigen der EG einen äquivalenten bzw. im Wesentlichen gleichzuachtenden Grundrechtsschutz, wobei jeweils zur Begründung eine umfassende Analyse der Rechtsprechung des *EuGH* vorgenommen und auf die Gemeinsame Erklärung des Rates, der Kommission und des EP von 1977 zurückgegriffen wird. Sowohl *BVerfG* als auch *EKMR* nehmen ihre Jurisdiktion zurück und erklären entsprechende Beschwerden für unzulässig. Dabei ist zu beachten, dass die Entscheidung der Menschenrechtskommission nicht unzulässig, sondern unbegründet gewesen wäre,[1067] so dass sich hier ein erster Unterschied ergeben hätte. Dies würde nämlich bedeuten, dass das Organ der EMRK eine mögliche Beschwerde doch prüft und sie nur unter den genannten Voraussetzungen des äquivalenten Grundrechtsschutzes auf Gemeinschaftsebene als unbegründet wertet. Dann könnte man in die Entscheidung einen Vorbehalt hineininterpretieren, den die *EKMR* so nicht ausdrücklich benannt hat. Im Gegensatz dazu ist dieser Vorbehalt des im Wesentlichen gleichwertigen Grundrechtsschutzes in dem Beschluss des *BVerfG* offensichtlich enthalten, auch wenn er hier zur Überwindung der prozessualen Hürde der Zulässigkeit einer Beschwerde dient. Unklar blieb in beiden Entscheidungen, unter welchen Voraussetzungen der *„äquivalente“* oder *„im Wesentlichen gleichzuachtende“* Grundrechtsschutz gegeben ist.

Dies klärte sich für das *BVerfG* erst mit dem Beschluss zur Bananenmarktordnung, der im Zusammenhang mit der Maastricht-Entscheidung steht. Zu diesen beiden Entscheidungen ist als Parallele das Urteil des *EGMR* in der Rechtssache *Bosphorus* zu sehen. Gemeinsam ist den Entscheidungen, dass dort nicht gefordert wird, dass auf der Ebene der Gemeinschaft ein deckungsgleicher oder iden-

---

[1067] Siehe hierzu oben 3. Kapitel:B.II.3.

tischer Schutz vorhanden sein muss. Vielmehr muss der Wesensgehalt der Grundrechte generell durch den gewährten Grundrechtsschutz verbürgt sein bzw. er muss vergleichbar sein.

Im Weiteren sind die Entscheidungen deutlich unterschiedlich. So führt das *BVerfG* die Konstruktion des Kooperationsverhältnisses ein, mit dem es deutlich macht, dass der *EuGH* für die Einzelfallprüfung zuständig ist, das nationale Gericht hingegen nur für die generelle Gewährleistung der unabdingbaren Grundrechtsstandards. Daraus folgt, dass die Prüfungskompetenz des *BVerfG* erst wieder auflebt, wenn die Rechtsprechung des *EuGH* in Bezug auf Grundrechte unter das genannte Maß absinkt. Im Ergebnis sind Beschwerden mithin nur unter erschwerten Bedingungen zulässig. Dagegen hat der *EGMR* seine Prüfungskompetenz nicht so weit zurückgenommen. Er hält die Beschwerden zunächst für zulässig und erst in der Begründetheit eröffnet er den Konventionsstaaten die Möglichkeit, sich zu rechtfertigen. Dies stellt einen entscheidenden Unterschied dar. Der Menschrechtsgerichtshof zieht sich also im Gegensatz zum *BVerfG* nicht aus seiner nach der Konvention übertragenen Aufgabe zurück und begründet insoweit kein direkt vergleichbares Kooperationsverhältnis. Allerdings schreibt auch er dem *EuGH* die Aufgabe zu, für einen effektiven Grundrechtsschutz auf Gemeinschaftsebene Sorge zu tragen, so dass die Mitgliedstaaten damit ihren Konventionsverpflichtungen nachkommen können. Dies stellt ebenfalls eine Kooperation unter einem weiter gefassten Vorbehalt als der des *BVerfG* dar. Denn der Vorbehalt des *EGMR* geht dahin, dass er im Einzelfall prüft, ob seine generell aufgestellte Vermutung des vergleichbaren Grundrechtsschutzes erfüllt ist oder nicht. Somit gewährleistet er den Grundrechtsschutz im Einzelfall und nicht lediglich der *EuGH*. Dies ist konträr zum *BVerfG*.[1068] Jedoch hat auch beim *EGMR* der Beschwerdeführer die offensichtliche Mangelhaftigkeit darzulegen, wobei noch unklar ist, in welcher Form dies zu erfolgen hat.

Gesondert zu betrachten ist das Urteil zum Europäischen Haftbefehlsgesetz, da hier ein Bereich betroffen ist, in dem nur eine eingeschränkte Übertragung von Hoheitsrechten auf die EU stattgefunden hat. Insoweit gilt auch nicht das vom *BVerfG* aufgestellte Kooperationsverhältnis, welches immer vor dem Hintergrund der fortschreitenden Integration in der 1. Säule zu sehen ist. Dieses Urteil hilft vielmehr bei der Frage der unterschiedlichen Zielsetzung weiter.

Festzuhalten ist demnach, dass *BVerfG* und *EGMR* sich beide in einem Kooperationsverhältnis zum *EuGH* sehen, welches jedoch unterschiedlich ausgestaltet ist. Im Verhältnis zum nationalen Grundrechtsschutz wird dem *EuGH* die Prüfung im Einzelfall zugewiesen, im Verhältnis zum internationalen Grundrechts-

---

1068 Insoweit ist daher *Lavranos*, EuR 2006, 79, 85 ff., 91 nicht zuzustimmen, der im Ergebnis die Haltung des *BVerfG* der des *EGMR* gegenüber dem *EuGH* für entsprechend hält.

schutz behält sich der *EGMR* vor, im Einzelfall eine Prüfung vorzunehmen. Beide Gerichte sind aber davon überzeugt, dass derzeit auf der Ebene der Gemeinschaft ein vergleichbarer Grundrechtsschutz existiert, den sie übereinstimmend mit der Rechtsprechung des *EuGH*, dem Rechtsschutzsystem und der Gemeinsamen Erklärungen der Europäischen Organe begründen. Die bestehenden Lücken werden gesehen, aber für unbeachtlich gehalten.

II. Zielsetzung der Gerichtshöfe und rechtliche Grundlagen

Ausgehend vom völkerrechtlichen Vertrag hat der *EGMR* nach Art. 19 EMRK die Einhaltung der Verpflichtungen aus der Konvention sicherzustellen. Art. 32 EMRK regelt, dass er für alle Angelegenheiten, die die Auslegung und Anwendung dieser Konvention betreffen, zuständig ist. In diesem Zusammenhang ist der zentrale Art. 1 EMRK von besonderer Bedeutung, nach dem die Konventionsstaaten allen ihrer Hoheitsgewalt unterstehenden Personen die Rechte und Freiheiten der Konvention zusichern. Beim *EGMR* handelt es sich mithin um einen völkerrechtlichen Gerichtshof, dem sich die Staaten freiwillig unterworfen haben und der für alle Konventionsstaaten in gleicher Weise in Europa einen grundrechtlichen Mindeststandard durch seine Rechtsprechung sicherstellen soll (siehe hierzu oben 2. Kapitel:A).

Gleichzeitig haben die Konventionsstaaten ein Interesse daran, sich in unterschiedlichen internationalen Organisationen mit anderen Zielrichtungen als dem des Menschenrechtsschutzes zusammenzuschließen. Die Europäische Menschenrechtskonvention steht einer solchen weiteren europäischen Integration auch nicht entgegen. Vielmehr sieht die Präambel in ihrem zweiten Erwägungsgrund vor, dass es das Ziel des Europarates sei, eine engere Verbindung zwischen seinen Mitgliedern herzustellen. Hieraus lässt sich folgern, dass nicht mit der EMRK allein diese engere Verbindung erzielt werden soll. Dies würde auch der Souveränität der Konventionsstaaten zuwiderlaufen, die sich durch die EMRK nur im begrenzten Bereich der Menschenrechte verpflichtet hatten, denen es ansonsten jedoch offen steht, in anderen ihrer Hoheitsgewalt unterstehenden Bereichen Rechte auf internationale Organisationen zu übertragen. Allerdings darf eine weitere Rechtsübertragung nicht einseitig zu Lasten der EMRK gehen. Wenn diese – wie von den Konventionsstaaten ursprünglich gewollt – den Mindeststandard im Bereich des Menschenrechtsschutzes in Europa festlegt, so darf sie in ihrem Kernbestand nicht angetastet werden.

Zu diesem Kernbestand gehört auch die Wächterfunktion des *EGMR* als tragendes Element. Er wurde von den Konventionsstaaten damit „beauftragt", diesen Mindeststandard zu sichern. Würde er sich selbst durch seine eigene Rechtsprechung dieser Aufgabe „entledigen", so liefe dies dem Willen aller Konventionsstaaten entgegen und würde die Europäische Menschenrechtskonvention in einem ganz wesentlichen Punkt aushöhlen. Die Staaten würden ebenfalls aus ihrer Verantwortung entlassen. Daraus folgt aber auch, dass sich der *EGMR* angesichts der Subsidiarität der EMRK und angesichts dessen, dass eine Übertragung von Hoheitsrechten auf internationale Organisationen nicht vereitelt werden soll, auf eine beschränkte Prüfung, ob im Einzelfall der Schutz durch die neue internationale Organisation offensichtlich mangelhaft gewesen ist, zurückziehen darf. Dies berührt gerade nicht ihren Kernbestand, sondern ermöglicht es dem *EGMR* weiterhin, den Mindeststandard zu gewährleisten sowie die Konventionsstaaten im Notfall zur Verantwortung zu ziehen.

Eine vollständige Rücknahme seiner Jurisdiktion im Bereich der neuen internationalen Organisation, der nicht alle Konventionsstaaten angehören, ist auch nicht möglich, da ansonsten im Rahmen der Europäischen Menschenrechtskonvention unterschiedliche Schutzstandards gelten könnten. Dies widerspräche dem Sinn und Zweck der EMRK, für einen europaweiten gleichwertigen Menschenrechtsschutz Sorge zu tragen. Nicht ausgeschlossen ist, dass der *EGMR* sich freiwillig um Kohärenz bemüht und auf der materiellen Ebene in Kooperation mit dem Rechtsprechungsorgan der anderen internationalen Organisation tritt.

Auch das *BVerfG* ist als Institution des Menschenrechtsschutzes ausgestaltet[1069] und gem. Art. 93 Abs. 1 Nr. 4a GG für Grundrechtsbeschwerden zuständig. Entscheidende Norm für das Verhältnis zur Europäischen Gemeinschaft war zunächst Art. 24 Abs. 1 GG, wonach der Bund durch Gesetz Hoheitsrechte auf zwischenstaatliche Einrichtungen übertragen konnte. Bei dieser Einräumung von Hoheitsrechten auf zwischenstaatliche Einrichtungen durfte die Identität der geltenden Verfassungsordnung durch Einbruch in ihr Grundgefüge jedoch nicht aufgegeben werden.[1070] Inzwischen gilt der neu eingeführte Art. 23 Abs. 1 GG, der lex specialis zu Art. 24 Abs. 1 GG ist[1071] und die Schranken der Integration festschreibt.[1072] Bei diesem Artikel handelt es sich um die maßgebliche Vorschrift für die europäische Integration und deren Fortgang,[1073] die als Staatszielbestimmung ausgelegt wird und einen verbindlichen Auftrag festschreibt.[1074]

[1069] *Limbach*, NJW 2001, 2913, 2916.

[1070] Siehe *Kischel*, Der Staat, 39. Bd. (2000), 523, 527 ff.

[1071] *Jarass*, in: ders./Pieroth (Hrsg.), GG Kommentar, Art. 23 Rn. 4.

[1072] *Streinz*, in: Sachs (Hrsg.), GG Kommentar, Art. 23 Rn. 3; *Pernice*, in: Dreier (Hrsg.), GG Kommentar, Art. 23 Rn. 16. Art. 79 Abs. 3 GG stell dabei die absolute materielle Schranke der Integration dar.

[1073] So *Streinz*, in: Sachs (Hrsg.), GG Kommentar, Art. 23 Rn. 9.

[1074] So einhellig *Streinz*, in: Sachs (Hrsg.), GG Kommentar, Art. 23 Rn. 10, *Jarass*, in: ders./Pieroth (Hrsg.), GG Kommentar, Art. 23 Rn. 5, *Pernice*, in: Dreier (Hrsg.), GG Kommentar, Art. 23 Rn. 2, 18.

Mithin sind alle nationalen Organe dazu verpflichtet, an einer Europäischen Union, die die im Art. 23 Abs. 1 GG aufgestellten Strukturerfordernisse erfüllt, mitzuwirken.[1075]

Einer solchen funktionsfähigen Europäischen Union ständen nationale Gerichtsentscheidungen entgegen, die die einheitliche Geltung oder Anwendung des Gemeinschaftsrechts in Frage stellen würden.[1076] Dies muss in letzter Konsequenz auch für das Verfassungsgericht gelten, wobei Art. 23 Abs. 1 GG über Art. 79 Abs. 3 GG als Schranke den Kernbestand der Grundrechte akzeptiert. Somit stehen für die Frage der Letztentscheidung auf der einen Seite die Funktionsfähigkeit der Gemeinschaft und Gemeinschaftstreue Deutschlands[1077], auf der anderen Seite die Schranken der Integration, zu denen die Grundrechte des GG in ihrem Kernbestand gehören und deren Schutz dem *BVerfG* anvertraut wurde. Hier unter Wahrung der verschiedenen Interessen einen Ausgleich zu schaffen, hat das *BVerfG* mit seiner oben dargestellten Rechtsprechung erfolgreich versucht. Somit stellt das deutsche Verfassungsrecht die Grundlage dafür dar, dass dem *EuGH* die Letztentscheidung zusteht.[1078]

Hinzu kommt, dass eine geteilte Verantwortlichkeit im Gefüge des europäischen Rechtsschutzsystems zwischen *EuGH* und den nationalen Verfassungsgerichten besteht, welches seine Grundlage in Art. 234 EG – dem Vorabentscheidungsverfahren – findet.[1079] Hierauf hat auch der *EGMR* in seiner Entscheidung *Bosphorus* hingewiesen.[1080] Daraus ergibt sich ein Zusammenspiel der Gerichte, mit Hilfe dessen im Regelfall offene Konflikte vermieden werden können.

Dementsprechend hat das *BVerfG* durch seine Rechtsprechung an der Integration der Bundesrepublik Deutschland in der supranationalen Europäischen Gemeinschaft mitgewirkt und hierdurch zu deren Funktionsfähigkeit beigetragen. Entscheidendes Kriterium für das *BVerfG* ist hierbei die Supranationalität, was im Vergleich mit seiner Rechtsprechung zum Europäischen Haftbefehlsgesetz deutlich wird. Hier wählt das *BVerfG* keine prozessuale Lösung, um einen Konflikt zu vermeiden, sondern beruft sich darauf, dass es „nur“ um Völkerrecht geht. Dies steht streng genommen im Widerspruch zu Art. 23 Abs. 1 GG, der von der „*Europäischen Union*“ und nicht der „*Europäischen Gemeinschaft*“

1075 *Streinz*, in: Sachs (Hrsg.), GG Kommentar, Art. 23 Rn. 16.

1076 *Pernice*, in: Dreier (Hrsg.), GG Kommentar, Art. 23 Rn. 27.

1077 Vgl. *Pernice*, in: Dreier (Hrsg.), GG Kommentar, Art. 23 Rn. 30.

1078 So *Frowein*, in: Badura/Dreier (Hrsg.), FS 50 Jahre BVerfG, S. 209, 214; *Hirsch*, NJW 1996, 2457.

1079 *Hoffmann-Riem*, EuGRZ 2002, 473, 474.

1080 *EGMR*, Rs. 45036/98, Urt. v. 30.6.2005, Rn. 164 – Bosphorus Hava Yollari Turizm Ve Ticaret AS/Irland.

spricht, so dass die oben genannten Grundsätze für das Verhältnis *EuGH* zu *BVerfG* gelten müssten.[1081] Für eine Unterscheidung zwischen Europäischer Union und Europäischer Gemeinschaft lässt Art. 23 Abs. 1 GG keinen Raum.

III. Folgen für das Verhältnis EGMR zu EuGH

Fraglich ist nun, ob die vom *BVerfG* gewählte prozessuale Lösung auf den *EGMR* übertragen werden könnte und dieser in vergleichbarer Weise seine Jurisdiktion so weit zurücknehmen sollte,[1082] dass er Individualbeschwerden, die einen Bezug zum Gemeinschaftsrecht aufweisen, als unzulässig zurückweist, außer der Beschwerdeführer legt dezidiert dar, dass der *EuGH* in seinem Grundrechtsschutz unter das Niveau der EMRK abgesunken ist.

Hierfür spricht, dass die Europäische Menschenrechtskonvention wie das Grundgesetz eine weitere europäische Integration ermöglichen möchte. Auch hier müsste ein Ausgleich zwischen der Funktionsfähigkeit der Europäischen Gemeinschaft und dem Kernbestand bzw. Mindeststandard der Grundrechte erzielt werden. Zweifelhaft ist allerdings, ob die Funktionsfähigkeit der EG in Frage gestellt wird, wenn der *EGMR* seine Jurisdiktion in diesem Sinne nicht zurücknimmt. Die einheitliche Anwendung des Gemeinschaftsrechts wird hierdurch gerade nicht gefährdet. Nur in Grundrechtsfragen entscheidet der *EGMR* inter partes letztverbindlich und, da es sich hier um ein völkerrechtliches Gericht für alle 27 Mitgliedstaaten der Europäischen Gemeinschaft handelt, auch über Art. 1 EMRK verbindlich für alle diese Staaten. Somit kommt es nicht zu einer Rechtszersplitterung, die bei unterschiedlichen nationalen Entscheidungen der für Grundrechte zuständigen Gerichte möglich wäre.

Auch eine mögliche Entlastung des *EGMR* könnte als Argument dafür angeführt werden, dass er sich wie das *BVerfG* auf ein Kooperationsverhältnis beruft.[1083] Solche strukturellen und auch finanziellen Aspekte sollten jedoch bei der Frage der rechtlichen Zuständigkeit außer Acht bleiben.

Gegen eine Übertragung der Rechtsprechung des *BVerfG* auf den *EGMR* kann zunächst angeführt werden, dass eine dem Art. 23 Abs. 1 GG ähnliche Norm nicht existiert und die Konventionsstaaten nicht geplant haben, die EMRK in diese Richtung zu ändern. Weitere europäische Integration soll zwar wie oben gesehen ermöglicht werden, der Kernbestand der Konvention muss dabei, ähnlich dem Art. 79 Abs. 3 GG für den Kern der Grundrechte, aufrechterhalten

---

[1081] Siehe hierzu auch *Pernice*, in: Dreier (Hrsg.), GG Kommentar, Art. 23 Rn. 74.

[1082] *Papier*, Vortrag beim 3. Europäischen Juristentag 2005 in Genf, fordert dies für das Verhältnis des *EGMR* zu den nationalen Gerichten.

[1083] Daher bezeichnet *Jaeger*, EuGRZ 2005, 193, 194 „*Kooperation als Zauberwort*". Zur Entlastung aus pragmatischen Gründen auch *Lavranos*, EuR 2006, 79, 89.

bleiben. Bezieht man sich auf diesen Aspekt, so wäre es wiederum möglich, für eine Reservefunktion des *EGMR* einzutreten. Dabei ließe man jedoch unbeachtet, dass es auch kein Vorlageverfahren an den *EuGH* vom *EGMR* aus gibt, so dass hier Konflikte gerade nicht im Vorfeld zu lösen wären. Vielmehr ist der *EGMR* die letzte Möglichkeit, Grundrechtsschutz im Verfahren zu erzielen. Ein Vorabentscheidungsverfahren wäre, wie oben gezeigt, auch systemfremd. Mithin gibt es im Verhältnis des *EGMR* zum *EuGH* kein mit dem *BVerfG* vergleichbares Verhältnis der geteilten Verantwortlichkeit.

Außerdem ist der *EGMR* für die Gewährung des Mindeststandards zuständig. Diese Rolle wird umso wichtig, je mehr sich die Mitgliedstaaten aus ihrer grundrechtlichen Verantwortlichkeit zugunsten des *EuGH* zurückziehen. Auf europäischer Ebene ist anerkannt, dass wegen der Vielzahl der Mitgliedstaaten der Grundrechtsschutz hinter dem durch die nationalen Gerichte gewährten Schutz zurückbleiben darf.[1084] Dann stellt sich jedoch die Frage, wie weit dieses Zurückbleiben reichen darf und wann das Mindestmaß erreicht ist, bzw. ob es ein solches überhaupt gibt. Diese Grenzziehung kann nur dann durch den *EGMR* erfolgen, wenn dieser keine weitere Zurückhaltung gegenüber dem *EuGH* vornimmt und die offensichtliche Mangelhaftigkeit im Einzelfall, die an der EMRK zu messen ist, als absolute Untergrenze festlegt und überprüft.

Die Position des *BVerfG* zum *EuGH* ist mithin nicht auf das Verhältnis des *EGMR* zum *EuGH* übertragbar. Hier behält der Menschenrechtsgerichtshof die Letztentscheidungskompetenz in Grundrechtsfragen. Würde der *EGMR* den Vorbehalt des *BVerfG* übernehmen und Beschwerden unter den gleichen erschwerten prozessualen Voraussetzungen in diesen Fällen für unzulässig erachten, so würde der *EGMR* seiner eigenen Rechtsprechung und dem Kerngehalt der EMRK zuwiderhandeln. Der von der EMRK gewährte Schutz wäre nicht mehr konkret und effektiv, sondern illusorisch und theoretisch.

C. Zusammenfassung des siebten Kapitels

1. Das *BVerfG* nimmt im Verhältnis zum *EuGH* in Grundrechtsfragen eine Reservefunktion ein, solange es um die supranationale Gemeinschaft geht. Dabei gewährleistet es generell den unabdingbaren Grundrechtsstandard, der *EuGH* den Grundrechtsschutz im Einzelfall.

2. Beschwerden hinsichtlich der Verletzung von Grundrechten durch sekundäres Gemeinschaftsrecht zum *BVerfG* sind nur unter hohen prozessualen Hürden zulässig.

[1084] Siehe *Limbach*, EuGRZ 2000, 417, 420.

3. Der *EGMR* hält Beschwerden mit Gemeinschaftsrechtsbezug für zulässig, ermöglicht den Konventionsstaaten aber eine Rechtfertigung aufgrund ihrer Verpflichtungen aus dem Gemeinschaftsrecht, so dass Unbegründetheit gegeben ist.

4. Ein Vorbehalt zugunsten des *EuGH* besteht seitens des *EGMR* nicht.

5. Die Rechtsprechung des *BVerfG* und des *EGMR* zu ihrem Verhältnis zum *EuGH* lässt sich in weiten Teilen vergleichen, macht aber im Ergebnis die Unterschiede der Stellung zwischen dem nationalen und dem internationalen Gerichtshof deutlich.

6. Eine Übertragung des bundesverfassungsgerichtlichen Kooperationsverhältnisses auf den *EGMR* scheidet wegen der Zielrichtung des *EGMR* und der EMRK aus.

8. Kapitel: Zusammenfassung

1. Die Entwicklung des *EGMR* und des *EuGH* lief parallel. Dabei war zunächst nur der *EGMR* als Gerichtshof für Menschenrechtsfragen zuständig, wobei mit der EMRK ein besonderer Ansatz der Integrationspolitik verfolgt wurde. Man versuchte nicht über eine wirtschaftliche, sondern über eine politische Einheit dieses Anliegen zu erreichen. Das entwickelte Rechtsschutzsystem dient allein der effektiven Durchsetzung von Grundrechten.

2. Der EuGH hingegen sollte zunächst allein im Rahmen der Wirtschaftsgemeinschaften Recht sprechen. Erst die fortschreitende Integration führte dazu, dass sich auch der EuGH mit Grundrechten in den Gemeinschaften beschäftigte. Die Weiterentwicklung der EG/EU zu einer Wertegemeinschaft kann spätestens heute angesichts der Charta der Grundrechte der Europäischen Union nicht mehr bezweifelt werden. Doch bleibt es dabei, dass der Grundrechtsschutz im Rahmen der EG eher ein „Nebenprodukt" der wirtschaftlich geprägten Rechtsprechung gewesen ist.

3. Insgesamt bewirkt die Charta der Grundrechte der Union eine Neuerung für das Verhältnis der Gerichte zueinander. So gab es bislang allein auf der Ebene des *EGMR* mit der EMRK einen geschriebenen Grundrechtskatalog, während sich die Grundrechte der EG aus verschiedenen Rechtserkenntnisquellen speisten. Findet die Charta nun nach dem Willen der Mitgliedstaaten Eingang in die EU-Verfassung, so werden die hier verankerten Grundrechte verbindliches geschriebenes Gemeinschaftsrecht. Mithin finden sich dann in Europa zwei parallel geltende Grundrechtskataloge, die nicht miteinander identisch sind und auch in unterschiedlichen Systemen ihre Wirkungen entfalten. Schon jetzt sind nach der hier vertretenen Auffassung Teile der Charta der Grundrechte als Teil der Verfassungsüberlieferungen der Mitgliedstaaten anzusehen, so dass der *EuGH* diese zu beachten hat. Allerdings muss er bei seiner Rechtsprechung die Grundrechte an die Ziele und Strukturen der Gemeinschaft anzupassen.

4. Bei der Untersuchung der Auslegungsmethoden wurde deutlich, warum es zu materiellen Divergenzen zwischen den beiden Gerichtshöfen kommen muss, die ihr Recht schließlich beide *auch* aus der gleichen Rechtsquelle bzw. Rechtserkenntnisquelle ableiten. Der *EuGH* entwickelt „seine" Grundrechte aus Rechterkenntnisquellen, der *EGMR* aus einer Rechtsquelle. Gleichzeitig ist eine der Rechtserkenntnisquellen des *EuGH* die maßgebliche Rechtsquelle der *EGMR*.

5. Beide Systeme stehen zunächst einmal nebeneinander und sind scheinbar rechtlich gesehen unabhängig. Allerdings besteht zum einen über die je-

weiligen Mitglieds- bzw. Konventionsstaaten eine enge Verbindung, da sie sich überschneiden, zum anderen über die Rechtserkenntnisquelle der EMRK, die der *EuGH* für seine Rechtsprechung heranzieht. Schließlich verknüpft die Charta der Grundrechte durch direkte Bezugnahme auf die Menschenrechtskonvention die unterschiedlich ausgestalteten Rechtssysteme.

6. Allein nach der EMRK hat der Einzelnen ohne prozessual hoch anzusetzende Hürden die Möglichkeit, seine Rechtssache vor den *EGMR* zu bringen. Im Rahmen der EG fehlt noch immer eine der Individualbeschwerde nach Art. 34, 35 EMRK vergleichbare Klageart. Die Nichtigkeitsklage nach Art. 230 IV EG ist diesbezüglich nicht als ausreichend zu erachten. Insoweit kommt es auf der Ebene der EG zu Rechtsschutzlücken, die so nicht mehr hinnehmbar sind, wenn die Gemeinschaft auch als umfassende Wertegemeinschaft gelten will. Die Mitgliedstaaten haben sich jedoch bei den jüngsten Verhandlungen zu einer europäischen Verfassung nicht zu einem verbesserten Individualrechtsschutz durchringen können.

7. Diese Verzahnung zwischen den Gerichtshöfen ohne eine rechtliche Bindung des einen an die Gerichtshoheit des anderen muss zwangsläufig zu Spannungen führen. Wegen der unterschiedlichen Methoden der Gewinnung und schließlich der Auslegung kann diese Spannung auch nicht gelöst werden, sondern verstärkt sich eher noch.

8. Dies zeigt sich schließlich in den sog. materiellen Divergenzen. *EuGH* und *EGMR* legen die EMRK nacheinander in Rechtssachen mit vergleichbaren Sachverhalten unterschiedlich aus. Ob der *EuGH* dabei bewusst auf Konfrontation zum *EGMR* geht, lässt sich nicht eindeutig feststellen. Allerdings würde auch der Wille des *EuGH*, die Rechtsprechung des *EGMR* immer einzubeziehen, rechtlich nicht ausreichen, mögliche Divergenzen zu beenden.

9. Die Frage ob Divergenzen gering oder schwerwiegenden sind, besitzt hingegen keine Relevanz. Da es im Grundrechtsschutz meist um für den Rechtssuchenden wesentliche Detailfragen geht, spielt es nur eine Rolle, dass es Divergenzen gibt, wie sie entstehen und ob sie in Zukunft weiter auftreten werden, bzw. ob es für sie eine Lösungsmöglichkeit gibt.

10. Neben den materiellen Divergenzen spielt das Problem der formellen Divergenzen eine übergeordnete Rolle. *EuGH* und *EGMR* können wegen der Überschneidungen ihrer Mitgliedsstaaten mit demselben Sachverhalt konfrontiert werden. Hier stellt sich immer die Frage des richtigen Beschwerdegegners. Da die EG kein Konventionsmitglied ist, können Be-

schwerdegegner nur die Mitgliedstaaten der EG – alleine oder in ihrer Gesamtheit – sein.

11. Hinsichtlich des Beschwerdegegenstandes ist festzuhalten, dass für den *EGMR*, der nicht wie die Mitgliedstaaten der EG in das gemeinschaftsrechtliche System des Anwendungsvorrangs eingebunden ist, allein die völkerrechtliche Verpflichtung der Konventionsstaaten nach Art. 1 EMRK zählt.

12. Mithin kann Gemeinschaftsrecht nicht direkt aber indirekt über die Konventionsstaaten anhand der EMRK geprüft werden. Dies gilt sowohl für Verordnungen der EG als auch für den gemeinschaftsunmittelbaren Vollzug.

13. Allerdings können die Mitgliedstaaten nach der Rechtsprechung des *EGMR* nun ihren Pflichten nach der EMRK gerecht werden, wenn die von ihnen geschaffene internationale Organisation Grundrechte vergleichbar mit denen der EMRK schützt. Dann prüft der *EGMR* nur noch, ob im Einzelfall die Vermutung des vergleichbaren Grundrechtsschutzes widerlegt werden kann.

14. Handelt es sich hingegen um umgesetztes Gemeinschaftsrecht, so wird auf diese Konstruktion nicht zurückgegriffen, denn hier kommt es allein auf das nationale Recht an, der Ursprung im Gemeinschaftsrecht ist irrelevant. Ebenso wird die Formel der „*equivalent protection*" nicht beim Primärrecht angewandt, da hier keine Rechtsschutzmöglichkeit zum *EuGH* vorgesehen ist.

15. Hieraus folgt, dass der *EGMR* in allen Fragen mit Grundrechtsbezug eine Letzentscheidungsbefugnis zukommt, auch wenn es im Ursprung um Gemeinschaftsrecht geht. Die Mitgliedstaaten können für das Handeln der EG nach der EMRK zur Verantwortung gezogen werden.

16. Um den angesprochenen Spannungen entgegenzuwirken, beachten und beobachten *EGMR* und *EuGH* die Rechtsprechung des jeweils anderen Gerichtshofes und zitieren sich sogar gegenseitig. Hierdurch erzielen sie eine gewisse Einheitlichkeit des Grundrechtsschutzes in Europa, der jedoch einer rechtlichen Absicherung bedarf. Solange diese noch nicht geschaffen ist, wirkt der EGMR als „Reservehüter", um den Rechtssuchenden im Notfall seinen ihm zustehenden Grundrechtsschutz zukommen zu lassen.

17. Die Charta der Grundrechte sollte dafür Sorge tragen, dass auf der Ebene des Gemeinschaftsrechts die Grundrechte sichtbarer und transparenter

werden. Auch sollte sie zu einem kohärenten Grundrechtsschutz führen. Diese Ziele erreicht sie jedoch nicht vollständig. Zwar erhält die EG hierdurch einen geschriebenen Grundrechtskatalog, aber die sog. horizontalen Klauseln vermögen es nicht, das System der EMRK und der EG einander anzugleichen und näher zu bringen. Vielmehr besteht die Gefahr, dass mehr materielle Divergenzen entstehen und die Rechtsunsicherheit zunimmt. Auch die formellen Divergenzen werden hierdurch nicht gelöst.

18. Zur rechtlichen Lösung der Divergenzen kommen allein die Möglichkeiten des Vorlageverfahrens oder eines Beitritts der EG zur EMRK in Betracht, wobei letzterer umfassender für Rechtssicherheit, Rechtsklarheit sowie einen kohärenten Grundrechtsschutz in Europa sorgen würde. Denn das Vorlageverfahren birgt, obwohl rechtstechnisch einfacherer umzusetzen, mehr Nachteile als Vorteile.

19. Die Charta der Grundrechte würde durch einen Beitritt nicht überflüssig werden. Vielmehr würde ihre rechtliche Verbindlichkeit dazu führen, dass sich in der Gemeinschaft und den Mitgliedstaaten ein vergleichbares System mit einem geschriebenen Grundrechtskatalog und einer externen Kontrolle durch den *EGMR* etablieren könnte. Allerdings sollte Art. 6 Abs. 2 EU bzw. Art. I-9 Abs. 3 EVV gestrichen werden.

20. Insgesamt bestätigt und untermauert der Beitritt die Letztentscheidungskompetenz des *EGMR* in Grundrechtsfragen. Zwar existiert diese auch ohne Beitritt, so aber kann die EG selbst verklagt werden, ohne dass ein Umweg über die Mitgliedstaaten zu erfolgen hat.

21. Auch ein Vergleich der Rechtsprechung des *BVerfG* zum *EuGH* mit der des *EGMR* zum *EuGH* lässt hinsichtlich der schon mehrfach erwähnten Letztentscheidungskompetenz keinen anderen Schluss zu. Der *EGMR* nimmt nicht wie das BVerfG eine *Reservefunktion* ein, sondern gewährt weiterhin der Grundrechtsschutz im Einzelfall. Dies gilt unabhängig davon, ob der betreffende Hoheitsakt einen Bezug zum Gemeinschaftsrecht aufweist.

22. Der *EGMR* als spezielles Gericht für Menschenrechtsfragen ist mithin de lege lata letztentscheidend für den Grundrechtsschutz in Europa zuständig.

Öffentliches und Internationales Recht

Herausgegeben von Udo Fink, Dieter Dörr und Rolf Schwartmann

Band 1 Tim Schönborn: Die Causa Austria. Zur Zulässigkeit bilateraler Sanktionen zwischen den Mitgliedstaaten der Europäischen Union. 2005.

Band 2 Marc Torsten Hausmann: Das Cotonou-Handelsregime und das Recht der WTO. 2006.

Band 3 Hortense Ute Demme: Hegemonialstellungen im Völkerrecht: Der ständige Sitz im Sicherheitsrat der Vereinten Nationen. 2006.

Band 4 Theofaneia Rizou: Zugang zu Gerichten im Umweltrecht. Eine vergleichende Studie des deutschen und griechischen Rechts. 2006.

Band 5 Matthias Meyer: Die Bewertung parafiskalischer Abgaben aus der Sicht des europäischen Beihilferechts. 2007.

Band 6 Moritz Maus: Der grundrechtliche Schutz des Privaten im europäischen Recht. 2007.

Band 7 Roman Ringwald: Daseinsvorsorge als Rechtsbegriff. Forsthoff, Grundgesetz und Grundversorgung. 2008.

Band 8 Christine Heer-Reißmann: Die Letztentscheidungskompetenz des Europäischen Gerichtshofes für Menschenrechte in Europa. Eine Untersuchung zum Verhältnis von EGMR und EuGH in Menschenrechtsfragen unter Berücksichtigung des Verhältnisses des BVerfG zum EuGH. 2008

www.peterlang.de

Irene Hoffmann

Der Grundsatz der Subsidiarität im Rechtsschutzsystem der Europäischen Menschenrechtskonvention

Rechtliche Fundierung, Besonderheiten und Bedeutung

Frankfurt am Main, Berlin, Bern, Bruxelles, New York, Oxford, Wien, 2007.
XVI, 262 S.
Europäische Hochschulschriften: Reihe 2, Rechtswissenschaft. Bd. 4544
ISBN 978-3-631-56586-5 · br. € 51.50*

Der Grundsatz der Subsidiarität wird als „keystone" und „caractéristique fondamentale" der EMRK bezeichnet und auch in der Rechtsprechung der EGMR immer wieder betont. Ausdrücklich genannt wird er in der EMRK allerdings nicht. Diese Arbeit hat sich deshalb zum Ziel gesetzt, seine rechtliche Fundierung, seine Besonderheiten und seine Bedeutung im System der EMRK zu untersuchen und aufzuzeigen. Dabei wurde die „Subsidiaritätsrechtsprechung" des EGMR systematisiert und analysiert. Der Grundsatz der Subsidiarität wurde in ein Verhältnis zu anderen Besonderheiten der Rechtsprechung und Aufgaben des EGMR gesetzt und auch mit der Subsidiaritätsidee der katholischen Soziallehre, der Subsidiarität der Verfassungsbeschwerde und dem Subsidiaritätsprinzip im Kontext der EU verglichen.

Aus dem Inhalt: Grundsatz der Subsidiarität · Europäische Menschenrechtskonvention · Rechtliche Fundierung · Systematisierung und Analyse der Subsidiaritätsrechtsprechung des EGMR · Besonderheiten des Grundsatzes der Subsidiarität im System der EMRK

www.ingramcontent.com/pod-product-compliance
Ingram Content Group UK Ltd.
Pitfield, Milton Keynes, MK11 3LW, UK
UKHW021915290926
8980IPUK00015B/1277

9 783631 575062